사근사근하다 SO 사근초

사근사근하다 so 사근초

마음이 자라는 교실 이야기

초판 1쇄 발행 2025년 12월 24일

지은이 이도건, 권시오, 김다솜, 김산, 김서후, 박현오, 이도현, 이주영, 장신은, 정소령, 정하진, 주지훈, 최하윤, 현가은
펴낸이 장길수
펴낸곳 지식과감성#
출판등록 제2012-000081호

교정 정은솔
디자인 정윤솔
편집 정윤솔
검수 주경민, 이현
마케팅 김윤길

주소 서울시 금천구 벚꽃로298 대륭포스트타워6차 1212호
전화 070-4651-3730~4
팩스 070-4325-7006
이메일 ksbookup@naver.com
홈페이지 www.knsbookup.com

ISBN 979-11-392-2984-4(03810)
값 18,000원

사근사근하다 SO 사근초

성동구 아동 작가 되기 프로젝트

마음이 자라는 교실 이야기

이도건 | 권시오 | 김다솜 | 김 산 | 김서후 | 박현오 | 이도현
이주영 | 장신은 | 정소령 | 정하진 | 주지훈 | 최하윤 | 현가은

지식과감성#

CONTENTS

2부 사진으로 붙잡은 순간들

마음이 자라는 교실,
그 아름다운 사근사근함에 대하여

교실은 매일 새로웠다. 어제와 똑같은 자리, 똑같은 시간인데도 전혀 다른 일이 벌어졌다. 누군가는 숙제를 두고 왔고, 누군가는 연필을 깎다가 생각에 잠겼으며, 누군가는 "선생님, 그건 좀 이상한데요?"라며 순식간에 수업의 판을 엎었다. 계획은 매번 무너졌지만, 그 무너짐 덕분에 하루가 살아났다.

우리 교실에서는 가르침과 배움이 따로 존재하지 않았다. 선생님은 가르치려다 배우고, 아이들은 배우다 가르쳤다. 때로는 질문이 수업을 삼켜 버렸고, 때로는 웃음이 교과서를 덮었다. 그러다 보면 문득 알게 된다. 교학상장(敎學相長)이란 어려운 말은 결국 '같이 자라는 중입니다'라는 뜻이라는 걸.

수학 시간에는 피자가, 사회 시간에는 지구의 중심이 등장했다. "우리나라가 가운데면 안 돼요?"라는 물음 하나가 세계의 축을 흔들었고, 그 순간 교실은 잠시 우주로 변했다. 분수의 나눗셈보다 더 중요한 건 생각의 모양을 나누는 일이었다. 웃음 속에서도 사고는 깊어졌고, 어쩌다 보면 철학이 수학을 이기기도 했다.

사근사근하다는 건 착하게 웃으라는 말이 아니었다. 우리 교실의 사근사근함은 조금 다르다. 서로의 말을 끝까지 들어주고, 틀리면 다시 묻고, 토론하다 목소리가 커져도 결국 웃으며 마무리하는 태도. 말은 부드럽지 않아도 마음은 단단했다. 그런 사근사근함이라면, 누구나 환영이었다.

우리 교실의 하루는 종종 작은 실험 같았다. 아이들은 논리와 감정을 뒤섞어 세상을 다시 그렸고, 교사는 그 실험의 첫 번째 실험체였다. 누군가 정의를 말하고, 누군가는 초콜릿 가격을 가지고 윤리를 논했다. 생각이 부딪히면 불꽃이 일었고, 그 불꽃이 따뜻하게

번져 서로의 마음을 비췄다.

우리는 조금씩 성장했다. 배우며 가르치고, 가르치며 배우는 사이, 서로의 모서리가 닳아갔다. 교사는 더 유연해졌고, 아이들은 조금 더 단단해졌다. 배움이란 결국 이런 일의 연속이었다. 정답보다 진심이 먼저였고, 이 교실의 수업은 늘 그 진심 쪽으로 기울었다.

이 책은 그래서 어느 한 사람의 기록이 아니다. 아이들의 웃음과 교사의 침묵, 분필가루와 책장 냄새, 함께 만든 수많은 문장들이 섞여 있다. 사근사근하다는 건 결국 그런 것이다. 완벽하지 않아도 괜찮고, 매일 실수하지만 다시 웃는 일. 그럼에도 서로의 손을 놓지 않는 일.

『사근사근하다 so 사근초 — 마음이 자라는 교실 이야기』는 그 웃음과 실수, 그리고 다시 일어선 마음의 기록이다. 하루하루의 작은 혼란들이 모여 하나의 세계를 만들었다. 우리는 배우고, 가르치고, 웃고, 가끔 울었다. 그 모든 순간이 사근사근했다. 그리고 그 사근사근함 덕분에, 우리는 행복했다.

2025. 11. 11.
사근초에서

1부

글로 쓴 마음의 기록

아이들이 매일의 수업 속에서 느끼고 발견한 것들이 문장으로 번져 나와,
그들의 마음결과 생각의 향기가 고스란히 담긴 기록입니다.
글 한 줄 한 줄에는 아이들 각자의 시선과 감정이
잔잔하게 흐르고, 우리가 함께 보낸 교실의 시간이
조용히 스며 있습니다.

8월 21일

우리 반 방학 이야기(진짜 진짜 가짜 놀이)

방학이 끝나고 아이들이 돌아온 교실. 오늘은 내가 특별히 준비한 '진짜 진짜 가짜' 놀이 시간이다! 룰은 간단하다. 각자 방학 동안 있었던 이야기 세 개를 말하는데, 그중 하나는 새빨간 거짓말! 나머지 친구들은 탐정이 되어 가짜 이야기를 찾아내는 것이다.

아이들 눈이 반짝반짝 빛난다. "선생님, 진짜 재미있을 것 같아요!" 하며 손을 번쩍 든다.

아이들의 추리 시간이 시작된다.

• 첫 번째 발표자(현오)

"저는 소마미술관에 갔고, 속초에도 갔고, 영화관에도 갔어요!"

아이들이 웅성웅성 머리를 맞대고 의논한다. "음… 뭔가 영화관이 수상한데?" 하는 소리가 들린다.

"영화관이 가짜예요!"

정답! 첫 번째부터 아이들의 추리력이 빛을 발한다. 나도 모르게 "와, 대단한데?" 하며 감탄한다.

• 두 번째 발표자(주영)

"저는 로블록스 했고, 홍익교회 갔고… 그리고 로켓 타고 우주여행 다녀왔어요!"

교실이 순간 폭소로 터진다.

"야! 주영아, 그건 너무 뻔하잖아!"

당연히 우주여행이 가짜. 내가 웃으며 말한다.

"주영아, 다음엔 좀 더 교묘하게 해야겠는걸? 아직 우리나라에 우주 관광은 없어!"

- **세 번째 발표자(지훈)**

"저는 자갈밭에서 맨발로 축구하고, 워터슬라이드에서 손흥민 세리머니 하면서 내려오고, 자갈밭 오르막길을 맨발로 걸었어요!"

아이들이 진지하게 고민한다.

"어? 맨발로 오르막길은 너무 아픈데…. 축구도 맨발로 했다면서 또 오르막길도?"

"맨발로 오르막길 걷기가 가짜예요!"

- **네 번째 발표자(도현)**

"저는 비행기 타고, 수영장 가고, 별 봤어요!"

이번엔 아이들이 좀 더 신중하다.

"음… 별 본 건 진짜 같고, 비행기는… 수영장이 좀 애매한데?"

"수영장이 가짜예요!"

맞다! 도현이는 하늘을 바라보며 방학을 보냈나 보다.

- **다섯 번째 발표자(김산)**

"저는 캠핑장, 바다, 계곡 다 갔어요!"

"어? 너무 많은 곳을 다녔네? 계곡은… 아닌 것 같은데?"

또 정답! 나는 아이들의 찍기 실력에 깜짝 놀란다.

- **여섯 번째 발표자(시오)**

"저는 고양이 카페 갔고, 코피 났고, ○○중학교 합격했어요!"

아이들이 웅성거린다.

"어? 코피 난 건 왜 말해? 좀 이상한데…."

"코피 난 게 가짜예요!"

정답! 시오는 건강하게 방학을 보냈구나.

• **일곱 번째 발표자(서후)**

"저는 대회에서 3등 하고, 서울에서 울산까지 갔고, 스카이다이빙 했어요!"

아이들이 더 신중해진다.

"어? 대회 3등은 진짜 같고… 서울에서 울산도 갈 수 있고… 스카이다이빙은 아무래도…."

"스카이다이빙이 가짜예요!"

• **여덟 번째 발표자(신은)**

"저는 속초, 인천, 설악산 다 갔어요!"

"속초랑 설악산은 가까우니까… 인천이 좀 멀잖아?"

아이들이 이상한 논리로 말한다. 인천 말할 때 눈빛이 흔들렸다나….

"인천이 가짜예요!"

신은이는 강원도에서 신나게 놀았나 보다.

• **아홉 번째 발표자(가은)**

"저는 미용실 갔고, 고래 튜브 샀고, 여수 갔어요!"

"미용실은 당연히 갔을 것 같고… 여수도 갈 수 있고… 고래 튜브는 왜 샀지?"

"튜브 산 게 가짜예요!"

가은이는 미용실에서 이쁘게 단장하고 여수로 떠났구나!

• **열 번째 발표자(다솜)**

"저는 제주도 우도에서 수영하고, 보트에서 낙하산 달고 하늘 날고, 이모 카페에서 아이스크림 먹었어요!"

이번엔 아이들이 진짜 고민한다.

"어? 이번엔 어렵네…. 이모 카페는 진짜 같고… 하늘 나는 게 더 말이 안 되는데…."

"수영한 게 가짜예요!"

어? 의외다! 나도 깜짝 놀랐다. 하늘을 날았는데 수영이 가짜라니! 다솜이만의 반전 전략이었나?

- **열한 번째 발표자(하윤)**

"저는 교회 성경학교 갔고, 오락실에서 북 게임 했고, 주말에 하루 종일 잠만 잤어요!"

"성경학교는 방학 때 많이 하고… 북 게임도 재미있을 것 같고… 하루 종일 잠만 자는 건 불가능하지!"

"하루 종일 잠만 잔 게 가짜예요!"

맞다! 내가 웃으며 말한다.

"화장실도 가야 하고 밥도 먹어야 하는데 하루 종일 잠만 잘 순 없지!"

- **열두 번째 발표자(소령)**

"저는 외할머니 댁 갔고, 친구 생일 파티 갔고, 순간이동 했어요!"

교실이 또 웃음바다가 된다.

"하하하! 순간이동!"

"소령아, 너무 쉽게 냈구나! 다음엔 좀 더 현실적인 거짓말로."

- **마지막 발표자(하진)**

"저는 외식했고, 군산 갔고, 비행기 타고 제주도 갔어요!"

"외식은 당연히 했을 것 같고… 군산도 갈 수 있고… 제주도도 갈 수 있고…."

"군산이냐? 제주도냐?"

하진이는 군산에서 맛있는 거 많이 먹었단다.

모든 추리가 끝나고 점수를 세어보니… 정말 놀랍다! 10개나 맞힌 친구도 있고, 절반도 못 맞힌 친구도 있지만 그게 뭐 중요한가! 교실은 웃음바다가 되었고, 나도 덩달아 배꼽을 잡으며 웃었다.

"여러분 추리 실력이 정말 대단하네요! 거짓말하는 실력도 점점 늘고 있고요!"

각자의 진짜 방학 이야기들을 들으니 정말 뿌듯했다. 어떤 친구는 정말 멀리 여행을 다녀왔고, 어떤 친구는 집 근처에서도 알찬 시간을 보냈다. 대회에서 상도 받고, 교회 활동도 하고, 가족들과 소중한 시간도 보내고….

흡연예방교육

오늘 3~4교시에 체육관에서 흡연예방교육이 있었는데, 내가 아이들에게 "오늘은 흡연교육을 하겠습니다."라고 당당히 말했더니 아이들이 빵 터졌다. 아, 맞다! 흡연예방교육이라고 해야 하는 건데…. 순간 내가 흡연을 가르치는 선생님(?)이 된 기분이었다. 아이들 웃음소리를 들으니 괜히 뭔가 개그맨이 된 것 같아서 어색하면서도 웃겼다.

외부에서 오신 강사 선생님은 정말 프로였다. AR 기술 티셔츠를 꺼내시는 순간, 아이들 눈이 반짝반짝 빛났다. 아무래도 요즘 애들은 게임하느라 AR에 익숙해서 더 흥미로워하는 것 같았다. 심장부터 시작해서 혈관 여행을 하는데, 마치 〈신비한TV 서프라이즈〉 몸속 편을 실제로 보는 기분이었다. 니코틴 덩어리를 실제로 만져본 아이들 표정이 "이게 진짜 우리 몸에 들어간다고?"라는 얼굴이었는데, 아마 오늘 밤 꿈에 니코틴 괴물이 나올지도 모르겠다.

발가락 썩은 모형을 보여주실 때는 나도 모르게 내 발가락 쪽을 내려다봤다. 건강한 내 발가락이 새삼 고마워 보였다. 심한 경우 다리 절단이라는 말에 아이들이 자기 다리를 꽉 붙잡는 모습이 귀여우면서도 안쓰러웠다. 아마 오늘부터 며칠간은 발가락 건강에 대해 진지하게 생각할 것 같다.

간접흡연 체험부스에 들어갔을 때 그 연기에 정말 숨이 막히는 듯했다. 나조차 이런데 매일 담배 연기에 노출되는 사람들은 얼마나 힘들까 싶었다. 아이들 중에 "우리 아빠가 담배 피우는데…."라고 걱정스럽게 말하는 친구들이 몇 명 보였다. 아마 오늘 집에 가서 아빠한테 금연 잔소리 좀 할 것 같은데….

전자담배 이야기가 나올 때 아이들 반응이 제일 진지했다. 아무래도 요즘 중고등학생들 사이에서 전자담배가 유행이라 그런지, 관심이 있는 눈빛들! 선생님이 "전자담배도 똑같이 해롭다."라고 하시니, 몇몇 아이들이 "헐, 대박! 같은 담배예요?"라며 놀라워하는 표정을 지었다. 금연구역에서도 전자담배가 안 된다는 걸 들은 한 친구는 "그럼 형들이 학교 앞에서 피우는 건 불법이네요?"라고 지적했다.

담배 거절법 배울 때가 제일 재미있었다. 선생님이 "전자담배 필래?"라고 연기를 하시는데, 점잖게 수업하시는 모습과 너무 달라서 나도 웃음을 참기 어려웠다. 아이들이 각자 나름대로 거절하는 연기를 하는데, 강하게 거절하는 친구는 진짜 무서울 정도로 단호했고, 간접적으로 거절하는 친구는 마치 드라마 주인공 같았다. 그냥 피하는 연기를 한 친구는… 진짜 체육관 밖으로 도망가는 것 같아서 모두가 박장대소했다.

마지막에 폐암 가슴팩을 착용하고 실제 폐 사진을 볼 때는 조용해졌다. 아이들이 "선생님, 이거 진짜예요? 제 가슴이 이렇게 썩었어요?"라고 물어보는 목소리에 떨림이 있었다. 아마 오늘 교육을 듣고 집에 가서 부모님께 담배 끊으라고 강하게 말할 아이들이 꽤 있을 것 같다. 그리고 혹시 호기심으로라도 담배에 손을 댈 뻔한 아이가 있다면, 오늘 본 그 폐 사진이 브레이크 역할을 해주길….

8월 22일

분수의 벽: 암벽등반을 앞둔 아이들

6학년 2학기, 아이들은 아직 모른다. 이 시기가 얼마나 중요한지, 그리고 지금이 중학교 수학으로 향하는 길목이라는 것을.

"6학년 2학기 수학은 중등 수학으로 가는 다리예요."

내가 말하자 아이들은 멍한 표정을 짓는다. 아직은 실감이 나지 않는 얼굴들이다. 그럴 수밖에 없다. 중학교에 가면 맞닥뜨릴 '수학의 암벽'이 얼마나 높은지, '수'의 개념이 완전히 달라지는 그 순간이 얼마나 낯선지, 아직은 모를 테니까.

"1 나누기 2는 1/2, 그럼 a 나누기 b는? 1, 2, 3과 같이 완벽하게 보이던 수가 a, b, c와 같이…."

내 말에 한 아이가 고개를 갸웃한다. 지금은 이해하지 못해도 괜찮다. 언젠가 이 말의 뜻을 깨닫게 될 것이다. 그리고 지금, 아이들은 자신이 이미 '분수의 벽'을 넘고 있었다는 걸 알게 될 것이다.

• 뒤집기의 유혹과 싸우는 전쟁

칠판에 문제를 적는다.

"5분의 4 나누기 5분의 2."

순간, 뒷자리에서 손이 번쩍 올라간다.

"선생님! 뒤에 있는 분수를 뒤집어서 곱하면 2 아니에요?"

아, 이런. 벌써 선행을 한 아이가 있구나. 답은 맞다. 하지만 내 마음은 편안하지 않다. 이 아이는 지금 수학을 망하는 가장 빠른 길을 걷고 있다는 걸 모른다.

"그 방법 말고 다른 방법으로 생각해 볼까요?"

아이의 표정이 '왜 쉬운 걸 어렵게 하나' 하는 듯 변한다.

칠판에 직사각형을 그리며 설명한다.

"5분의 4를 그려볼게요. 그리고 5분의 2만큼 가져가면 몇 번 가져갈 수 있을까요?"

몇몇 아이들이 "아~ 2번요." 하며 고개를 끄덕인다. 드디어 그림으로 문제 상황이 보이기 시작한 것일까? 하지만 여전히 선행 학습한 아이는 시큰둥한 표정이다. 그냥 뒤집어서 곱하면 되는데….

• 통분, 그 영원한 숙제

분수의 덧셈으로 넘어간다.

"2분의 1 더하기 3분의 1."

예상대로 한 아이가 자신 있게 대답한다.

"5분의 2요!"

속으로 한숨이 나온다. 초등 저학년 때 가장 많이 하는 실수인데. 그 친구는 이 분수의 덧셈이 그림으로 안 다가오나 보다.

"잠깐, 그림으로 생각해 볼까요?"

칠판에 원을 두 개 그린다. 하나는 반으로, 하나는 셋으로 나눈다.

"이걸 어떻게 더할까요? 칸이 달라서 그림으로 합칠 수는 있지만 수로 더할 수가 없어요."

아이들이 조용해진다.

"그래서 우리가 뭘 해야 되냐면… 칸을 똑같이 만들어야 해요. 둘 다 6칸으로요."

칼질하는 시늉을 하며 그림을 완성한다.

"아! 6분의 3하고 6분의 2네요!"

"그럼 이제 더할 수 있죠?"

"6분의 5요!"

• 곱셈의 진실을 찾아서

"2 곱하기 3분의 1은?"

한 아이가 대답한다.

"2에다가 곱했으니까 3분의 2요!"

"계산은 맞는데 설명이 틀렸어요."

아이가 당황한 표정을 짓는다.

"2개가 있는데, 각각을 3조각으로 나누어서 하나씩 가져오는 거?"

몇 명이 고개를 끄덕이지만, 여전히 이해 못 한 표정의 아이들도 있다.

학급회장 선거 – 그날의 기록

• 남학생 선거: 예상을 뒤엎은 결과

"자, 기호 추첨한 대로 1번 권시오, 2번 박현오, 3번 장신은 순서대로 공약을 발표하고 투표하겠습니다."

먼저 시오가 나왔다.

"만약 저를 뽑으려는 사람이 있다면 저 찍지 마시고 남들한테 주세요."

아이들이 웃음을 터뜨렸다. 겸손한 건지 정말 하기 싫은 건지, 시오의 표정만 봐서는 알 수가 없었다.

현오는 좀 더 적극적이었다.

"제가 만약 회장이 된다면 많은 행복한 일이 있을 거예요. 저를 뽑아주세요."

그런데 뒤에서 누군가 "어떤 일?"이라며 중얼거렸다. 아이들 사이에서 저마다의 행복한 웃음이 새어나왔다.

마지막으로 신은이가 나섰다.

"내가 회장이 된다면 우리 반을 매일 웃음이 넘치는 반을 만들겠습니다."

꽤 그럴듯한 공약이었다. 상당히 구체적이긴 했다.

우리 학교는 전자투표로 한다. 도현이부터 차례대로 나와서 투표했다.

"1, 2, 3번 중에 고르면 돼."

지난 몇 년간 전자투표를 해 봤던 아이들인지라 간단한 설명만 하고 시작한다. 아이들의 여전히 웅성거림…. "근데 너 찍어도 돼."라는 소리도 들렸다.

• 뜻밖의 당선자와 예상치 못한 반응

개표가 끝났다. 시오가 당선됐다.

그런데 순간 교실이 아수라장이 됐다.

“안 돼! 어떻게 해! 어떻게 어떻게 해야 돼!”

시오가 거의 울음 섞인 목소리로 소리쳤다.

“저 억지로 떠밀려 온 거예요! 정말 안 돼요! 진짜 안 해요!”

당선을 거부하는 회장 당선자라니. 시오는 계속해서 “재미로 뽑은 것 같아요! 이거 애들이 재미로 뽑은 거예요!”라며 울먹였다.

“아니 이거는 선생님이 어떻게 해 줄 수가 없어요.”

솔직히 당황스러웠다.

시오가 사퇴하려 마지막 발악(?)을 시도했다.

“그냥 제 표를 쪼개서 나눠주겠습니다.”

“그건 안 돼요.”

“실제에선 되잖아요.”

“실제에서도 안 돼요!!!”

아이는 정말 모르고 있었다.

“이거는 후보로 나와서 아이들의 투표로 실제 당선이 되었기 때문에 일단….”

나도 말을 다 잇지 못했다.

“이거는 선생님이 더 이상 개입할 여지가 없어요. 이건 여러분들이….”

아이들의 선거로 진행된 민주주의 절차에 교사로서 개입할 수는 없는 노릇이었다.

결국 나는 공식적으로 발표할 수밖에 없었다.

“보시다시피 이리저리 왔다 갔다 했지만 시오가 당선됐습니다. 축하합니다.”

• 여학생 선거: 좀 더 평화로운 분위기

“이제 여학생 세 사람 나와서 기호 추첨해 주십시오.”

여학생 선거는 좀 더 차분했다. 정소령이 1번, 김다솜이 2번, 현가은이 3번으로 정해졌다.

"소령이부터 공약 발표해 주십시오."

정소령이 나왔다.

"네 안녕하세요. 제가 만약에 회장이 된다면… 다솜이랑 가은이를 뽑아주세요."

어? 이상하다. 자기가 후보인데 다른 사람을 추천하고 있었다. 남학생 선거 때와 또 비슷한 분위기가 되어간다.

다솜이도 비슷했다.

"네 제가 만약 회장이 된다면요. 될 일은 없겠지만… 그래도 웃음 많고… 정말 웃음 많고 밝은 반을 만들겠습니다."

현실적이면서도 겸손한 태도였다.

가은이까지.

"제가 회장이 된다면… 저보다 소령이 뽑아주세요."

이 아이들은 왜 다들 다른 사람을 추천하고 있는 거지? 어쩌면 이것도 하나의 전략일까?

• 평화로운 결말

여학생 투표는 별다른 소동 없이 진행됐다. 아이들이 차례로 나와서 이름을 누르고 투표를 마쳤다. 중간중간 "나 뽑지 마."라는 소리도 들렸지만, 남학생 때만큼 시끄럽지는 않았다.

결과 발표 시간이다.

"우리 선거 결과는 여러분들 보다시피… 회장으로 시오랑 소령이가 당선이 됐습니다."

다행히 소령이는 시오처럼 당선을 거부하지 않았다. 막상 당선되자 걱정이 앞서는 표정이다.

• 작별과 새로운 시작

새로운 회장단을 소개하기 전에 1학기 회장단에게 감사 인사를 해야 했다.

"1학기 동안 수고해 주신 두 분 진짜 고생 많았습니다. 산이랑 하윤이 정말 고마웠어요."

아이들이 박수를 쳤다. 그들은 정말 열심히 해줬었다.

"두 사람 다 개인적으로 조금씩 일을 더 부탁을 했고 아주 출중한 능력으로 완벽하게 학급을 위해 봉사를 해 준 사람들이에요."

이제 새로운 회장단의 차례였다.

"우리 시오랑 소령이 나와서 친구들에게 어떻게 할지 간단한…."

뒤에서 "이건 부정 선거야!"라는 소리가 들렸지만 무시했다. 시오가 취임을 끝까지 저항하려나 보다.

시오가 먼저 나왔다.

"많은 봉사를 할 겁니다."

소령이의 차례였다.

"감사하고요."

목소리가 떨렸다.

"아주 열심히 봉사를 하겠습니다."

"우리 소령이랑 시오는 학급의 대표이자 대표 봉사자죠. 그래서 힘든 일 어려운 일은 이 친구들이 먼저 솔선수범을…. 물론 쓰레기를 이 친구들 주변에 버리라는 얘기가 아닙니다. 이 친구들이 먼저 떨어진 쓰레기를 주울 수 있는 용기를 보여준다면 다른 친구들이 더 이상 버리지 않겠죠."

아이들이 웃었다. ○○이가 "어제 저 교실에 안 버렸어요!"라고 항변했다.

8월 25일

오늘의 지도 정복 작전 - 경시위치(경도는 시간 위도는 위치)!

칠판에 "경도=영국 그리니치/위도=적도"라고 썼다. 6학년을 여러 번 해 본 결과 이 개념들은 아이들과의 치열한 전투가 시작됨을 알았다. 난 이제 지구본을 들고 선 마젤란이 아니라 돈키호테였다!

"자, 경도 기준은 어디라고 했지?"

한 아이의 눈동자가 좌우로 흔들리더니 "음… 동쪽…?" 하고 답했다. 아, 이 아이 머릿속에서는 지금 나침반이 고장 나서 빙글빙글 돌고 있구나. 다행히 옆에 앉은 아이가 구세주처럼 나타나 "영국!" 하고 외쳤다.

그런데 한 아이가 팔짱을 끼고는 폭탄선언을 했다.

"근데 왜 영국이에요? 우리나라가 중심이면 안 돼요?"

순간 교실이 웃음바다가 됐고 다른 아이까지 가세하며 "한국이 중심이면 더 편할 텐데!" 하니, 벌써 한반도 중심주의(?) 혁명이 시작됐다. 모두가 약속한 걸 바꿀 수는 없다고 했지만… 이번 기회에 바꾼다면 우리 아이들은 좀 편해지려나.

한 아이가 공책에 열심히 동그라미를 그리며 물었다.

"선생님, 우리나라가 경도 몇 도예요? 영국이랑 몇 시간 차이에요?"

집중하려는 기운이 서려 있다. 지도를 보며 머릿속에서 숫자들이 빠르게 움직이고 있었던 것이다.

그러자 옆 친구가 기다렸다는 듯이 재빠르게 대답했다.

"135도쯤이니까… 9시간 차이!"

이 녀석은 혹시 머릿속에 GPS 시스템이라도 내장되어 있는 건 아닐까?

뒤쪽에서는 조용한 속삭임이 이어졌다.

"그럼 우리가 영국 가면 하루 늦게 사는 거야?"

"와, 타임머신 같네!"

그 대화를 듣는 순간, 아이들의 머릿속에서 이미 시공간 여행이 시작되었음을 알 수 있었다. 혹시 내 교실 어딘가에 워프홀이 숨겨져 있는 건 아닐까 싶었다. 한국과 미국을 연결하는 워프홀. 그게 교과서로 가능하구나.

그때 한 아이가 혼잣말처럼 말했다.

"남위랑 북위도 나뉜다면서요?"

바로 옆에서 또 다른 아이가 큰 소리로 외쳤다.

"남극은 남위 90도다! 내가 가 봤다."

나는 피식 웃으며 속으로 중얼거렸다.

'넌 혹시 전생에 남극 탐험가였던 건 아닐까? 펭귄들과 진짜 대화가 가능할지도 몰라.'

몇몇 아이들은 여전히 헷갈려하면서도 서로 설명해 주려 애쓰고 있었다. 그때 한 아이가 손뼉을 치며 외쳤다.

"경도는 시간, 위도는 위치! 경시위치!"

'경시위치' 박수가 터져 나왔다.

'이건 내가 10년 동안 면벽수행을 하면서도 못 찾던 완벽한 암기법인데?'

경시위치!

의병장 윤희순과 함께한 시간 여행

"인물은 캐릭터, 사건은 이벤트, 배경은 백그라운드!"

나는 칠판에 화려하게 써 내려가며 마치 영화감독이 된 기분이었다. 아이들은 이런 건 영어로 설명해 주면 더 잘 이해하더라. 캐릭터라 하면 본인들이 알고 있던 수많은 인물들이 등장하고 이벤트라 하면 그 독특하고 특이한 경험들이 나오고 백그라운드라 하면 본인의 등 뒤의 배경을 쳐다본다.

"자, 우리가 오늘 만날 주인공은 윤희순 의병장님이야!"

1907년 춘천이라는 배경 설정을 설명하자, 춘천에 다녀온 경험이 있는 아이들의 눈이 반짝거린다. 일단 우리는 100여 년 전, 1907년으로 돌아가 보기로 한다. 일제강점기를

앞둔 대한제국 말년으로~

"윤희순이 의병운동을 위해 구리와 놋쇠 그리고 식량을 모으자고 나섰을 때, 너희 같으면 어떻게 했을까?"

내 질문에 한 아이가 진지하게 고민하며 대답했다.

"글쎄요…. 100년 전이면 뭘 내야 하죠? 지금 가진 건 다 없었을 거 같은데…."

그 순간 나는 이 아이 머릿속에서 진짜 시간 여행이 일어나고 있다는 걸 느꼈다.

그런데 다른 아이는 좀 더 현실적으로 접근했다.

"학원 가야 돼요. 엄마한테 혼나니까!"

그러더니 갑자기 눈이 반짝이며 덧붙였다.

"그래도 떡볶이 사먹을 돈으로 의병을 도울 수 있어요!"

떡볶이 사먹을 천 원이라는 액수에 다른 아이가 반응한다. "겨우 천 원으로 어떻게 의병을 도와요?"라고 하자, 나는 손을 들어 올리며 말했다.

"액수가 중요한 게 아니야, 마음이 중요한 거지!"

그러자 한 아이는 "그럼 전 마음만 줄게요."라고 하더니, 갑자기 옆에 있던 친구가 "우유라도 줘! 너 맨날 싫어하는 그 우유!" 하고 외쳤다. 순간 교실이 웃음바다가 됐다. 이 아이들은 벌써 사근초 6학년 2반 의병 부대를 꾸리고 있나!

그 뒤로 아이들의 상상력은 끝없이 펼쳐졌다. 한 아이는 "전 우리 아빠를 의병에 보낼 거예요."라고 장대하게 선언했고, 이어서 다른 아이는 "냉장고 다 털어서 줄 거예요. 유통기한 임박한 것부터요."라며 나름의 현실적인 방안을 제시했다.

"전 할머니들 대신 밥 할게요!"

한 아이의 진지한 말에 나는 살짝 감동받았다.

'이 아이는 벌써 후방 지원 작전을 세웠네!'

그 말에 용기를 얻었는지, "그냥 우리 중3 오빠를 의병에 보낼 거예요!" 다른 아이가 외쳤고, 교실이 또다시 웃음으로 터졌다. 아이들은 벌써 가족 총동원령을 내리고 있었다.

아이들 각자가 자기만의 방식으로 의병장 윤희순의 마음을 이해하고 있었다.

스케이트 체험학습 안전교육

먼저 스케이트 체험학습 일정을 확인하는 시간. 한 아이가 일정표를 읽는데, 2025년 8월 19일이라고 하자 갑자기 다른 아이가 1915년이라고 외친다. 순간 나는 '이 아이가 지난 국어 시간 윤희순 수업 때문에 시간 개념이 흔들린 건 아닌가?' 싶었다. 너무 몰입했나.

출발은 9시 20분, 도착은 12시 10분이라고 시간을 설명하는데, 한 아이가 갑자기 엉뚱하게 빙수 먹고 싶다고 중얼거렸다. 그러자 옆에 있던 아이가 아이스링크 얼음으로 만든 팥빙수 얘기를 꺼냈고, 이내 팥은 맛없다고 다른 토핑에 대한 반박이 터져 나왔다. 순간 교실의 논점은 팥빙수가 되어 버렸다.

다시 본론으로 돌아와 안전수칙을 읽어가는데, 남학생은 2호차, 여학생은 아쉽지만 3호차라고 하는 순간 아이들이 갑자기 박수를 쳤다. 나는 당황해서 "지금 몸으로는 박수치지만 마음으로는 슬퍼하는 여러분을 보니 마음이 아프다."라고 말했다. 그러자 한 아이가 아무도 안 슬퍼한다며, 헤어져서 너무 너무 너무 좋다고 외쳤다.

이어진 좌석 뽑기 시간에는 교실이 완전 로또 추첨장 분위기가 됐다. 서로 너무 좋아하는 거 아니냐며 견제하고, 내가 왜 이 친구와 앉아야 하는지, 혹은 선생님이랑 앉겠다며 농담을 던지는 아이들을 보며 나는 속으로 '벌써 좌석 정치학을 터득했구나' 했다.

그런데 스케이트 안전수칙을 읽을 때는 분위기가 확 바뀌었다. 아이들이 진짜 진지해졌다.

"헬멧 답답하다고 벗으면 안 됩니다!"

나는 엄중하게 경고했다. 예전에 한 학생이 점프하다가 어떻게 됐는지 얘기를 시작하려는데, 한 아이가 얼마나 다쳤는지 끝까지 물어본다. "머리가 깨졌죠?" 나는 순간 '혹시 과거에서 온 건 아닌가?' 싶었지만… "아니, 그냥 스케이트장 얼음이 좌르락 절반으로 깨졌다고!"라 말했다. 또 이 농담에 아이들은 스케이장을 가르고 또 그 아래 생긴 공간을 활용한다. 이거 만화에서 많이 봤던 장면인데….

이리저리 모든 설명을 마치고 안전교육 잘 받았다는 서명도 받았지만, 걱정도 된다.

'나도 잘 못 타는데… 내일 진짜 빙판에서 이 아이들과 함께 미끄러질 생각을 하니 벌써부터 아찔하네.'

8월 26일 ~ 27일

스케이트 체험학습을 다녀왔다. 단순한 체험 후기라기보다, 두려움 속에서도 균형을 찾아가는 자기 이야기처럼 느껴져 더욱 인상 깊었다.

• 김서후

첫발을 얼음에 올리는 순간, 몸 전체가 벽이나 친구들의 손을 찾으며 아슬아슬하게 흔들렸다. 차가운 얼음 위에서 중심을 잡는 일이 이렇게 어려운 줄은 몰랐다. 발은 자꾸만 엉뚱한 방향으로 미끄러졌고, 넘어지지 않으려고 온몸에 힘을 주니 금세 땀이 났다. 하지만 곁에서 친구들이 "괜찮아, 천천히 하면 돼!"라고 응원해 주었고, 선생님도 안전하게 서는 방법을 다시 알려 주셔서 용기를 낼 수 있었다.

몇 번이고 꽈당 넘어졌다가 일어나기를 반복하다 보니 조금씩 균형을 잡는 법을 알게 되었다. 벽을 꼭 붙잡고 있던 손이 어느새 얼음판 한가운데로 향했고, 뒤뚱뒤뚱이지만 스스로 앞으로 나아가는 순간이 찾아왔다. 친구들과 함께 손을 잡고 원을 그리며 빙글빙글 도는 시간은 말로 표현하기 힘들 만큼 즐거웠다. 바람을 가르며 달릴 때는 마치 내가 영화 속 주인공이 된 것처럼 자유롭고 시원했다.

처음에는 두렵고 불안했지만, 그 과정을 이겨내고 스스로 배워 나가면서 큰 자신감을 얻었다. 무엇보다도 혼자가 아닌 친구들과 선생님과 함께했기에 즐거움은 배가되었고, 넘어져도 다시 웃으며 일어날 수 있었다. 이번 학기 말 체험학습은 단순히 스케이트를 타는 시간이 아니라, 도전하는 마음과 협력의 소중함을 배우고, 또 함께한 추억을 오래 간직하게 된 특별한 하루였다.

• 정하진

그저께 스케이트장에서 일어난 일을 잊을 수가 없다. 친구들은 백조처럼 우아하게 미끄러져 가는데, 나는 왜 그리도 겁이 났던 걸까. '넘어지면 안 돼, 절대 안 돼'라는 생각이 머릿속을 끊임없이 맴돌았다.

깨질 것만 같은 살얼음판 위에서 발이 덜덜 떨렸다. 아무리 조심스럽게 움직여도 몸의 균형이 잡히지 않았다. 팔을 이리저리 휘저으며 중심을 잡으려 했지만 소용없었다. 결국 꽈당 하고 뒤로 넘어지면서 엉덩이에 차가운 얼음이 닿는 순간 "아!" 하는 소리가 저절로 터져 나왔다.

등과 엉덩이로 전해지는 얼음의 차가움이 온몸에 퍼졌다. 그 순간 주변이 조용해진 것 같았다. 모든 시선이 나에게 집중된 것 같아서 얼굴이 화끈거렸다.

"안 아프니? 괜찮니?"

스케이트 선생님이 급하게 다가와 물으셨다. 선생님의 걱정스러운 표정이 눈에 들어왔지만, 친구들이 '또 넘어졌네', '진짜 못 타네'라며 비웃을 것 같았다. 실제로는 아픈데도 자존심 때문에 아픈 걸 꾹 참고 "전혀 안 아파요, 괜찮아요."라고 애써 밝게 대답했다.

선생님은 여전히 걱정스러운 눈빛으로 나를 바라보셨지만, 내가 괜찮다고 하니 안심하시는 것 같았다. 하지만 일어서는 순간 엉덩이와 허리에서 찌릿한 통증이 올라왔다.

그 후로도 몇 번 더 넘어졌지만, 첫 번째만큼 아프지는 않았다. 어쩌면 넘어지는 것도 요령이 있는 것 같았다. 손을 먼저 짚지 말고 엉덩이로 떨어지라는 선생님의 말씀을 기억하며 조금씩 나아졌다.

지금 집에 돌아와서 엉덩이 멍든 곳을 만져보니 여전히 아프다. 거울로 보니 파랗게 멍이 들어 있다. 하지만 이번 일로 정말 중요한 걸 깨달았다. 넘어지는 것을 두려워해서 움츠러들면 오히려 더 넘어지기 쉽다는 것을. 다음에 스케이트를 탈 때는 넘어져도 괜찮다는 마음으로 당당하게 도전해 보겠다. 그리고 아플 때는 솔직하게 아프다고 말해야겠다.

• 이도현

고려대로 가는 버스 안, 창가 자리에 앉아 밖을 내다보며 설렘을 감출 수 없었다. 길가를 달리는 트럭 위에 앉은 아저씨가 눈에 들어왔다. 괜히 손을 흔들어 보고 싶어서 흔들어 봤는데, 그분도 환하게 웃으며 두 손을 크게 흔들어 주셨다. 마치 영화 속 한 장면 같아서 기분이 좋아졌다. 덕분에 마음이 한결 가벼워진 채로 링크장에 도착할 수 있었다.

링크장에 들어서자마자 차가운 공기가 얼굴을 감쌌다. 다른 학생들이 이미 스케이트를 타고 있는 모습을 보니 긴장되면서도 빨리 나도 타보고 싶었다.

스케이트를 신고 얼음 위에 첫발을 디디는 순간의 그 미끄러운 감촉을 잊을 수가 없다. 발밑이 이렇게 미끄러울 줄은 몰랐다. 처음에는 벽을 두 손으로 꽉 붙잡고 한 발 한 발 조심스럽게 움직였다. 마치 갓 걸음마를 배우는 아기가 된 기분이었다.

선생님이 "벽에서 조금씩 손을 떼보세요."라고 말씀하셨을 때는 정말 무서웠다. 하지만 용기를 내어 한 손씩, 두 손 모두 벽에서 떼고 혼자 서보니 생각보다 할 만했다. 몸의 균형을 잡는 방법을 조금씩 터득하면서 자신감도 생겼다.

첫째 날에는 그럭저럭 잘 해냈다고 생각했는데, 둘째 날은 완전히 달랐다. 좀 더 자신감을 갖고 빠르게 움직이려다 보니 자꾸 넘어졌다. 특히 다섯 번째 넘어졌을 때는 손목을 바닥에 찍으면서 이상한 느낌이 들었다.

처음에는 단순히 아픈 정도였는데, 점점 뻐근해지면서 욱신거리는 통증이 시작됐다. 손목을 돌려보니 움직일 때마다 찌릿했다. 혹시 다친 건 아닐까 걱정됐지만, 선생님께 말씀드리기가 부끄러웠다.

그래도 중간에 포기하지 않고 끝까지 해냈다. 아픈 손목을 다른 손으로 감싸 쥐고 조심스럽게 마지막까지 스케이트를 탔다. 집에 돌아와서도 손목이 좀 아프긴 하지만, 두 번의 체험을 모두 완주했다는 게 뿌듯하다. 다음에는 더 조심해서 다치지 않고 즐겁게 타야겠다.

• 이주영

설레는 마음으로 스케이트장에 도착했다. 오랫동안 기다렸던 체험학습이었기 때문에 버스에서부터 들떠 있었다. 하지만 실제로 링크장의 얼음판을 마주하는 순간, 설렘은 순식간에 긴장으로 바뀌었다.

얼음판이 유리처럼 매끄럽고 투명해서 생각보다 훨씬 무서워 보였다. 다른 학교 학생들이 쭉쭉 미끄러져 다니는 모습을 보니 '나도 저렇게 할 수 있을까?' 하는 걱정이 밀려왔다. 친구들은 벌써 장비를 착용하고 출발점으로 향하고 있는데, 나만 망설이며 뒤처져 있었다.

스케이트를 신고 첫발을 얼음에 올려놓는 순간, 다리에 힘이 쭉 빠지는 것 같았다. 발목이 휘청거리고 무릎도 떨렸다. '이러다 바로 넘어지는 건 아닐까?' 하는 생각에 더욱 긴장됐다.

용기를 내어 영차영차 발걸음을 옮기며 링크장을 한 바퀴 도는 것이 목표였다. 벽을 붙잡고 조금씩조금씩 전진했다. 중간중간 균형을 잃을 뻔했지만 어떻게든 버텨가며 절반 정도 왔을 때였다.

갑자기 발이 앞으로 미끄러지면서 중심을 완전히 잃었다. 팔을 휘저으며 균형을 잡으려 했지만 소용없었다. 결국 꽈당 하고 뒤로 넘어지면서 엉덩이와 손바닥이 차가운 얼음에 닿았다.

그 순간 얼굴이 화끈거리며 부끄러웠다. 주변 친구들이 다 보고 있을 텐데…. 심장이 쿵쾅거렸고 눈물이 날 것 같았다. 하지만 여기서 울면 더 창피할 것 같아서 꾹 참았다.

일어나서 주위를 둘러보니 생각보다 나를 보고 웃는 친구는 없었다. 오히려 몇몇 친구들이 "괜찮아?", "다쳤어?"라며 걱정해 주었다. 그제야 마음이 조금 놓였다.

나머지 반 바퀴를 도는 동안에는 더욱 조심스럽게 움직였다. 넘어지는 게 무섭기는 했지만, 그래도 끝까지 완주하고 싶었다. 한 걸음 한 걸음 신중하게 옮기며 마침내 출발점으로 돌아왔을 때의 그 기분!

비록 스케이트를 아주 잘 타지는 못했고, 중간에 넘어지기도 했지만, 포기하지 않고 끝까지 해낸 나 자신이 대견했다. 선생님이 "주영이 정말 잘했어! 끝까지 포기하지 않는 게 중요해."라고 박수를 쳐주셨을 때는 정말 뿌듯했다.

이런 경험은 교실에서 책으로는 절대 배울 수 없는 값진 시간이었다. 무엇보다 무서워도 도전하는 용기, 넘어져도 다시 일어나는 끈기를 배웠다. 다음에 또 스케이트를 탈 기회가 있다면 이번보다 훨씬 잘할 수 있을 것 같다.

- **정소령**

아침에 눈을 뜬 순간부터 마음이 복잡했다. 오랜만에 가는 스케이트라는 생각에 가슴이 두근거렸지만, 한편으로는 넘어져서 다칠까 봐 무서웠다. 거울 앞에 서서 '할 수 있다!'고 스스로에게 외치며 짐을 챙겨 집을 나섰다.

버스에서 친구들과 떠들며 30분을 달려 도착한 스케이트장. 입구에서부터 서늘한 공기가 얼굴을 스쳤다. 스케이트를 신고 얼음 위에 첫발을 내딛는 순간, 마치 내 뒤에 보이지 않는 무언가가 바짝 따라오는 것 같아 목덜미가 서늘해졌다.

처음에는 벽을 꽉 붙잡고 유모차를 밀듯 조심조심 발을 움직였다. 균형을 잡으려고 팔을 이리저리 휘젓는 내 모습이 우스꽝스럽기도 했지만, 점차 요령이 생겼다.

휴식 시간에는 친구들과 둥글게 모여 앉아 이야기꽃을 피웠다. 모두들 힘들어하면서도 눈빛만은 반짝반짝 빛났다. 다시 시작할 때는 서로 격려하며 끝까지 포기하지 않았다.

마지막에 링크장을 한 바퀴 돌 때였다. 차가운 바람이 뺨을 스치면서 마음속 깊이 자리 잡고 있던 불안과 걱정, 무서움이 조금씩 녹아내리는 것을 느꼈다. 그 순간만큼은 정말 자유로웠다. 언젠가 다시 스케이트를 탄다면, 이 시원한 바람과 함께 느꼈던 짜릿함을 다시 한번 만끽하고 싶다.

• 주지훈

어제와 그저께, 학교에서 아이스링크장으로 체험학습을 떠났다. 첫째 날 20분간 진행된 안전 수업은 솔직히 지루했다. 선생님이 "넘어질 때는 뒤로 넘어지고, 손을 먼저 짚지 마세요."라며 넘어지는 방법과 일어나는 요령을 차근차근 설명해 주셨다. 하지만 그런 이론보다는 빨리 얼음 위에 나가서 직접 타보고 싶은 마음뿐이었다.

드디어 고려대 아이스링크장에 도착했다! 웅장한 링크장 건물을 보니 가슴이 두근거렸다. 신이 나서 서둘러 준비하던 중, 그만 장갑을 깜빡하고 안 가져온 걸 발견했다. 링크의 찬 공기가 손가락 끝을 시리게 만들어서 긴장감이 더욱 커졌다. 친구에게 여분 장갑이 있냐고 물어봤지만 아무도 없었다.

마침내 스케이트를 신고 얼음 위에 첫발을 올렸다. 그 순간의 감각을 잊을 수가 없다. 무서웠다. 정말 무서웠다. 평소처럼 내 마음대로 몸을 움직일 수 없으니 당황스럽고 답답했다. 발목에 힘을 주려고 해도 스케이트 날이 옆으로 미끄러져 나가기만 했고, 무릎이 덜덜 떨렸다.

벽을 두 손으로 꽉 붙잡고 있는데도 몸이 자꾸 흔들렸다. 다른 친구들은 벌써 링크장 중앙으로 나가고 있는데, 나는 벽에서 한 발짝도 떨어질 수가 없었다. 조금만 힘을 빼면 넘어질 것 같았기 때문이다.

쉬는 시간에는 선생님과 함께 간단한 게임을 했다. 얼음 위에서 하는 축구 같은 놀이였는데, 이상하게 그때는 긴장이 훨씬 덜 됐다. 게임에 집중하다 보니 스케이트를 탄다는 생각을 잊고 자연스럽게 움직일 수 있었다. 선생님이 "게임할 때 더 잘하네!"라며 웃으셨던 것이 기억난다.

첫째 날에는 정말 넘어지기만 했던 것 같아 집에 가는 길에 속상했다. '나만 못하는 건 아닐까?' 하는 생각에 우울하기도 했다. 하지만 둘째 날에는 확실히 나아졌다. 벽에서 완전히 손을 떼지는 못했지만, 한 손 정도는 떼고 몇 걸음 걸을 수 있게 되었다.

비록 다른 친구들만큼 잘 타지는 못했지만, 나름대로 성장한 게 느껴져서 뿌듯했다. 다음에 또 기회가 생긴다면, 이번보다는 훨씬 잘할 수 있을 것 같다. 그리고 그때는 장갑을 절대 잊지 않겠다!

• 김산

둘째 날 아이스링크장에 들어서는 순간이 지금도 선명하다. 차가운 냉기가 온몸을 감싸면서 겨울 아침 학교에 가던 길이 떠올랐다. 그때처럼 코끝이 시려오면서도 왠지 설레는 마음이 들었다.

전날 밤에는 잠이 잘 오지 않았다. 첫째 날의 아쉬움 때문이었다. 친구들이 쉽게 하는 것들이 나에게는 왜 그렇게 어려웠는지 계속 생각이 났다. 하지만 오늘은 다를 거라고 스스로를 다독였다.

스케이트를 신고 얼음판에 나서자 어제와는 확실히 다른 감각이었다. 좀 더 자신감 있게 첫걸음을 뗄 수 있었다. 링크장에서 첫 바퀴를 돌 때의 그 기분을 어떻게 표현해야 할까. 온몸으로 차가운 바람이 스쳐 지나가면서 신나는 감정이 물결처럼 퍼져 나갔다.

그때 저절로 "와! 이거 진짜 재밌다!"라는 소리가 터져 나왔다. 혼잣말을 하며 씨익 웃는 내 모습이 우스꽝스럽긴 했지만, 그 순간만큼은 정말 자유롭고 즐거웠다. 마치 새가 되어 하늘을 나는 것 같은 기분이었다.

얼음이 이렇게 미끄럽다는 걸 몸으로 직접 느끼니 신기했다. 발끝에 전해지는 차가운 감촉, 몸이 앞으로 쭉 밀려나가는 그 독특한 느낌이 마치 다른 세상에 온 것 같았다. 스케이트 날이 얼음을 긁으며 내는 '스르륵' 소리도 인상적이었다.

중간에 친구 하나가 넘어져서 일어나지 못하고 있을 때, 나도 모르게 다가가서 손을 내밀었다. "괜찮아? 천천히 일어나."라고 말하면서 함께 일어설 수 있도록 도와줬다. 그 친구가 "고마워."라고 말할 때 마음이 따뜻해졌다.

아이스링크 체험이 끝나고 버스에 올랐는데, 우연히 동생이 우리 쪽 좌석에 앉아 있었다. 녀석이 계속 나를 보면서 장난스럽게 웃으며 "형, 넘어지지 않았어? 못 탈 줄 알았는데."라며 시비를 걸었다. 평소 같으면 화가 났을 텐데, 스케이트를 잘 탄 후라 그런지 그냥 웃으며 넘길 수 있었다.

학교에 돌아와서 먹은 점심이 유난히 맛있었다. 온종일 차가운 링크장에서 몸을 움직인 후라 그런지 평소보다 훨씬 배가 고팠다. 급식실 아줌마가 "많이 먹어라."라고 하시며 밥을 한 숟가락 더 퍼주셨는데, 그것까지도 감사했다.

1년 만에 탄 스케이트였는데, 생각했던 것보다 훨씬 재미있었다. 처음에는 무섭고 어려웠지만, 점점 익숙해지면서 정말 즐거운 경험이 되었다. 다음에 또 기회가 있다면 더 멋지게 타보고 싶다.

• 김다솜

기다리고 기다리던 스케이트 체험 날이 드디어 왔다. 며칠 전부터 "언제 가지?"라며 달력을 확인했던 그날 말이다. 아침에 일어나자마자 창밖을 보니 날씨도 딱 좋았다. 스케이트 타기에 완벽한 겨울 날씨였다.

아이스링크장에 처음 발을 들여놓은 순간, 꽁꽁 언 겨울 아침의 차가운 공기가 온몸을 강하게 감쌌다. 입으로 내쉬는 숨이 하얀 김이 되어 피어오르는 게 마치 냉동고 안에 들어온 것 같았다. 몸이 덜덜 떨리면서도 한편으로는 '드디어!'라는 설렘이 가슴을 가득 채웠다.

그런데 바로 그때였다. 내 바로 앞에 있던 친구가 꽈당 하고 넘어졌다. "아야!" 하는 소리와 함께 엉덩방아를 찧는 모습을 보니 괜히 내가 다 아픈 것 같았다. 그러더니 마치 도미노처럼 옆 친구도, 뒤에 있던 친구도 연달아 넘어졌다. '이제 정말 내 차례인가?' 하는 생각에 다리가 기린처럼 후들후들 떨리기 시작했다. 무릎이 부딪칠 정도로 떨렸지만, 어떻게든 꾹 참고 미끄러져 가며 목적지까지 도착했다. 넘어지지 않았다는 게 나 스스로도 신기할 정도로 엉성하고 불안정한 실력이었는데도 말이다.

선생님이 우리를 모아놓고 마치 엄마가 아기에게 걸음마를 가르치듯 차근차근 기본기를 알려주셨다. "무릎을 살짝 굽히고, 두 손을 앞으로 뻗어서 균형을 잡으세요."라고 하실 때는 정말 무서웠다.

엄마한테 혼날 때보다도 더 무서웠다. 심장이 평소의 두 배 속도로 뛰는 것 같아서 가슴이 쿵쾅거렸다. 하지만 선생님이 바로 옆에서 "괜찮아요, 천천히 해보세요."라며 지켜봐 주셔서 조금은 안심이 됐다. 옆에 있는 친구들도 나와 비슷하게 떨고 있는 걸 보니 나만 겁쟁이가 아니라는 생각에 위로가 되기도 했다.

수업을 마치고 스케이트를 벗을 시간이 되었을 때, 주변을 둘러보니 친구들은 벌써 전문가처럼 능숙하게 움직이고 있었다. 어떤 친구는 뒤로 스케이트를 타기까지 했다. 반면 나는 여전히 넘어질까 봐 돌덩이처럼 굳어서 꼼짝도 못 하고 있었다.

특히 나보다 키도 작고 어려 보이는 친구가 나보다 훨씬 잘하는 걸 보니 부끄럽고 속상했다. '왜 나만 이렇게 못하지?' 하는 생각에 기분이 우울해지기도 했다.

마지막에 자유시간이 주어졌을 때, '나도 할 수 있을까?' 하는 생각에 두 눈을 꽉 감고 용기를 냈다. 마음속으로 '할 수 있다, 할 수 있다'고 주문을 외우며 벽에서 손을 떼려고 했다. 다행히 큰 사고 없이 친구들이 있는 곳까지 갈 수 있었다.

집으로 돌아가는 버스 안에서 하루를 되돌아보니, 비록 다른 친구들만큼 잘하지는 못했지만 나름대로 성장한 게 느껴졌다. 내일은 꼭 더 잘해야겠다고 다짐했다. 이번엔 정말 벽에서 손을 완전히 떼고 혼자 서보는 게 목표다. 그리고 친구들처럼 멋지게 한 바퀴 돌아보고 싶다.

• 박현오

서울 성북구에 있는 고려대 아이스링크장으로 향하는 길, 버스 안에서부터 가슴이 두근거렸다. 작년에 한 번 가본 적이 있어서 그때 기억이 어렴풋이 떠올랐다. 그때는 너무 어려서 제대로 타지 못했는데, 이번엔 좀 더 잘할 수 있을 것 같았다.

링크장에 도착해서 스케이트 사이즈를 물어보시길래 "240이요."라고 답했다. 받은 스케이트를 신어보니 생각보다 딱 맞았다. 신발 끈을 꽉 조이고 헬멧도 단단히 고정했다.

처음에는 다른 친구들처럼 벽을 붙잡고 조심스럽게 움직였다. 하지만 점점 요령이 생기면서 한 손씩, 그다음에는 두 손 모두 벽에서 떼고 혼자 서볼 수 있게 되었다. 그때의 성취감이란!

가장 기억에 남는 순간은 조금 익숙해진 후 발을 번갈아 들어보기 시작했을 때다. 오른발로 중심을 잡고 왼발을 살짝 들어 올렸는데, 그 순간 몸이 하늘로 날아갈 듯한 기분을 느꼈다. 발밑의 얼음이 마치 구름처럼 부드럽게 느껴졌고, 차가운 바람이 뺨을 스치는 감각이 정말 시원하고 상쾌했다.

친구들이 옆에서 "우와, 현오야 잘한다!", "어? 벌써 한 발로 서네!"라고 격려해 줄 때 마음이 따뜻해졌다. 그런 응원 덕분에 더 자신감을 갖고 도전할 수 있었던 것 같다.

나도 스케이트를 잘 못 타는 친구들을 도와주고 싶었다. 한 친구가 중심을 잃고 넘어질 뻔할 때 얼른 달려가서 팔을 잡아줬다. "괜찮아? 천천히 해도 돼."라고 말하면서 함께 천천히 앞으로 나아갔다.

또 다른 친구는 너무 무서워해서 벽에서 한 발짝도 떨어질 수 없어 했다. 그 친구에게 "나도 처음엔 그랬어, 괜찮아. 내가 옆에서 잡아줄게."라고 말하며 용기를 북돋아 주었다. 그 친구가 마침내 벽에서 손을 떼고 몇 걸음 걸었을 때, 나도 함께 기뻐했다.

체험 시간 내내 친구들이 다치지 않도록 주의 깊게 살펴봤다. 누군가 넘어지면 빨리 다가가서 일으켜 주었고, 넘어질 것 같으면 미리 받쳐 주려고 했다.

마지막에 선생님이 "오늘 정말 잘했어요. 특히 서로 도와주는 모습이 보기 좋았습니다."라고 말씀하셨을 때 뿌듯했다.

앞으로도 이런 기회가 있을 때마다 친구들이 다치지 않도록 더 많이 도와주고 싶다. 그리고 다음번에는 더 잘 타서 다른 친구들에게도 스케이트의 재미를 알려주고 싶다. 혹시 아픈 친구가 있으면 보건실까지 데려다줄 생각도 되어 있다. 우리 모두가 안전하고 즐겁게 체험할 수 있도록 말이다.

- **장신은**

스케이트를 타고 반환점을 돌아 나오는 순간이었다. 엄청난 속도였다. 바람이 귓가에서 휘파람을 불고, 몸이 앞으로 쭉쭉 밀려 나가는 그 느낌! 이대로 계속 달려서 집까지도 갈 수 있을 것 같았다.

하지만 속도를 조절하지 못해서 벽 쪽으로 미끄러져갔다. 마치 브레이크가 고장 난 자전거를 탄 것처럼 당황했다. 다행히 매트 위로 넘어져서 크게 다치지는 않았다.

선생님을 따라 아이스링크를 도는 시간도 있었다. 우리가 마치 아기 오리들이 엄마 오리를 따라가는 것 같았다. 한 줄로 늘어선 채 선생님의 뒤를 따라 천천히 돌았는데, 그때는 안전하면서도 재미있었다.

처음 느껴본 그 속도감을 잊을 수 없다. 온몸으로 바람을 가르며 달리는 기분이 정말 짜릿했다. 조금 아프기도 했지만 금세 지나갔고, 그보다는 더 빨리 달리고 싶다는 욕심이 생겼다.

벌써 시간이 다 됐다고 하니 너무 아쉬웠다. 열 번이고 백 번이고 더 타고 싶었는데…. 마지막에 한참 동안 아이스링크를 바라보며 다짐했다.

'내년에 또 와야겠어!'

• 최하윤

학교에서 이틀간 진행된 스케이트 체험. 아이스링크장에 들어서는 순간 남극 탐험대가 된 기분이었다. 잠바를 입고 있어도 온몸이 꽁꽁 얼 것 같이 추웠다.

그런데 열심히 스케이트를 타다 보니 어느새 땀이 송글송글 맺히기 시작했다. 추위는 어디 갔는지 이번엔 후끈거려서 옷을 벗고 싶을 정도였다. 그러던 중 시원한 바람이 뺨을 스치며 내 땀을 식혀줬다. 더웠던 것보다 시원함이 훨씬 기분 좋았다.

이틀이라는 짧은 시간이 아쉬웠다. 3~4일만 더 배웠다면 훨씬 잘 탈 수 있었을 텐데…. 다음번에는 정말 열심히 배워서 제대로 된 실력을 갖춰야겠다.

이 짧은 시간 동안 발 움직임, 타는 자세, 균형 잡는 법 등 많은 것들을 배웠다. 그중에서도 가장 기억에 남는 순간은 모든 수업이 끝나고 자유시간이 주어졌을 때다.

그때 나는 스스로 팔의 각도를 맞추고, 무릎을 적당히 굽히고, 시선을 전방으로 고정한 채 링크장을 한 바퀴 돌았다. 선생님의 도움 없이 온전히 혼자 힘으로 해낸 것이었다.

한 바퀴를 다 돌고 나니 그동안의 내 자신이 너무 기특했다. '정말 고생 많았다'는 생각이 들었다. 그 짧은 한 바퀴를 도는 동안 마치 하늘을 나는 것 같은 자유로움과 성취감을 느꼈다. 정말 행복한 순간이었다!

• 현가은

버스를 타고 도착한 아이스링크장. 스케이트화를 받고 링크장으로 들어서니 마치 겨울 동화 속 세상에 온 것처럼 시원하고 신비로웠다. 살짝 느껴지는 쌀쌀함이 오히려 기분을 상쾌하게 만들어줬다.

링크장에는 우리보다 먼저 온 다른 학교 학생들이 있었다. 그들이 얼음판 위를 미끄러지는 모습은 마치 얼음 위에 그림을 그리는 것처럼 부드럽고 우아했다.

그 모습을 보면서 '나도 저렇게 타보고 싶다… 과연 잘 탈 수 있을까…' 하는 부러움과 걱정이 동시에 몰려왔다. 하지만 곧 마음을 다잡았다. '아니야, 나도 할 수 있어!'

얼음을 처음 밟고 들어서는 순간, 발끝으로 전해지는 차가운 감촉과 함께 시원한 얼음 바람이 얼굴을 스쳤다. 긴장됐던 마음이 편안해지면서 신이 났다.

조금씩 앞으로 나아가려 했는데, 옆에서 어려워하는 친구를 도와주다 보니 어느새 자연스럽게 움직이고 있었다. "괜찮아, 나도 처음엔 그랬어."라며 친구의 팔을 잡아주고, 함께 천천히 앞으로 나아갔다.

얼음판에서 미끄러지듯 움직이는 그 감각이 신기했다. 다행히 크게 넘어지지도 않고 여러 바퀴를 돌 수 있었다. 시간 가는 줄 모르고 즐기다 보니 어느새 체험이 끝났다는 안내방송이 나왔다.

스케이트와 헬멧을 정리하고 버스에 올라 창밖을 보니, 점점 멀어져 가는 링크장이 보였다. 마치 하고 싶은 말을 다 하지 못하고 헤어지는 것 같아 무척 아쉬웠다.

'나중에 6학년이 아닌 다른 때에도 다시 올 수 있지 않을까?' 하는 희망을 품으며 집으로 향했다.

• 권시오

스케이트 체험 첫날, 버스에서부터 작은 소동이 있었다. 좌석 배치표를 집에 두고 와서 어디에 앉아야 할지 몰라 당황했던 것이다. 결국 대충 기억나는 자리에 앉았지만, 둘째 날에는 절대 잊지 말아야겠다고 다짐했다.

우여곡절 끝에 아이스링크장에 도착해서 반별로 줄을 서서 스케이트와 헬멧을 받았다. 6학년답게 대부분의 친구들이 빠르고 정확하게 장비를 착용했다. 5학년 때 한 번 타봤던 기억이 어렴풋이 떠올랐다.

링크장에 들어서자 아이들이 크게 두 부류로 나뉘었다. 벽을 꽉 붙잡고 조심스럽게 한 발씩 내딛는 친구들과, 이미 능숙하게 미끄러져 다니는 친구들이 있었다. 몇 년간 연습으로 다져진 실력을 가진 친구도 결국 여러 번 넘어졌고, 나 역시 온몸이 얼음에 닿는 느낌을 여러 차례 경험했다.

선생님이 “외투 벗어도 돼”라고 말씀하시자 수십 벌의 잠바가 일제히 매트 위로 떨어졌다. 모두들 한결 가벼워진 것 같았다.

쉬는 시간에는 친구들과 둥글게 모여앉아 이야기꽃을 피웠다. 물론 쉬는 시간이라고 해서 정말 쉬기만 한 건 아니었다. 오히려 이런 시간이야말로 ‘우정을 쌓을 수 있는 소중한 시간’이었다.

마지막 수업을 마치고 스케이트를 반납하러 가는 길에서 다른 반 친구와 함께 길을 잘못 들었다. 서로 “이쪽이 맞나?”, “저쪽 같은데?”하며 웃으면서도 조금 불안해했다. 결국 한참을 돌아서 올바른 길을 찾았는데, 그 과정에서 나눈 웃음이 귀여운 추억으로 남았다.

버스에 올라탈 때도 조금 헷갈렸지만, 친구와 서로 짐을 들어주며 무사히 학교로 돌아올 수 있었다. 그런 자그마한 배려들이 모여서 더욱 평화롭고 따뜻한 하루가 되었던 것 같다.

8월 28일

오늘은 전교임원선거 날

드디어 전교임원선거가 있었다. 선거를 앞두고 여러 가지 생각이 많았는데, 막상 선거 당일이 되니 예상치 못한 일들이 벌어졌다.

선거 현황을 보니 6학년 남자 회장, 여자 회장, 그리고 5학년 남자 회장은 모두 단독 입후보였다. 오직 5학년 여자 부회장만 2명이 입후보한 상황이었다. 이런 상황을 보며 여러 생각이 든다. 과연 단독 입후보한 경우 무투표 당선되는 것이 건전한 민주주의일까? 경쟁이 없는 선거에서 유권자들은 어떤 선택을 해야 할까?

아이들에게는 '찬성', '반대'로 투표할 수 있다고 안내했지만, 실질적으로 대안이 없는 상황에서의 선택이란 참 어려운 문제다. 더 많은 학생들이 임원 활동에 관심을 갖고 도전해 보는 문화가 형성되어야겠다는 생각이 든다.

• 아침의 작은 사건

오늘 아침, 선거 방송을 듣는 도중 갑자기 사단이 났다. 방송은 나오는데 소리가 전혀 들리지 않는 것이었다. 아이들이 공약 발표를 들어야 하는데 이게 무슨 일인가 싶어 급히 옆 반으로 자리를 옮겼다.

다행히 한 명의 단독 입후보자를 한 아이였기에 천만 다행이다. 그 아이를 제외하고는 모든 후보자의 공약 발표를 들을 수 있었다. 아이들도 나름 진지하게 후보자들의 이야기에 귀를 기울이는 모습이었다.

• 기권에 대한 복잡한 마음

투표 시간이 되어 "기권은 하지 말고 투표하라."라고 당부했는데, 2명의 후보가 나온 부회장 선거에서 예상외로 기권이 제법 나왔다.

기권에 대해서는 아이들과 충분히 이야기를 나눴다. 민주주의에서 한 표의 소중함, 기권이 가져올 수 있는 문제점들, 그리고 역사적으로 무관심이 어떤 결과를 낳았는지에 대해 설명했다. 특히 투표 한 표가 가진 가치와 무게에 대해 강조했다.

하지만 동시에 한 가지 더 생각해 봐야 할 점이 있다. 영화 〈죽은 시인의 사회〉에서 키팅 선생님이 말했듯이, '걷지 않을 권리' 또한 존재한다는 것이다. 기권 역시 하나의 정치적 의사표현이며, 강제할 수 없는 개인의 권리라는 측면도 있다.

물론 나는 여전히 적극적인 참여를 권하고 싶다. 완벽한 후보가 없더라도, 더 나은 선택지를 고르거나 최악을 막는 것이 민주주의의 지혜라고 생각한다. 하지만 아이들이 자신의 판단에 따라 기권을 선택했다면, 그것 또한 존중해야 할 하나의 의사표현 방식이라는 점도 인정한다.

오늘 선거를 치르면서 민주시민교육이 얼마나 중요하고도 어려운 일인지 다시 한번 느꼈다. 단순히 '투표를 해야 한다'고 가르치는 것을 넘어서, 아이들이 자신의 선택에 대해 깊이 생각하고, 그 결과에 대해 책임질 수 있는 시민으로 성장할 수 있도록 도와야 한다. 때로는 기권이라는 선택지도 있을 수 있지만, 그 선택이 어떤 의미인지, 어떤 결과를 낳을 수 있는지도 함께 고민해 볼 수 있어야 한다.

추사 김정희와 소치 허련 – 스승과 제자의 이야기

오늘은 〈추사 김정희와 소치 허련〉이라는 글을 배우는 시간이었다. 이 글은 배경지식을 알고 들어가야 제대로 이해할 수 있는 작품이다.

추사 김정희는 미술이나 예술, 문학에 관심이 없어도 누구나 한 번쯤은 들어봤을 만한 인물이다. 그리고 소치 허련은 바로 그 추사의 제자다.

아이들에게 물어봤다.

"여러분이 소치 허련의 입장에서 생각해 보세요. 어느 날 선생님이 '야, 너 오늘부터 내 제자 아니니까 나가'라고 말한다면 어떨까?"

얼마나 속상했을까? 추사는 당대 최고의 학자였다. 게다가 못하는 게 없었다. 너무 잘나서 오히려 시기를 받아 힘겨워진 경우라고 할 수 있겠다. 근데 내 생각이지만 성격도 선비의 기상은 가득했을 것이고, 또 꼬장꼬장했을 것 같다.

아이들에게 추사체와 소치 허련의 글씨를 보여주었다. 추사체는 정말 독특하다. 마치 아이들이 장난치며 그어놓은 것 같은 느낌이다. 하지만 이것이 바로 추사 김정희만의 독창적인 글씨체다. 반면 소치 허련의 글씨는 우리가 일반적으로 생각하는 예술가의 글씨에 가깝다.

수업 중 가장 인상적이었던 부분은 〈구멍 난 벼루〉 이야기였다. 벼루에 구멍이 날 정도로, 먹을 계속 갈아 글씨를 썼다는 것이다. 요즘으로 치면 연필로 글씨를 하도 많이 써서 연필깎이가 고장 날 정도라고 할까.

추사는 소치가 어떻게 글씨를 쓰는지 계속 지켜봤고, 그 노력하는 과정 속에서 이 사람의 진정한 가치를 인정해 준 것이다. 그리고 마지막에 이렇게 평가했다고 한다.

"너의 글씨는 진한데 흐리다."

얼핏 들으면 앞뒤가 안 맞는 말 같다. 하지만 이런 역설적 표현에야말로 가장 깊은 의미가 담겨있다.

• 제주도 유배지에서 피어난 걸작

추사 김정희는 제주도로 유배를 갔을 때 최고의 걸작들을 남겼다. 참 아이러니하다. 잘 먹고 잘 살 때가 아니라, 힘들고 외로운 유배지에서 말이다. 그중에서도 〈세한도〉라는 그림은 국보로 지정되어 있다. 아이들도 국보 문화재를 보여줬더니 살짝 실망한 듯한 느낌. 그 그림에 담긴 의미를 자세히 설명하려 했지만 간단하게… 언뜻 보면 평범해 보이는 그림이지만, 추사 김정희의 삶이 고스란히 녹아있는 작품이다. 소치 허련이 세 번이나 제주도까지 찾아가서 스승을 만났다는 것도 감동적이다. 그 정성과 노력을 추사가 어떻게 몰랐겠는가.

아이들과의 대화

수업을 진행하면서 아이들과 여러 이야기를 나눴다. 그러다 현대 미술에 대한 이야기도 나왔다. 유튜브에서 봤던 벽에 바나나를 테이프로 붙여놓고 수억 원에 팔린다는 작품이야기까지.

“우리가 생각하는 세계와는 다른 세상의 사람들”이라고 표현했더니, 아이들이 웃으면서도 고개를 끄덕였다.

예술의 세계는 참 신비롭다. 보는 사람에 따라, 시대에 따라 가치가 완전히 달라진다. 중요한 건 그 안에 담긴 진정성과 노력이 아닐까.

세계 건축물 만들기 수업

미술 시간이다. 아이들과 함께 20~56피스로 구성된 세계 유명 건축물 만들기 수업을 진행했다. 교실 곳곳에 펼쳐진 18개의 서로 다른 건축물 박스들 ― 파르테논 신전부터 부르즈 할리파까지, 동서양을 아우르는 인류의 건축 유산들이 아이들을 기다리고 있었다. 근데 아이들 반응이 이렇다.

“선생님들은 이 수업을 왜 매년 하세요? 지금 4년째 건축물 만들기 하고 있어요.”

30여 가지 건축물이 준비되어 있다. 아이들이 선택할 시간이다. 어떤 아이는 피라미드의 웅장함에 이끌려 주저 없이 손을 뻗었고, 다른 아이는 시드니 오페라하우스의 독특한 곡선에 매료되어 한참을 바라보았다. 경복궁을 선택한 아이는 “우리나라 건물이니까요! 당연히 코리아!”라며 자랑스럽게 말했다.

처음 10분간은 모든 아이들이 집중했다. 설명서를 펼치고, 작은 피스들을 분류하며 체계적으로 접근하는 아이들. 하지만 곧 각자의 성향이 드러나기 시작했다. 사그라다 파밀리아 성당을 선택한 한 아이가 손을 들었다. 복잡한 첨탑 구조에 막힌 듯했다.

“선생님, 저 포기하면 안 돼요? 너무 어려워요.”

다가가서 함께 설명서를 보니 정말 복잡했다.

“가우디도 이 성당을 완성하는 데 100년이 넘게 걸렸대. 우리도 천천히 해보자.”

함께 한 피스씩 맞춰가며 작은 성취를 이어간다.

앙코르와트를 만들던 아이가 고개를 갸웃했다.

“선생님, 이게 왜 유네스코 문화유산이에요? 그냥 오래된 건물 같은데….”

“이 건축물이 얼마나 정교한지 한번 봐. 천 년 전 사람들이 이런 걸 어떻게 만들었을까?”

함께 앙코르와트의 역사와 건축 기법에 대해 이야기하며 조립을 계속했다.

노이슈반슈타인 성을 완성한 아이가 작품을 바라보며 시큰둥한 표정을 지었다.

"선생님, 이거 생각보다 만들고 나니 별로예요. 사진으로 봤을 때가 더 예뻤어요."

"실제 성은 정말 크고 웅장해. 이 작은 모델로는 그 느낌을 다 담을 수 없지. 하지만 네가 직접 만들어서 구조를 이해하게 된 건 정말 값진 경험이야."

페트로나스 트윈 타워를 선택한 두 친구가 자연스럽게 각각 한 개씩 타워를 맡아 만들기 시작했다.

"우리 동시에 완성해 보자!"

서로의 진도를 맞춰가며 협력하는 모습이 아름다웠다. 경복궁을 만들던 다른 아이는 "선생님, 왜 우리나라 건물은 지붕이 이렇게 휘어져 있어요?"라고 물었다. 여러 건축물들과 비교하며 각 나라의 건축 특색에 대해 이야기하는 시간이 자연스럽게 흘러갔다.

수업이 끝날 무렵, 브란덴부르크 문을 완성한 한 아이가 다가왔다.

"선생님, 이 집은 선생님 선물로 드릴게요. 감사해요."

"건축은 돌로 쓰는 음악이다" - 괴테

8월 29일

분모가 다르면 피자가 울고 간다

오늘은 분모가 다른 분수의 나눗셈 수업을 했다. 사실 아이들이 왜 통분을 해야 하는지 이해하지 못하고 그냥 기계적으로 뒤의 분수를 뒤집어 곱하라는 것을 외우고 있는 것 같아서 정말 차근차근 설명해 주었다.

피자 예시부터 시작했다. 피자가 8분의 5 남아있는데 갑자기 어떤 친구가 와서 7분의 2만큼 먹고 싶다고 하면 어떻게 하느냐고 물었다.

아이들이 잠깐 생각하더니 그냥 주면 된다고 했는데, 한 아이가 이미 8조각으로 잘라놨는데 7조각 기준으로 어떻게 주냐며 당황했다. 바로 그거다!

맞다고, 피자는 이미 8등분으로 잘라놨는데 갑자기 7등분 기준으로 달라고 하니까 줄 수가 없는 거라고. 이게 바로 통분이 필요한 이유라고 설명했다. 칠판에 피자 그림을 그려가며 설명했더니 "피자 56조각이 되면 너덜너덜해져서 못 먹어요!!!"라고 한다.

더 쉬운 예를 들었다.

"피자가 3분의 2 남아있는데 어떤 애가 와서 반만 먹고 싶다고, 본인은 2분의 1 달라고 하면?"

한 아이가 이미 3조각으로 잘라놨는데 반으로 어떻게 나누냐며, 반이 어디서부터 반이냐고 물으며 웃었다. 정확히 캐치했다!

그렇다고, 이미 3등분으로 잘라놨는데 반을 달라니 도저히 못 준다고. 그럼 어떻게 해야 하냐고 물으니 한 아이가 다시 자르면 된다고 답했다.

마구잡이로 자르면 안 되고 너도 양보하고 선생님도 양보해서 둘 다 만족할 수 있는 크기로 자르는 거라고. 3조각이랑 2조각이 둘 다 만족하는 게 뭐냐고 물으니 6조각이라고 답했다. 그럼 피자를 다 같이 6개로 커팅하자고 했다.

칠판에 피자를 6조각으로 다시 그렸더니 아이들은 이미 알고 있는 듯하다. 그러면 3분의 2는 6분의 4가 되고, 2분의 1은 6분의 3이 된다고. 이제 똑같은 크기 기준으로 말할 수 있다고 설명했다. 휴!

통분을 왜 하는지 이해했으니 이제 어떻게 하는지 설명했다. 분자 분모에 0이 아닌 같은 수를 곱하거나 나누어도 그 값이 변하지 않는다는 성질을 이용하는 거다. 그리고 분모가 같은 분수의 나눗셈은 분자의 나눗셈과 같다고 했다. 마지막으로 식을 수로 바꾸는 과정, 예를 들어 2 나누기 3은 3분의 2가 된다는 것까지 설명했다.

설명이 끝나고 이해도를 확인해 봤다. 70~80% 이해했다고 손을 든 아이들이 있었는데, 한 아이가 100%라고 하더라. 100%라니까 갑자기 믿음이 싹 떨어진다고, 그래도 90% 정도면 믿어주겠다고 했더니 웃음바다가 됐다. 결국 몇 명이 손을 들어서 통과 처리했는데, 나중에 한 아이가 저는 사실 그냥 외웠다고 솔직하게 말하더라.

마지막에 5분 정도 시간을 줘서 복습하게 했다. 수학 공부할 때는 중간 과정을 하나라도 빠뜨리면 안 된다고 강조했다. 오늘 수업을 통해 아이들이 단순한 암기가 아닌 진짜 이해를 했으면 좋겠다. 분수 나눗셈이 왜 그렇게 계산되는지 알았으니 이제 자신감을 가지고 문제를 풀 수 있을 것이다.

재판 분위기에서 레크리에이션까지

오늘 6교시, 아이들과 레크리에이션을 하면서도 마음이 복잡했다.

5교시 영어 시간에 정확히 무슨 일이 있었는지는 모르겠지만, 교실 공기가 심상치 않았다. 아이들 표정이… 뭐랄까, 재판 받고 나온 피고인 같달까? (정작 나는 받아 보지 않았지만….) 누군가 제대로 혼났나 보다. 분위기가 묘하게 가라앉아 있고, 아이들도 기운이 쭉 빠져있었다.

'이 타이밍에 레크리에이션이라고?'

'그냥 한 시간 체육 할까? 아니야 그러면 체육 싫어하는 아이들이….'

솔직히 나도 이런 분위기에서 공부하기는 싫다. 하지만 난 프로다. 프로는 프로답게 일단 시작은 해야지. "자, 재미있게 놀아볼까~?" 하며 인간제로를 시작했는데, 처음엔 다들 '선생님… 지금 그게 중요한가요?' 하는 표정이더라.

그런데 게임이 진행되면서 서서히 얼굴이 풀리기 시작했다. 아이엠그라운드에서는 폭소가 터져 나왔고, 눈치게임 때는 서로 눈빛으로 교감하며 웃는 게 영락없는 공범들이다.

결국 하마 팀(하윤, 다솜, 가은, 소령)이 금메달을 따며 환호했고, 사자 팀(하진, 김산, 서후)은 아쉬워하면서도 박수를 쳐줬다. 물개 팀(주영, 신은, 시오, 지훈)은 "우리도 잘했다!"라며 팀워크를 뽐낸다.

이렇게 20분 만에 교실 분위기가 180도 바뀌다니. 아이들의 회복력, 진짜 부럽다. 주말 동안 푹 쉬고, 오늘의 웃음이 주말까지 이어지길 바라며 교실을 정리했다.

9월 1일

위(Wee)클래스 행사 참여

오늘 우리 반 아이들과 함께 위(Wee)클래스에서 진행하는 행사에 참여했다. '상담/공감/친구로 2행시 짓기'와 '희망 나무 꾸미기'라는 주제로 진행된 이번 활동은 아이들에게 특별한 의미를 선사했다.

처음에는 다소 어색해하던 아이들도 막상 펜을 잡고 글을 써 내려가기 시작하자, 저마다의 개성과 진심이 고스란히 담긴 작품들이 탄생했다. 그 속에는 순수한 재미와 깊은 성찰이 공존했다.

"**공**을 **감**아차서 반대편 골대에 넣기"라고 쓴 아이의 글에서는 축구를 사랑하는 마음이 그대로 드러났다. 주제와는 어울리지 않지만 지금 이 축구인(?)에게는 그게 제일 하고 싶은 일이겠지. "**친**구가 학폭을 당하면 **구**해준다."라고 다짐한 아이의 문장에는 친구를 지키려는 용기와 정의감이 빛났다.

특히 인상 깊었던 것은 "**상**담은 갈 수 없는 **담**(벽)이 아닌 누구나 갈 수 있는 용기의 바닥입니다."라고 표현한 아이의 글이었다. 상담을 벽이 아닌 용기의 시작점으로 바라본 시각이 어른 못지않게 깊이 있었다.

"**친**구는 내 고민도 돌봐주고 **구**멍 난 양말도 이해해 주는 존재"라고 말한 아이의 표현도 마음을 따뜻하게 했다. 친구란 나의 모든 모습을 있는 그대로 받아주는 존재라는 의미가 기발하면서도 진솔하게 담겨 있었다.

"**공**감은 **감**정. 다른 사람의 감정을 같이 느끼는 것이다."라고 명료하게 정의한 아이는 공감의 본질을 정확히 꿰뚫고 있었다. 또한 "**상**처받고 아픈 마음을 상담실에서 **담**소를 나누며 마음을 치료해요."라고 쓴 아이는 상담의 치유적 기능을 잘 이해하고 있었다.

물론 "**친**구는 **구**술평가 시키세요."처럼 엉뚱한 발상이나 "**공**부만 하면 **감**정이 사라진다."라는 솔직한 고백도 있었다. 이런 표현들조차 아이들의 일상과 고민이 그대로 묻어

나는 소중한 메시지였다.

이번 행사를 통해 아이들이 상담, 공감, 친구라는 주제를 자신만의 언어로 풀어내는 모습을 보며, 단순한 글짓기를 넘어 서로의 마음을 이해하고 소통하는 귀중한 시간이었다는 생각이 든다. 오늘 아이들이 써낸 이 작은 2행시들이 앞으로 "친구를 이해하고, 함께 공감하며, 용기를 내어 상담할 수 있는 따뜻한 교실"을 만들어가는 소중한 씨앗이 되기를 진심으로 바란다.

지구도 기울어져 있고, 우리 반도 기울어져 있고

오늘은 지구본을 이용한 사회 수업을 연속 2시간 했다. 지구가 23.5도 기울어져 있다고 설명했는데, 우리 반 아이들의 집중도는 그보다 훨씬 더 많이 기울어져 있었다.

첫 시간, 아이들에게 북극점(바다에 있는 곳)이 어디 있는지 찾아보라고 했더니 한 아이가 지구본 꼭대기 아무 곳이나 찍으며 자신만만하게 대답했다. 거긴 땅인데…. 북극점을 찾는 여정이 신대륙 발견보다 더 험난해 보였다. 수업 내내 창밖 구름을 관찰하며 이미 정신은 우주 어딘가를 부유하고 있는 학생도 있었다. 지구의 자전축보다 본인의 관심축이 더 많이 기울어져 있는 듯했다.

서울이 적도에서 북쪽으로 37.5도 떨어져 있다고 설명했는데…. 아이들 표정을 보니 각도보다는… 세계지도 옆에 적힌 점심 메뉴판에 더 관심이 있어 보였다. 칠판 앞으로 나와서 북위 37.5가 어느 정도쯤이냐고 설명하라고 했더니 한 아이가 자전축은 휘어져 있다(?)며 망설였다. 휘어진 게 아니라 기울어져 있다고 정정했고 적도와 자전축의 90도 관계를 손동작으로 설명을 했다. 따라 하던 녀석은 각도를 만들지 못하는 몸짓이 마치 현대무용 같았다. 그래도 용기 내서 앞에 나온 것만으로도 대단했다.

북극에서는 지금 하루 종일 해가 떠 있다고, 이걸 백야라고 한다고 설명하자 한 아이가 그럼 밤에 잠은 언제 자냐고 물었다. 아이들의 순수한 궁금증이 오히려 수업을 더 생동감 있게 만들어주었다. 밤에 밝으면 재밌겠다는 의견이 더 많다. 시끌벅적해진다. 지구가 기울어져서 계절이 바뀌듯이 아이들의 관심도 수시로 기울어지고 바뀐다. 여기 사는 사람(북극점)은 지금 하루 종일 낮이고, 여기는 반대로(남극점) 하루 종일 밤이라고 설명하자 아이들이 신기해했다. 이런 게 지도학습의 매력이다.

두 번째 시간이 시작되었다. 이제 본격적으로 위도와 경도, 그리고 시차에 대해 알아볼 차례였다. 아이들이 드디어 지구상의 모든 지점을 찾을 수 있는 '좌표 마스터'가 되어가고 있었다. 서울은 동경 127.5도, 북위 37.5도라고 외우라고 했다. 3.75초의 외우는 시간을 주었더니 아이들의 반응이 가지각색이었다. 한 아이는 정확히 말했지만, 다른 아이는 동경 127에서 갑자기 서경으로 순간이동 하는 마법을 보여주었다.

지도에 있는 태평양의 '양' 자가 있는 곳의 좌표를 읽어보라고 하니 서경 160도, 북위 10도라고 답했다. 드디어 서경과 동경의 차이를 이해하기 시작했다. 지구본을 돌려가며 아, 이렇게 가는 거구나 하는 순간의 그 표정이 내 마음을 따뜻하게 만들어주었다. 영국보다 우리나라가 9시간 빠르다고, 지금 전화하면 민폐라고 설명하자 한 아이가 진지하게 그럼 미국 친구랑 언제 전화해야 하냐고 물었다. 그건 계산해 봐야겠다고, 지금 미국은 몇 시인지 알아보자고 했다. 비율을 사용하는 수학 시간이 되어 버린다.

그리고 아이들이 좋아하는 스포츠 이야기. 미국 야구팀이 동쪽으로 가는 걸 싫어하는 이유를 설명했다. 한 아이가 기발하게 비행기에서 연습하면 안 되냐고 물었다. 3시간 동안 비행기에서 연습만 할 수 없다고 하자 그냥 유튜브 보면서 경기 분석하면 되잖아요. 순수한 발상에 모두가 웃음바다가 되었다. 중국은 나라가 미국만큼 큰데 시간을 하나만 쓴다고, 그래서 서쪽 지역 학생들은 새벽 5시에 일어나야 한다고 하자 아이들이 그럼 우리도 12시에 등교하면 좋겠다고 외쳤다. 아니야, 그 12시는 실제로는 8시라고 설명했다.

시간의 상대성을 이해하기 시작하는 아이들이 신기했다. 좌표 개념은 역시나 어려워. 하지만 지구본을 직접 만지면서 남위 30도에서 50도 사이, 동경 160도에서 180도 사이를 찾아 뉴질랜드를 발견했을 때의 그 성취감! 아이들 얼굴에 번지는 미소가 모든 걸 말해주었다. 특히 아르헨티나 좌표를 읽으면서 우리나라 정반대편이라는 걸 알았을 때, 메시가 사는 곳이 우리랑 계절이 반대라며 감탄하는 모습이 인상적이었다. 인도 좌표를 읽어보라고 하니 동경 80도, 북위 10도라고 답했다. 맞다고, 이제 카레 먹으러 인도 갈 수 있겠다고 말했다.

추사 선생님의 혹독한(?) 제자 사랑

오늘 국어 시간에는 추사 김정희와 소치 허련의 스승과 제자 이야기를 계속 읽었다. 혹독한 스승의 가르침과 끝없는 노력으로 마침내 깨달음을 얻는 이야기였는데, 우리 반 상황과 묘하게 오버랩되는 순간들이 있었다.

"야, 너 연필 천 자루 정도 다 쓸 정도로 글씨를 써!"

추사 선생님의 무서운 지시(실제 이야기는 붓 천 자루)를 읽어주니 아이들 반응이 폭발적이었다. "선생님, 연필 천 자루를 다 쓰려면 몇 개월 걸려요?"라고 묻는 아이부터 "한 개… 몽당 한 개… 몽당."이라고 솔직하게 대답하는 아이까지. 연필 한 자루를 3일 정도에 다 쓴다면, 연필 1,000자루니 3,000일. 8년이 넘는 시간이다. 후… 다소 과장은 있겠으나 추사의 혹독함이 더욱 실감났다.

허련의 그림을 보고 "건조하기는 가을바람 같고, 부드럽고 윤택하기는 마치 봄비 같구나."라는 추사의 극찬을 설명하려니 아이들이 당황했다.

"선생님, 바람은 안 그렸는데요? 비도 안 그렸는데요?"

"진한데 연한 거예요? 어떻게요?"

봄과 가을이 공존하는 그림의 신비로움을 이해시키려 애썼지만, 아직은 어려운 개념인 듯했다.

가장 재밌었던 순간은 감정을 담은 그림 그리기 시간이었다. 각자에게 종이를 나눠주고 한 아이에게 현재 감정을 선으로만 표현해 보라고 했더니 복잡한 선들이 얽힌 그림이 나왔다. "어떤 감정인지 맞춰볼까?"라고 했더니 "수업 그만 듣고 빨리 쉬는 시간 돼서 축구하고 싶다."라는 대답이 나왔다. 또 다른 아이의 정답은 "머리가 복잡하다."였는데, 그림 속에 정말 복잡함이 고스란히 담겨 있었다. 우리는 그 작품의 이름을 "말똥 씨"라고 명명했다. 그 말똥 씨 그림은 우리 반 도현이에게 선물을 했고 도현이는 말똥 씨를 무려 지금까지 보관하고 있다. 그리고 앞으로도 보관할 것이다.

"미친 듯이 하지 않고서는 큰 성취를 얻을 수 없다."라는 구절에서 진짜 깊은 이야기를 나눴다. 어정쩡하게 하는 것보다는 하나라도 제대로 파는 것이 중요하다는 얘기를 했는데, 아이들도 공감하는 표정이었다. 특히 "뭔가를 집중해서 할 수 있는 끈기만 있으면 뭘 해도 성공한다."라는 말에 고개를 끄덕이는 아이들을 보니 뭔가 통하는 게 있는 것 같았다.

마지막 부분 "오랫동안 풀지 못했던 것을 오늘 자네에게 배우는구나."라는 추사의 극찬을 읽으며, 선생님이 제자에게 할 수 있는 최고의 칭찬이 무엇인지 생각해 보았다. 아이들도 언젠가는 자신만의 깨달음을 얻고, 누군가에게 그런 말을 들을 수 있기를 바란다. 그 누군가가 나이기를 바라지만. 올해는 쉽지 않을 듯하다. 추사와 소치의 이야기처럼, 우리 아이들도 끊임없는 노력을 통해 자신만의 깨달음을 얻어가길 바란다.

9월 2일

경위도 복습하다가 대륙·대양·우주·화산까지 간 날

사회 시간이다. 어제 배운 경위도 복습부터 시작했는데, 아이들이 생각보다(?) 잘 기억하고 있어서 다행이었다. 위도는 적도를 기준으로 남북으로 가는 선이라 기후와 관련이 있다고 설명하면서, 자연스럽게 1학기에 배운 제레드 다이아몬드의 『총 균 쇠』 이야기를 꺼냈다.

남북으로 긴 대륙들이 발전이 더딘 이유를 설명할 때 아이들 표정이 '다 아는 이야기인데요'란다. 적도부터 고위도까지 기후가 다양해서 식생이 다르고, 기를 수 있는 작물도 달라서 각자 따로 살 수밖에 없었다는 분석을 해주니까 고개를 끄덕이는 아이들이 보였다. 이런 끄덕임은 항상 기분이 좋다. 반면 유라시아처럼 가로로 긴 대륙은 같은 위도를 따라 식물이 퍼지고 동물들이 쉽게 이동할 수 있었다고 하니까 "아~" 하는 소리가 나왔다. 위도가 단순히 선이 아니라 문명의 발전에까지 영향을 미쳤다는 걸 이해하는 순간이었다.

경도 설명으로 넘어가면서 런던 그리니치 천문대를 기준으로 가상으로 그어놓은 선이라고 하니, 세계지도 얘기로 자연스럽게 넘어갔다. 우리가 쓰는 세계지도는 한국이 중앙에 오지만 영국에서 쓰는 세계지도는 영국이 중앙에 온다고 설명하면서, 그래서 영국 사람들이 우리를 "극동(Far East)"라고 부르는 거라고 하니까 아이들이 "어? 그래서?"라는 반응을 보였다. "Far는 멀리, East는 동쪽이니까 영국 입장에서는 우리가 저 끝에 있는 극동인 거야."라고 하니까 한 아이가 "약간 기분 나쁜데요? 왜 걔네들이 기준이에요?"라고 해서 웃었다. 지도의 중심을 어디에 두느냐에 따라 세계를 보는 관점이 달라질 테니 그 아이의 기분도 이해가 된다.

지도 이야기가 나온 김에 요즘 많이 쓰는 디지털 지도 얘기를 꺼냈다. 구글이 어떻게 지도를 만드는지 설명했다 "엄청나게 큰 헬륨 풍선에다가 조그마한 측정기랑 카메라를 달아서 올린다."라고 하니까 한 아이가 "어? 그럼 지금도 우리 머리 위에 있을 수도 있어요?"라고 물어봤다. "응, 지금 이 순간에도 지나갈 수 있어."라고 대답하니까 아이들이 일제히 창문 쪽을 쳐다봤다. 귀여운 녀석들!

위성 사진의 정밀도 이야기를 하다 보니 아이들의 호기심이 폭발했다. "사근초 운동장에 놀고 있는 우리 반 ○○이가 차는 축구공의 브랜드가 보일걸."이라고 하니까 한 아이가 "헉, 그럼 우리도 다 찍히고 있는 거예요?"라고 놀란다. "지나가는 사람의 얼굴도 식별 가능해."라고 하니까 다른 아이가 "그럼 우리 코 파는 것도 보여요?"라고 해서 교실이 웃음바다가 됐다. 이어서 중국의 안면 인식 시스템 얘기를 할 때는 분위기가 좀 무거워졌다. "딱 지나가면 얼굴이 스캔돼서 어디 가겠다고 거짓말도 못 해."라고 하니까 한 아이가 "무서워요…."라고 중얼거렸다. "우리나라는 그 정도는 아니야."라고 안심시켜 줬지만, 기술의 양면성을 느낀 순간이었다.

GPS 시스템 설명으로 넘어가면서 상대성 이론 얘기가 나왔을 때는 예상대로 어려워했다. "위성이랑 지상의 시계가 달라서 휴대폰 같은 디바이스에서 계산을 다 해서 강제로 맞춰놓고 내비게이션 정보를 줘."라고 설명하니까 한 아이가 "어? 하늘이랑 땅의 시계가 왜 달라요? 얼마나 달라요?"라고 물어봤다. "다르긴 한데, 많이는 아니야. 0.000000001 몇 초 차이는 우리 일상에는 상관없지만 로켓이나 폭탄이 날아갈 때는 엄청난 차이가 돼서 아예 다른 곳에 도착해."라고 하니까 "1초도 안 되는 차이네." 하면서 신기해했다.

기술 얘기가 나온 김에 일론 머스크 얘기로 화제를 돌렸다. "여러분들이 선생님 나이가 되면 지금 해외여행 가듯이 우주선 타고 달나라 갈 수 있을 거야."라고 하니까 교실이 완전 들썩들썩했다. "진짜요? 진짜요? 달에 가면 뭐 하지? 축구? 삼겹살 파티? 난 좀 무서운데? 달은 멀어서 너무 오래 걸리지 않아요?"라는 소리가 여기저기서 나왔다. "가는 데 3~4일, 오는 데 3~4일 걸릴 거야."라고 하니까 한 아이가 "우와, 그럼 방학 때 달나라 여행 갈 수 있겠네요!"라고 흥미진진해했다. 이 아이들이 내 나이가 되면 갈 수 있겠지?!

하지만 현실은 현실이니… "올라갈 때 엄청난 가속도를 느껴야 해."라고 하니까 한 아이가 바로 "그거 안 느끼게 하는 기술 없나요?"라고 물어봤다. 역시 그 녀석은 굉장히 날카로운 현실적인 질문을 한다! "그거는 안 느낄 수가 없어. 혹은 기술은 있을 수 있지만 돈이 엄청 들어."라고 설명하고, "수면가스 같은 걸로 순간적으로 조는 게 어떨까?"라는 아이디어를 내놓으니까 아이들이 "차라리 잠들고 일어나는 게 낫겠네요." 하면서 고개를 끄덕였다. "10G 정도의 가속을 받아야 하거든, 우리 지구가 잡아당기는 힘이 1G인데 그것의 10배로 거꾸로 올라가는 거야."라고 하니까 얼굴들이 점점… 파래진다. "그러면 안 갈래요!"

한참 미래 기술 얘기로 흥분한 아이들을 진정시키고, 드디어 본격적인 대륙과 대양 수업으로 돌아왔다. 서론이 너무 길었나. 암튼 아프리카 설명할 때 홍해를 경계로 하고 유럽은 우랄산맥을 기준으로 한다고 하니 아이들이 열심히 따라 그리는 모습이 보였다. "이 정도는 쉽게 되겠죠?"라고 물어보니까 "네!"라고 크게 대답하는 소리가 시원했다. 근데 다른 곳을 그리는 아이도 보인다! 6대륙과 7대륙 차이를 설명할 때 남극 협약 얘기가 나왔는데, "남극은 누구의 것도 아니에요. 연구 목적 빼고는 소유가 안 돼."라고 하니까 한 아이가 "그럼 거기 가서 살면 안 돼요?"라고 물어봤다. "연구하겠다고 하면 건설해도 되는데, 여기가 우리 땅이다라고 하는 건 안 돼."라고 설명했다. 그래서 남극은 지도에 하얀색으로 칠해 놓았다며 혼자 단정 지어 버리는 녀석. 눈 때문 아닌지 망설이다 넘어간다.

남극 얘기가 나온 김에 달 소유권 얘기로 화제를 돌렸더니 정말 재밌는 반응들이 나왔다. "지금 인터넷에 들어가면 달에 땅을 파는 사람이 있어. 사는 사람도 있어."라고 하니까 한 아이가 "사기잖아요!"라고 바로 반응했다. 역시 똑똑한 녀석들! "우리도 달에 이름 붙여요. 이건 김산, 이건 시오언덕, 이건 다솜고개, 이건 지훈 축구장…."

다시 남극 이야기로 돌아갔다. 남극 대륙이 원래 인도, 마다가스카르와 붙어 있었다고 설명하자 아이들 표정이 금세 놀람으로 바뀌었다. 지금은 너무 멀리 떨어져 있는 땅들이 한때 한식구였다는 사실이 신기했던 모양이다. 얼음 밑에서 열대 식물 화석이 나오고 공룡 화석도 엄청 발견된다고 하니, 한 아이가 "그럼 남극이 원래 따뜻했어요?"라고 물었다. 그래서 남극은 처음부터 추운 곳이 아니었다고, 세 대륙이 붙어 있다가 3등분되며 남극은 지금의 자리로, 마다가스카르는 아프리카 쪽으로, 인도는 아시아 쪽으로 이동한 거라고 설명했지만 아이들은 여전히 믿기 힘들어했다.

5개 대양은 비교적 수월하게 넘어갔지만, 예상대로 "동해는 왜 없어요?"라는 질문이

나왔다. 동해는 대양이 아니라 바다라고 설명해 줘도 큰 바다라고 우기는 한 녀석. 이건 답이 없다. 대양과 대륙에 대해 잠시 외우는 시간을 준 뒤 발표하게 했는데, 이 과정이 정말 재미있었다. 한 아이가 유럽, 아프리카, 오세아니아, 북아메리카, 남아메리카까지 술술 말하다가 마지막 하나, 우리가 사는 아시아를 계속 떠올리지 못해 아쉬웠고, 또 다른 아이는 대양 이름을 외우다가 태평양, 인도양, 대서양에서 막혀 "도와주세요…." 하며 힌트를 요청했다가 결국 맞혀내서 박수를 받았다.

교과서를 함께 읽으며 수업을 이어갔다. 지구 표면의 70%를 바다가 차지하지만 표면만 그렇다고 했다. 그 얘기에서 자연스럽게 지구에 실제로 존재하는 물의 양이 생각보다 많지 않다는 설명으로 넘어갔다. 귤로 비유해 "귤껍질만큼을 물이라고 생각하면 된다."라고 하니 아이들은 그래도 귤껍질도 상당한 양이라며 물이 많다고 한다.

교과서를 읽으려던 한 아이는 어디를 읽으라 하는지 몰라 헤매자 "지금 우리가 어디에 있지?"라며 장난스럽게 말해 아이들이 웃었다. 북극해 부분에서 갈등 이야기가 나오자 분위기가 금세 진지해졌다. 지금 북극해 주변 많은 나라들이 바다를 차지하려는 것뿐만 아니라, 바다 밑 자원을 얻으려는 것이라고 설명하니 "바다 밑에 뭐가 있어요?"라는 질문이 나왔다. 북극해에서 엄청난 석유와 자원이 나온다고 하니 아이들이 놀라워했다. 그리고 쇄빙선 이야기를 할 때는 더했다. 배 앞부분이 들려서 빙하 위로 올라탄 뒤 배 무게로 얼음을 깨뜨린다고 하니 '오…' 하며 감탄했다. 이건 완전 빙하를 박살내네요. 그래서 북극에서 깨온 빙하로 끓인 라면이 그렇게 맛있다고 농담을 던지며 "빙하 안 먹어봤지? 그거 그냥 얼음 맛이야."이라고 하자 교실이 또 한 번 웃음바다가 됐다. 한 녀석은 북극에 가면 참치를 꺼내 먹고, 북극곰에게 콜라 한 잔 주겠다고 한다. 북극곰은 무서운데….

그때 갑자기 "곰이랑 사람이 싸우면 누가 이겨요?"라는 엉뚱한 질문이 나왔다. 그래서 "선생님이 곰이고 네가 사람이라고 생각하면 된다."라고 하니 해볼 만하다는 녀석. 헉. "마이크 타이슨은요?"라는 질문…. 마이크 타이슨을 어떻게 알지? 암튼 그 분이 오셔도 곰이 이긴다고 단호하게 답했다. 게다가 우리 인간들은 얼음 위에서 미끄러져 더 불리하다고 하니, 한 아이는 본인은 스케이트를 잘 탄다며 자신 있다고 한다.

그 분위기 그대로 태평양 부분을 공부한다. 태평양 주변은 모두 화산지대라고 설명하며 '불의 고리'라는 표현을 알려줬는데, 한 아이가 '불고기'라고 해서 교실이 그대로 뒤집어졌다. '불의 고리'라고 바로잡아 줘도 계속 웃기에 "과거에는 우리나라가 불의 고리 옆에 있었는데, 네가 불고기를 너무 많이 먹어서 이제 우리도 불의 고리로 들어갔다."라고 농담하니 머쓱해한다.

불의 고리를 계기로 화제를 백두산으로 옮겼다. 언젠가 백두산도 폭발할 수 있고, 우리나라 땅도 완전히 안정적인 지층은 아니라고 하니 "그럼 화산 터지는 거예요?"라고 걱정 어린 질문이 나왔다. 백두산이 터져도 서울은 큰 피해가 없지만, 하늘이 어두워져 한 해 정도는 햇빛 양이 줄어든다고 설명했다.

이어 1816년 '여름이 없는 해'로 이야기를 확장했다. 1815년 인도네시아 탐보라 화산이 폭발하면서 이듬해 여름이 사라졌다고 하니 아이들은 반신반의했다. "화산이 그 정도야?" 하지만 전 세계에 비슷한 기록에 동일한 시기에 남아 있고, 우리나라에서도 그당시에는 식물이 거의 성장하지 못했다는 기록이 있다고 알려주자 조금은 믿는 눈치였다. 원래 4,300m였던 산이 폭발 후 2,851m가 되었으니 1.5㎞가 날아간 셈이라는 말에 아이들은 입을 벌렸다. 폭발음이 2,600㎞까지 들렸다는 사실을 말하니 이번엔 무섭다는 듯한 표정을 지었다.

수업이 화산 폭발이라는 다소 무거운 주제로 마무리될 듯해, 분위기를 바꾸려고 태양 이야기를 꺼냈다. "탐보라 화산보다 더 무서운 게 있는데…. 지금 태양이 커지고 있어요. 근데 50억 년 뒤의 일이니, 50억 살까지 살 자신 있으면 그때 걱정해요."라고 하자 한 아이가 갑자기 진지하게 "저는 진심 걱정해야겠어요."라고 말했다. 아이들이 대답하길 "너는 태양이 날아오면(커지면) 빨간색 축구공인 줄 알고 발로 찰 것 같다."라 한다.

"이보오, 오랜만이오." – 65년 만의 재회

오늘 도덕 시간에는 이산가족 상봉 영상을 보여줄 예정이었다. 이 영상은 내가 통일 공부를 하면서 정말 많이 본 자료인데, 솔직히 말하면 100번은 본 것 같다. 그런데도 볼 때마다 눈물이 난다. 아이들에게는 설명보다는 직접 느끼게 해주고 싶었지만, 이 영상은 배경을 알아야 이해할 수 있어서 먼저 상황을 설명해 주기로 했다.

• 65년간의 이별 이야기

오늘 동영상의 주인공 이순규 할머니처럼 끝까지 눈물을 흘리지 않는 분은 드물다는 이야기로 시작했다. 그런데도 그 담담함 속에 묵직한 감정이 느껴졌다고 덧붙였다.

1949년 12월, 열아홉 살이던 이순규 할머니와 스무 살의 오인세 할아버지는 결혼했다. 그러나 결혼한 지 불과 일곱 달 뒤, 1950년 6월 25일 전쟁이 터지며 두 사람의 삶은 완전히 갈라졌다. 아이들은 좀 놀란 눈치다. 이어서, 전쟁 직후 오인세 할아버지는 군 훈련에 참여하러 갔다가 북한으로 넘어갔다는 사실을 설명했다. 그러자 교실 여기저기에서 "어떻게 그럴 수가 있어요?"라는 탄식이 자연스럽게 흘러나왔다. 할머니는 그 짧은 일곱 달 동안 아이를 임신한 상태였고, 남편은 북으로 떠나버린 것이었다.

두 사람은 그 후 무려 65년 동안 서로의 생사조차 모른 채 살아왔다. 그리고 2015년, 제20차 남북 이산가족 상봉에서 단 12시간 동안 다시 만날 수 있었다는 이야기를 끝까지 전하자, 교실은 고요해졌다. 그 오랜 기다림이 남긴 무게를 느끼는 듯했다.

• 아이들과의 공감 시도

아이들에게 "지금 이 순간부터 부모님을 65년 동안 못 본다고 상상해 보라."라고 말하자, 한 학생이 자리에서 몸을 움찔하며 "안 돼, 안 돼."라고 반응했다. 그 소리를 계기로 나는 잠시 말을 멈추고, 당시 상황을 조금 더 현실감 있게 전달해야겠다는 생각이 들었다. 오인세 할아버지도 집을 나설 때 이렇게 오래 헤어지리라고는 생각하지 못했을 것이다. 전쟁이라는 극단적인 혼란 속에서 어떤 선택이 옳은지 판단하기조차 어려웠던 시대였다는 점을 설명하며, 그 상황을 조금이나마 이해해 보자고 이야기했다.

그때 한 아이가 갑자기 다른 방향의 상상을 펼쳤다. 차라리 집을 나와 자유롭게 살고 싶다며, 마음껏 축구만 할 수 있으면 좋겠다는 것이었다. 나는 웃음이 나오려는 걸 참고, "네가 이 험난한 세상을 직접 나와 보면 축구할 여유가 있을 것 같지? 누군가가 알아서 도와줄 것 같지? 그렇지 않다."라고 타일렀다. 그러면서 "아직은 인생의 매운맛을 몇 대 더 맞아야 한다."라는 말로 농담 반 진담 반을 섞어 분위기를 달랬다.

그러자 그 아이는 곧바로 "전 이미 충분히 맞아봤어요. 괜찮아요."라고 능청스럽게 대답해 교실에 한 번 더 웃음이 퍼졌다. 하지만 다시 차분한 흐름으로 돌아가기 위해, 나는 자연스럽게 수업의 무게를 되짚으며 아이들의 시선을 다시 이야기 속으로 끌어왔다.

• 이산가족 상봉의 현실

수업이 이어지던 중 한 아이가 손을 들고 "이런 상봉은 이분만 한 게 아니죠? 다른 사람들은 어떻게 만난 거예요?"라고 물었다. 나는 아이들의 시선을 잠시 모은 뒤, 남북 이산가족 상봉이 어떤 방식으로 이루어지는지 차근차근 설명했다. 남한의 관련 기관과 북한의 조직이 서로 연락을 주고받으며, 가족을 찾고 싶은 사람이 이름과 당시 상황을 알려 주면 북한에서 조회를 해 본다. 이순규 할머니가 "남편이 살아 있는지 모르겠지만, 이름은 오인세이고 전쟁 중 북한으로 갔다."라고 요청했을 때, 북한에서 확인 절차를 거쳐 살아 있다는 사실이 밝혀졌고, 그렇게 다시 만날 수 있었다고 말했다.

한 차례 상봉이 이루어질 때마다 보통 백 가족 안팎이 모인다. 그중 대부분은 형제나 자매가 피난길에서 손을 놓쳐 서로 다른 지역으로 흩어진 경우였다. 다섯 살, 여섯 살 무렵 헤어져 남쪽으로 내려온 아이는 남한에서 자라고, 다른 한쪽은 북쪽에 남아 각자의 삶을 살아가게 된 것이다. 나는 그 짧은 순간의 손 놓침이 평생의 격리로 이어진다는 사실을 아이들이 조금이라도 실감할 수 있게, 천천히 설명을 덧붙였다.

그리고 이어서, 이 모든 이야기가 단지 옛날 얘기가 아니라 지금 우리의 시간 속에서 끝을 향해 가고 있다는 점을 수학적으로 풀어 보여 주었다. 1953년 전쟁이 끝날 무렵 이산가족이 되었다고 가정해 보더라도, 부모 얼굴을 기억하려면 최소 다섯 살은 되었을 것이다. 그렇다면 지금 그들은 이미 일흔 후반을 넘긴 나이가 된다. 그래서 "지금 이산가족 세대도 정말 얼마 남지 않았다."라고 말하는 순간, 교실은 다시 조용해졌다. 아이들 얼굴에는 방금 전까지의 가벼운 미소 대신, 오래 헤어진 가족을 떠올리는 듯한 진지한 표정이 자리 잡았다.

• 가장 슬픈 이야기

아이들에게 이순규 할머니와 오인세 할아버지의 이야기가 왜 유독 널리 알려졌는지 설명했다. 단순히 오래 헤어진 부부의 재회가 아니라, 그 사연이 너무도 안타까웠기 때문이라고 말하자 아이들의 시선이 다시 집중됐다. 결혼 7개월 만에 남편과 헤어진 할머니는 혼자 아이를 낳아 키웠고, 그 아이는 결국 65년이 지나 65세가 되어서야 아버지를 만날 수 있었다. 이 사실을 전하니 교실 여기저기에서 작은 탄성이 흘러나왔다.

나는 이어서 그동안의 삶을 조금 더 구체적으로 들려주었다. 할머니는 어린 아들에게 아버지가 외국에 돈을 벌러 갔다고 설명하다가, 시간이 지나서는 돌아가셨다고 말하며 매년 제사까지 지냈다는 것이다. 이 말을 들은 아이들은 다시 "어머!" 하고 놀라워했다. 아버지가 죽은 줄 알고 평생을 살던 사람이, 어느 날 갑자기 아버지가 살아 있다는 소식을 듣게 되었을 때의 감정이 얼마나 복잡했을지 상상하기 어려울 것이라고 설명하자, 아이들의 표정은 한층 더 진지해졌다.

또한, 두 사람의 삶이 어떻게 달라졌는지도 덧붙였다. 이순규 할머니는 재혼하지 않고 홀로 살며 아들과 손자들을 키웠고, 반면 오인세 할아버지는 북한에서 재혼해 여러 자녀를 두며 또 다른 가족을 이루었다. 오랜 시간 서로 다른 자리에서 각자의 삶을 버텨 온 두 사람의 이야기를 되짚으며, 아이들은 가족이라는 연결이 얼마나 복잡한 감정과 선택 위에서 이어지는지 조금이나마 생각해 보는 듯했다.

• 시계에 담긴 의미

아이들에게 65년 만의 재회 장면을 보여주며, 두 사람이 처음 건넨 말이 "이보오, 오랜만이오."였다고 설명하자 교실이 술렁였다. 아이들은 그렇게 오랜 시간이 흘렀는데도 마치 오래 떨어져 있던 이웃을 만나듯 담담하게 인사를 건넸다는 사실이 신기한 듯했다. 그래서 다큐멘터리 제목도 자연스럽게 그 한 문장에서 따온 것이라고 덧붙여 주었다.

이산가족 상봉에서는 정해진 규정에 따라 10만 원 한도 내에서만 선물을 준비할 수 있다. 할머니가 할아버지를 위해 시계를 사 갔다는 이야기를 들려주자, 한 아이가 금세 "10만 원은 너무 싼 것 같아요."라고 말했다. 나는 그 말에 웃으며, 금액보다 중요한 건 그 안에 담긴 의미라고 설명했다. 65년이라는 시간을 건너온 사람에게 전하는 선물이니, 시계에는 '그 오랜 세월'을 함께 보지 못한 마음이 담겨 있다고 생각하면 된다고 이야기해 줬다.

이 다큐멘터리를 볼 때마다 늘 마음이 울컥한다고 솔직하게 털어놓았다. 이미 어떤 사연인지 알고 있고, 상봉의 결말도 알고, 상봉 주인공들이 아직 생존해 있는지도 알지만, 화면에서 그 순간을 마주할 때마다 눈물이 날 수밖에 없다고 말했다. 그러자 나는 앞줄에서 아무렇지도 않은 표정으로 앉아 있는 한 아이를 바라보며, "너는 아마 잘 못 느낄 거야. 이 장면 보다가도 그냥 밖에 나가서 축구하자고 하면 바로 '네' 하고 나갈 것 같아."라고 농담을 던졌다. 교실에 작은 웃음이 번졌지만, 그 웃음 너머로 아이들은 이산가족이 겪어 온 시간의 무게를 조금씩 받아들이고 있는 듯했다.

• 금강산에서의 만남

이산가족 상봉이 북한의 금강산에서 이루어진 행사라는 사실을 설명하며 "버스를 타고 북한으로 가야 한다."라고 말하자, 아이들은 순간 눈을 동그랗게 뜨며 신기하다는 표정을 지었다. 영상 속 장면을 따라가며 필요한 부분마다 설명을 덧붙였다. 할머니가 상봉을 위해 준비한 물건들 — 결혼할 때 할아버지가 직접 깎아 준 도장과 결혼식 날 신었던 구두 — 을 65년 동안 그대로 간직하고 있었다는 이야기를 들려주자, 교실에서는 탄성이 흘러나왔다. 그런데 정작 할아버지는 그 도장을 기억하지 못해 "이거 내가 깎았나?"라고 묻는 장면에서 아이들은 웃음과 안타까움이 뒤섞인 반응을 보였다.

상봉을 앞두고 할머니가 어떤 선물을 준비할지 고민하는 장면에서는 "10만 원짜리 시계라도 하나 해 갖고 가."라는 말이 나온다. 그 순간 한 아이가 북한 물가를 묻는 현실적인 질문을 던졌지만, 나는 잠시 대답을 미루고 그 상황 속 감정에 먼저 집중해 보자고 했다.

95세가 된 이순규 할머니가 현재도 살아 계신다는 사실을 알려주며, 이번 겨울방학에 한번 찾아가 뵐까 생각 중이라고 솔직하게 말했다. 이 이야기를 직접 연구해서 글로 남기고 싶었지만, 이미 다른 연구자가 논문으로 정리해 아쉬웠다는 이야기도 덧붙였다.

수업 내내 아이들의 반응은 다양했다. 어떤 아이들은 이야기 속으로 깊이 몰입해 있었고, 또 어떤 아이들은 여전히 이 무게를 체감하기에는 어려워 보였다. 하지만 나는 역사적 사실과 그 안에 담긴 인간의 감정을 함께 배우는 일이 무엇보다 중요하다고 느꼈다. 65년이라는 시간의 깊이를 6학년의 눈으로 온전히 이해하는 것은 쉽지 않겠지만, 적어도 가족의 소중함과 전쟁이 남긴 상처를 조금이라도 마음에 담아주었으면 좋겠다. 수업이 끝난 뒤 아이들이 "나라면 어땠을까?" 하고 스스로에게 묻는 순간이 있었다면, 그 자체로 오늘의 수업은 의미 있었을 것이다.

9월 3일

아침 티셔츠 사이즈 측정기

아침에 교실 문을 열자마자 가을 체육복 티셔츠 샘플 박스를 먼저 꺼냈다. S부터 XXL까지 다섯 가지 사이즈가 가지런히 담겨 있었는데, 상자만 봐도 이미 교실이 어떻게 들썩일지 그림이 그려졌다. 오늘은 분명 조용할 틈이 없겠다는 예감이 들었다.

티셔츠를 책상 위에 펼쳐 놓자 아이들이 금세 몰려왔다. 가장 먼저 달려온 아이는 자신감 가득한 목소리로 "저는 무조건 XXL이에요!"라고 외쳤다. 늘 큰 옷이 멋있다고 우기던 그 아이답게 XXL을 입고 양팔을 활짝 벌려 친구들에게 자랑하더니, 이내 거울을 보며 표정이 미묘하게 바뀌었다.

"어… 너무 크네요. 아빠 옷 같아요…."

결국 다시 XL을 권해야 했다.

반대편에서는 작은 체구의 한 아이가 손을 번쩍 들었다.

"선생님, S 있나요? 저는 항상 제일 작은 거 입어요."

S를 입어보자마자 어깨가 흘러내리고 소매는 손등을 덮었다. "쌤, 이거 너무 커요… XS는 없나요?"라고 묻는데, S가 가장 작은 사이즈라는 말이 참 미안하게 느껴졌다.

신중한 성격의 아이는 하나하나 꼼꼼히 살폈다. 길이를 맞춰보고, 소매를 들어 올려보고, 거울 앞에 서서 천천히 판단했다.

"길이는 괜찮은데… 팔이 좀 끼는 것 같아요."

결국 L을 다시 입어보며 스스로 기준을 잡아갔다.

자신만만한 아이도 있었다.

"저는 딱 M이에요! 제가 입는 옷은 거의 다 M이거든요."

그러나 막상 입어보니 예상과 조금 달랐는지 거울을 보며 고개를 갸웃거렸다.

"생각보다 크네요…. 하지만 S는 작을 것 같고 L은 더 클 것 같고…. 아, 이거 어렵네요."

마지막 아이는 브랜드마다 사이즈가 다르다는 사실을 경험으로 알고 있었다.

“선생님, 저는 보통 L인데요…. 친구가 이 브랜드는 크게 나온다고 해서요. M으로 할까요?”

결국 L과 M을 번갈아 입어 보더니 “역시 직접 입어봐야 알겠어요. 감으로는 안 되네요.”라며 스스로 결론을 내렸다.

하루 내내 이런 장면이 반복되었다. 같은 사이즈라도 어떤 아이는 “딱 맞아요!”라고 말하는 반면, 어떤 아이에게는 크고, 또 다른 아이에게는 작았다. 티셔츠 하나 고르는 일 속에서도 아이들 각자의 체형, 취향, 감각이 모두 다르게 드러났다. 단순히 숫자로 정해지는 문제가 아니라, 한 사람 한 사람이 어떤 몸을 가지고 어떤 옷을 편안하게 느끼는지 그 차이를 고스란히 확인하는 시간이었다.

9월 4일

사회 시간의 좌충우돌 세계여행

어제에 이어서 아시아와 오세아니아 지도를 다시 펼쳤다. 네팔의 에베레스트 이야기를 꺼내자, 한 아이가 케이블카를 타고 산 정상까지 올라가겠다고 장난스럽게 말한다. 나는 실제 고산 트레킹의 위험을 들려주며 "3천, 4천 미터 절벽에서 한번 잘못 디디면 바로 끝이다."라고 설명했다. 아이들이 "그럼 돌아가면 되잖아요?" 하고 묻지만, 몇백 미터를 돌아갈 수 있는 여유가 없는 길이라는 점을 알려주자 고개를 끄덕였다. 사람이라면 누구나 '빨리 가고 싶은 마음'이 생긴다는 이야기로 자연스럽게 이어졌다.

싱가포르 이야기를 꺼내자 교실의 분위기가 한층 더 편안해졌다. 여행 경험을 들려주니 아이들은 익숙한 나라를 만난 듯 상상 속 지도를 펼쳐 듣고 있었다. 나는 싱가포르가 부유해진 배경을 택배 거점에 비유해 설명했다. 작은 나라지만, 전 세계 배들이 이곳을 한 번 거쳐 가야 하는 구조라서 물류가 끊임없이 흐르고, 그 흐름 속에서 돈이 자연스럽게 쌓인다는 이야기였다. 아이들은 마치 바닷길을 따라 선박들이 모였다 흩어지는 장면을 떠올리듯 조용히 집중했다.

그 흐름을 이어, 나는 돈이라는 것도 결국 '흐름'과 '신뢰' 위에서 움직인다는 점을 풀어보았다. "우리가 쓰는 신용카드도 사실은 돈을 직접 주고받는 게 아니라, 앞으로 지불하겠다는 약속이 이동하는 거예요." 물건이 물류 거점을 통과하며 믿고 맡기는 과정이 중요하듯, 돈도 실체보다 '약속과 신뢰의 통로'를 기반으로 흘러간다는 설명이었다.

싱가포르의 독특함을 말할 때는 더 흥미로워했다. 좁은 땅을 넓히려고 인도네시아에서 모래를 사와 바다를 메우고, 심지어 인도네시아의 어떤 섬은 너무 많이 파내는 바람에 바다 밑으로 가라앉아 버렸다는 사실에 아이들은 놀라움을 숨기지 못했다. 또 싱가포르의 쓰레기를 인도네시아에 돈을 주고 버린다는 이야기를 덧붙이자, 교실이 다시 한번 술렁였다.

오세아니아로 이야기가 넘어가자, 아이들은 처음 듣는 나라 이름들이 많아서인지 자세를 조금 고쳐 앉으며 지도를 따라오기 시작했다. 파푸아뉴기니의 위치를 짚어 주며 "여기는 아시아와 오세아니아가 만나는 지점"이라고 설명하자, 한 아이가 지도를 들여다보다가 엉뚱한 상상을 이어갔다. "그럼 가운데 서 있으면 나라를 왔다 갔다 하는 거예요?"라는 듯한 눈빛이었다.

나는 그 틈을 잡아 자연스럽게 국경 이야기를 꺼냈다.

"이 지역은 열대 밀림이 우거져 있어서 국경선이라는 게 거의 의미가 없어요. 사람보다 숲이 더 많은 곳이니까, 출입국을 관리하는 것도 사실상 불가능하죠."

아이들은 빽빽한 숲 사이를 떠올리며 잠시 멈칫하는 표정을 지었다.

호주 단원을 펼치자, 교실의 공기가 다시 또렷해졌다. 지도 곳곳에 익숙한 도시 이름이 보이자 아이들은 자연스럽게 눈을 화면에 붙였다. 그중 한 아이가 어디서 들은 이야기라며, 호주에서는 주유소 직원이 총을 들고 근무한다는 말을 꺼냈다. 그 질문을 계기로 총에 대한 궁금증이 이어졌고, 전쟁 영화 속 장면을 실제 상황과 비교해 달라는 요청까지 나왔다.

나는 영화처럼 정면에서 총을 주고받는 일은 거의 없다는 점, 총의 반동 때문에 초보자는 제대로 겨누기도 어렵다는 점, 실제 전장에서 명중률이 생각보다 훨씬 낮다는 사실을 차근차근 설명했다. 아이들은 화면 속 전투 장면과 현실의 차이를 떠올리며 잠시 조용히 생각에 잠겼다.

그런데 그 분위기를 깨뜨리듯 한 아이가 갑자기 책상에 팔꿈치를 올리며 "총보다 사랑 실패가 더 아픈 것 같아요."라고 중얼거렸다. 교실 곳곳에서 숨죽인 웃음이 퍼져 나왔다. 나는 그 말의 여운을 놓치지 않고 "그게 바로 총 맞은 것처럼 아픈 거지."라며 가볍게 받아쳤다. 아이들은 고개를 절레절레 흔들며 "그래도 총이 더 아프죠."라고 계속 장난을 이어갔고, 무거웠던 전쟁 이야기는 잠시 부드럽게 풀렸다.

오늘 수업의 흐름은 결국 음식 이야기에 가닿으며 한 번 더 탄력을 받았다. 노르웨이의 연어와 고등어 이야기를 꺼내자, 아이들은 기다렸다는 듯 몸을 앞으로 기울였다. 화면 속에서 노르웨이 사람들이 예전에는 고등어를 거의 식탁에 올리지 않았고, 한국인이 즐겨 먹는다는 사실을 알고 나서야 수출량이 급격히 늘었다는 장면이 나오자, 아이들은

"저도 노르웨이 고등어 많이 먹어봤어요."란다.

이어서 세계 골뱅이의 90%가 한국으로 간다는 사실, 영국 어부들이 정작 자신들은 맛도 모르는 골뱅이를 한국인을 위해 잡아 올린다는 이야기. 아이들은 누가 그렇게 골뱅이를 먹냐며 반문하는데. 바로 나~ 마지막으로 노르웨이 고등어 어장을 보여주는 영상에서, 화면 가득 푸른 비늘이 흔들리자 아이들이 숨을 가볍게 들이쉬었다. 바닷물이 아니라 고등어가 공간을 채운 것처럼 보인다.

마지막 숨바꼭질

국어 시간, 〈마지막 숨바꼭질〉 교과서 글을 함께 읽는다. 요즘 아이들은 숨바꼭질을 할 일이 거의 없다는 이야기를 꺼내자, 몇몇이 예전에는 옷장에 숨어 있다 잠들어 버린 적도 있다며 소곤소곤 웃었다. 그렇게 평범한 놀이에서 출발한 수업은 곧 전혀 다른 무게를 가진 이야기로 이어졌다.

작품은 소방관인 아버지의 어린 시절을 다룬다. 아버지는 화재로 동생을 잃은 경험이 있어, 잠들어 있을 때조차 불을 끄는 듯한 꿈을 꾸며 몸을 뒤척인다. 아들 경민이는 그런 아버지의 어깨가 들썩일 때마다 조심스레 등을 밀어 숨이 편해지도록 도와준다. 아이들은 인물의 감정을 더듬듯 책장을 따라가고 있었다.

"처음부터 동생을 잃은 이야기를 쓰면 안 되나요?"라는 질문이 나왔을 때, 나는 시간을 일부러 뒤집는 방식이 감정을 훨씬 깊게 만든다는 점을 설명했다. 현재에서 과거로, 다시 현재로 돌아오는 흐름을 갖춘 구성을 '액자식 구성'이라 부르며, 영화나 드라마에서 흔히 쓰는 기법이라고 덧붙였다. 그러자 한 아이가 장난스러운 표정을 지으며 "그럼 저도 20년 뒤에 '지금의 저를 만든 사람은 이도건 선생님입니다'라고 회상 장면을 넣을까요?"라고 말한다.

작품 속 시선은 곧 과거로 내려간다. 지금의 우리 반 아이들과 비슷한 나이였던 아버지는 장마철 정전 속에서 동생과 숨바꼭질을 했다. 촛불을 켜던 장면에 멈춰서 나는 이야기를 흘러가게 하는 '복선'의 역할을 설명했다. 촛불 같은 작은 장치가 있어야 독자는 어떤 일이 다가온다는 분위기를 미리 감지할 수 있다는 것이다.

이야기는 점점 어둡게 내려앉는다. 형이었던 아버지는 장난이 깊어져 동생을 일부러 찾지 않고 숨었고, 그사이 집에 불이 났다. 촛불을 들고 안방 옷장에 숨어 있던 동생은 끝내 빠져나오지 못했다. 전화도, 소방장비도 변변치 않던 그 당시 장면을 떠올리며 아이들은 말이 없어진다. 현재 시점으로 돌아와 소방관인 아버지는 붉게 물드는 노을만 보아도 가슴이 덜컥 내려앉는다고 말한다. 그 감정의 여운이 교실에도 작게 퍼졌다.

작품을 다 읽은 뒤 소감을 나눈다.

"불이 위험하다는 건 알았는데, 정말 위험하네요."

단순한 감상이었지만, 그 말 속에 작품 전체를 꿰뚫은 깨달음이 담겨 있었다. 나도 예전에 군 복무 시절 산불을 끄러 갔던 경험을 들려주었다. 소방관처럼 한가운데로 뛰어드는 것이 아니라, 불이 번지지 못하도록 주변의 낙엽과 가지를 긁어내는 일이 주된 임무였다는 점, 이미 불이 난 곳을 억지로 막으러 들어가는 일은 더 위험하다는 점, 불의 무서움을 아이들에게 천천히 전했다.

이어지는 이야기 속에서 화재 상황이 언급되자, 아이들은 과학시간에 배운 내용을 자연스럽게 떠올렸다. "불이 붙으려면 세 가지가 필요하다며요?"라고 말하는 아이도 있었다. 탈 물질과 산소, 그리고 온도. 이미 알고 있는 개념이어서인지, 아이들 얼굴에는 이해의 속도가 훨씬 빨랐다. 나는 작품에서 드러난 상황과 연결해, 실제 화재가 나면 섣불리 불을 끄겠다고 들어가기보다 먼저 대피하고 119에 신고하는 것이 가장 안전한 선택이라는 점을 덧붙였다. 배움이 여러 교과를 오가며 서로 이어지는 순간이었다.

숫자들의 변신술

오늘 수학 시간은 숫자 세 형제, 1, 1.0, 1분의 1의 이야기로 문을 열었다. 겉모습은 제각각이지만 모두 같은 값을 나타낸다는 점을 소개하니, 아이들은 익숙한 듯 고개를 끄덕이면서도 속으로는 "정말?" 하는 표정을 숨기지 못했다. 내가 세 표현이 같은 양을 나타낸다는 사실을 묻자, 한 아이가 자신 있게 1.0을 "0.1이 열 개 모인 것"이라고 설명했다. 거의 완벽한 개념이었고, 다른 아이는 "1분의 1은… 하나 잘라서 하나 먹은 것?"이라며 다소 엉뚱한 표현으로 이해를 드러냈다. 표현은 서툴렀지만 분수의 의미를 자기 식으로 잡아가고 있는 모습이었다.

실생활로 시선을 돌려, 세 표현이 어떤 상황에서 자연스럽게 쓰이는지 설명했다. 사과 한 개를 살 때 "1개"라고 하지 "1.0개"나 "1분의 1개" 달라고 하지 않는다는 예시는 아이들에게 금방 받아들여졌다. 그러다 고깃집 상황을 떠올리게 하자 분위기가 풀렸다.

숫자 표현의 특징도 살펴보았다. 시력 1이라고 하면 어색한데 1.0이라고 하면 자연스럽다는 예시는 아이들이 태연하게 받아들였다. 상황에 따라 맞는 표현이 있다는 사실을 스스로 정리하는 듯했다.

이어 자연수에도 쪼갤 수 있는 것과 없는 것이 있다는 설명으로 넘어갔다. 사과와 피자는 자를 수 있지만 닌텐도 스위치는 그럴 수 없다는 이야기에 아이들의 시선이 순간 집중되었다. 분수 시험 문제에서 쪼갤 수 있는 사과와 피자가 유난히 많이 등장하는 이유를 말하자, 아이들이 왜 늘 똑같은 그림만 나오는지 뒤늦게 이해한 듯 고개를 천천히 끄덕였다.

쌍쌍바 이야기가 나오자 교실 분위기는 한층 산뜻해졌다. 2분의 2를 설명하기에 이보다 좋은 예시가 어디 있겠는가. 하나의 아이스크림이지만 두 조각으로 나뉘어 있어 각자 2분의 1씩 먹을 수 있다는 사실에 아이들이 금방 공감했다. 다만 브랜드 문제 때문에 교과서에 그대로 넣을 수 없다는 말에, 아이들은 머릿속으로 여러 '비슷한 형태'를 그리며 장난스러운 해결책을 쏟아냈다. 어떤 아이는 아이스크림 모양만 바꾸면 된다고 했고, 다른 아이는 "위아래로 붙이면 저작권에 걸리지 않을 것 같다."라고 말해 웃음이 퍼졌다.

본격적인 계산에 들어가면서 6 나누기 1.5를 예시로 과정 전체를 정리해 보였다. 6을 6.0으로 바꾸고 분수 형태로 옮긴 뒤, 분모를 같게 맞추는 과정까지 차근차근 설명하자, 한 아이는 분모가 같을 때 나눗셈은 결국 분자끼리 나누는 것과 같다는 원리를 스스로 정리해 냈다.

간단한 사고력 문제도 던졌다.

"나눌 수 없는 3개의 물건을 4명이 나눠 먹으면?"

대부분 4분의 3이라고 답했지만, 자연수로는 해결할 수 없다는 말에 아이들은 잠시 당황했다. 정답은 그 나눌 수 없는 것을 하나를 더 가져오거나, 한 사람이 양보하는 것. 수학적 계산이 아닌 '현실적 선택'이 필요한 순간이었다. 이어 우리 반 13명을 2팀으로 나누는 문제를 묻자, 6.5라는 정확한 계산과 함께 "그럼 한 명이 심판을 하면 되지 않나요?"라는 제안이 따라왔고, 아이들의 사고가 단순한 수학을 넘어 현실에 닿아 있음을 느꼈다.

다시 교과서 문제로 넘어간다. 비현실적인 상황을 아이들은 잡아낸다. 3.5㎏을 딴 형 옆에서 0.9㎏밖에 따지 못한 동생의 상황. 형의 수확량이 동생의 몇 배임을 묻는 문제인데 내가 봐도 좀 이상하긴 하다. 동생이 1.0㎏을 따는 게 뭔가 자연스러워 보이는데. 우리 반 아이들은 "동생은 핸드폰 하고 있었을 것 같아요.", "동생은 집중력이 떨어지는 친구인가 봐요.", "동생은 깁스하고 있었던 거 아닐까요?" 별별 추측이 나왔다.

9월 5일

파리는 몰라도 우리 반은 들끓는다

"얘들아, 지난 학기에 뮤지컬 〈레미제라블〉 감상했던 거 기억하지? 오늘은 그 이야기를 가지고 글짓기를 해 보자."

내가 말하자마자 아이들 사이에서 작은 파도가 일어난다.

"선생님, 저는 장발장 말고 '식빵발장'으로 할래요. 밤마다 빵 훔쳐 먹으니까요."

순간 교실이 웃음바다가 된다. 나도 웃음을 삼키며 말했다.

"좋아, 네 이야기가 바로 새로운 장발장의 버전이 될 수도 있지."

화면에는 주제가 가득하다.

- 만약 내가 장발장이라면?
- 우리 반이 혁명에 참여한다면 어떤 구호를 외칠까?
- 내 친구가 자베르 경찰이라면?
- 코제트가 우리 반에 전학 온다면?
- 가브로슈와 함께 바리케이드에 선다면? …

아이들은 저마다 상상을 펼친다.

"저는 코제트가 오면 급식 줄 먼저 서게 해 줄래요!"

"저는 자베르한테 시험 감독은 그만 좀 하라고 말할 거예요."

"혁명 구호는요? 당연히 '시험 반대!'죠."

나는 속으로 웃으며, 이 반 아이들이 혁명군이었다면 프랑스 파리가 아니라 우리 학교 운동장이 먼저 바리케이드로 변했겠다고 생각한다.

"좋다. 이제는 웃음은 잠깐 접고, 너희의 생각을 글로 정리해 보자. 오늘은 너희가 작은 작가들이다."

종이 위에는, 뮤지컬보다 더 기발하고 솔직한 우리 반만의 〈레미제라블〉이 한 줄 한 줄 적혀 내려간다.

• 김산 – 내가 바리케이드 전투에 참여한다면?

마지막 밤, 최후의 만찬을 먹었다. 그리고 나는 바리케이드 전투에 참여하게 되었다.

여기저기서 바리케이드를 보수하느라 사람들이 바쁘게 움직이고 있었다. 나는 이때 전투를 처음 겪어보는 것이라 정말 두렵고 무서웠다. 손이 떨리고 심장이 빠르게 뛰었다.

총소리가 '탕!' 울리자 나는 반사적으로 몸을 낮추었다. 하얀 연기가 걷히자 사람들이 쓰러져 있었고, 곳곳에서 신음소리가 들려왔다. 그때 나는 더 이상 도망칠 수 없다는 생각이 들었다. 동료들이 목숨을 걸고 싸우는데 나만 피할 수는 없었다.

하지만 결국 우리는 그 자리에서 패배하였다. 꿈꾸던 자유와 평등은 아직 멀기만 했다.

이렇게 내가 바리케이드 전투에 참여해 보았는데, 실제로 옛날에 혁명을 일으키려 했던 사람들은 정말 대단한 것 같다. 목숨을 걸고도 더 나은 세상을 만들려는 그들의 용기와 신념이 존경스럽다.

• 이도현 – 지훈이가 오늘날의 장발장이라면?

지훈이가 오늘날 장발장이었다면, 대형마트에서 축구공과 유니폼을 훔쳤을 것이다. 계산을 하지 않고 나가려는 지훈이를 독수리 같은 뛰어난 동체시력으로 본 자베르가 빠르게 달려가서 지훈이를 붙잡아 감옥에 보냈다.

감옥에서 축구를 하고 싶다는 생각이 계속 나는 지훈이는 처음에는 울다가, 점점 축구에 대한 갈망이 커져서 화가 나 만화처럼 벽을 부수고 탈출했다.

한편 아무것도 모르는 판틴은 지훈이에게 코제트를 맡기려 했지만, 토끼 같은 귀로 그 소리를 들은 테나르디에 부부가 끼어들어서 코제트를 맡겠다고 했다. 하지만 지훈이는 축구할 사람이 필요해서 코제트를 강제로 데려갔다.

코제트가 지훈이를 나쁜 사람으로 인식해서 축구를 거절하자, 지훈이는 이유 없이 복수심이 생겨 코제트를 테나르디에 부부에게 팔아버리려 했다. 코제트가 싫다고 빌자 그럼 축구하자고 제안했고, 코제트도 축구에 대한 마음이 생겨 축구장에 가게 되었다.

지훈이의 축구 실력은 놀라웠다. 속도는 치타 같고, 드리블은 마술사가 조종하는 것 같았으며, 슛은 이순신이 대포를 쏜 것 같아서 코제트가 뉴스에 제보했다. 두 사람은 인터넷에서 인기가 생겨 돈이 눈처럼 쏟아지며 성공할 줄 알았다.

그런데 갑자기 전쟁이 일어나 참전하게 되었다. 지훈이가 코제트에게 공을 가져다주고, 코제트는 대포 같은 공을 차서 적에게 맞춰 기절시켜 전쟁에서 승리할 것 같았다.

• 권시오 – 다양한 동물의 시점에서 본 레미제라블

- 바다 위 조선소(물고기 시점)

반듯한 옷의 사람들이 허름한 복장의 사람에게 지시를 내리고 있다. 알고 보니 허름한 옷을 입은 사람들은 죄수라고 한다. 어떤 사람은 빵을 훔쳤다고 죄수가 되었다고 한다.

이해가 되지 않는다. 내 친구들은 허락 없이 잡아가 죽이는 것은 죄가 아니라고 하는데, 작은 빵 하나 훔친 것은 왜 죄란 말인가? 배고픈 가족을 위해 한 일인데 19년이나 감옥에 가야 한다니. 인간들은 정말 특이하다는 말이 맞는 것 같다. 그렇게 나는 고개를 저으며 바다로 돌아갔다.

- 한밤중의 길고양이(길고양이 시점)

한밤중 유일하게 대낮처럼 빛나는 곳이 있다. 아무래도 여관으로 보인다. 여관의 주인은 앞에서는 손님과 즐거운 대화를 나누면서 동시에 다른 손님의 지갑을 털고 있다.

우리가 생선이나 닭고기를 물어 갈까 봐 긴장하며 모은 돈을 술에 취해 다 날리는 손님도, 3일 굶은 길고양이도 하지 않는 짓을 저 여관 주인은 하고 있다. 좋은 말로 속여 재물을 훔치는 주인이 한심하다.

재물은 노력과 집중을 요구하는 것이다. 하나라도 빠뜨리는 순간 재물은 사라지고 만다. 마치 저 손님처럼 말이다. 차라리 고양이에게 여관을 맡기는 것이 더 나을지도 모른다. 그렇게 나는 여관의 반대편으로 걸어갔다.

- 인간만의 평화의 상징(비둘기 시점)

시내 한복판에서 총격전이 벌어지고 있다. 내가 보기에는 차별과 억압으로 생긴 일 같다. 하여간 인간은 이래서 문제다.

나나 까마귀나 같은 새인데, 나는 평화의 상징이라 하고 까마귀는 깃털이 검다고 악이라고 한다. 인간들은 계급을 나누는 것을 좋아하나 보다. 쓸데없는 계급으로 서로 싸우는 것을 보면 우리들이 더 나은 것 같다. 더 말하다가는 총에 맞을 것 같으니 도망쳐야겠다.

• 장신은 – 바리케이드 전쟁 6–2편

- 등장인물

축구부: 주지훈, 김서후

저격수: 최하윤, 김다솜, 정소령, 현가은

돌격부대: 이주영, 권시오, 박현오, 정하진, 김산

총사령관: 장신은, 이도현

- 본문

때는 2025년 6월, 이도껌의 독재정권으로 수업 시간이 80분으로 늘어나자 참지 못한 6학년 2반이 반란을 일으켰다.

장신은: 이도껌이 나타났다!

모두: 수업 시간을 줄여달라!

이도껌: 안 돼! 공부해! 수학 폭탄 발사!

장신은: 안 돼! 수학 문제 100문제가 날아온다!

그때 주지훈과 김서후가 공을 '뻥~' 차고, 저격수들이 '타당타당' 수학 문제들을 모두 맞췄다.

김산: 고마워!

저격수, 주지훈, 김서후: 별말씀을!

이도껌: 크윽, 분하다. 하지만 이것도 막아보시지! 글 공격이다!

장신은: 안 돼! 저건 500쪽짜리 장편소설이야!

이도현: 저걸 맞으면 소설을 다 읽어야 해!

김산: 만화 방패!

그러자 만화책이 '쿵!' 소설을 모두 막았다.

이도껌: 으윽! 또, 또, 또, 또!

장신은: 지금이다! 돌격!

이도껌: 그렇게는 안 되지! 내 필살기 수학 공식 에너지 볼!

김산: 안 돼! 돌격부대와 총사령관이 위험해! 축구부, 저격수 발사!

'두두두두! 뻥뻥뻥뻥!' 그러자 에너지 볼이 '펑!' 하고 터졌다.

장신은: 지금이야!

이도현: 돌격!

돌격부대: 와아아아아아아아! 돌격!

이도껌: 안 돼!!!!! 으악!

모두: 와아아아아아아아아아아아아!

장신은: 드디어 수업 시간이 원래대로 돌아왔어!

그렇게 6학년 2반은 수업 시간이 40분으로 줄었다고 한다.

• 정소령 – 장발장

나는 〈레미제라블〉이라는 뮤지컬을 보고 '내가 이야기 속으로 들어가면 어떨까?'라는 생각을 하다가 장발장이라는 인물에게 궁금증이 생겼다. 그래서 내가 장발장을 주제로 글을 써보면 어떨까 하는 생각이 들어 이 글을 쓴다.

내가 장발장의 환경에 있다면 아마 적응하지 못할 것 같다. 거리는 엉망이고 가난한 사람들과 병든 사람들이 오가며, 쓰레기 냄새도 나고 그야말로 엉망진창일 것이다. 그런 가난한 사람들 중에 장발장이라는 주인공이 등장한다.

나는 이 장발장이라는 사람이 참 드문 사람이라고 생각한다. 장발장이 자베르에게 잡혀간 이유도 어린 조카들을 굶기지 않기 위해 빵을 훔치다 잡혀간 것이다. 나라면 정말 억울했을 것 같은데, 19년이라는 긴 세월 동안 감옥에서 일하며 정직하게 살았다는 것이 정말 놀랍다. 이 당시 프랑스에는 사기 치는 사람도 많았고 나쁜 사람들도 많았던 만큼 더욱 장발장이라는 사람이 특별해 보였다.

게다가 돈이 없어 이를 팔고 머리카락도 잘라서 겨우겨우 코제트를 먹여 살리던 판틴도 도와주고, 판틴이 생을 마감하는 날에도 끝까지 코제트를 지켜주겠다고 약속했다. 정말 이런 사람이 지금 시대에서 천사라고 불리는 것이 아닌가 하는 생각이 든다.

장발장이 코제트를 지켜주며 프랑스 혁명이 일어날 때까지 보호해 주었는데, 딱 프랑스 혁명이 일어나고 코제트가 마리우스라는 사람과 사랑에 빠지자 장발장은 조금 혼란스러웠을 것 같다. 나 같아도 프랑스 혁명이 일어나 대피해야 하는데 코제트가 마리우스와 떨어져 있어 속상해하는 모습을 보면 어떤 선택을 해야 할지 정말 혼란스러웠을 것이다.

내 생각에는 여기서 많은 선택지가 있었을 것 같다. 코제트를 데리고 갈지, 아니면 둘을 위해 보호해 줄 것인지. 이 외에도 여러 가지 선택지가 있었을 것이다. 하지만 장발장은 코제트를 위해 일단 영국으로 대피시켰다. 그리고 코제트를 진정시키고 마리우스를 데리러 몰래 하수구에 들어갔는데, 그때 장발장은 죽을 각오를 하고 간 것 같았다. 전쟁이 일어난 상황으로 가는 것이니까.

그때 부상을 당한 마리우스를 하수구에서 발견했을 때에는 '마리우스가 죽었을까?'라는 불안감과 '여기 있어서 다행이다'라는 생각을 했을 것 같다. 나는 이 장면을 보며 장발장이 정말 영웅처럼 보였다. 코제트를 위해 마리우스를 구하고 그 사실을 숨긴 것이 영화에서 보던 영웅 같았기 때문이다.

나는 장발장이 자신이 마리우스를 살린 것을 왜 말하지 않았는지 정말 이해가 되지 않았다. 하지만 지금에서야 이해가 간다. 자신이 마리우스를 살린 것을 말했다면 마리우스가 자신을 더 존경하며 마음의 빚을 지고 있을 것 같아서 부담을 주지 않으려고 말을 안 한 것 같다.

결론적으로 나는 장발장이라는 사람이 참 선량하다고 생각한다. 과연 다른 사람이었다면 이런 판단을 내릴 수 있었을까 하는 생각도 들고, 장발장이 죄수라는 이름에도 불구하고 그 증오를 사랑과 믿음으로 바꾸는 모습이 나는 참 인상 깊었다. 내 인생에서 〈레미제라블〉이 참 깊게 남을 것 같다.

• 최하윤 – 내가 〈레미제라블〉에 들어간다면?

내가 〈레미제라블〉에 들어간다면 장발장이 아픈 판틴을 데리고 온 병원에서 일하는 간호사였을 것 같다. 아픈 판틴을 치료해 주고 다른 환자들을 돌보고 있었을 것이다.

"환자분, 많이 아프시죠?" 오늘도 환자들의 신음소리가 들린다. "아프시면 벨 누르세요."

"환자분, 어디가 아프세요?"

이렇게 환자와 이야기하고 있을 때 누군가 병원에 들어왔다.

"안녕하세요, ○○병원입니다. 어디가 불편해서 오셨어요?"

"저희 장군님께서 많이 아프셔서 이 병원에 모시고 왔어요."

장군님?? 혹시!!! 내 예상대로 장군님은 라마르크 장군이었다. 장군님은 예상대로 아픈 곳은 없었지만 너무 나이가 많아서 금방이라도 돌아가실 것 같았다.

그러다 갑자기 머릿속을 스치듯이 삼년고개가 생각났다.

"아하! 삼년고개로 데리고 가면 돼요!"

모두들 이건 불가능하다고 했지만, 나는 장군님을 삼년고개에 데리고 가서 장군님이 넘어지도록 했다. 덕분에 장군님께서는 건강을 되찾으셨고, 약속대로 앙졸라를 도와서 혁명을 일으켜 프랑스는 다시 평화를 되찾았다.

하지만 현실로 돌아와 생각해 보니, 정말 중요한 것은 혁명이 아니라 사람들의 마음이 바뀌는 것이었다. 장발장처럼 원수도 용서하고 사랑으로 대하는 마음이 진정한 평화를 만드는 것 같다.

• 김다솜 – 친구들이 〈레미제라블〉 작품에 참가한다면?

친구들이 〈레미제라블〉 작품에 참가하게 된다면 어떤 인물이 잘 어울릴까?

먼저 하윤이는 자베르가 잘 어울릴 것 같다. 자베르는 빵을 훔친 장발장을 끝까지 추적했는데, 하윤이도 한번 맡은 일을 끝까지 해내는 모습이 있어서 자베르가 어울린다. 또한 화내는 연기도 잘해 낼 것 같아서 더욱 맞는 것 같다.

서후는 테나르디에가 잘 어울릴 것 같다. 테나르디에는 주민들을 속이고 장사를 하면서 돈을 더 받고 사기를 치는데, 서후는 피구를 할 때나 축구를 할 때 공을 가지고 친구들을 속여서 한 박자 늦게 던지거나 차는 모습이 있어서 테나르디에가 잘 어울린다.

지훈이는 장발장을 닮은 것 같다. 장발장의 전체적인 부분보다는 한 부분이 잘 어울리는 것 같다. 장발장이 빵을 훔친 것과 자베르를 피해 도망치는 장면이 있는데, 주지훈의 피구공을 피하는 실력이나 무엇인가 날아올 때 번개처럼 빠르게 피하는 모습이 장발장을 좀 닮은 것 같다.

도현이는 코제트가 어울릴 것 같다. 코제트는 테나르디에 부부에게 구박을 심하게 당하지만 노래를 부르면서 심신의 안정을 유지하는 모습이 나온다. 도현이는 항상 미소를 띠며 학교에 있는데, 아파도 미소로, 힘들어도 미소로 무마하는 등 기쁘지 않아도 미소를 띠면서 있는 모습이 보는 사람에게 괜찮다고 보여주려는 건지, 마음을 다스리는 건지는 잘 모르겠지만 그래도 코제트가 잘 어울리는 것 같다.

번외로 마리우스는 선생님을 닮은 것 같다. 마리우스는 위험한 상황이 코앞인데도 그냥 무시하고 코제트를 짝사랑하는데, 선생님이 사랑 이야기를 해주시면서 항상 차였다고 하셨을 때 정말 닮았다고 생각했다. 그리고 선생님이 차인 것이 한 번이 아니고 여러 번이라고 하셨을 때, 선생님은 진짜 전쟁이 닥쳐와도 고백을 할 것 같아서 마리우스와 선생님이 닮았다고 생각했다.

근데 나는 아무리 생각해 봐도 내가 어떤 역할에 어울리는지 생각이 안 난다. 아마 혁명군 중 한 명이거나 시민 역할이 어울릴 것 같다.

- 역할 정리

하윤: 자베르

서후: 테나르디에

지훈: 장발장

도현: 코제트

도건 쌤: 마리우스

• 박현오 – 나의 상상

나는 〈레미제라블〉을 다른 장르로 바꿔보고 싶다. 예를 들어 슈퍼히어로 영화로 만들면 어떨까? 장발장은 초능력을 가진 영웅이고, 자베르는 악역이 아니라 또 다른 영웅이 되는 것이다.

영화감독이 되어서 이런 새로운 버전의 〈레미제라블〉을 만들어보고 싶다. 하늘을 나는 슈퍼맨 같은 캐릭터로 장발장을 그려서, 사람들을 구하는 이야기로 바꾸면 재미있을 것 같다.

또는 애니메이션으로 만들어서 아이들도 쉽게 이해할 수 있는 〈레미제라블〉을 만들어 보고 싶기도 하다.

• 이주영 – 만약 내가 장발장이라면

만약 내가 장발장이라면 코제트에게 더 많은 것을 사게 해줄 것이다. 판틴이 너무 힘들어해서 가슴이 아프기 때문이다.

나의 친구가 자베르라면 결혼할 때 교회에 오라고 할 것이다. 그 이유는 교회에 가서 전쟁이 끝났다고 평화를 기원하는 시간을 보내기 때문이다.

코제트가 울면서 재미있게 보던 축제도 함께 즐길 것이다. 〈레미제라블〉 속 인물들에게 도움을 준다면 장발장과 코제트도 더 행복하게 될 것이다. 모든 사람들이 레미제라블을 통해 사랑과 용서의 의미를 깨달을 수 있을 것이다.

〈레미제라블〉은 단순히 혁명의 이야기가 아니라 인간의 선함과 용서에 대한 이야기라고 생각한다. 장발장처럼 다른 사람을 위해 희생할 수 있는 마음을 가지고 싶다.

• 주지훈 – 〈레미제라블〉 역할을 우리 반으로 꾸민다면?

〈레미제라블〉 역할을 우리 반으로 꾸민다면, 장발장은 이도건 쌤이고, 테나르디에는 말썽꾸러기 친구들, 자베르는 김서후다. 그리고 나머지는 프랑스 시민들이다.

시작은 도건 쌤이 서후에게 숙제를 내주고, 서후가 선생님에게 숙제를 왜 못 했는지 설명하는 장면이다. 서후가 설명하는 동안 테나르디에 역할의 친구들이 말썽을 피우며 분위기를 어지럽힌다.

쌤은 다음에도 숙제를 안 해올 줄 알았지만 서후가 해왔다. 다른 친구들도 너무 놀랐다. 하지만 여기서 끝이 아니다. 다음에도, 또 다음에도 숙제를 해와서 선생님이 놀라 상을 주셨다.

이 이야기는 〈레미제라블〉처럼 사람이 변화할 수 있다는 것을 보여준다. 서후가 숙제를 안 하던 학생에서 성실한 학생으로 바뀌는 것처럼, 장발장도 도둑에서 성인으로 변화했기 때문이다.

- **현가은 – 내 친구가 자베르 경찰이라면**

만약 내 친구가 자베르 경찰이 된다면 나는 "법이라는 것에 너무 얽매여 있지 마. 이 세상에는 나쁜 사람도 있지만 착한 사람도 있으니까."라고 말해주고 싶다.

〈레미제라블〉에서 자베르 경찰도 법과 규칙에 엄격했지만, 나에게는 법과 규칙에 얽매여 있는, 갇혀 있는 느낌이었기 때문이다. 그래서 조금이라도 얽매여 있는 곳에서, 갇혀 있는 곳에서 나왔으면 좋겠다. 조금이라도 불편하지 않은 편안한 삶을 살았으면 좋겠다고 생각이 들었다.

물론 법과 규칙을 잘 지키는 것이 좋긴 하지만, 뭔가 자베르 경찰은 자신의 삶까지도 법과 규칙으로 얽매는 것 같은 느낌이 든다. 〈레미제라블〉에서 자신을 풀어주는 장발장을 본 자베르는 원래 가지고 있던 가치관이 무너져 스스로 목숨을 끊는다.

그런 자베르 경찰을 보고 "하나님을 미워하지 않고, 또 다른 자신의 가치관을 만들었으면 좋겠다."라고 말해주고 싶다.

"무너지기만 하지 말고, 자신의 가치관도 다시 만들어 봐."

자베르는 너무 완벽하려고 했던 것 같다. 하지만 세상에는 완벽한 것이 없고, 때로는 규칙보다 사람의 마음이 더 중요할 때가 있다. 장발장이 보여준 용서와 사랑을 받아들일 수 있는 마음의 여유가 있었다면, 자베르도 새로운 삶을 살 수 있었을 것이다.

- **김서후 – 만약 내가 자베르였다면**

만약 내가 자베르였다면, 장발장이 빵을 훔쳐 들어온 것을 보면 먼저 그 사정을 들어보고 도와주거나 장발장의 처지가 얼마나 힘든지 헤아렸을 것이다. 그리고 훗날 기회가 되면 내가 가진 것을 나누어주거나 잃어버린 것을 돌려주어 그에게 도움을 주겠다.

자베르는 법과 질서를 중요하게 생각했지만, 때로는 법보다 인간의 정이 더 소중할 때가 있다는 것을 몰랐다. 나라면 장발장이 왜 빵을 훔칠 수밖에 없었는지, 그의 조카들이 얼마나 굶주렸는지를 먼저 생각해 보았을 것이다.

전쟁이 일어났을 때는 스파이를 잘 활용하고, 나는 장군이 되어 전쟁에 참여하겠다. 적이 길을 막으면 바리케이드를 부수고 사람들을 구출할 것이다. 하지만 무엇보다 전쟁 자체를 막을 수 있는 방법을 먼저 찾아보겠다.

범죄를 저지르는 사람들은 강력한 처벌이 필요하지만, 때로는 잘못을 바로잡을 방법으로 사회 제도를 바꾸는 일이 더 중요하다. 그렇게 하면 사람들이 더 올바르게 살도록 만들 수 있다.

교육을 강화하고 나라들 사이의 화합을 도모하여 전쟁이 일어나지 않게 노력하겠다. 나쁜 사람은 법에 따라 처벌하되, 그들도 변화할 수 있는 기회를 주고 싶다. 억울하게 누명을 쓴 사람은 증거를 찾아 무죄를 밝히도록 최선을 다하겠다.

자베르가 마지막에 장발장에게서 받은 용서를 받아들였다면, 그도 더 따뜻한 사람이 될 수 있었을 것이다. 법만이 아니라 사랑으로도 세상을 바꿀 수 있다는 것을 깨달았을 것이다.

그림자 아이 만나러 왔더니 마음이 먼저 보였다

드디어 『그림자 아이』의 작가 이나영 선생님이 우리 학교에 오셨다. 아이들은 수업 시작 전부터 들뜬 얼굴로 도서관을 서성였다. 문이 열리고 작가님이 들어오자, 도서관의 공기가 한순간에 달라졌다. 아이들은 기다렸다는 듯 시선을 고정한다. 『그림자 아이』 표지의 분위기를 이야기하며 조심스레 감상을 나누자, 작가님은 고개를 끄덕이며 "읽어보면 표지와는 전혀 다르죠."라고 부드럽게 응답하셨다. 아이들은 그 말에 작은 미소를 흘리며 서로의 책을 한 번 더 바라보았다.

여섯 편 중 가장 좋았던 이야기가 무엇인지 묻는 순간, 책장 사이로 숨어 있던 손들이 일제히 〈사라진 이름〉으로 향했다. 작가님은 전국의 아이들이 가장 사랑하는 이야기라고 말하며 환하게 웃었다. 곧이어 표정이 가라앉더니, 조용한 목소리로 한 문장을 던지셨다.

"요즘 어린이들에게 제가 가장 하고 싶은 말은, '지금 괜찮게 지내고 있나요?'예요."

아이들의 시선이 일제히 작가님에게 모였다. 작가님은 자신의 어린 시절을 검은색에 가까웠다고 표현했다. 부모님의 잦은 다툼, 새벽까지 이어진 공부, 모든 상황을 '내 탓'이라 여겼던 마음. 아이들은 숨을 죽인 채 이야기를 이어 듣고 있었다.

"이제는 알아요. 어른들의 문제는 절대 아이의 잘못이 아니라는 걸요. 여러분도 꼭 기억했으면 좋겠어요."

그 말은 내게 더 크게 다가왔다.

이어 화면에는 작가님의 6학년 때 사진이 비춰졌다. 아이들은 처음 보는 흑백사진 속 인물을 한참 들여다보다가 뒤늦게 작가님을 찾아냈다. 누군가 "남자인 줄 알았어요."라는 반응이 터져 나왔고, 교실은 금세 웃음으로 가득 찼다. 작가님도 그 반응에 익숙한 듯 함께 웃으며 분위기를 부드럽게 이끌어 주셨다.

다음으로 화면에 뜬 어린 시절 사진 속 두 남매는 굳은 표정으로 서 있었다. 작가님은 그 시절을 떠올리며, 눈만 마주쳐도 다투던 관계였다고 말했다. 부모님이 바쁘게 일하시는 동안, 서로가 서로의 외로움을 보지 못했던 시간이 얼마나 아쉬웠는지 담담하게 털어놓았다.

"서로의 마음은 말하지 않으면 아무도 모르는 거예요. 짐작만 하고 판단하는 게 가장 어리석은 일이죠."

〈사라진 이름〉 이야기를 꺼낼 때 목소리는 한층 깊어졌다. 주인공이 남을 괴롭히는 아이라는 점, 끝까지 반성하지 않는다는 설정이 낯설면서도 현실적이라며, 작가님은 "진짜 나쁜 사람은 실수하는 사람이 아니라, 잘못을 뉘우치지 않는 사람"이라고 단호하게 말했다.

분위기를 바꿔 화가 날 때 어떻게 감정을 다스리는지 묻자, 아이들은 저마다 장난기 어린 대답을 내놓았지만, 작가님의 설명은 차분했다. 폭력적인 행동은 결국 자신에게 되돌아오는 것이라며, 감정을 들여다보는 연습이 필요하다고 말씀하셨다.

작가가 된 계기는 의외로 소박했다. 어린 시절 도서관에서 우연히 읽었던 『강아지똥』이라는 책이, 모든 게 내 탓이라고 느끼던 어린 자신에게 '모두는 소중한 존재'라는 메시지를 건넸다는 것이다. 그 이후 동화를 읽고 쓰는 일이 자신을 붙잡아 준 힘이 되었다고 했다. 아이들은 그 말에 조용히 고개를 끄덕이며 작가님의 마음을 따라갔다.

시간은 그렇게 순식간에 흘러갔다. 마지막으로 작가님은 『그림자 아이』가 어두운 이야기가 아니라, 힘든 상황에서도 앞으로 나아가려는 용감한 어린이들의 이야기라는 점을 강조했다. 아이들에게도 그 용기를 느끼고 기억해 달라는 당부와 함께 강연은 마무리되었다.

이후 작가님은 아이들이 준비한 그림자 그림들을 하나하나 살펴보며 사인을 해주었다. 그림을 설명하는 작은 목소리, 작품 속 장면을 다시 떠올리며 나누는 질문들, 그리고 그것을 세심하게 받아 적어주는 작가님의 모습이 교실을 따뜻하게 채웠다.

아이들의 그림은 단순한 삽화를 넘어 작품을 읽으며 흔들렸던 마음의 기록이었다.

어떤 아이는 그림자 아이의 첫 만남을 그리며 '우주는 몇 살 때 그림자 아이를 봤나요?'라고 물었고, 어떤 아이는 인형 뽑기 장면을 통해 자신만의 경험을 담아냈다.

누군가는 "지금 괜찮니?"라는 문장에 오래 머물렀고, 누군가는 부모님의 이혼 장면을 자신의 감정에 겹쳐 표현했다.

그날 아이들의 눈에 비친 '그림자 아이'는 단순한 이야기 속 등장인물이 아니었다. 자신의 마음을 비춰보게 하는 또 하나의 얼굴, 어린 나를 꺼내 보여주는 하나의 그림자였다.

미술 시간 – 친구에게 줄 뽑기판 만들기 대작전

점심시간이 끝나고 미술 시간이 시작됐다. 오늘 우리가 만들 건 친구에게 줄 뽑기판이었다. 5개 중 3개를 스크래치로 긁어서 뽑을 수 있는데, 친구가 원하는 걸 들어줄 수 있는 내용만 써야 한다는 게 규칙이었다.

규칙을 듣자마자 반 아이들의 입에서 온갖 아이디어가 쏟아져 나왔다. "급식판 버려주기!", "축구공 선물!", "당신을 왕으로 모시겠습니다!" 같은 것들이었다. 그런데 한 아이가 "하루 동안 말 안 걸기!"라고 외쳤다. 그러자 여자아이들이 "우리 반 남학생들 다 원한대요!"라며 키득키득 웃었고, 남자아이들은 부끄러워서 고개를 돌렸다.

"부끄러워서 그러는 거잖아!"

본격적으로 뽑기를 만들기 시작하자 더 재미있는 아이디어들이 나왔다.

"선생님 목걸이 받기!"

"선생님 신발 한번 신어보기!"

선생님이 "그거는 너무 심각하잖아."라고 하자, 결국 "선생님 안경 한번 써보기"나 "선생님 슬리퍼 신어보기" 정도로 타협했다.

색깔 조합을 진지하게 고민하는 친구도 있었다.

"하늘색이랑 아주 잘 어울리는 색… 보라색이지!"

예술가의 혼이 느껴지는 순간이었다. 뽑기 개수를 늘려서 확률을 계산하는 친구들도 있었다.

"6개 중 4개 까면 거의 다 걸리는 거네!"

6학년답게 수학적으로 접근하는 모습이 재미있었다.

드디어 작품들이 완성되기 시작했다. 첫 번째로 완성한 친구는 챔피언스리그 축구공을 뽑기에 넣었다. 그러자 다른 친구가 "진짜 챔피언스리그 축구공이에요? 짝퉁이에요, 진품이에요?"라고 진지하게 물었다. 또 다른 친구는 "아마 주지훈이 이제 축구 그만두고 수학 공부로 돌아서기 위해서 축구공 주는 거 아닐까?"라며 선생님의 의도까지 추리했다.

뽑기판을 순서대로 교환하는 시간이 됐다. 도현이가 시오에게, 시오가 하진이에게, 하진이가 가은이에게… 이런 식으로 한 바퀴 돌아서 마지막에 지훈이가 다시 도현이에게 전달하며 완벽한 순환이 완성됐다.

드디어 실제로 긁어보는 시간이 됐다.

"3개까지만 긁어보세요!"

선생님의 말과 함께 교실이 웅성거리기 시작했다. 그런데 갑자기 한 친구가 당황하며 소리쳤다.

"선생님, 이거 걸렸어요! 내 뺨 때리기래요!"

다른 친구도 "나도 뺨 맞기 나왔어."라며 난처해했다. 친구들끼리 장난으로 넣은 거였지만, 생각보다 위험한 내용들도 있었던 것이다.

짧은 시간이었지만 정말 재미있는 미술 시간이었다. 친구를 위해 정성스럽게 뽑기를 만들면서 우정도 느끼고, 서로의 엉뚱하고 창의적인 상상력도 확인할 수 있었다. 축구공부터 신발 신어보기, 심지어 뺨 때리기까지 정말 다양한 스펙트럼의 소원들이 담긴 뽑기판들이 탄생했다. 다만 다음엔 뺨 때리기 같은 위험한 건 빼고 만들어야겠다는 생각이 들었다.

9월 8일

65년 상상부터 새벽 블러드문까지

아침 첫 교시는 유난히 분주했다. 영어단어와 사자성어 시험이 있는 날이라 교실 곳곳에 긴장과 들뜸이 함께 떠 있었다. 드디어 한 녀석은 영어단어와 사자성어 모두 맞췄다. 평소 조용하던 그 아이는 시험지를 받아드는 순간 어깨가 자연스럽게 올라가며 자신감을 숨기지 못했다. 작은 성취가 아이에게 이렇게 분명한 변화로 나타나는 것이 늘 신기하다.

교실 한편에서는 이미 핑계들이 고개를 들기 시작했다. 어떤 아이는 주말여행을 갔다며 미리부터 아쉬운 표정을 지었고, 다른 아이는 시험 직전까지 범위를 몰라 당황한 얼굴로 시험지를 붙잡고 있었다. 또 누군가는 "혼나는 자리"가 어디냐는 듯 엉뚱한 눈빛을 보내 교실에 작지만 진한 웃음을 남겼다. 가장 진지한 표정을 보인 건 새벽의 블러드문을 이야기한 아이였다. 흐린 하늘 때문에 제대로 보지 못해 아쉬웠다며 턱을 괴고 있던 모습이 묘하게 인상적이었다.

이렇게 온갖 자연현상과 생활 속 이야기가 뒤섞인 분위기 속에서 시험은 무사히 치러졌고, 이어지는 시간에는 〈이보오, 오랜만이오〉 독후감 프로젝트를 시작했다. 한 달이라는 여유를 주며 천천히, 깊이 생각해 보자고 안내했고, 오늘은 작품의 배경을 다시 짚고 각자 주제를 고르는 시간이었다.

아이들이 정한 주제들은 놀라울 만큼 다양했다. 어떤 아이는 65년이라는 시간을 자신의 삶에 그대로 대입해 미래를 그려보려 했고, 어떤 아이는 이순규 할머니의 마음에 집중하며 감정을 따라가고 있었다. 또 어떤 아이는 부모와 65년 동안 헤어진 상황을 상상하며 그 감정의 무게를 직접 붙잡아 보려고 했다.

이산가족의 아픔을 깊이 들여다보려는 아이도 있었고, "엄마 아빠와 65년 동안 떨어져 고아처럼 지낸다면?"이라는 극한의 상상을 펼치는 아이도 있었다. 햄스터를 키우며 느낀 감정과 작품을 연결하겠다는 아이는 자신만의 세계를 섬세하게 글 안에 가져오려 했고, "내가 이순규 할머니라면?"이라는 1인칭 시점으로 접근한 아이는 이미 작가처럼 시선을 재구성하고 있었다.

가장 독창적인 상상은 "65년 만에 가족을 만나 토스트를 먹는다면?"이었다. 작은 음식 하나를 매개로 이산가족의 재회를 상상하는 시선이 참 신선했다. 또 다른 아이는 오랫동안 키우다 떠나보낸 고양이 이야기를 65년의 시간 위에 겹쳐보며 자신만의 감정을 녹여내고 있었다.

아이들은 모두 다른 렌즈를 들고 작품을 바라보고 있었다. 누군가는 시간을 늘려 미래를 상상했고, 누군가는 감정에 깊이 잠겼으며, 또 누군가는 자신의 경험을 이야기 속에 빗대어 보고 있었다.

세계는 넓고 할 이야기는 많다

오늘 사회 수업은 책조차 펼치지 않은 두 아이를 발견하는 장면에서 시작됐다. 책상을 멍하니 바라보는 모습이 마치 '수업 전 마지막 평화'를 곱씹는 듯해 속으로 웃음이 났다. 가볍게 책을 펴도록 안내한 뒤 프랑스로 넘어갔다.

프랑스의 재정 문제를 '버는 것보다 쓰는 게 더 많은 구조'라고 설명하자, 아이들 얼굴이 조금씩 굳기 시작했다. 머릿속에서 숫자가 차곡차곡 더해지는 기색이었고, 몇몇은 "이거 오래 못 버티겠는데?"라는 표정을 숨기지 못했다. 제도가 의도대로만 작동하지 않을 때 어떤 일이 벌어지는지 간단히 덧붙이자 바로 호기심이 번쩍였다. '어? 그럼 그런 틈이 있네?'라는 미묘한 눈빛이 보여서 얼른 다음 단원으로 이동했다. 위험한 상상을 키우기 전에.

유럽으로 넘어가 프랑스와 독일의 끝나지 않는 신경전 이야기를 꺼냈다. 마지노선을 설명하자 아이들 몸이 조금씩 앞으로 기울었고, 독일군이 숲을 돌아 우회했다는 이야기를 보태자 분위기가 잠깐 멈칫했다. 그 순간, 한 아이의 기상천외한 상상력이 정적을 단숨에 걷어냈다. 활을 다 쏘면 줄로 때리면 된다는 발언에 나도 모르게 웃음이 터졌고, 전쟁 설명이 어느새 '전장 콘서트'로 변해버렸다. 그래도 보급의 중요성만큼은 가볍지 않게 전달된 듯했다.

이야기는 자연스럽게 다른 대륙으로 흘러갔다. 국가 구조나 식민지 배경이 어떻게 현재의 문제로 이어지는지 설명하자 아이들의 표정이 점점 진중해졌다. 아프리카 국경선이 자로 잰 듯 반듯하다는 사실을 들려주니 얼굴부터 구겨지고, 그게 과거 열강들이 지도 위에서 선을 '그냥 그어버렸기' 때문이라는 설명이 이어지자 공기가 묘하게 출렁였다. 그러던 가운데 한 아이가 대통령을 국경선 한가운데 세워두면 다 해결 아니냐며 나름의 정치적(?) 해법을 제시했고, 그 한마디에 교실 분위기는 다시 산뜻하게 튀어 올랐다.

이집트 단원으로 넘어가면서는 피라미드 여행 중 겪은 '현지 환상의 흥정 쇼'를 들려주었다. 반값이라던 물건들이 눈 깜짝할 사이에 200달러를 향해 치솟는 장면을 이야기하자 아이들의 얼굴에 '세상에 저런 기술도 있구나'라는 충격과 황당함이 동시에 스쳤다. 실제로 가격이 변하는 속도에 나도 속을 만큼이었으니, 아이들이 고개를 끄덕이는 모습이 괜히 귀여웠다.

이어 레소토의 다이아몬드와 인공 다이아몬드 이야기를 끌어오자, 몇몇 아이들은 연필을 들고 조용히 자기 손끝을 응시했다. '이게 혹시…?'라는 가능성을 계산해 보는 듯한 표정이 교실 여기저기에 피어났다. 성분은 같지만 만드는 데 더 돈이 든다고 설명하자 "그럼 뭐 하러…."라는 반응이 자연스럽게 흘러나왔고, 그 순수한 의문이 교실을 더 활기 있게 만들었다.

마지막으로 공연단 이야기를 꺼냈다. 전통 의상을 입고 무대에서 뛰던 사람들이 공연이 끝나면 정장을 챙겨 입고 호텔로 귀가한다는 사실에 아이들은 표정만으로 '이건 예상 못 했다'는 반응을 드러냈다. 이미지와 현실 사이의 간격을 이렇게 단번에 이해한 듯했다.

오늘 수업은 여기저기 흘렀다가 다시 돌아오기를 반복했지만, 덕분에 교실은 한 시간 내내 생생하게 움직였다. 정보와 웃음이 적절히 섞인 덕분인지 아이들은 끝까지 흐름을 놓치지 않고 따라왔다. 다만 한 가지, 다음 시간에는 제발… 책부터 펴놓고 시작하자, 얘들아.

관용표현 수업 대모험

오늘 국어 시간의 문은 뜻밖의 번역 놀이로 열렸다. “간 빼먹고 등쳐먹다”를 영어로 바꿔보자고 하니, 화면에 뜬 구글 번역 결과는 “Take out liver and eat their back.” 아이들 얼굴이 순식간에 얼어붙었다. “이게 무슨 말이에요…?”라는 표정들. 관용표현이 단순한 말의 조합이 아니라 문화의 코드라는 사실을 이렇게 확실하게 보여주는 장면이 또 있을까 싶었다. 우리는 어투만 들어도 바로 의미를 알아차리지만, 외국인이 보면 꽤나 무시무시한 표현일 것이다.

‘간’이 등장했으니 자연스럽게 용기와 연결된 표현으로 넘어갔다. “간이 부었다”는 말의 근거를 묻는 아이가 있어, 실제로 사람이 용기를 낼 때 간이 커지는 현상이 있다는 과학 이야기를 살짝 곁들였다. 아이들의 눈이 크게 뜨였다. 그때 한 녀석이 슬쩍 묘한 표정을 지으며 ‘그럼 선생님께 체육 하러 가자고 하면…?’이라는 눈빛을 보냈다. 간이 부은 건지, 수업의 분위기를 살피는 건지 알 수 없었지만, 아직은 다행히 도전하는 녀석은 없었다.

간에서 기로 넘어가는 건 흐름상 자연스러웠다. “기가 막히다”를 예로 들며 동양 의학에서 말하는 ‘기’의 개념을 설명했다. 동양에서는 병을 기의 흐름이 뚝 끊기는 것이라는 이야기를 곁들이고 서양 의학의 옛 치료법 — 피를 빼던 시절 — 까지 던지자, 아이들 표정이 ‘그게 실제라고?’ 하는 방향으로 서서히 굳어갔다.

분위기가 충분히 달궈진 김에 시간 여행을 떠났다. “거덜 나다”의 어원을 조선시대 마부의 이야기로 풀어내며 설명하자, 아이들이 곧바로 이해했다. 현대 버전이라면 자동차와 운전기사가 동시에 사라지는 상황이라고 하니, 저마다 머릿속으로 상상하는 모습이 눈에 보였다.

그 흐름을 타고 “걸신들렸다”로 넘어갔다. 우리 반에 걸신(거지신)이 들어온다는 상황을 가정하자 교실이 금세 들썩였다. “너, 거지신 들렸냐!”라고 연극하듯 과장해 보니 아이들 웃음이 한 번에 터졌다. 조상들의 상상력이 얼마나 풍성했는지 새삼 느끼게 되는 순간이었다.

하지만 관용표현이 늘 유쾌한 것만은 아니다. “자자형” 이야기로 들어서자 분위기가 살짝 달라졌다. 자자형은 얼굴에 죄명을 새겼다는 이야기를 조심스레 꺼내자, 방금 전까지 떠들던 아이들도 살짝 겁을 먹은 듯하다. 분위기를 다시 가볍게 올릴 차례였다. 그래서 꺼낸 표현이 "나발 불다" 허풍이 잔뜩 들어간 이야기들을 예로 들며 "호랑이에게 펀치를 날렸더니 호랑이가 살려달라며 도망갔다더라." 같은 말도 안 되는 예시를 들었더니 아이들 웃음이 깨끗하게 터졌다. 그사이 어디선가 "선생님도 군대에서 호랑이 잡아먹었다며요."라는 장난스러운 속삭임이 들렸는데, 그 출처는 당사자인 나도 모른다.

마지막으로 조금 더 묵직한 표현을 다뤘다. "등골이 빠지다"는 말의 과학적 이유 — 척수와 신경 중추의 부담을 비유한 표현 — 를 설명하자 아이들 표정에 다시 진지함이 스며들었다. 여러분들의 부모님은 "등골 빠지게 일한다."라고 할 때 그 말의 무게를 조금은 실감할 수 있었으리라.

그림보다 말이 더 따뜻했던 상담 공감의 날

오늘 우리학교 '상담 공감의 시간' 우수작품이 드디어 발표되었는데, 놀랍게도 우리 반에서 두 명이나 선정되었다는 소식을 들었다!

바로 다솜이와 하윤이의 작품이 선정된 것이다. 아이들에게 이 기쁜 소식을 전하자 교실이 순간 환호성으로 가득 찼다.

친구는 내 고민도 들어주고
구멍 난 양말도 이해해 주는 존재!

상처받고 아픈 마음을 상담실에서
담소를 나누며 마음을 치료해요

다른 학년 아이들의 작품도 제법 인상 깊은 작품이 있었다.

친구야~ 우리 친하게 지내자~♡
구래 그래~~*^^

친구는

구슬 같은 존재야, 왜냐하면 내가 슬플 땐 굴러가는 구슬처럼 빨리 달려와 나를 위로해 주기 때문이야

공감은 푹~~ 익은

감처럼 달콤해, 친구를 공감해 주자!

초성 'ㅂㅅ' 하나에 교실을 들었다 놨다

오늘은 광진인터넷중독예방센터에서 학교폭력 예방교육을 하러 오신 선생님이 들어오셨다. 시작부터 자기소개가 남달랐다.

"5호선 광나루역 근처에 원형 돔 천문 관측 시설 있는 곳에서 왔어요."

천문대에서 사이버 폭력을 설명하러 온 셈인데, 이런 세계관 확장도 나쁘지 않다 싶었다.

첫 번째 반전은 통계였다. 청소년 사이버 폭력 피해 경험률이 '37.1%'라는 말에 아이들은 숫자를 머릿속에서 굴려 보다가 멈칫했다. 선생님이 "여러분 반 정도면 네다섯 명은 경험했을걸요?"라고 했지만, 손을 든 학생은 딱 한 명뿐. 선생님은 곧바로 "그렇다면 중학생 되면 그 비율을 넘길 가능성이 높다."라며 자연스럽게 다음으로 이어갔다. 통계와 현실 사이의 갭이 은근히 느껴지는 순간이었다.

오늘의 하이라이트는 단연 'ㅂㅅ' 초성 게임이었다. 칠판에 'ㅂㅅ'이 뜨자마자 아이들은 "박수!", "버스!", "보석!", "분수!" 같은 안전한 단어부터 외쳤다. 그러나 정답은 우리 모두가 알고 있다. 마음속에서 가장 먼저 튀어나온 단어는 따로 있다는 걸. 선생님이 "공식적인 자리라 여러분이 입 밖에 안 낸 그 단어, 바로 그거 떠올렸죠?"라고 묻자, 눈길을 피하는 아이들이 더 많았다.

그때 선생님의 말이 예상 밖이었다.

"이건 여러분 탓이 아니에요. 인터넷에서 이런 표현을 먼저 나쁘게 쓰기 시작한 건 어른들이에요. 어른으로서 정말 미안해요."

아이들이 동시에 시선을 모았다.

"그렇다고 여러분까지 그대로 따라 할 필요는 없어요. 여러분이 정수기 역할을 해서 걸러줘야 해요. '어른들 왜 저래? 난 건강하게 쓸 거야' 하고."

'정수기'라는 비유가 묘하게 설득력이 있었다. 언어 습관 자가진단에서는 "빨간불·노란

불·초록불 중 어디냐?"라는 질문에 대부분이 노란불을 골랐다. "우리는 완전 나쁘지도 않고, 완전 착하지도 않은데 섞어서 쓴다."라는 한 학생의 평가는 꽤 정확했다. 자주 쓰는 표현 1위는 단연 "ㅋㅋㅋㅋ". 좋은 말 들으면 몸서리치고, 나쁜 말 들으면 웃어버리는 이 시대의 언어 현실을 선생님은 놓치지 않았다. 외모 비하 설명에서는 선생님의 비유가 제대로 먹혔다.

"코끼리한테 '왜 코가 길어'라고 놀리는 거랑 똑같아요."

눈이 크면 크다고 뭐라 하고, 작으면 작다고 뭐라 하는 현실을 비유 하나로 딱 꿰뚫자 아이들은 고개를 끄덕였다. 코끼리는 코끼리답게, 기린은 기린답게 생겨서 멋있다는 말이 다시 한번 여운을 남겼다.

학교폭력 가해 경험률 '22.5%'라는 숫자가 등장했지만, 이번엔 아무도 손을 들지 않았다. 그러자 선생님이 절묘한 질문을 꺼냈다.

"여러분, 옆에 있는 친구들… 인성이 나빠 보이나요?"

아이들은 거의 동시에 고개를 저었다.

"맞아요. 대부분은 평범하고 괜찮은 친구들이에요. 그런데 선을 계속 넘으면 그렇게 변할 수 있어요."

나쁜 사람이라서가 아니라 '경계선이 흐려질 때' 바뀐다는 설명이 아이들에게 은근히 깊게 파고들었다. 인터넷이 '공적 공간'이라는 설명에서는 단번에 이해될 만한 비유가 등장했다.

"대중목욕탕 한가운데서 똥 쌀 수 있어요?"

아이들은 폭소했다. 우하하하하.

"내 방에서 춤추는 건 괜찮아요. 근데 학교에서 옷 벗고 춤출 수 있나요?"

공사(公私) 구분을 이보다 빠르게 이해시키는 방법은 없는 듯했다.

두 번째 시간에는 실제 사례를 바탕으로 한 간접 체험 영상이 이어졌다. 카톡 도배 → 'ㅋㅋㅋㅋ' 폭격 → SNS 퍼 나르기 → 개인정보 유출 → 모르는 번호의 공격까지 이어지자 아이들의 얼굴이 점점 굳어졌다.

한 학생이 "말발로 이겨요."라고 하지만, 선생님의 반박은 단호했다.

"다수가 한 명을 조롱하는 상황에서 무슨 논리적 대응이 가능해요? 논리적이면 애초에

폭력 대상이 되지 않았겠죠."

피해자가 흔히 갖는 오해를 확실히 짚어준 말이었다.

복수의 위험성을 다룰 때 선생님은 본인의 범죄심리사 경험을 이야기했다.

"가해자들은 다 인정해요. 그런데도 '억울하다'고 해요. 왜냐하면 '걔가 먼저 시작했어요'라고 하거든요. 하지만 복수하면 둘 다 가해자가 돼요."

생활기록부와 디지털 발자국 이야기도 빠지지 않았다.

"IP 주소는 다 남습니다. 눈 쌓인 곳 지나가면 발자국 남듯이, 인터넷에도 다 남아요."

마지막 활동은 모둠 규칙 만들기였는데, "울트라 깐따삐아 톡톡"이라는 이름이 튀어나오면서 교실이 다시 들썩였다. 선생님이 "조 이름은 마지막에 정할게요. 이름 정하다가 시간 다 쓸 수 있으니까요."라고 했을 때, 나도 모르게 속으로 박수를 쳤다.

아이들이 만든 규칙들은 의외로 탄탄했다.

- 선생님을 단톡방에 초대하기(헉… 나를 초대하려고 하다니. 일단 아이들 말은 초대하는 순간 단톡방에 대화가 중지된다나…)
- 사이버 폭력 발생 시 즉시 캡처
- 단톡방에 없는 친구 뒷담 금지
- 경어 사용
- 상대가 원하지 않는 사진 게시 금지

마무리는 선생님의 한마디였다.

"여러분이 'ㅂㅅ'을 보고도 여기서 말하지 않은 건, 때와 장소를 구분할 줄 아는 훌륭한 사회적 능력이에요. 그걸 인터넷에서도 똑같이 쓰면 됩니다."

오늘 교육은 단순한 경고가 아니었다. 아이들이 스스로 언어의 힘과 무게를 느끼도록 돕는 작은 훈련이기도 했다. 언어 감각, 공적 공간 감각, 책임감, 그리고 '정수기 역할'이라는 독특한 비유까지.

배알이 꼬이는 관용표현 수업기

국어 시간에 아이들이 관용표현을 읽는 목소리가 교실에 퍼지는데, 듣다 보면 우리말이 얼마나 기묘하고 재미있는지 새삼 느껴진다. "무슨 뾰족한 수가 있나", "손이 크다",

"배알이 꼬인다" 등…. 소리만 들으면 정말 말 그대로의 이미지를 떠올리기 딱 좋다.

한 아이가 손을 들더니 "선생님, 뾰족한 수가 진짜 뾰족한 건가요?"라고 묻는다. 표정이 영락없이 '연필깎이 찾는 중'이라 웃음이 살짝 새어 나왔다. 관용표현은 그냥 쓰이는 것이지 '낱말'의 뜻을 따지기 시작하면 끝이 없다고 덧붙였다. 그래도 아이들은 끝까지 궁금해한다.

'박차' 설명에서는 순식간에 탄성이 터졌다. 말 탄 사람이 신발 뒤의 가시처럼 생긴 도구로 말을 몰았다는 이야기에 아이들이 동시에 눈을 둥글게 뜬다. "그럼 말이 아프지 않아요?"라는 걱정 어린 말도 금세 따라붙었다. 옛날 박차는 정말 뾰족해서 피도 났다고 하니, 여기저기서 "동물 학대예요…." 하는 반응이 들린다. 그래도 "박차를 가한다"라는 말은 지금도 남아서 '속도를 올린다'라는 뜻으로 자연스럽게 쓰인다.

'배알'을 설명할 때는 완전히 뜻밖의 질문이 튀어나왔다.

"선생님, 제 배알도 6미터인가요?"

소장이 6~7미터라고 했더니, 자기 것도 길이 재보고 싶어진 모양이다. "여러분 나이면 조금 더 짧겠죠? 그래도 꼬여 있는 건 똑같아요."라고 알려주자, 한 아이가 "그럼 누가 100점 맞았다고 하면 제 배알이 꼬여요."라며 순식간에 자기 일로 연결했다. 솔직함이 이럴 때는 참 좋다.

'부아'가 폐라는 설명을 꺼내자, 한 아이가 갑자기 큰 숨을 들이켜더니 "선생님, 제 부아 움직여요!"라고 한다. "그건 그냥 숨 쉬는 거?"라고 설명하면서도, 화가 날 때 숨이 가빠 오르는 경험 때문에 옛사람들의 표현이 생긴 거라 자연스럽게 이어 설명했다.

'벽창호'는 또 다른 난관이었다. "창문 아니에요?"라는 질문이 쏟아졌다. 벽창이라는 지역의 소, 즉 벽창우에서 비롯된 말이 시간이 흐르며 벽창호로 굳어진 것이라고 알려주니, 한 아이가 "말이 시간이 지나면서 사춘기가 왔나요?"라며 오히려 신기해했다. 관용표현은 결국 사람들이 입에 올린 그대로 굳어지는 것이라는 점을 다시 짚었다.

'북망산' 이야기를 꺼내자 『삼국지』를 좋아하는 한 아이의 눈빛이 바로 반짝였다. "선생님, 진짜 가보셨어요?"라고 묻기에 웃으며 "옛 중국에서 북쪽 죽음의 산이라는 뜻이었어요."라고 설명했다. 북망산에 간다는 말이 곧 '죽었다'는 표현이라는 걸 알자 아이들 얼굴이 순식간에 진지해졌다.

‘비위’ 설명에서는 다시 반응이 살아났다. 비장과 위장의 합성어라는 말에 “그럼 저도 비위가 있어요?”라는 순진한 질문이 또 튀어나온다. 비위를 맞추는 게 왜 어려운지 이야기하자, “엄마 비위 맞추는 게 제일 어려워요.”라는 실감나는 한 줄 평이 따라왔다.

‘삼천포’가 사천시로 이름이 바뀌었다고 하자 아이들이 또 깜짝 놀란다. “왜요?”라는 질문에 너무 길어지지 않게 적당히 마무리하며, 부산에서 진주로 가던 상인이 삼천포로 잘못 간 이야기에서 ‘삼천포로 빠지다’가 나왔다고 설명했다. 그제야 “핸드폰 지도 없어서요?”라고 말하는 아이도 있었다. 요즘 아이들에게 딴 길로 새는 설명은 GPS 오류로 번역된다.

‘신물’ 이야기는 직접 경험담이 많아 반응이 뜨거웠다. “아, 그 노란 거요!”라며 즉각 공감해 주는 아이들. 신물 나도록 지겹다는 뜻이라고 하니까 “학원 숙제할 때 신물 나요.”라는 고백이 교실 여기저기서 튀어나온다.

‘손이 크다, 손을 놓다’ 등을 설명할 때 한 아이가 자기 손을 내려다보며 “선생님, 제 손은 작은데 쓰임은 클 수 있어요?”라고 묻는다. 그렇다고 하자 안심한 표정이 귀여웠다. 외국인들도 한국어 공부할 때는 이런 표현을 통째로 외워야 한다는 말에 “우리도 영어 단어 통째로 외우잖아요.”라고 빠르게 맞받아치는 아이도 있었다.

오늘 수업도 수십 개의 질문과 뜻밖의 해석들로 가득했지만, 덕분에 더 활기찼다. 가끔은 부아가 치밀어 오를 때도 있지만, 신물 나기는커녕 웃음이 더 많은 시간이었다. 손을 놓고 싶은 마음은커녕, 오히려 박차를 가해 더 많은 우리말의 매력을 전하고 싶어진 국어 시간이었다.

9월 10일

문장제와의 전쟁

수학 시간. 문장제 문제 앞에서 당황하는 아이들을 보며, 나는 알았다. 이 아이들의 문제는 계산이 아니라 바로 '읽기'였다는 것을.

"8번 문제 보세요!" 하고 교과서를 가리키자, 한 아이가 답을 1이라고 했다. 황토가 4㎏ 있고 접시 하나 만드는 데 0.35㎏가 필요하다는데 답이 1이라니. 나는 잠시 현실감각을 의심했다.

'잠깐, 4㎏로 1개밖에 못 만든다고? 그럼 접시 하나가 4㎏짜리 괴물 접시인가?'

속으로 생각하며 참았다.

철근 문제에서는 더 황당한 일이.

"1.8m가 4.14㎏인데 1m는 얼마죠?"

한 아이가 4.14보다 큰 답을 말했다. 잠깐, 길이가 줄어들었는데 무게가 늘어난다고? 이건 물리 법칙을 무시하는 마법 철근인가?

"여러분, 상식적으로 생각해 보세요. 길이가 줄어들면 무게도 줄어들어야죠!"

가장 절망적인 순간은 소수 나눗셈을 설명할 때였다.

"소수 나누기 소수는 어떻게 해요?"

"소수로요!"라는 대답에 나는 잠시 멘붕했다. 그래, 맞긴 한데…. 구체적으로 어떻게 하는지가 중요한 거 아닌가?

반올림 설명 중에는 더 기가 막힌 일이.

"3.33에서 반올림하면?"

"3.2요!"라는 답변에 나는 숫자가 마법처럼 변신(?)한다고 생각하는 건 아닌지 의심스러웠다.

"반올림은 1학기 사회 시간에 배웠잖아요. 사사오입. 4는 버려! 5는 올려!"

교과서에 블루베리 농장 이야기가 나오자 아이들이 갑자기 활기를 띠었다. "왜 귤 농장은 안 가고 블루베리 농장에 갔어?" 하고 투덜거리는 소리까지 들렸다. 그래도 이런 순간이 귀엽긴 하다.

지도 읽기 대모험: 좌표와 함께한 순간이동

오늘 사회 시간, 나는 아이들과 함께 세계지도를 펼쳐놓고 좌표 읽기라는 모험을 시작했다. 그런데 이게 웬일? 알래스카부터 시작해서 아이들이 좌표를 읽는 모습이 마치 보물찾기를 하는 것 같았다.

"알래스카 좌표 읽어봐요!" 했더니 한 아이가 "서경 150도!"라고 외쳤다. 오, 제법인데? 그다음 그린란드를 시키니 "북위 70도, 서경 60도!" 순조롭게 잘 가고 있었다. 이 정도면 오늘 수업이 순탄하겠구나 생각했는데….

쿠바를 가리키며 좌표를 읽어보라고 했을 때부터 상황이 급변했다. 한 아이가 지도를 뚫어져라 쳐다보더니 "서경 75도?"라고 했다. 잠깐, 쿠바가 어디 있는 거야? 아이가 가리킨 곳을 보니 완전 엉뚱한 곳이었다. "쿠바에 연필 올리고 가로 세로 숫자 읽으면 되잖아!" 하며 설명했지만, 마치 암호 해독하듯 고민하는 모습이 안쓰럽기도 하고 웃기기도 했다.

멕시코 차례가 되자 더 황당한 일이 벌어졌다. 한 아이가 지도 위를 이리저리 헤매더니 "북위 41도?"라고 했다. 어? 멕시코가 캐나다로 이사 갔나? "가로 세로로 놓고 읽으면 되잖아!" 하고 다시 설명했지만, 이 아이에게는 지도가 마치 미로처럼 보이는 모양이었다.

볼리비아 축구 이야기를 할 때는 완전히 집중했다. "3천 미터 높이에서 축구하면 10분 뛰는 게 1시간 뛰는 느낌이래요."라고 하니 한 아이가 "우와" 하며 감탄했다. "그래서 남미 팀들이 볼리비아 원정 경기를 되게 싫어한대요."라고 하자, 한 아이가 "그럼 볼리비아는 집에서만 이기겠네요?"라고 묻는 게 아닌가. "정답! 홈에서는 강한데 원정 가면 약해요."라고 답하니 아이들이 키득거렸다. 어느새 지리 시간이 스포츠 토크쇼가 되어버린 느낌.

로키산맥 이야기를 꺼냈을 때 교실 분위기가 순식간에 바뀌었다. "여기가 바로 투수들의 무덤이에요."라고 하자 아이들이 동시에 의아한 표정을 지었다. 이유를 설명하니 반응이 폭발했다.

"공기가 적어서 공이 더 멀리 날아간대요."

말을 던지자마자 한 아이가 기다렸다는 듯이 외쳤다.

"그럼 타자들은 ○이득이네요!"

"맞아요. 홈런 파티죠. 대신 투수들은 매일 살얼음판을 걸어요."라고 말하자 아이들은 고개를 끄덕이며 상상에 빠졌다. 그러다 누군가 손을 번쩍 든다.

"선생님, 그럼 우리나라 야구장 중에서는 어디가 제일 높아요?"

갑작스러운 질문에 잠시 멈칫했다. 분명 사회 시간인데 대화 흐름은 이미 프로야구 중계석에 와 있었다. 나는 최대한 아는 척하며 "음… 대구 라이온즈파크? 그래도 우리나라는 대부분 평지라 미국처럼 큰 차이는 없어요."라고 슬쩍 답했다.

아이들은 또 금세 이해했다는 듯 고개를 끄덕였다. 그 모습을 보니, 지금 우리가 공부하고 있는 게 지리인지, 스포츠 잡학사전인지 잠시 헷갈릴 정도였다. 그래도 이렇게 연결되며 넓어지는 게 바로 수업의 재미 아닐까.

파나마 운하 영상을 보여줄 때는 아이들 반응이 가장 재미있었다. "통행료가 30억이에요."라고 하니 한 아이가 "그냥 돈 안 내고 튀면 되잖아요."라고 했다. 천진한 발상에 웃음이 터졌다. 배가 계단식으로 올라가는 모습을 보며 "물이 내려가는데 어떻게 내려가요? 잠기는 거 아니에요?"하고 걱정하는 아이도 있었다. 수에즈 운하가 막혔던 사건 영상을 보여주니 아이들이 진지해졌다. "하루 손해가 10조 원이래요."라고 하니 한 아이가 "그냥 밀어버리면 되는데 왜 못 치워요? 그냥 힘으로."라고 했다. 아이다운 상상력이 빛나는 순간이었다.

수업 마지막에 우유니 사막 영상을 보여줬다. 하늘이 물에 비친 신비로운 풍경을 보며 아이들이 "우와!", "예뻐요!" 하고 탄성을 질렀다. "누구랑 가보고 싶어요?"라고 물으니 한 아이는 "엄마 아빠하고 할아버지 할머니하고 다 같이요!", 다른 아이는 "저는 혼자요!"라고 대답했다. 그런데 한 아이가 "여자친구랑 가기로 했어요."라고 하자 교실이 또 웃음바다가 됐다. "선생님이 종이비행기 태워서 데려가기로 했으니까 걱정 마세요."라고 마무리하니 아이들이 크게 웃었다.

우리 반 플라잉 디스크 첫 수업 관찰기

오늘은 우리 반 아이들이 플라잉 디스크 수업을 받는 날이었다. 체육관 한쪽에서 지켜보고 있는데, 체육 선생님이 낯선 원반 같은 걸 들고 아이들 앞에 서 계셨다. "이게 뭔지 아니?" 물어보시니 우리 반 한 녀석이 "강아지 장난감이요!"라고 외친다. 역시 이 녀석, 공원에서 강아지 산책시킬 때 본 기억이 났나 보다.

"선생님 때는 이런 게 없었어. 이 종목이 생긴 지 30년도 안 됐거든."

체육 선생님이 설명하시는데, 올림픽 종목도 아니고 역사도 짧은 스포츠라고 하신다. 아이들이 신기하다는 표정으로 바라보고 있다. 새로운 걸 배우는 건 언제나 흥미진진한 모양이다.

학교에 두 종류의 플라잉 디스크가 있다고 하신다. 부드러운 것과 좀 더 단단한 것. "이거 맞으면 아플까 안 아플까?" 물어보시니 우리 반 아이들이 당연하다는 듯 "안 아파요!"라고 외친다. 그런데 선생님이 한 아이를 불러서 살짝 던져주시니 "아야!" 소리가 난다. 역시 아프구나. 아이들이 키득거리며 웃는다.

잡는 법을 가르치실 때 나온 설명이 압권이었다.

"너희 뉴스에서 북한 사람들이 박수 치는 거 봤지? 이렇게 손바닥을 딱 붙여서 치잖아."

갑자기 북한 얘기가 왜 나오나 싶었는데, 플라잉 디스크도 그렇게 잡는다고 하신다. '북한식 박수법'이라니, 참신한 비유다. 아이들도 따라 하며 신기해한다.

그런데 왜 당겨서 잡아야 하는지 설명하시는 이유가 무시무시했다. 이전 학교에서 한 아이가 타이밍을 잘못 맞춰서 플라잉 디스크가 눈에 맞았다는 것이다. 그래서 이제는 무조건 당겨서 잡기란다.

"얼굴로 오면 어떻게 해?"

"피해요!"

우리 반 아이들이 똑 부러지게 대답한다.

던지는 폼을 가르칠 때는 더 재미있었다. 한 아이를 앞으로 불러서 "선생님이 너를 때릴 건데."라고 하시니 나도 깜짝 놀랐다. 물론 장난이었지만.

"팔로만 이렇게 때리는 게 아프겠어? 아니면 허리를 돌려서 이렇게 때리는 게 아프겠어?"

아이가 웃으며 "둘 다 아파요!"라고 답한다. 체육 선생님만의 독특한 교수법이다.

“힘이 100%라고 했을 때, 팔로만 100% 쓰는 게 아니라 팔 50%, 허리 50%로 나눠서 써야 해.”

아이들이 고개를 끄덕이며 이해하는 모습이 보인다. 우리 반의 한 녀석이 “선생님, 야구랑 비슷하네요!”라고 한다. 평소 야구를 좋아하던 그 아이답다.

드디어 실전 연습이 시작됐다. 예상했던 대로 플라잉 디스크가 이리저리 삐뚤빼뚤 날아간다. 체육관 곳곳으로 흩어지는 디스크들을 보며 웃음이 나왔다.

“왜 이렇게 삐뚤빼뚤 갈까?”

선생님이 물어보시니 아이들이 “너무 살살 잡아서요!”라고 대답한다. 역시 우리 아이들, 똑똑하다.

그런데 우리 반의 한 말썽꾸러기가 자꾸 엉뚱한 방향으로 던진다.

“야, 너 강아지 훈련시키려고 저기 던지냐?”

체육 선생님의 한 마디에 아이들이 폭소한다. 정말 강아지 훈련하는 것 같긴 하다.

“플라잉 디스크를 잘 주고받으려면 잘 던져주고 잘 받아야 해!”

9월 11일

관용표현 – 은수저와 주사위 사이에서 펼쳐진 소동극

‘진이 빠지다’를 설명하며 “식물 꺾으면 끈끈한 진물이 나오잖아.”라고 했더니 한 녀석이 “고름 터뜨려도 진물 나와요.”라며 너무나 현실적인 보충 설명을 해줬다. 아, 의학적 지식까지 동원하는 학생이라니.

‘짬이 나다’를 설명할 때는 더 가관이었다. “원래는 물건 사이 공간이었는데 지금은 시간을 뜻해요.”라고 하자 한 아이가 “군대 가서 짬 많이 먹어.”라고 했다. 그러더니 갑자기 “주지훈이 군인이면 안심하고 싸울 수 있을까?”라는 황당한 질문이 튀어나왔다. “총보다 축구공 100개 깔아놓고 차서 적을 맞추는 게 나을 것 같은데요.”라는 전략(?)에 나도 모르게 무릎을 쳤다. 이런 창의적 전술이라니!

‘초주검이 됐다’는 표현에서 진짜 대혼란이 일어났다. “초주검이 시체의 초기 단계라는 뜻”이라고 설명했더니 한 아이가 “삼가 고인의 명복을 빕니다. 하면 되나요?”라며 조문객 모드로 전환했다.

‘은수저를 물고 태어나다’를 설명하며 “선생님은 흙수저라고 자부합니다.”라고 했더니 한 아이가 “그런데 어릴 때 집에 그랜드피아노 있었다면서요?”라며 예리하게 반박했다. “근데 집이 어려워지면서 다 팔려 나갔어.”라고 하니 “그럼 은수저에서 흙수저로 다운그레이드된 거네요.”라는 정확한 분석이 나왔다. 아이들의 논리력은 역시….

그랜드피아노 이야기가 나오자 건반 터치감에 대한 나의 열강이 시작됐다. “그랜드피아노는 치면 바로 올라오는 느낌이고 일반 피아노는 천천히 올라와.”라고 설명했더니 한 아이가 “고무공이랑 딱딱한 공 차이 같은 거네요.”라며 완벽한 비유로 받아준다.

율리우스 카이사르 이야기에서 “7월이 줄라이, 8월이 오거스트.”라고 설명하며 “둘 다 자기 생일 달을 31일로 늘렸어”라고 했더니 “왜 하필 2월을 빼셨어요?”라는 질문이 나왔다. “2월이 원래 마지막 달이었거든.”이라고 답했지만 아이들 표정이 ‘이 무슨 억지스러운…' 모드였다. 정말 이상한 달력 구성이 아닐 수는 없다.

카이사르의 명언 '주사위는 던져졌다'를 알려주며 "과연 그 위급한 상황에서 정말 주사위 이야기를 했을까?"라고 의문을 제기했더니 한 아이가 "에라 모르겠다! 그냥 가자!"라고 더 현실적인 대사를 제안했다. 맞다, 아마 카이사르도 그랬을 것이다.

그런데 진짜 하이라이트는 중국어 발음 연습이었다. 우리 반에 중국어를 정말 잘하는 신은이가 있다. 읍참마속을 중국어로 읽어보자고 했더니 아이들이 "휠레 짠마 슈!"라며 열정적으로 시도했다. 그러다가 한 녀석이 갑자기 "주지훈 미남"을 중국어로 해달라고 했다. "Zhū Zhìxūn Měinán"이라고 써주니까 "주 즈쉬운 메이난!"이라며 따라 읽는데, 발음이 하도 웃겨서 교실이 난장판이 됐다. "아무도 못 알아들으니까 틀려도 돼."라고 했지만 열심이다. 아이들의 순수한(?) 발음 연습 덕분에 주지훈이 중국에서 스타가 되면 어쩌지. 쓸데없는 걱정인지.

24시간 버스와 펭귄의 여행기

또는, 아재개그로 시작해서 뉴턴의 실명 사건까지 간 칠레 수업

사회 시간. 칠레라는 나라를 소개하려고 하는데, 첫마디부터 아재개그가 튀어나왔다.

"칠레는 아재개그로 깡패가 제일 많은 나라다. 칠레 칠레~"

아이들은 예상대로 차가운 반응을 보였지만, 나는 아랑곳하지 않고 계속했다.

칠레가 남북으로 긴 나라라는 건 모두 알고 있지만, 동서로도 서울, 부산 정도 된다는 얘기를 하니 아이들이 조금 놀라는 눈치다.

"가로가 짧은 나라가 아니에요. 근데 워낙 세로가 길어가지고…."

세계지도를 보면서 설명하다 보니 자연스럽게 옆 나라 이야기로 넘어갔다.

"세계 모든 나라들의 공통점이 뭡니까? 옆 나라랑은 절대로 친하지 않아요."

이 말에 아이들이 고개를 끄덕인다. 그러면서 칠레와 볼리비아의 전쟁 이야기가 시작됐다. 볼리비아가 바다를 잃어버린 이야기를 하는데, 한 아이가 "그런데 있잖아요. 볼리비아가 원래 잘살았는데…."라고 맞장구를 쳐준다.

수업 중간에 물 마시는 소리가 나자 "물통을 여는 소리 참, 누가 보면 밥하는 줄 알겠다."라고 한마디 던졌다. 아이들이 웃는다. 이런 순간들이 수업을 살려주는 것 같다.

칠레 포도 이야기로 넘어가면서 FTA 설명도 하고, 씨 있는 포도와 씨 없는 포도의 차이점도 설명했다.

"나는 개인적으로 씨 있는 포도를 더 좋아하거든. 칠레산 청포도라든지 적포도 있잖아, 씨 없는 거. 그건 각자 취향대로 알아서 사 먹으면 돼."

실용적인 조언까지 덧붙였다.

칠레 근처에서 흐르는 해류. 훔볼트 해류를 설명하던 중 갑자기 한 아이가 색연필 때문에 글씨가 번져서 '훔볼트'가 '어묵볼트'로 보인다고 한다. "어묵이 아니라 훔볼트라는 사람이 찾은 해류"라고 정정해 줬지만, 아이는 계속 "그냥 어묵볼트라고요."라고 우긴다.

칠레에도 펭귄이 산다는 이야기로 넘어가니 한 아이가 "그럼 펭귄 먹어요? 저기는?"라고 묻는다.

"잡아먹지. 근데 고기 맛이 정말 없대. 약간 썩은 고기 맛이 난대."

"구워 먹어요?"라는 추가 질문까지. 썩은 고기를 구워먹는다고 맛이 달라질까.

칠레 아래 남극으로 이어진다. 아문센과 스콧의 남극 탐험 이야기로 자연스럽게 흘러갔다. 영국의 스콧이 신사답게 개를 풀어줬다가 결국 실패한 이야기, 노르웨이의 아문센이 철저한 준비로 성공한 이야기를 들려주니 아이들이 집중한다.

"스콧은 2등으로 갔지만 역사에서는 거의 동등하게 기억되죠. 보통 2등은 기억 안 해주잖아."

스콧은 본인의 탐험기를 기록했고 또 그것을 훗날 다시 찾아서 우리가 기억해 주는 게 아닐지라는 개인 의견도 덧붙였다.

수업 마지막에는 칠레 여행 브이로그를 보여줬다. 24시간 버스에 침대가 있다는 것에 아이들이 신기해한다.

"24시간 버스 탈 수 있겠나요?"

"화장실 있어요?"라는 질문들이 쏟아진다. 영상 속에서 2,200원짜리 햄버거에 고기가 없다고 투덜대는 장면을 보고는 모두 웃는다.

사랑의 뽑기판 두 번째: 교실이 카지노(?)가 된 날

오늘 미술 시간, “사랑의 뽑기판을 만들어보자.”라고 했더니 교실이 순식간에 도박장으로 변했다. 아이들 눈에서 벌써 욕망의 불꽃이 타오르고 있었다. “선생님한테 해도 돼요?”라는 질문과 함께 내가 1순위 표적이 되는 건 순식간이었다. 아, 내가 뭔 죄를 지었다고….

“방귀 뀌는 것 같은 이상한 거 하지 마세요.”

예전에 정말로 그런 걸 써서 혼쭐이 난 용자가 있었거든. 그때 그 아이 표정이란…. “선생님이 제 방귀에 왜 신경 쓰세요?”라는 당당함이 아직도 기억에 생생하다. 그게 뭐가 웃기냐고 했지만 아이들은 여전히 킥킥거렸다. 역시 초등학생의 방귀 개그 코드는 영원한 미스터리다.

뽑기판 개수를 5개까지 제한하자 즉석에서 “5개가 무슨 뽑기예요.”라는 기가 막힌 반박이 날아온다. 계약서 허점 찾는 데는 정말 프로급이다. 결국 10개까지 늘려줬는데, 어떤 천재는 스티커를 반으로 잘라서 11개를 만들어냈다. “이거 절반씩 하나예요!”라고 우기는 모습을 보니 미래의 변호사감이었다.

뽑기 아이템들도 가히 걸작이었다. “편의점 이용권 5천 원”(현실적), “라면 끓여주기”(실용적), “안마해 드리기”(효도템) 같은 평범한 것부터 시작해서 “내 마음 훔쳐 가기”(로맨틱), “하루 동안 내 동생으로 살게 해주기”(복수의 시간), “눈물 닦아드리기”(감성 충만) 같은 창의적 아이템까지.

특히 할아버지 할머니용 뽑기판을 만든 아이는 “할아버지가 이걸 긁으실 거예요.”라며 진지하게 설명했다. 과연 할머니께서 “손자 무릎 베고 낮잠 자기” 같은 걸 뽑으시면 어떤 기분이실까?

완성된 뽑기판들은 정말 알록달록 예술 작품이었다. 하지만 진짜 쇼는 뽑기를 할 때 시작됐다. “짧은 건 다 꽝이에요!”라고 외치며 전략을 짜는 아이, “이거 겹쳐질 것 같은데.”라며 걱정하는 신중파까지. 마치 로또 번호 고르는 어른들 같았다.

내가 뽑은 건 “안마해 드리기”였는데, 아이가 “제 안마는 때리는 거예요!”라며 진지하게 가이드라인을 제시했다.

결국 교실은 색종이 조각과 스티커 잔해로 전쟁터가 되었지만, 아이들 웃음소리가 천장을 뚫을 듯했다. 이런 달콤한 혼돈이야말로 진짜 교육의 맛 아닐까? 오늘도 아이들한테 진 기분이지만, 이상하게 기분이 좋다.

채찍이 로켓보다 빠르다고? – 마크 로버와 함께한 과학 대모험

평소 같았으면 교과서를 펼쳤을 시간, 오늘은 마크 로버라는 신기한 아저씨가 우리 교실에 찾아왔다. 물론 화면 속에서 말이다. 아이들은 벌써부터 눈을 반짝이며 "선생님, 진짜 재미있어 보여요! 저 이 사람 알아요."를 연발하고 있었다. 대체 이 NASA 출신 엔지니어는 무슨 마법을 부리려는 걸까?

첫 번째 질문부터 예상을 뒤엎었다.

"음속을 뛰어넘은 최초의 인공 물체가 뭘까요?"

아이들은 당연히 로켓이나 총알을 외쳤다. 하지만 정답은… 채찍이었다! 5천 년 전부터 채찍 끝은 시속 1,234㎞를 넘나들며 음속 장벽을 깨고 있었던 것이다. 그 '탁!' 하는 소리가 바로 음속 폭음이라니. 아이들 표정을 보니 "어? 그게 그거였어?" 하는 얼굴들이었다.

더 놀라운 건 번개 이야기였다. 우리가 천둥소리를 들을 때마다 음속 장벽이 깨지고 있었다는 사실. 번개가 태양 표면보다 5배나 뜨거워서 공기가 급팽창하면서 생기는 현상이라니. 갑자기 비 오는 날이 기다려졌다.

두 번째 실험은 더 신기했다. 같은 얼음물에 일반 콜라는 가라앉고 다이어트 콜라는 뜬다는 것. 아이들은 "에이, 설마요~" 하면서도 집에 가서 당장 해보고 싶어 했다. 설탕 3스푼의 차이가 이런 결과를 만들다니.

마크 로버는 여기서 그치지 않았다. 8가지 액체로 만든 무지개 층에 골프공, 주사위 등을 넣어보는 실험까지. 각 물체가 자기 밀도에 맞는 층에서 딱 멈춰 서는 모습을 보니, 아이들이 "우와~" 하며 감탄했다.

그런데 진짜 압권은 액체 금속 실험이었다. 10㎏짜리 쇳덩어리가 물에 둥둥 떠다니는 모습을 보고는 나도 모르게 "어? 이게 맞나?" 했다. 머리로는 이해하지만 눈으로 보니 정말 신기했다.

세 번째 이야기는 1600년대 수학자의 발견에서 시작됐다. 같은 벽에 있던 추시계들이 저절로 똑같은 리듬으로 맞춰진다는 현상. 마크 로버의 계속된 실패. 하지만 실패만 한 것 같던 실험이 결국 성공의 열쇠를 제공했다는 점이 인상적이었다. 엔지니어의 사고방식이란 게 바로 이런 거구나 싶었다. 140개의 메트로놈이 한꺼번에 동조되는 장면은 정말 장관이었다. 혼돈에서 질서로 바뀌는 1분간의 과정을 보며, 자연의 신비로운 조화를 느낄 수 있었다.

네 번째는 달 이야기였다. 왜 달은 항상 같은 면만 보여줄까? 조석 고정이라는 현상 때문이라고 했다. 달이 완전한 구가 아니라 지구 중력에 의해 살짝 타원형이 되었고, 그래서 무거운 쪽이 항상 지구를 향하게 된다는 설명. 모형을 보니 이해가 확 됐다.

지구상 모든 생명체가 하늘을 올려다볼 때마다 늘 똑같은 달의 한 면만 봐왔다는 말에 아이들이 묘하게 감동받는 것 같았다. "그럼 달 뒷면은 어떻게 생겼을까요?" 하고 물어보는 아이도 있었다. 그건 가서 보면 되지 않을까?

다섯 번째 실험도 정말 재미있었다. 기차 안에서 점프하면 제자리에 떨어지지만, 기차 위에서 점프하면 그렇지 않다는 것. 레고 인형을 이용한 수조 실험으로 이를 보여주는 아이디어가 정말 기발했다.

공기도 유체라는 것, 헬륨 풍선 실험으로 이를 시각화한 것까지. 아이들은 "아~ 그래서 차 창문 밖으로 손 내밀면 바람이 느껴지는구나." 하며 고개를 끄덕였다. 일상의 경험과 과학 원리가 연결되는 순간이었다.

마지막 실험은 러닝머신으로 만든 비행기 활주로였다. 아이들은 당연히 "이륙할 것 같은데요?"라고 했지만, 결과는 실패. 비행기 이륙에는 날개 주변의 공기 흐름이 필요한데, 러닝머신으로는 그게 불가능하다는 설명이 명쾌했다. 자동차는 바퀴로 지면을 밀어내며 앞으로 가지만, 비행기는 공기를 밀어내며 뜬다는 차이점. 아이들이 "아하!" 하는 순간이었다.

2시간이 순식간에 지나갔다. 아이들은 "선생님, 내일도 이런 거 해요!", "마크 로버~ 진짜 신기해요!" 하며 떠들어댔다. 나도 솔직히 재미있었다. 이런 게 진짜 살아있는 교육이 아닐까 싶었다.

밀도, 진동, 관성 같은 개념들이 이렇게 재미있게 설명될 줄 누가 알았겠는가. 채찍이 최초의 초음속 물체였다는 것부터 러닝머신 활주로가 작동하지 않는 이유까지, 오늘은 정말 배움이 즐거운 하루였다.

9월 12일

문장제, 쉽지 않아.

교과서 문제를 읽어보라고 했더니 "콩을 가장 싸게 파는 가게는 어디?"라는 문제가 나왔다. 민수네 가게는 3.4㎏에 15,640원, 현아네 가게는 4.2㎏에 17,850원, 지온이네 가게는 3.8㎏에 17,100원이란다. "이렇게 복잡하게 숫자를 제시하면 사람들이 사겠어요, 안 사겠어요?" 물어봤더니 아이들도 당연히 안 산다고 답했다. 현실에서는 ㎏당 가격을 표시하는데, 왜 문제는 이렇게 복잡하게 만드는 건지 모르겠다. 정말 억지스러운 문제… 이게 맞을까?

토마토 문제로 넘어가면서 또 다른 모험이 시작됐다. 방울토마토, 찰토마토, 대추토마토를 각각 다른 가격에 파는 토마토 가게 이야기였는데, "토마토만 이렇게 세부적으로 나눠 팔면 이 가게는 망하기로 작정한 가게 같아요."라고 중얼거렸다. 그러다가 토마토 역사 이야기로 샜다. 중세시대에는 토마토를 악마의 음식이라고 여겨서 안 먹었다는 이야기부터 마녀사냥 이야기까지. 아이들은 갑자기 역사 수업을 듣는 기분이었을 것이다.

한 아이가 "탄도미사일!"이라고 갑자기 외쳤는데, 도대체 수업과 무슨 관련이 있는 건지. 또 그걸 받아 미사일 이야기를 한참 한 것 같다. 직사포와 곡사포 이야기를 곁들이며.

서후와 주영이의 충격량 대결, 그리고 생존법까지 배운 하루

오늘은 컴퓨터실에서 자바실험실을 켜 놓고 '충돌과학실험'을 해보는 날이었다. 아이들은 실험이라고 하면 일단 설렘 버튼이 눌리는 듯했고, 나는 충격과 충돌 개념을 간단히 설명하며 시작했다.

"충격량은 무게×속력이다. 예를 들어 서후와 주영이가 정면으로 부딪힌 상황을 떠올려보면….”이라고 말하는 순간, 아이들 얼굴에 묘한 활기가 돌았다. 이 말만 나오면 두 사람은 어김없이 실험 대상 1번, 2번이 된다.

“그러면 주영이가 서후한테 더 큰 충격을 주려면 어떻게 해야 돼요?”라는 질문이 나왔고, 곧바로 결론이 나왔다. “무게는 못 바꾸니까… 속력을 올려야죠!” 아이들은 마치 과학적 진실을 발견한 듯 고개를 끄덕였다.

그때 주영이가 진지한 얼굴로 질문을 던졌다.

“선생님, 로켓을 타면… 무게가 늘어나나요?”

어디서 나온 발상인지는 모르겠지만, 로켓과 체중의 연결이 너무 창의적이라 웃음을 삼키느라 힘들었다. “중력 때문에 체중이 더 느껴질 수는 있지만 네 무게 자체가 갑자기 세 배가 되진 않아.”라고 차근히 설명해 주니, 그제야 주영이가 고개를 끄덕였다.

그 뒤로는 상상이 엉뚱한 방향으로 줄줄이 이어졌다. 누가 “속력이 너무 세면 기절까지는….” 하고 중얼거리자, 다른 누군가가 “기절까진 아니어도 잠깐 기억 상실은 되지 않을까요?”라며 분위기를 과장되게 몰아갔다. 심지어 “탕!” 하고 효과음까지 붙이는 녀석도 있었다.

• 뉴턴의 진자 – 마찰과의 싸움

이어서 뉴턴 진자 실험을 시작했다. 1개가 움직이면 1개가, 2개가 움직이면 2개가 반대쪽에서 튀어나오는 걸 보여주니 아이들이 신기해한다. “5개는요?”라고 묻자 “5개는 그냥 왔다 갔다 하는 거야.”라고 답했다.

한 아이가 관찰한 대로, “무게가 똑같을 땐 두 개면 두 개만, 네 개면 네 개만 움직이는 게 신기했다. 근데 무게가 다르면 이상하게 움직여서 좀 이상했다.”라는 반응이 나왔다. 또 다른 아이는 “마찰이 있을 때는 처음에는 빨랐는데… 지금은 처음과 같이 멈추었다. 뭔가 바이킹 같았다.”라고 표현했다.

마찰 때문에 점점 힘이 떨어진다고 설명하니까 이해하는 눈치다. “마찰이 작용하면 점점 속력이 줄어들고, 마찰이 작용하지 않으면 속력을 그대로 유지한다.”라고 정확히 파악한 아이도 있었다.

• **충격 실험 – 답답함과 발견의 순간들**

농구공과 테니스공 실험 이야기를 하니까 아이들이 "한번 해봐요!"라고 외친다. 농구공 밑에, 배구공, 그 위에 테니스공을 놓고 떨어뜨리면 테니스공이 천장까지 튀어 오른다고 했더니 정말 해보고 싶어 한다.

"체육관 같은 데서 하면 강당 천장도 맞춰요."

딱딱한 공과 부드러운 공의 차이를 설명하면서 그래프를 보여줬다.

"스펀지 공을 맞을 때 왜 덜 아프냐면, 충격량을 시간 동안 줄여줬거든."

그런데 컴퓨터가 너무 느려서 시뮬레이션이 잘 작동되지 않는다. 아이는 "빨리 가, 제발."이라고 답답해한다. "좀 느려서 답답한 실험이었지만"이라고 솔직하게 표현한 아이의 말처럼, 기술적 문제가 학습 열의를 식히기도 했다.

하지만 핵심은 제대로 파악했다. "공이 딱딱해질수록 지면에 접촉해 있는 시간이 줄어든다."라고 한 아이의 관찰이나, "부드러운 물질은 오랫동안 구겨졌다가 약한 힘으로 낮게 튀어 오르지만, 딱딱한 물질은 짧게 구겨졌다가 큰 힘으로 콩 튀어 올라 하늘로 올라간다."라는 생동감 넘치는 표현이 그랬다.

• **우주항법의 세계 – 슬링샷 효과와 중력 도움**

중력 도움은 행성 옆을 스치듯 지나가며 그 중력을 이용해 속력을 끌어올리는 기술이다. 스윙바이, 슬링샷 효과라고도 불린다. 아이들에게 조금 더 쉽게 설명하기 위해 달리는 기차에 공을 던지는 예시를 들었다. 기차가 빠를수록 공이 더 멀리 튕겨 나가는 현상처럼, 움직이는 거대한 행성의 중력도 우주선의 속력을 붙여 준다는 설명이었다.

하지만 아이들의 반응은 예상 밖이었다. "왜 달리는 기차에 굳이 공을 던지는지 모르겠다."라는 표정들이 여기저기서 보였다. 그래도 현상 자체는 정확히 관찰했다. 기차의 속력이 커지면 공의 속력도 커진다는 사실은 인정한 듯했다.

중력 도움 항법 자체는 아이들의 상상력을 자극하기 충분했다. 누군가는 중력의 도움을 받아 새로운 세계를 만들러 날아가고 싶다며 오히려 현실적인 이유로 "돈이 없어서 못 간다."라고 토로했다. 또 다른 학생은 우주선은 싫으니 그냥 혼자 날아가 친구와 새로운 세계를 꾸리겠다는 상상을 펼쳤다. 꿈과 현실의 경계가 자연스럽게 오가는 순간이었다.

보이저호가 목성과 토성을 차례로 지나며 속도를 계속 끌어올려 현재 초속 17㎞로 이동하고 있다는 설명을 듣고는 아이들이 다시 집중하기 시작했다. 연료를 계속 태우지 않아도 행성의 중력만으로 가속할 수 있다는 점이 특히 흥미로웠던 듯하다. 중력의 힘을 정확히 이해한 학생도 있었다. 우주선이 그냥 직선으로 가는 것보다 한 번 궤도를 틀어 행성의 중력을 활용하면 더 빠르게 목적지에 도달한다는 요지를 깔끔하게 정리했다.

물론 모든 실험이 만족스러운 건 아니었다. 일부는 "무슨 실험인지 모르겠다."라거나 "그냥 어렵다."라는 솔직한 평가를 남겼다. 그래도 마지막에 "뉴턴은 너무 똑똑하다."라는 감탄이 나오는 걸 보니, 오늘 수업이 어렵기만 했던 것은 아니었던 듯하다.

다른 나라 관용표현

오늘 국어 시간은 '독이 든 성배' 이야기로 문을 열었다. 아이 한 명이 또박또박 문장을 읽는데, "겉보기에 영광스러운 자리였지만 끝내 멸망에 이릅니다."라는 구절이 등장하자마자 수업 분위기가 단단해졌다. 참, 이만큼 교육용으로 좋은 소재가 또 있을까. 성배가 원래 성스러운 잔이라는 뜻이라는 점, 겉으로는 좋아 보이지만 실제로는 위험한 상황을 '독이 든 성배'라 한다는 점을 칠판 옆에 간단히 그림을 곁들여 설명했다. 우리나라 축구 대표 팀 감독 자리가 종종 이 표현의 대표적 사례라는 말에 아이들이 바로 고개를 끄덕였다.

이어서는 중국의 한신 대장군 이야기, 배수진 차례였다. 아이가 읽은 문장 뒤에 바로 이야기를 덧붙였다. 배수진이란 강을 등지고 서서 후퇴할 수 없게 만든 전략이라는 점, 그러나 그 전략만으로는 이길 수 없다는 점을 칠판의 간단한 전투도식과 함께 풀어냈다. 한신이 병사 출신에서 최고 지휘관 자리까지 오른 인물이라는 사실에 아이들의 눈이 조금 더 반짝였다. 특히 배수진에서 실제로 승리한 사례가 역사상 단 한 번, 그게 한신이었다는 말에 아이들이 놀라워했다.

전략의 핵심은 배수진 그 자체가 아니라 '뒤로 크게 우회시킨 병력'이었다는 설명도 곁들였다. 뒤를 막아두고 앞만 보게 하는 단순한 전략이 아니라, 상대의 허점을 치는 치밀한 전술이었다는 점을 장기판을 그리며 설명하니 아이들이 더욱 집중했다.

자연스럽게 '다다익선' 이야기로 넘어갔다. 한신이 유방에게 "당신은 만 명 정도, 저는 많으면 많을수록 좋습니다."라고 말한 일화를 이야기하자 아이들이 눈을 크게 떴다. 한편으로는 그 말이 유방의 자존심을 건드릴 만한 표현이라는 점도 짚어주니 고개가 절로 끄덕여졌다.

천군만마로 넘어갔을 때는 이야기가 더 풍성해졌다. 원래는 상대방을 깔아 누르는 의미였던 고사가 지금은 '내게 힘이 되는 사람들'을 뜻하게 된 과정까지 설명했다.

가장 에너지가 올라간 순간은 천고마비였다. 한국에서는 가을을 독서의 계절이라고 부르지만, 중국에서는 오히려 두려움이 담긴 말이었다는 사실에 아이들이 의외라는 듯 집중했다. 동·서·남·북 사방을 모두 '적'으로 여겼던 중국의 세계관과 만리장성이 왜 세워졌는지 이야기하며 칠판에 지도를 그려가니, 아이들 표정이 자연스럽게 따라붙었다. 북방 유목민이 가을철 농작물이 익을 때 약탈하러 오던 역사적 배경까지 설명하자 아이들이 "아, 그래서 두려움의 계절이었구나." 하는 표정으로 정리를 해냈다.

기마부대와 보병부대의 차이는 탱크와 사람이 붙는 것에 비유해 마무리했다. 말을 탄 병사와 두 다리로 뛰는 병사 사이의 격차를 떠올려보라 하니, 아이들이 상황을 바로 이해했다.

9월 15일

오타니가 주는 작은 깨달음

세계적 스타에게서 배우는 진짜 인성 이야기

오늘 아이들과 함께 일본 야구 선수 오타니 이야기를 나눴다. 물론 시작은 누군가의 "돈 많이 번다고!"라는 외침이었지만 말이다.

오타니를 상징하는 건 놀랍게도 야구 실력보다 쓰레기를 줍는 행동이라고 했더니, 아이들 표정이 묘하게 변했다. "진짜요?"라며 반신반의하는 모습이 꽤나 귀여웠다. 그러고 보니 우리 반 아이들은 자기 책상 앞 쓰레기도 바닥에 버리는 경우가 많은데 말이다.

기자가 오타니에게 물었다고 한다.

"쓰레기 줍는 시간에 야구 연습을 한 번 더 하는 게 낫지 않냐?"

그런데 오타니의 답변이 인상적이었다. 자기 삶을 돌이켜 보니 그런 작은 실행들이 행운을 가져다줬다고 믿는다는 것이다.

20년간 학생들을 지켜본 경험상, 기초와 기본이 안 된 친구들은 결국 어느 순간 무너지더라. 이건 내가 대단한 사람이라서 아는 게 아니라, 그런 패턴을 너무 많이 봐왔기 때문이다. 안타깝게도 예측이 빗나간 적이 별로 없다.

오타니의 고등학교 시절 이야기는 더욱 감동적이다. 고시엔 진출에 실패해 야구 인생이 끝났음에도, 졸업을 며칠 앞두고 학교 운동장의 잡초를 모두 뽑았다고 한다. 자기 후배들을 위해서 말이다. 이제 다시는 쓸 일 없는 운동장인데도.

연봉이 몇백억이 넘는 세계적 스타가 되었지만, 여전히 겸손하다. 돈도 별로 쓰지 않고, 한국을 방문할 때는 태극기를 인스타그램에 올리고 한국식 인사까지 배워서 한다. 배트를 던지는 대신 배트보이에게 공손하게 건네주는 모습은 정말 보기 드문 광경이다.

우리 아이들을 보면 자기 일은 하지만, 반 전체를 위해 뭔가 하는 모습은 보기 어렵다.

이게 지금의 현실이다. 2019년까지만 해도 중간중간 빗자루로 쓸고 다니는 아이들이 몇 명 있었는데, 지금은 치우라고 해도 잘 안 치운다.

특히 코로나 이후로 아이들의 태도가 확연히 달라졌다. 숙제를 예로 들면, 예전에는 자기 실력에 맞춰 조금씩 해오던 아이들이 이제는 마감 전날까지 미루다가 "집에 두고 왔어요." 하는 경우가 늘었다. 이건 단순히 숙제 문제가 아니라 사람을 대하는 기본 태도의 문제다.

오타니나 손흥민 같은 훌륭한 사람이 되라는 건 아니다. 다만 사람으로서의 기본은 갖추고 살았으면 한다. 내 경험상 기본이 안 된 사람은 결국 어느 순간 무너진다. 이건 성적이나 실력과는 별개의 이야기다.

오타니의 부모님도 여전히 자신의 일터에서 열심히 일하신다고 한다. 아들이 1조가 넘는 계약을 했음에도 "내가 벌어서 쓰겠다."라며 아들이 주는 돈을 받지 않으신다니. 이런 게 진짜 교육 아닐까.

결국 어린 시절의 교육이 얼마나 중요한지 새삼 깨닫게 된다. 6학년 정도 되면 인성적인 부분은 거의 굳어진다고 본다. 지금이라도 작은 것부터, 기본부터 다시 시작해 보자.

쓰레기 하나 줍는 것, 친구에게 물건 하나 건네는 것, 어른께 인사하는 것. 이런 작은 실행들이 모여 큰 사람을 만든다는 오타니의 믿음이, 오늘따라 더욱 빛나 보인다.

열대·온대·냉대보다 뜨거웠던 목욕탕 기후론

사회 수업 시간. 세계 기후를 가르치는데, 아이들 머릿속에는 온갖 상상의 나래가 펼쳐지고 있었다. "기후 6가지를 외워봅시다!" 하고 시작했는데, 한 아이가 갑자기 냉탕이 마이너스 온도라고 주장하기 시작했다.

"아니야, 냉탕은 25도야!"

내가 정정했다.

"제가 들어갔던 곳은… 영하였어요."

목욕탕 온도 논쟁이 한창일 때, 다른 아이가 "한탕은 잘못 들어가면 쇼크로 죽습니다." 라고 진지하게 말해서 교실이 웃음바다가 됐다. 근데 한탕은 존재하지 않는다?

이런 엉뚱한 논쟁을 정리하고 본격적으로 열대 기후를 설명하기 위해 사바나 다큐멘터리를 틀었더니, 코끼리들이 먼지 속에서 고군분투하는 장면이 나왔다. 한 아이는 먼지투성이 화면을 보더니 진짜 걱정하는 표정으로 "코끼리도 비염 걸려요?"라고 물어봤다. 코끼리 알레르기까지 염려하는 우리 반 아이들. 비가 내려서 메마른 사바나가 순식간에 초록 낙원으로 변하는 장면에서는 "어머어머!" 하는 탄성이 터져 나왔다. 자연의 신비에 감탄하는 순수한 반응이었다.

우리는 목욕탕 이론으로 기후를 정리했다. 다년간의 나의 경험상 이게 제일 기억에 남았던 것 같다. 열탕은 열대, 온탕은 온대, 냉탕은 냉대, 그리고 존재하지 않는 한탕(?)은 한대. 고산기후는 에베레스트처럼 높은 산, 건조기후는 "비가 안 오는 거"라는 답변까지 나왔다. 한 아이가 "선생님은 수업 시간에 딴 짓하면 열(熱) 받겠어요, 온(溫) 받겠어요?" 라고 물어봤을 때는 정말 웃음을 참기 힘들었다.

라켓볼 변형 게임: 욕심쟁이들의 전투기

오늘은 옆 체육관에서 라켓볼 게임을 했다. 라켓으로 공을 쳐서 거리에 따라 점수를 얻는 변형 게임이었는데, 아이들의 반응이 제법 흥미로웠다.

게임 룰은 생각보다 단순했다. 라켓으로 공을 쳐서 일정 구역을 돌아오면 거리에 따라 0.5점부터 2.5점까지 득점하는 방식이다. 하지만 여기서 함정이 있었다. 공이 멀리 나가지 않았는데 욕심내서 높은 점수 구역까지 가려다가 공이 먼저 들어오면 아웃이 되는 것이다. 선생님이 "욕심 너무 많이 부리지 말고."라고 신신당부하시는 모습이 인상적이었다. 아마도 지난 수업에서 홈런왕을 꿈꾸다가 삼진아웃 당한 아이들이 많았나 보다.

수비 규칙도 재미있었다. 수비수가 공을 잡고 기둥 라인 안으로 던져야 하는데, 급하게 던지다가 라인 밖으로 나가버리면 오히려 상대방에게 점수를 주게 된다. "세이프"가 아니라 상대 팀 득점이라니, 이런 반전이 있을 줄이야. 수비수들도 침착함이 필요한 게임이었다.

가장 웃긴 부분은 파울과 플라이아웃 설명이었다. 흰색 선 안쪽에 한 번 튀어야 하는데, 너무 힘을 줘서 바로 선을 넘어가면 파울이다. 파울 3개면 아웃이라고 하니 야구의 삼진 아웃 같은 개념이다. 그런데 파울 타구를 직접 잡으면 플라이아웃이 된다. 단, 잡으려다가 손에 맞고 그냥 나가버리면 계속 진행된다는 룰이 묘하게 현실적이었다. 아이들이 "아. 그럼 일부러 놓치면 안 되잖아요!"라고 외칠 모습이 벌써 눈에 보이는 듯했다.

수비 포지션도 전략적이었다. 초록색 선과 파란색 선 사이 가운데 구역에는 3명만 배치하고, 나머지는 흰색 선 뒤에서 대기한다. "수비가 너무 앞에 있으면 잘 못 치는 친구들이 얼마 못 가서 다 죽어버린다."라는 선생님의 설명이 현실적이면서도 배려심 넘쳤다. 체육 시간의 영원한 과제인 '실력 차 조정'을 게임 룰로 해결한 셈이다.

게임이 시작되자 아이들의 욕심과 현실 사이의 줄타기가 본격적으로 펼쳐졌다. "0.5점만 해, 0.5점 두 번이면 1점이니까"라는 선생님의 조언에도 불구하고, 누군가는 분명 2.5점 구역을 향해 무모한 도전을 했을 것이다. 그리고 아마도 화려하게 아웃당하면서 "아, 진짜!"를 외쳤을 테고.

스트라이크와 파울의 차이점 설명도 인상 깊었다. 공을 못 쳤을 때는 스트라이크, 잘못 쳤을 때는 파울. 간단하지만 아이들에게는 꽤 헷갈릴 수 있는 구분이다. "공을 뒤로 당기고 치는데 공이 너무 앞서가면 못 치지."라는 설명을 들으니, 타이밍의 중요성을 자연스럽게 가르치는 좋은 게임 같았다. 결국 이 게임의 핵심은 '적당함의 미학'인 것 같다. 너무 욕심 부리지 말고, 너무 힘주지 말고, 적당히 맞춰서 확실한 점수를 얻어가라는 것.

9월 16일

타인의 고통과 우리의 시선 – 창체 수업 이야기

오늘 수전 손택의 『타인의 고통』이라는 책을 소개했다. 사실 이 책은 내가 고등학교 때 읽었던 책인데, 그때 나는 공부는 안 하고 책 읽기에 빠져있었던 것 같다. 덕분에 대학 입시를 여러 번 해야 했지만, 그때 읽었던 책들이 지금 내 말발(?)의 원동력이 되고 있으니 나쁘지 않았던 것 같다.

수업을 시작하자마자 아이들에게 던진 질문은 간단했다.

"다른 사람이 고통받는 걸 보면 어떤 기분이 드냐?

물론 겉으로는 모두 "안 됐어요.", "불쌍해요."라고 대답했지만, 진짜 속마음은 다르다는 게 이 책의 핵심이다. 인간의 기본 심리는 "다른 사람이 고통받아도 난 즐거워."인 것이다. 시험에서 친구가 망했다는 소식을 들으면 겉으로는 위로하면서도 속으로는 "오늘 치킨이다!"라고 생각하는 게 인간이 아닐지.

아이들에게 교통사고 이야기를 해줬다. 교통사고가 나면 왜 길이 막힐까? 사고 난 차 때문이 아니다. 그 사고를 구경하려고 지나가는 차들이 속도를 늦추기 때문이다. 우리는 본능적으로 타인의 불행을 보고 싶어 한다. 이게 바로 인간의 민낯이다.

수전 손택은 백인의 관점에서 백인을 철저히 평가하는 작가다. 사진이라는 매체가 백인들에 의해 발명되면서, 전쟁이나 기아의 사진들이 대부분 황인이나 흑인 위주로 찍혔다는 점을 지적한다. 백인들의 고통은 얼굴을 가려주면서도, 다른 인종의 고통은 적나라하게 노출시키는 것이다.

화면에 몇 장의 사진을 보여줬다. 〈설민석의 책 읽어드립니다〉 영상을 활용했다. 이오지마에서 성조기를 꽂는 그 유명한 사진부터, 파리의 키스 사진, 베트콩 포로 처형 사진까지. 모든 사진들이 조작되었거나 맥락이 왜곡되었다는 사실을 설명해줬다. 특히 베트콩 포로 처형 사진에서는 총을 겨누는 사람이 실제로는 경찰이고, 총을 맞는 사람이 나쁜 사람이었다는 반전을 들려주니 아이들이 깜짝 놀랐다.

그러다가 아이들에게 솔직한 경험담을 물어봤다.

"다른 사람의 고통을 보고 좋았던 적 있나요?"

나부터 솔직하게 털어놨다. 테니스 치러 갔는데 별로 안 좋아하는 사람이 경기장 들어가는 턱에 걸려 넘어진 걸 보고 속이 시원했다고. 그 사람의 다리가 부러졌으면 더 좋았을 거라는 나의 경험담.

아이들도 하나둘 입을 열기 시작했다. 싫어하는 친구가 팔이 부러진 걸 보고 좋았다는 아이, 형이 엄마한테 맞는 걸 보고 통쾌했다는 아이까지. 모두 평소에는 착한 척하지만, 속마음은 다르다는 걸 인정했다.

수업 말미에 아이들에게 핵심 질문을 던졌다.

"만약 여러분 부모님이 전쟁에서 나갔는데 부상당한 사진이 교과서에 실린다면?"

교실이 조용해졌다. 자신과 가까운 사람의 일이라면 어떨지 생각해 보게 된 것이다.

수전 손택이 이 책을 통해 전하고 싶었던 메시지는 명확하다. 타인의 고통을 단순히 연민이나 동정으로 받아들이는 것은 부족하다는 것이다. 우리가 '불쌍하다'고 생각하는 그 순간에도, 어딘가에서는 그것이 진짜 누군가의 가족이고 삶이라는 걸 잊지 말라는 것이다.

나의 언어로 말하라!

아이들이 교과서를 펼치고 돌아가며 읽어 내려갔는데, 첫 번째 아이는 거의 낭독기 수준이었다. "기후는 한 지역에서 여러 해에 걸쳐…." 하며 줄줄이 떨어지는 문장을 듣고 있자니, 사람이 아니라 '기후 설명 전용 AI'가 교실에 앉아 있는 듯했다. 이해의 기미는 찾기 어려웠다.

그래서 잠시 수업을 멈췄다. 아이들이 내용을 정말로 받아들이고 있는지 확인할 필요가 있었다. 교실 앞에 서서 "이걸 이해하고 읽는 거야, 그냥 외우고 있는 거야?"라고 묻자, 아이들 눈동자가 동시에 '재부팅'이라도 하듯 깜빡였다. 교과서 문장을 그대로 외운 건 이해가 아니라는 점을 알려 주며, "적도는 햇빛을 직선으로 많이 받고, 북극은 비스듬히 받으니까 온도가 달라진다."처럼 자기 말로 설명하는 것이 진짜 이해라고 강조했다.

다음 아이가 일어나 설명을 이어갔다. 이번엔 확실히 결이 달랐다. 교과서의 문장을 옮기는 대신, 위도와 햇빛의 관계를 자신만의 문장으로 풀어냈다. "기후는 평균적인 날씨예요. 적도는 햇빛을 많이 받고 북극은 적게 받아서…."라는 설명 속에는 외움의 기계음 대신 생각의 잔향이 살짝 묻어났다. 기후라는 개념이 아이들 머릿속에서 천천히 모양을 갖추기 시작하는 순간이었다.

• 한대기후: 순록과 소금의 은밀한 관계

한대기후로 넘어가자 분위기가 단번에 달아올랐다. "여러분, 한대기후는 쉽게 말하면 끝없이 펼쳐진 눈밭이야. 거기서 살아남으려면 어떤 전략이 필요할까?"라고 묻자, 아이들 얼굴이 기대 반 궁금증 반으로 변했다.

먼저 순록 이야기를 꺼냈다.

"순록은 가축이면서도 가축이 아니야."

이 말에 아이들의 고개가 동시에 기울었다.

"순록은 사람을 좋아하지 않지만 떠나지도 않아. 이유는 간단해. 소금 때문이다. 사람들이 소금을 들고 다니며 순록 무리의 이동 경로를 조절하는 거야. 소금 없이는 살 수 없으니까."

순록과 사람이 맺은 이 묘한 관계를 듣고 아이들 표정이 더 진지해졌다.

그때 한 아이가 손을 들었다.

"근데… 고기는 왜 안 구워 먹어요?"

"불을 피울 나무가 없는데 어떻게 구워 먹겠니?"라고 하자, 바로 옆에서 "21세기에도요?"라는 의외의 질문이 튀어나왔다. 그래서 현실적인 이야기를 더해줬다.

"지금은 순록 타고 달린다는 이미지를 많이 갖고 있는데, 실제로는 오토바이나 자동차 타. 중간에 주유소도 있고, 편의점도 있어."

아이들 반응이 폭발했다. "그럼 라면도 먹어요?"라는 질문이 이어졌고, 나는 기다렸다는 듯 말했다.

"그럼. 근데 라면 끓이다가 면발이 날아가듯 얼어붙는 영상 본 적 있어?"

순간 교실이 웃음으로 흔들렸다. 북극의 혹한이 단숨에 실감나는 순간이었다.

• 백야와 극야: 자연이 만든 신기한 마술

"백야 들어봤지? 하루 종일 낮인 거야. 태양이 우리 발밑에서 떠서 머리 위로 살짝 갔다가 다시 발밑으로 내려가는 거지. 그래서 밤 10시에 약속을 잡아도 조명이 필요 없어."

이렇게 설명하자 아이들이 잠시 정적에 빠졌다. 상상이 되는 얼굴들이었다.

그때 한 아이가 발표를 시작했다.

"백야는 해가 우리 발밑에서 떠서 형님… 아니, 선생님 머리 위로 갔다가 다시 우리 다리 쪽으로 내려와요. 극야는 하루 종일 깜깜한 밤이고요. 순록은 얼음 밑에 있는 이끼를 먹고 사는데, 가축도 아니고 가축인 동물이에요."

말하는 사이 스스로 웃긴지 입가에 미소가 번졌다.

"좋아! 바로 그거야. 억지로 외우는 것보다 '그려지는 느낌'을 갖는 게 훨씬 중요해."라고 말하자, 아이들이 서로를 바라보며 뿌듯한 표정을 지었다. 이해한다는 건 결국 그림처럼 떠오르는 순간이라는 걸 몸으로 보여준 장면이었다.

• 냉대기후: 타이가 숲과 극한직업

냉대기후로 넘어가자 침엽수림 사진부터 보여줬다.

"이런 숲을 타이가 숲이라고 해. 타이거 아니고, 타이가. 여기는 한대보다는 훨씬 살 만해. 여름엔 30도까지 올라가고, 겨울엔 영하 20도까지 떨어지지만 밀이나 감자 농사는 충분히 돼."

설명이 끝나자마자 한 아이가 "냉대기후는 냉탕이고요."라고 입을 열었다. 뜬금없는 시작 덕분에 교실 분위기는 금세 따뜻해졌다.

아이들이 웃음을 멈추기도 전에 그 아이가 이어서 말했다.

"여름이랑 겨울이랑 온도 차이가 극과 극이에요."

표현은 농담 같았지만 핵심은 정확했다.

"맞아. 그런데 여러분이 종종 오해하는 게 있어. 한대나 냉대 지역 사람들이 다들 천막 치고 고기 썰면서 원시적으로 산다고 생각하잖아? 사실 요즘은 와이파이 터지고 닌텐도도 해. 다만 터치할 때 장갑을 잠깐 벗어야 하는 게 약간 번거로운 정도지."

그때 옆자리 아이가 조용히 손을 들었다.

"선생님, 그러면 터치용 장갑 쓰면 되잖아요!"

너무나 현실적인 해결책에 내가 먼저 웃었다.

"그렇지. 그런데 문제는 기술이 아니라 추위야. 이 정도 추위면 장갑이 몇 종류든 별 의미가 없어져."

아이들은 고개를 끄덕이며 사진 속 숲을 다시 들여다봤다.

• 러시아 마을과 초코파이의 환상적 만남

러시아 냉대기후 지역의 실제 모습을 담은 영상을 틀자 교실 분위기가 금세 차분해졌다. 한 할머니가 작은 부엌에서 감자를 끓이고 있는 소박한 장면이었는데, 아이들은 화면보다 내 설명에 더 반응했다.

"러시아 사람들이 홍차를 달게 먹는 건 유명하지. 설탕 다섯 스푼 넣고, 거기에 우리나라 오리온 초코파이까지 곁들이면 손님 대접 끝이래."

아이들이 동시에 "와… 다섯 스푼이요?"라고 탄성을 질렀다.

"왜 그렇게 달게 먹어요?"라는 질문이 나와서 덧붙였다.

"문화가 그래. 우리가 먹으면 거의 복숭아 아이스티 맛일 거야."

아이들 표정이 '뭔지 알 것 같다'는 표정으로 변했다.

그사이 화면 속 할머니는 소금만 살짝 넣고 감자를 조리하고 있었다. 그러자 한 아이가 솔직하게 말했다.

"선생님, 저거 맛없어 보여요!"

나는 웃으며 고개를 끄덕였다.

"그래 보일 수도 있지. 근데 춥고 긴 겨울에는 따뜻한 음식이 최고야. 우리도 추울 때 떡볶이 찾잖아."

아이들이 '아, 그건 인정'이라는 표정으로 고개를 끄덕이며 다시 영상을 바라봤다.

관용표현 대결 – 우리 반의 몸짓 연기 대작전!

오늘은 우리 반 아이들과 함께 관용표현을 몸으로 표현해 보는 시간이었다. 총 12개 표현을 준비해 갔는데, 아이들의 연기력은 말 그대로 스펙트럼이었다. 첫 번째로 나온 아이는 고개를 천천히 꾸벅꾸벅 숙이며 "벼 이삭은 익을수록 고개를 숙인다"를 보여줬다. 난이도 최하였지만 그래도 분위기를 잘 열었다. 그다음 친구는 눈을 비비며 허공에다 손질을 하더니 "눈이 높다"를 연기했는데, 이것 역시 '정답 보장형'이었다.

하지만 그 이후부터 슬슬 재미가 붙었다. 한 아이가 블록을 척척 쌓아 올리더니 절묘한 순간에 '우르르' 무너뜨리며 "공든 탑이 무너지랴"를 표현했다. 관객(=반 친구들)의 탄성까지 유도하는 완벽한 타이밍이었다. 이어서 신발을 벗어 들고 뛰어다니는 아이가 등장했다. "발 벗고 나서다"였는데, 진짜로 발을 벗고 나서려고 해서 내가 말릴 뻔했다. 그 옆에서는 두 명이 손과 발을 딱딱 맞춰가며 "손발을 맞추다"를 보여주었고, 절묘한 합까지 뽐냈다.

교실 뒤에서 늘 조용하던 아이가 나와서는 뭔가 알았다는 표정으로 "하나만 알고 둘은 모른다"를 연기했는데, 은근한 자신감이 돋보였다. 다른 친구보다 귀가 큰 친구는 주저 없이 귀를 감싸며 "귀가 따갑다"를 표현했고, 반 분위기 메이커는 갑자기 바닥을 '쾅' 치는 시늉을 하며 "피가 거꾸로 솟다"를 보여주었다. 효과음까지 자체 제작해 교실을 포복절도하게 만들었다.

준비성이 뛰어난 아이도 있었다. 부채를 들고 와서 안내 방송하듯 열심히 부채질하며 "불난 집에 부채질한다"를 표현했고, 장난꾸러기는 바닥에 ㄱ 자 모양을 그리며 "낫 놓고 기역 자도 모른다"를 시각적으로 구현했다. 미술 시간에 만든 구슬을 들고 와 "구슬이 서 말이라도 꿰어야 보배"를 재연하는 친구도 있었고, 마지막은 단짝 둘이 머리를 맞대는 시늉으로 "머리를 맞대다"를 완성했다. 협업 연기로 마무리하니 박수가 절로 나왔다.

채점 결과도 흥미진진했다. 12개를 모두 맞힌 용자가 무려 4명, 11개를 맞힌 친구도 2명이나 있었다. 물론 4문제만 맞힌 친구도 있었지만, 중요한 건 다들 신나서 참여했다는 점이었다.

마무리는 '관용표현 이상형 월드컵'. 우리 반 최종 1위는 "피도 눈물도 없다"였다. 왜 이렇게 냉정한 표현을 좋아하는지 잠시 고민해 봤지만, 2위 "배가 부르다", 3위 "피가 거꾸로 솟다"가 이어지는 걸 보고 다시 확신했다. 우리 반 아이들은 감정 표현이 풍부하고, 그걸 또 아주 솔직담백하게 드러내는 타입이다.

9월 17일

〈이보오, 오랜만이오〉 다시 알아보기

2주 전, 이산가족 이야기를 다뤘던 사회 수업을 오늘 다시 복습하는데, 그때의 장면들이 아이들 머릿속에서 또렷하게 되살아나는 모습이었다. 내가 칠판에 '65년'이라고 쓰자, 몇몇 아이들이 속삭였다.

"아, 저 때 그거였지…."

숫자를 보자마자 표정이 단번에 진지해졌다.

"65년이면 어느 정도일까?"라고 다시 묻자, 지난번처럼 계산기부터 꺼내 들던 아이가 똑같이 말했다.

"저희 태어나기 전이에요."

"맞지. 너희 부모님도 태어나기 전."

아이들은 이미 아는 내용이지만, 다시 듣는 순간 또 한 번 충격을 느끼는 듯했다.

나는 2주 전처럼 말했다.

"1949년에 결혼한 이순규 할머니와 오인세 할아버지가 있었지. 한국전쟁이 나고… 65년 동안 만나지 못했어."

그때처럼 교실이 순식간에 고요해졌다.

아이들은 영상을 틀기도 전에 벌써 감정이 올라온 표정이었다. "또 울 것 같아요…."라고 중얼거리는 아이도 있었고, "선생님이 더 우는 거 아니에요?"라고 장난치는 아이도 있었다. 그러나 화면이 켜지자 장난기마저 금방 사라졌다.

할머니가 시계를 고르는 장면에서 지난번처럼 "왜 반지는 안 사지?"라고 작은 목소리가 나왔고, 이어지는 상봉 장면에서는 교실 전체가 잠시 정지된 것처럼 조용해졌다.

"이보오, 오랜만이오."

그 장면은 2주 전과 똑같이 아이들의 마음을 붙잡았다.

영상이 끝난 뒤, 나는 아이들에게 물었다.

"2주 전에 봤을 때랑 느낌이 달라?"

아이들이 천천히 고개를 끄덕였다.

"할머니가 안 우는 게 너무 신기해요."

"12시간이 너무 짧아요."

"그냥… 마음이 이상해요."

아이들이 말하는 속도가 느렸다. 그만큼 감정이 다시 가라앉는 데 시간이 필요한 듯했다.

곧이어 복습 활동으로 글쓰기를 다시 했다.

"2주 전에 썼던 것처럼, 이번에도 할머니나 할아버지 입장에서 다시 한번 느껴보자."

아이들은 조용히 연필을 움직였다. 지난번보다 글이 더 차분하고 깊어 보였다. 어떤 아이는 그때처럼 고양이 이야기를 썼고, 어떤 아이는 이번엔 돌아가신 할아버지 생각을 더 길게 적었다. 어떤 아이는 통일 가능성까지 연결하며 스스로 더 확장해 나갔다.

글을 걷어 읽어보면서 느꼈다.

2주가 지났는데도 아이들 마음속에 그 장면이 그대로 남아 있다는 걸.

종이 울릴 즈음, 한 아이가 가방을 메며 말했다.

"선생님, 오늘도 집 가서 엄마한테 안아달라고 해야겠어요."

수업은 2주 전 이야기의 복습이었지만, 아이들 마음속에서는 여전히 현재진행형이었다.

아이들이 쓴 글

• 장신은

5년 전 다른 사람에게 입양 보낸 회색 고양이가 생각난다. 길바닥에서 처음 만난 새끼 고양이였는데, 딱 4개월만 함께 살고 다른 집으로 보냈다. 그날 나는 엄청 울었다. 고양이를 좋아하던 친구도 함께 울었다. 그 후로도 가끔씩 그 고양이 생각에 울었다.

고양이와 헤어지는 것도 이렇게 슬픈데, 가족과 헤어진다면 얼마나 힘들까 상상도 안 간다. 지금은 그저 그 고양이가 잘 살기를 바랄 뿐이다.

6년이 넘게 지났지만 아직도 사진이 많이 남아있다. 사진을 보니 많이 컸더라. 3년 전만 해도 작고 귀여웠는데, 지금은 두 배는 커진 것 같다. 한번 실제로 보고 싶다. 우리 집 고양이가 8살인데도 거의 비슷한 크기였으니까. 믿기지 않지만 생생하게 기억난다.

요즘 왜 이산가족 상봉을 안 하는지 모르겠다. 이산가족들도 엄마, 아빠가 있는데 왜 안 하는 건지. 만약 내가 이산가족이라면 정부에 편지를 100통은 보냈을 것이다.

이산가족들이 얼마나 가족을 보고 싶을까 생각해 본다. 제발 꼭 이산가족 상봉을 하게 해줬으면 한다. 1년에 한 번이라도 서로 얼굴을 보면서 그리움을 달랠 수 있으면 좋겠다.

• 현가은

만약 지금 당장부터 부모님, 가족들과 헤어진다면 표현할 수 없는 절망감과 슬픔이 몰려올 것 같다. '나중에 꼭 보자'라는 작별 인사 한 번 못 하고 65년간 보지 못한다면? 몸은 움직이지만 마음이 멈춰버릴 것 같다.

내 가족이, 내 부모님이 살아있는지도 모르면서 만날 수 없다는 건 누구든 버텨내기 힘들 것 같다. 이순규 할머니도 나와 비슷한 마음이셨을까? 표현할 수 없는 슬픔이 같으셨을 것이다. 사랑하는 사람들을 위해 참고 계셨을 것이다.

할머니는 오인세 할아버지를 떠나보낼 때 많은 추억이 떠올랐다고 하셨다. 내 손을 꼭 잡고 건강하게 지내던 할아버지가 병상에 누워 계시다가 돌아가실 때 얼마나 가슴이 아프셨을까.

할아버지를 떠나보낼 때 아무 생각도 들지 않았다. 아무 생각 없이 눈물만 흘렸다. 할아버지를 보내고 학교에서는 괜찮은 척 웃으며 있었는데, 이순규 할머니도 아들, 딸들이 있기에 일부러 눈물을 참으며 웃으며 사셨을 것이다.

만났을 때도 마음이 벅차고 눈물이 나셨을 텐데 꼭 참으셨던 것 같다. 65년 만에 만난 남편을 다시 보면서 눈물이 멈추지 않았을 텐데 눈물을 참으신 할머니가 정말 대단하시다고 느꼈다.

65년을 기다린 할머니와 89세 할아버지에게 12시간은 1분같이 매우 짧은 시간처럼 느껴지지 않았을까. 지금은 다시 만날 수 없겠지만 언젠가는 다시 만날 수 있었으면 좋겠다. 천국에 가서도 두 분이 행복하게 지내시길 바란다.

• **정소령**

이 영상을 보면서 이순규 할머니께서 왜 안 우셨는지 짐작이 간다. 할머니는 오인세 할아버지를 만날 수 있다는 소식에 슬픔보다 정말 기뻐하셨을 것 같다.

할머니께서 예쁘게 머리를 정리하시고 설레 하시는 장면의 웃음이 마치 어린 소녀 같았다. 그만큼 할아버지를 만난다는 기대감이 커서 슬프다는 감정이 잠시 뒤로 밀려난 것 같다.

하지만 마냥 안 슬프신 건 아니었을 것이다. 65년 동안 서로 죽은 줄만 알고 계셨는데 살아있다는 소식을 들으셨을 때 얼마나 놀라셨을까. 아마 아들과 가족들에게 우는 모습을 보이기 싫으셔서 꾹꾹 참고 눈물을 억누르신 것 같다.

그 장면에서 나는 '와, 할머니 정말 대단하시다'라는 생각을 했다. 할머니께선 할아버지께 웃는 모습, 행복한 모습, 잘 살고 있는 모습을 보여주고 싶으셔서 웃으신 것 같다.

나 같아도 부모님을 65년 동안 못 보면 정말 괴롭고 슬플 것 같은데 할머니께선 어떻게 버티셨는지 정말 대단하시다. 수많은 이산가족 할머니들께서 마음고생을 하신 것도 짐작이 간다.

오랜만에라도 보고 생명이 얼마나 귀하고 소중한지 느끼셨을 것이다. 보물 같은 존재라는 걸 알았고, 사랑이라는 감정이 이토록 크게 이어져 있다는 것을. 언젠가는 꼭 다시 만날 거라는 희망과 소중함을 느끼게 해주는 것 같다.

1949년 행복하던 두 분에게 이런 시련이 와도 그것이 마냥 불행은 아니고, 둘 사이를 더 돈독하게 해줄 것 같다는 생각이 든다.

• **권시오**

내가 만약 이산가족이면 12시간 동안 말도 제대로 못 하다가 버스에 타게 될 것 같다. 차라리 탈북하겠다고 말할 것 같다.

오랫동안 헤어져 살면서 죽었는지 살았는지도 모르니 하루하루 기다리면서…. 내 입장에서 생각할 때 조금 더 이해할 수 있는 이산가족 상봉이 잊을 수 없는 장면일 것 같다.

전쟁은 참 끔찍한 것 같다. 가족을 두 갈래로 찢어놓고 영원한 이별을 만들기 때문이다. 가진 사람들만 좋아하는 전쟁이라고 생각한다.

우리나라는 유일한 분단국가다. 하루빨리 통일을 해야 하지만 돈에 눈이 멀어 통일을 반대하는 사람들, 그들로부터 도움을 받고 통일을 반대하는 일부 언론들, 대한민국이 통일하면 국력이 강해질까 봐 걱정하는 다른 국가들 모두가 걸림돌이 된다.

처음에는 힘들어도 겁 없이 통일에 나아가면 어느새 지나간 역사가 될 것이다.

• 김다솜

내가 만약에 이순규 할머니였다면 어떨까?

사랑하는 사람이 생겨서 만나다가 결혼을 하기로 해서 결혼 생활을 시작한다. 하지만 7개월이라는 짧은 결혼 생활로 끝을 맺고 만나지 못했다. 그리고 무려 65년 동안이나 보지 못했다.

나는 이순규 할머니와는 달리 아이도 낳고 살았다면 마음이 너무 아팠을 것이다. 밤마다 매일 울었을 것 같다.

그러다 65년이라는 긴 시간이 흘러 다시 만나는 시간이 왔다. 나는 만나는 장소에 들어가서 첫인사를 건넸을 것이다. 머릿속에는 온통 걱정과 기쁨과 눈물이 가득했을 것이다. 서로의 얼굴을 보는 순간이었다.

할머니는 이 자리를 떠날 때 남기지 못한 마음을 눈물에 담아 보내셨을 것 같다. 첫마디는 "이보오, 오랜만이오."라고 상상할 수 있고, "맞지?"라고 말하면서 서로 웃으며 오랜 얘기를 했을 것 같다.

사랑했던 그 시절이 떠올랐을 것이다. 65년은 하루 같다고 하지만 나 같으면 한 달도 못 버티고 무너져버렸을 것이다.

내가 사랑하는 가족을 65년 동안 보지 못했다면 정말 슬프고 인생을 살아가는 데 힘들었을 것이다. 이순규 할머니께서 버티면서 살아오신 게 정말 멋지고 대단하다고 느꼈다.

• 김산

내가 만약 이산가족이 되어서 엄마 아빠를 65년 동안 보지 못해서 고아가 된다면 정말 아주 슬플 것 같다. 전쟁 때문에 엄마 아빠를 잃어버리면 아주 살기 힘들 것이다.

65년 동안 살아있는지 몰랐는데, 65년이 흐른 뒤 이순규 할머니와 오인세 할아버지처럼 엄마 아빠를 다시 만나게 되면 하루같이 짧게 느낄 것이다.

그 짧은 시간에 많은 대화를 하겠지만 12시간이 지나면 다시 슬퍼질 것 같다. 그렇게 마지막 만남이 끝나고 죽을 때까지 못 보게 될 것이다.

이산가족이 되는 것은 아주 슬플 것 같다.

• **이도현**

내가 만약 65년 만에 가족을 만난다면 무슨 느낌일까?

나는 65년 동안 못 만나다가 다시 만난다고 할 때는 기쁠 것 같지만, 막상 만나면 할 말도 없고 얼굴도 기억이 안 나고 가족도 나를 못 알아볼 것 같아서 생각한 것보다 기쁘지 않을 것 같다.

그리고 할머니, 할아버지가 65년 되면 123세가 되기 때문에 살아 있을 것 같지도 않다. 123세 가까이 되어 만약 살아 있다면 오히려 기쁜 마음이 사라져서 13살 마음으로 돌아가서 다시 슬퍼질 것 같다.

그때 하고 싶은 말들로 대화를 나눠도 제대로 대화가 안 될 것 같다. 버스를 타고 다시 돌아갈 때면 많은 말을 못 해서 아쉬울 것 같다.

• **이주영**

내가 65년 만에 가족을 만난다면 어떨까? 나는 65년 전 가족과 헤어져서 65년 후 힘들게 찾아서 가족을 만났다. 나는 너무 기쁘면서 보고만 있어도 눈물이 났다. 아빠와 엄마가 다 있었다. 너무 좋았다.

내가 만약 이순규 할머니라면 오인세 할아버지를 만난다고 했을 때 매우 기뻤을 것이다. 오인세 할아버지를 보지 못했다면 울면서라도 그리워했을 것이다.

지금 65년 만에 다시 할머니를 만난다고 하면 처음에는 울지 않을 것이다. 이유는 이순규 할머니도 안 우셨기 때문이다.

• **주지훈**

만약에 내 고양이와 떨어져 산다면 어떤 기분일까?

일단 매일매일 밥 챙기고 화장실도 치웠다. 고양이와 애교 부리고 엄청 좋아하고, 박스 좋아하는 고양이라 박스를 사줬다.

해외를 간다면 고양이는 안 울 것 같다. 나는 오랜만에 봐서 울며 말할 것 같다. 집에 오면 축하 파티를 할 것이다.

• **최하윤**

내가 가족과 헤어진다면?

내가 학교에 간 후부터 65년간 가족을 못 본다면 나는 말로 다 표현하지 못할 만큼 할 말이 많을 것 같다.

'평소에 더 잘해줄걸… 화 안 내고 더 잘할걸….'

65년 뒤에 엄마, 아빠를 본다면 아무 말도 못 하고 펑펑 울 것 같다. 그 12시간이 아주 짧은 시간처럼 느껴질 것 같다. 다시 돌아오지 못할 그 시간을 계속 간직하고 싶을 것 같다.

내가 서른 살일 때 서른 살 이상 어른, 할머니로 만나서 헤어진다면 다시 못 볼 텐데, 그래도 그때라도 봐서 행복했을 것 같다.

내가 이 글을 쓰면서 남의 일 같지 않았다. 너무 소중하고 말로 다 표현 못 할 감정이 쏟아질 것 같다.

그러니까 평소에 가족들을 더 사랑하고 더 잘해주어야겠다. 언젠가 이별의 날이 오더라도 후회하지 않게 말이다.

• **김서후**

만약에 이순규 할머니가 65년 동안 오인세 할아버지와 이산가족이 되어서 만난다면 어떤 기분이었을까?

나는 할머니라면 순간 너무 기뻐서 우셨을 것 같다. 그리고 12시간 동안 많은 이야기를 나누셨을 것이다. 지금까지 긴 시간 동안 힘든 날에도 살아계셔서 고맙고 감사했을 것 같다.

만약에 이순규 할머니가 돌아갈 때를 본다면, 집에서 손주들과 함께 돌아가는 길에 찍은 사진을 보며 슬픔과 기쁨을 동시에 느끼실 것 같다.

이순규 할머니는 89세라서 오랜만에 가족을 만났을 때 많은 생각을 다시 하셨을 것 같다.

• 정하진

이 영상을 보니 '65년이란 세월 동안 사랑하는 부모님과 오래 헤어지게 된다면…'이란 생각이 났다. 그 상상을 하니 한 장면이 떠올랐다.

주변에서 울고 있고, 급하게 달리는 많은 사람들이 있는 차가운 버스 창문에서 부모님을 보고 있는 나. 그 상상되는 장면에서 눈물이 느껴졌다.

버스가 출발하는 순간에 갑작스럽게 눈물이 쏟아져 나왔다. 그 버스를 달리고 달려서 쫓아가려 해도, 부모님과 안아보기라도 하고 싶어도 세월의 강처럼 단숨에 흘러간다.

더 이상 상상할 수 없다는 장면이 언젠가 현실이 될까 봐, 혹은 못 만날까 봐 영상을 본 후에 죽음보다 끔찍한 두려움이 다가오는 것 같다.

'불쌍하다'로 끝내기엔 너무 많은 걸 깨달은 날

지난 시간에 '타인의 고통' 이야기를 했던 흐름을 이어 갔다. "여러분, 뉴스나 인터넷에서 가장 많이 보는 장면이 뭐예요?"라고 묻자 아이들 입에서 여러 장면들이 쏟아져 나왔다. 교통사고, 화재, 전쟁, 폭격…. 분위기가 조금 무거워질 때쯤 한 아이가 "고양이 영상이요!"라고 외쳐서 교실이 한 번 웃음으로 흔들렸다가 다시 차분해졌다.

나는 아이들에게 조용히 물었다.

"그런 장면을 보면 그냥 '어휴, 무섭다' 하고 끝내면 될까? 아니면 조금 더 생각해야 할까?"

잠깐 정적이 흐르더니, 한 아이가 솔직하게 말했다.

"처음엔 놀라는데, 자꾸 보니까 아무렇지도 않아요."

다른 아이도 "맞아요, 금방 잊어버려요."라고 덧붙였다. 순간 교실 분위기가 조금 멈춰 선 듯했다.

나는 그 말에서 수업을 이어 갔다.

"맞아요. 수전 손택이라는 사람도 그 점을 말했어요. 우리는 남의 고통을 잠깐 보고 '불쌍하다' 하고는 금방 잊어버려요. 마치 재미없는 채널을 그냥 돌리듯이요."

몇몇 아이들이 고개를 끄덕이더니, 누군가는 "그럼 우리는 구경만 하는 거네요?"라고 묻는다. 나는 바로 "맞아요!"라고 답했다.

"작가는 우리가 반쯤은 '구경꾼'이라고 했어요. 불난 집 구경이 재미있다는 말, 들어본 적 있죠? 사람들은 교통사고만 나도 괜히 속도를 줄이고 한 번 더 보려고 해요. 우리 안에 그런 마음이 조금씩 있는 거예요."

그때 다른 아이가 손을 번쩍 들었다.

"근데 그냥 '불쌍하다' 하고 끝내는 것도 좀 이상해요. 그게 진짜 공감일까요?"

순간, 나는 속으로 박수를 쳤다. 이 말이 바로 손택의 핵심이었다. 그래서 이렇게 이어 말했다.

"그래. 동정은 쉽게 할 수 있지만 금방 사라져요. 그런데 만약 그 고통을 겪는 사람이 내 가족이라면? 그땐 절대로 채널을 돌릴 수 없겠지. 분명히 뭔가 하려고 할 거예요. 행동이라는 건, 남의 이야기가 아니라 내 이야기일 때 시작되거든요."

• 신은이의 깨달음 – 사진 속 숨겨진 이야기

우리 집 소파 위에는 가족사진이 있다. 보기엔 화목해 보이지만 실제로는 그때 엄청난 싸움을 한 직후였다. 나는 원래 사진 찍히는 걸 싫어했고, 형도 마찬가지였다. 그래서 찍을 때마다 얼굴이 다 화난 표정이었다.

그런데 완성된 사진을 보면 그런 뒷이야기는 전혀 보이지 않는다. 선생님이 보여주신 미국 국기를 든 군인들의 사진도 마찬가지였다. 겉으로는 영광스러워 보이지만, 그 순간 그들이 정말 어떤 기분이었는지는 알 수 없다.

결국 사진은 이야기의 한 부분만 보여줄 뿐 모든 이야기를 보여주지 못한다는 것을 깨달았다. 앞으로는 어떤 사진을 봐도 그 뒤에 숨겨진 진짜 이야기가 무엇인지 생각해 봐야겠다.

• 하진이의 고민 – 순간의 모습으로 판단하지 말기

어떤 때는 말을 더듬는 친구들이 있다. 친구들이 운동하거나 발표할 때 그렇게 더듬어도 겉으로는 웃지 않지만, 가끔 속마음으로 웃는 친구들이 있는 것 같다. 몇몇 친구들은 장난으로 따라 하며 더듬을 때도 있다.

만약 정말로 긴장해서 말을 더듬는 친구가 그런 모습을 본다면 얼마나 창피하고 부끄러울까? 긴장해서, 순간 두려워서 그런 것을 단 한 순간의 모습만 보고 놀리거나 웃으면 안 된다.

사람은 누구나 실수할 수 있고, 긴장할 수 있다. 그 순간만으로 그 사람을 판단하는 것은 옳지 않다는 생각이 든다.

• 시오의 분석 – 언론이 만드는 편향된 세상

사진은 다양한 감정을 동시에 담을 수 없다. 예를 들어 어떤 팀이 결승에서 패했지만 서로를 격려했다고 하자. 사진은 패배의 슬픔이나 격려의 따뜻함 중 하나만 촬영할 수 있다.

더 큰 문제는 요즘 점점 자극적인 내용들이 많아지고 있다는 것이다. 결국 우리가 보는 사진들은 슬프거나 화나는 비교적 암울한 것들뿐이다. 그래서 사람들은 점점 끔찍한 것들에 대한 감각이 무뎌지고 있다.

실제로 언론에서는 폭행, 강도, 살인 같은 안 좋은 소식은 쏟아져 나오지만 행복한 소식은 찾기 어렵다. 이제부터라도 이런 상황을 개선해야 한다. 그 방법은 생각하는 것이다. 생각하지 않으니 사진에 나오는 대로 그대로 믿게 되는 것이다.

• 서후의 체험 – 자신의 고통 vs 타인의 고통

내가 운동하다가 크게 넘어진 적이 있다. 턱에는 상처가 생겼고, 팔꿈치 바깥쪽에는 살이 찢어져 피가 났다. 선생님이 상처에 소독약을 바르고 알코올 솜으로 문지를 때 너무 아파서 소리를 질렀다.

같이 운동하던 언니도 코너에서 넘어져 높이 올라갔다가 땅에 부딪혀 굴렀다. 언니도 살에 상처가 나고 어깨뼈에서 피가 나고, 양쪽 무릎이 까져서 정말 심했다. 언니가 소독을 할 때 울고 소리치는 모습을 보니 정말 아플 것 같았다. 그런데 그때 어떤 애들은 웃고 어떤 애들은 위로를 했다.

이것이 바로 타인의 고통이다. 자기 자신이 다치면 아프다고 울지만, 상대방이 다치면 웃기도 한다. 앞으로는 상대방이 다치면 웃지 않고 위로해 주는 게 좋겠다고 생각한다.

- **도현이의 반성 – 나의 경험을 통한 깨달음**

예전에 내 팔이 다쳤을 때, 친구가 웃으면서 달려와서 내 팔을 놀린 적이 있었다. 그런데 그 친구가 다음 주에 놀이터에서 떨어져 어깨를 다쳤다. 그래서 나를 놀리러 올 수 없게 되었는데, 나도 예전처럼 다친 친구를 보며 힐끔힐끔했다.

그때 깨달았다. 타인의 고통을 나의 고통으로 생각해 봐야겠다고. 타인의 불행을 나의 불행으로 여겨봐야겠다고 말이다.

남이 다치면 재미있어하거나 놀리는 것이 아니라, 내가 그 상황이라면 어떨지 생각해 보는 것이 진정한 공감인 것 같다.

- **주영이의 의문 – 사진으로 보는 세상의 진실**

선생님은 이오지마 전투에서 미국이 위기에서 승리를 거둔다는 사진과 여러 전쟁터 사진들을 보여주셨다. 하지만 그 사진들이 조작된 것이라고 알려주셨을 때 정말 충격이었다.

앞으로는 뉴스를 접했을 때 그 사진만 보고 함부로 믿지 말고, 그 뒤에 숨어있는 진실이 무엇인지 생각해야겠다.

또한 우리 반 친구가 스케이트를 타다가 내 앞에서 넘어졌을 때, 나도 그 모습을 보고 웃다가 같이 넘어졌다. 다음부터는 친구의 실수를 비웃을 것이 아니라 나의 일처럼 타인의 고통을 생각하며 살아야겠다.

- **산이의 솔직함 – '타인의 고통은 나의 행복'에 대한 고백**

'타인의 고통은 나의 행복'이라는 말이 있다. 오늘 아침 동생이 걸어가다가 모서리에 팔을 부딪혔다. 동생이 침대에 다이빙하듯 뛰어들어 뒹굴면서 정말 아파했을 때, 나는 정말 재미있었고 기분이 좋아졌다.

정말 '타인의 고통은 나의 행복'이라는 말이 맞는 것 같다. 예전에도 동생과 다리씨름을 했는데, 동생이 힘이 빠져서 넘어질 때 둘 다 비명을 지르고 얼굴이 빨갛게 되는 모습이 정말 재미있었다. 그걸 동영상으로 찍어뒀는데 지금 봐도 재미있다. 하지만 이런 마음이 과연 옳은 건지 생각해 봐야겠다.

• 지훈이의 경험 – 라이벌 팀의 패배와 복잡한 감정

내가 선수반일 때 우리 팀에는 최대 라이벌 팀이 있었다. 정말 리버풀과 맨유처럼 강한 라이벌 관계였다.

다음 경기에서 그 팀과 만난다는 소식을 들어서 우리는 정말 열심히 훈련했다. 하지만 경기 당일, 그 라이벌 팀이 다른 팀에게 져서 예선 탈락했다는 소식을 들었다. 우리는 실망했지만 한편으로는 복잡한 기분이었다.

우리 팀은 결국 준우승을 했다. 준우승 후 코치님이 돈가스를 사주셔서 정말 맛있게 먹었고, 폭죽놀이도 봐서 기분이 좀 풀렸다.

라이벌의 패배를 보며 느낀 복잡한 감정들을 통해, 경쟁 상대의 고통을 바라보는 우리의 마음이 얼마나 복잡한지 알게 되었다.

• 가은이의 비판 – 유튜브의 자극적인 영상들

유튜브를 보다 보면 정말 자극적이고 위험한 영상들이 많이 보인다. 그럴 때마다 "굳이 자신의 몸을 희생하면서까지 조회수를 올릴 필요가 있을까?"라는 생각이 든다.

사람들은 자극적이고 위험한 영상을 좋아한다. 왜냐하면 다른 사람들의 고통에서 재미를 느끼기 때문이다. "너의 고통은 나의 행복!"이라는 말처럼, 사람들은 타인의 고통을 즐긴다.

하지만 위험한 영상들은 어린아이들이 따라 할 수도 있어서 정말 위험하다. 게임이나 간단한 실험, 브이로그처럼 재미있으면서도 안전한 콘텐츠가 얼마나 많은데, 굳이 위험한 영상을 만들 필요가 있을까?

안전하고 재미있는 영상을 만든다면 부모님들 사이에서도 "어린이들이 쉽고 안전하게 할 수 있다."라며 더 인기를 얻을 수 있지 않을까?

• 하윤이의 깨달음 – 사진 한 장에 숨겨진 진실

어제 『타인의 고통』 책에서 한 장의 사진을 보았다. A라는 사람이 총을 들고 B라는 사람에게 총을 쏘려는 모습이었다. 그 사진을 보고 나는 'A가 왜 B를 죽이려 하지? A가 정말 나쁘다'라고 생각했다.

하지만 사실은 정반대였다. B는 살인범이고 A는 경찰이었다. B가 A의 동료를 죽였기 때문에 A가 B를 체포하려는 장면이었다.

사진의 진실을 알고 나니 내가 처음에 생각한 것과 완전히 달라서 놀랐다. 사진 하나만 보고 성급하게 판단하지 말자고 다짐했다. 앞으로 모든 사진을 볼 때는 그 속에 숨겨진 뒷이야기가 있다는 걸 염두에 두고 봐야겠다.

• 다솜이의 의문 – 아프리카에 대한 편견과 진실

광고나 신문, 유튜브에서 자주 보는 사진이 있다. 아프리카 사람들이 엄청 말라있고 배만 볼록 나온 모습들이다. 하지만 자세히 보니 그 사람들의 얼굴은 가리지 않고 그냥 올리는 것 같았다.

뉴스에서는 대부분 얼굴을 가리는데, 유튜브에서 아프리카 영상을 검색하면 얼굴을 그대로 보여준다. 나는 그런 사진과 영상들을 다 믿고 있었다.

하지만 아프리카를 다시 검색해 보니 좋은 모습들도 정말 많았다. 그때 깨달았다. 사진이나 영상만 보고 "이게 다 진실이야." 또는 "이건 다 거짓이야."라고 단정해서는 안 된다는 것을.

우리가 보는 일부분만으로 전체를 판단하는 것은 위험하다는 걸 알았다.

• 소령이의 반성 – 경쟁에서 느낀 복잡한 감정

예전에 경쟁이 치열한 학원을 다닐 때의 이야기다. 그곳에 내 라이벌이자 친구인 아이가 있었다. 시험을 볼 때마다 나는 속으로 '그 아이가 제발 문제를 더 많이 틀렸으면 좋겠다'라고 생각했다.

하지만 결국 나는 그 아이보다 2문제를 더 틀렸고, 영어 선생님께 혼이 났다. 그래서 더 열심히 공부해서 다음 시험에서는 그 아이보다 2문제를 더 맞았다. 선생님은 나를 엄청 칭찬해 주셨고, 그 친구를 실망한 눈으로 바라보셨다.

그때 나는 너무 기뻤다. 하지만 그 아이의 '깊은 상처로부터 오는 슬픈 표정'을 보니 내가 좀 나빴던 것 같다는 생각이 들었다. 그 친구에게는 속상한 일이었는데 내가 그 속상함을 좋아했으니까.

이기고 싶은 마음은 이해하지만, 이런 내 모습이 조금은 이기적인 것 같아서 반성하게 되었다.

게임 시간은 얼마가 적당한가?

교실의 아침 풍경은 예측 가능했다. 수업 시작 전부터 아이들은 게임 이야기로 후끈 달아올라 있었다. 한 아이가 하루 30분만 게임한다고 자랑스럽게 말하자, 반대편에서 즉각 반발이 터져 나왔다. 30분은 너무 짧아서 의미가 없다는 주장, 자기는 하루 핸드폰 사용시간이 1시간밖에 안 된다는 항변, 누군가는 5시간 하던 걸 2시간으로 줄였다며 자신은 대단하다는 자기변호까지 이어졌다.

그러다 갑자기 한 아이가 기발한 비유를 꺼내 들었다.

"100㎏에서 70㎏으로 감량한 거랑 똑같다니까요."

그러며 턱선이 살아난 다른 사람의 이야기까지. 아이들은 서로에게 게임 시간을 줄이라며 옥신각신했고, 누군가는 "1분만 해봐, 그거 진짜 힘들어!" 하며 말꼬리를 흐렸다.

기후 배우는데 왜 지킬 박사와 베어 그릴스가 나오죠?

한 아이가 교과서를 읽기 시작했다. 위도 20도에서 60도 사이의 중위도 지역, 사계절이 뚜렷하다는 익숙한 문장이었다. 나는 고개를 저으며 "온대기후는 설명하려면 끝이 없다."라고 말했다. 한대기후는 눈과 추위라는 뚜렷한 이미지로 설명할 수 있지만, 온대기후는 지역마다 너무 달라서 한마디로 정의하기가 어렵기 때문이다.

그래서 아이들에게 질문을 던졌다.

"우리는 벼를 먹고 사는데 유럽 사람들은 왜 겨울에 밀을 심고, 여름엔 올리브를 기를까?"

그 답은 곧바로 '비'였다. 올리브유와 와인이 발달한 것도, 밀을 겨울에 심고 봄에 수확하는 것도 모두 비의 양과 내리는 시기 때문이었다.

다음 아이가 열대기후 부분을 읽었다. 적도 주변 저위도 지역에서 나타나는 기후라고 했다. 나는 건기와 우기의 구조를 설명하며, 우리나라도 최근엔 비 오는 시기와 비가 안 오는 시기가 뚜렷해지면서 열대기후의 모습을 닮아 가고 있다고 덧붙였다.

이어 올리브 사진을 보여주며 말을 이어갔다. 올리브와 포도는 식성이 비슷하다고. 햇빛은 강해야 하지만 비는 거의 오면 안 된다고. 비가 너무 많으면 과일이 달아질 수 없다는 말에 아이들이 고개를 가로저었다. 대신 나는 벼 이야기를 꺼냈다. 벼는 까다롭다고. 햇빛도 많아야 하고 비도 많아야 한다. 그래서 쌀이 밀보다 더 달고 맛있는 곡식이라고 설명했다. 다만 쌀알이 막 맺히기 시작한 시기에는 비가 오면 안 된다고 덧붙였다.

이번에는 영국 사진을 보여주고 설명을 이어갔다. 맑은 날 공원에서 일광욕하는 영국 사람들. 왜 저런 모습이 나오는지 알려주기 위해 칠판에 그림을 그렸다. 따뜻한 바닷물이 영국 쪽으로 올라오면서 비를 자주 뿌리는 구조라 맑은 날이 정말 귀하다는 것이다. 그 말을 계기로 나는 이야기를 지킬 박사로 틀었다. 영국 날씨를 보면 사람의 이중성도 같이 보인다고. 비 오는 날 괜히 마음이 어두워지는 건 뮤지컬 〈지킬 앤 하이드〉에서처럼 인간에게도 두 얼굴이 있기 때문 아니겠냐고 말했다.

열대밀림 사진을 보여주며 분위기를 다시 바꿨다. "여긴 사람이 못 산다."라고 단호하게 말하자 한 아이가 "저런 곳은 먹을 게 많아서 식비가 안 들어!"라고 해서 교실에 웃음이 돌았다. 나는 그대로 받아 "그럼 직접 들어가 봐, 뱀에 독사에 온갖 게 다 있을 텐데." 라고 했다. 누군가 "그래도 호주보단 낫죠?"라고 하자 즉시 "아니야, 여기가 더 최악이야. 여기 땅을 파면 바로 죽는다. 개미가 다 달라붙는다."라고 말해 또 폭소가 터졌다. 누군가는 "그럼 나무 위에 올라가서 원숭이랑 살면 되지 않아요?"라고 받아쳐 분위기는 계속 가벼웠다. 결국 모든 기후에 적응한 사피엔스 베어 그릴스 영상을 잠시 보며 수업을 마무리했다.

9월 18일

모니터 3개와 사막 모래의 비밀

오늘도 평화로운 사회 시간. 4개의 기후를 복습하며 차근차근 진행하고 있었는데, 갑자기 모니터가 3개로 인식되는 기적이 일어났다. 화면이 이상했다. 아이들은 신이 났고, 나는 당황했다. "이걸 내가 뭘 건드렸는데?" 하며 허둥지둥하는 내 모습을 보며 한 아이가 태연하게 말했다.

"껐다 켜봐요."

모니터 복구 작전에 온 반이 참여했다. "3번 모니터를 삭제해야 되나.", "되돌리기 되돌리기." 하며 아이들이 더 적극적으로 나서는 바람에 상황은 더욱 복잡해졌다. 결국 "그냥 포기합시다. 안 되잖아." 하며 포기하고 칠판으로 수업을 이어갔다. 기술의 발전이 언제나 교육 현장의 편의를 보장해 주는 건 아니라는 교훈을 얻었다.

한대기후에 대해 말하던 한 아이는 "거긴 엄청 춥고요. 그리고 거기서는 그 순록을 키우는데… 소금으로 말을 듣게 해요." 하며 시작했는데, "그거는 쌤이 한 에피소드고." 하며 웃었다. 아이들이 더 잘 기억하는 건 내가 던진 재미있는 이야기들이다. 백야현상이나 극야현상 같은 핵심 개념보다 순록 이야기가 더 인상적이었나 보다.

냉대기후에서 타이가 숲 이야기를 하다가 "타이가 숲은 딱 보면 나무들이 쫙 일자로 서 있어. 군대들이 그런 느낌."이라고 설명했더니 아이들이 고개를 끄덕였다. 역시 아이들에게는 구체적이고 친숙한 비유가 최고다.

건조기후 지역에서 오아시스 이야기를 할 때가 제일 재미있었다. "오아시스 물을 그냥 먹으면 죽어요."라고 하니까 아이들이 깜짝 놀랐다. "영화는 다 거짓말이에요."라고 덧붙이자 한 아이가 "영화 믿고 있었는데…."라며 실망했다. 현실은 항상 영화보다 복잡하다는 걸 배우는 순간이었다.

사막에서 모래로 빵을 굽는 이야기를 하자 한 아이가 "모래가 조금 묻어 어떻게 먹어요?"라고 현실적인 질문을 했다. "모래는 털어내고 먹으면 되지. 당연히 조금 묻어 있겠지. 근데 요즘은 마트에서 사먹지 않을까?"라고 답하니 역시 마트 없이는 못 산단다.

고산기후에서 지난번 말했던 볼리비아 축구 이야기가 나오자 집중한다. "산소량이 3분의 2밖에 안 돼서 상대 팀이 후반전에 걸어 다녀요."라고 하니까 모두가 집중했다. 한 아이가 "그럼 볼리비아가 다른 나라 가면 엄청 잘되겠네요?"라고 물었는데, 아닌 거 같은데 딱히 답할 근거는 없다.

마지막에 사우디아라비아가 모래를 수입한다는 이야기를 하자 아이들이 "왜요?"라며 궁금해했다. "사막 모래는 너무 입자가 고와서 건축용으로 못 써요."라고 설명하니까 세상에는 정말 이상한 일이 많다는 표정들이었다.

안창호 연설 읽다가 갑자기 '다수결 전쟁' 열린 교실

오늘은 일제강점기 이야기로 시작했다. 아이들에게 일본이 36년간 우리나라를 지배했지만 한국어가 놀랍도록 잘 살아남았다는 얘기를 해주며 수업을 열었다. "사라다가 뭔지 알지? 샐러드를 일본식으로 발음한 거야. 일본어 잔재가 고작 100개도 안 남았을걸?" 하니 한 아이가 "저는 5개쯤 남았다고 생각해요!" 하며 손을 번쩍 든다. 하긴 요즘 아이들은 그런 거 같다.

이어서 안창호 선생님과 김구 선생님의 성향 차이를 설명했다.

"김구 선생님은 누가 건드리면 '이놈들!' 하며 피가 끓어오르는 스타일이고, 안창호 선생님은 일단 힘을 기르자는 신중한 분이셨어."

아이들이 고개를 끄덕이며 두 독립운동가의 성격을 이해하기 시작했다.

이제 안창호 선생님의 연설문을 읽기 시작했다. 한 아이가 "오늘날 우리가 임시 정부를 위한 독립운동 단체를 조직하려면…." 하며 옛날 말투(?)로 또박또박 읽어 내려간다. 이상하게 요즘 말투로 들리지 않는다. 안창호 선생님이 보고 계셔서 그런가?

연설문 속에서 안창호 선생님은 독립운동가들 사이의 갈등을 이야기했다. "전쟁을 원하는 자가 대화를 원하는 자를 반대해 말하기를…." 한 아이가 읽어 내려가자, 아이들은 당시 독립운동가들 사이에서도 의견이 갈렸다는 사실을 새삼 깨닫는다.

나는 연설문 중간에 비어 있는 부분을 보여주며 물었다.

"안창호 선생님이 여기서 뭐라고 하셨을까? 우리끼리 싸우고 있어…. 중간에 뭔가 들어가야 하지 않을까?"

아이들의 상상력이 활발히 터져 나왔다.

"일본과 대화를 하자고 하는 사람들은 말발이 좋으니까 토론을 해요." - 꽤 논리적인 접근이다.

"아니 이제 우리 편끼리 그만 싸우세요. 왜 이렇게 싸워요? 어쨌든 독립해야 하는 마음은 같잖아요!" - 마치 진짜 안창호 선생님이 된 듯한 열정적인 발표였다.

"우리끼리 싸우면 안 됩니다. 오늘 하루 쉬어가며 머리를 식혀봅시다." - 쿨링 타임을 제안하는 현실적인 아이의 말에 웃음이 터졌다.

그런데 갑자기 한 녀석이 "얘들아, 그만 싸우고 다수결로 하자!"라고 외쳤다. "지금 바로 일본이랑 전쟁하자 손?" 하더니 "한 표 나왔고…."라며 즉석에서 투표를 진행한다. 교실이 웃음바다가 된다.

"우리가 체육 할 때 축구하자 피구하자로 싸우는 것과 비슷해요. 근데 우리는 체육 하자는 마음은 같으니까요." 하고 설명하던 중, 한 아이가 "피구 많이 했으니까 축구하자고요!"라며 또 본인의 이야기를 한다.

"안창호 선생님은 축구 절반, 피구 절반 하라고 하셨을걸?"

수업의 마지막은 아이들의 역할극이었다. 한 아이가 자리에서 벌떡 일어나 "여러분, 저 안창호! 독립을 위해 이 한목숨 바칠 준비된 사람입니다!"라고 힘 있게 외치자, 곁에 있던 아이가 기다렸다는 듯 "준비됐으면 뛰어가!"라고 받아쳤다. 분위기가 한층 뜨거워지자 또 다른 아이가 "우리가 한 팀이 되어서…."라고 이어 갔고, 그 말이 끝나기도 전에 옆에서 "일본군 천 명 죽이고 오면!"이라는 장난 섞인 대답이 튀어나왔다. 연달아 터지는 응원이자 농담에 교실은 금세 들썩였다.

그런데 소란스러운 분위기 속에서 한 아이가 문득 조용히 입을 열었다.

"근데… 지금 싸우나 나중에 싸우나, 그때는 둘 다 이길 가능성이 거의 없었던 거잖아요."

그 말이 떨어지는 순간, 방금 전까지 웃음으로 가득하던 교실이 잠시 고요해졌다. 아이들의 표정에는 막연하지만 진지한 이해가 비치는 듯했다.

악의 평범성보다 아이들 드립이 더 강력했던 창체 시간

나는 조금 묵직한 주제를 꺼냈다. 한나 아렌트의 『예루살렘의 아이히만』. 초등학생들과 '악의 평범성'을 논하다니, 나도 참 용감했다. 하지만 요즘 애들은 좀 다르다. 뉴스도 밈으로 보고, 철학도 짤로 이해하니까. "이 정도는 할 수 있다." 싶었다.

영상이 시작되자 뒷자리 몇 명이 "또 역사야…."라며 반쯤 엎드렸다가, 설민석이 등장하자마자 반사적으로 고개를 들었다.

"아, 그 사람이다!"

역시 얼굴이 인지도다. 아이히만이 평범한 영업사원이었다는 대목이 나오자 한 녀석이 진지하게 말했다.

"우리 아빠도 영업하세요."

'악의 평범성'이라는 단어가 나오자 아이들이 슬슬 고개를 갸웃거렸다. 아이히만이 "난 시킨 대로만 했어요."라고 변명하자, 한 아이가 손을 들었다.

"그럼 청소 안 해도 '회장이 안 시켜서요'라고 하면 되는 거예요?"

그 한마디에 웃음이 나온다. 다른 아이들이 "그건 그냥 너가 게으른 거야."라고 말한다. 그런데 그 와중에 조용히 한 아이가 물었다.

"그럼 우리 반에도 그런 사람 있는 거예요? 그냥 시키는 대로만 하는 사람?"

유대인 수송용 '원스톱 건물' 이야기를 들려주자 한 아이가 감탄하듯 말했다.

"독일 완전 효율적이네요."

다른 애들이 바로 쏘아붙였다.

"야, 그게 감탄할 일이야?"

아이는 얼굴이 빨개져서 급히 말했다.

"아니, 나쁜 걸 효율적으로 하면 더 나쁜 거잖아요!"

아이히만이 정신감정에서 '좋은 아버지, 좋은 이웃'으로 판정받았다는 대목에서는 "대박, 사기꾼!"이라는 반응이 터졌다. 누가 "그럼 우리 반에서 제일 착해 보이는 애 누구야?"라고 묻자 시선이 한 아이에게 쏠렸다. 그는 당황해서 "나 아니야!"라며 손사래를 쳤다.

"신 앞에서는 죄가 있을지 몰라도, 법 앞에서는 죄가 없습니다."라는 아이히만의 변론이 나오자 한 아이가 손을 들었다.

"그럼 친일파도 그 당시에 시켜서 한 거면 괜찮은 거예요?"

나는 고개를 끄덕이며 말했다.

"좋은 질문이야. 생각 없이 따르는 게 제일 위험하다고 이 작가가 말했거든."

그런데 그 진지한 순간을 한 아이가 이 분위기를 박살냈다.

"아이히만 머리카락이 없어서 조금 불쌍해요."

나는 잠시 말을 잃었다.

"30분 동안 듣고 그게 결론이면, 그건 '생각 없음(무사유)'이야."

수업 막바지에는 엉뚱한 반응들이 쏟아졌다. 게임 이야기, 시험 점수 자랑, 갑작스러운 욕 고백까지. 평소 천사 같던 아이가 "근데 저 카톡에서는 욕 잘해요."라고 하자 교실이 뒤집혔다. "그게 바로 악의 평범성이야!"라며 친구들이 외쳤다. 맞다, 생각 없이 던지는 말 한마디도 작지만 무서운 힘을 가진다.

영상 마지막 부분에서 "생각 없이 사는 것이 가장 위험하다."라는 말이 나오자 한 아이가 중얼거렸다. "그럼 우리가 맨날 하는 '몰라, 그냥 해'도 위험한 거네요." 그 말에 나는 잠시 멈췄다.

비례식과 비례배분, 그리고 너구리 라면의 기묘한 만남

오늘 수학 시간은 시작부터 예상 밖이었다. 며칠 전 우리 학교 인근에서 실제로 너구리가 출몰했다는 소식을 들은 터라 아이들에게 "야생동물은 절대 가까이 가면 안 된다."라고 조심스럽게 이야기를 꺼내려던 참이었다. 그런데 딱 그 순간, 한 아이가 책상 서랍에서 너구리 라면이 그려진 공책을 꺼내 들더니 "선생님, 이거요?"라고 흔들어 보였다. 준비해 둔 경고의 톤은 순식간에 무너지고, 교실은 이미 웃음으로 들썩였다.

그래도 분위기를 잡아보려고 나는 진지한 표정으로 너구리의 위험성을 설명하기 시작했다. 광견병 사례와 접촉 감염 가능성까지 말하자 처음엔 장난스레 웃던 아이들이 점점 눈이 커지고 표정이 굳어졌다. 정작 결론은 "너구리 라면에는 너구리가 안 들어간다."였지만, 한 아이는 끝까지 "그래도 한번 만져보고 싶어요."라며 포기하지 않아 한참을 웃었다.

그제야 본격적인 수업, 비례식과 비례배분 설명이 시작됐다. 예시로 복숭아 음료 만들기를 들며 “물 한 컵에 복숭아 가루 네 숟가락, 설탕 두 숟가락.”이라고 했더니 이번엔 분위기가 갑자기 색깔 배합 쪽으로 흘렀다. RGB 색상 코드가 등장하더니, 어느새 “젤리에 돼지고기가 들어가요!”라는 폭탄 발언까지 튀어나왔다. 모두 장난인 줄 알았지만, 젤라틴이 실제로 돼지 껍질과 뼈에서 추출된다는 사실을 알려주자 아이들은 “진짜였어…?”라는 표정을 지었다. 덕분에 돼지고기 알레르기가 있으면 소 젤라틴을 먹어야 한다는 실용 지식까지 덤으로 배웠다.

여기에 액상과당 얘기까지 이어졌다.

“과당이 더 나빠요?”

“옥수수에서 뽑는 거예요?”

질문이 쏟아졌지만, 나는 화학식을 그려 보여줄까 하다가 “그건 고등학교 가면 배우게 될 거야.”라며 부드럽게 화제를 돌렸다.

다시 본론으로 돌아와 비와 비율의 차이를 설명했다.

“4 대 2는 비, 2분의 4는 비율.”

단순해 보이지만 아이들은 반복해서 헷갈렸다. 그래서 예시를 스포츠로 바꿨다.

“전반이 2 대 1이었다고 후반도 2 대 1이 되는 게 아니야. 스포츠는 비례식이 적용되지 않아.”

이 말을 듣자 아이들이 드디어 고개를 끄덕였다.

하지만 집중은 오래가지 않았다.

“선생님, 라면 하나엔 다시마 5개, 라면 둘엔 8개 넣어요!”라는 말이 튀어나왔고, 옆 친구가 바로 “그럼 비율이 안 맞잖아!”라고 지적했다.

이에 아이는 당당히 “감칠맛이 충분하니까 8개만 넣어도 돼요.”라고 받아치며 훌륭한 ‘비례식 반례’를 하나 만들어냈다.

수업이 무르익을수록 엉뚱한 질문도 잇따랐다.

“선생님, 다음 시간 달리기 맞죠?”

“도가니 먹어봤어요?”

“선생님 나이가…?”

끝없는 호기심을 받아주다 보니 어느새 종이 울렸다.

9월 19일

아이들의 입을 열어라!

오늘은 우리 학교 체육관에 특별한 손님이 오셨다. 바로 구강검사를 위한 치과 선생님! 아침부터 아이들은 묘한 긴장감에 휩싸여 있었다.

"선생님, 아~ 하는 거 무서워요!"

한 아이가 벌써부터 겁에 질린 표정으로 다가왔다. 나는 마음 한편으로는 이해하면서도, 교육적 차원에서 이 순간을 놓칠 수 없었다. 아이들의 저 순수한(?) 공포의 표정을 기념품으로 남겨두고 싶어 스마트폰을 꺼내들었다.

"자, 다들 아~ 해봐!"

찰칵찰칵! 체육관 곳곳에서 입을 벌린 아이들의 모습을 담아내는 순간, 이곳은 순식간에 항의의 아우성으로 가득 찼다.

"선생님! 사진 찍지 마세요!"

"부끄러워요!"

"우리 무서운 얼굴 나와요!"

아이들의 반란이 시작됐다. 하지만 이때 한 꼬마가 기발한 제안을 했다.

"선생님도 아~ 해봐요! 얼마나 무서운데요!"

순간 체육관의 모든 시선이 나에게 집중됐다. 아이들의 눈빛에는 '이제 복수할 때가 왔다'는 뜻이 번뜩였다. 어쩔 수 없이 나도 아~ 하고 입을 벌렸더니, 아이들이 박수를 치며 환호했다.

"우와, 선생님 입도 우리랑 똑같아요!"

드디어 구강검사 시간. 문진표를 손에 쥔 채 치과 선생님 앞에 줄을 선 아이들의 모습은 가히 장관이었다. 마치 최후의 만찬을 앞둔 전사들처럼 비장한 표정으로 서 있는 아이, 옆 친구에게 "용기를 내라."라며 어깨를 두드려주는 아이, 그리고 맨 뒤에서 몰래 도망갈 구멍을 찾고 있는 아이까지.

정작 검사가 시작되자 아이들은 의외로 의젓했다. 한 명씩 차례대로 큰 입을 벌리고 "아~" 하는 모습이 어찌나 진지한지, 마치 오페라 가수들의 발성 연습 현장 같았다.

결국 모든 아이들이 무사히 검사를 마쳤고, 나는 오늘도 우리 반 꼬마들의 예상을 뛰어넘는 창의력에 감탄하며 하루를 마무리했다. 아, 그리고 내 스마트폰 갤러리에는 아이들의 어이없을 정도로 진지한 '아~' 표정들이 고스란히 저장되어 있다는 게 오늘의 가장 큰 수확이다.

미끄러짐의 미학, 혹은 운동장 한 바퀴의 진실

오늘은 운동회 계주 대표 선발전이 있는 날이었다. 운동장 한 바퀴, 고작 60미터 남짓한 거리인데 아이들의 반응은 마치 마라톤이라도 뛰는 듯했다.

"선생님, 한 바퀴가 몇 미터예요?"

"아, 벌써 힘들어요!"

아직 시작도 안 했는데 말이다.

우리 반 아이들의 특징이라면 강당 수업에 너무 익숙해져 있다는 것이다. 매끄러운 강당 바닥에서는 그럭저럭 움직이던 아이들이 운동장의 거친 흙바닥에서는 영락없는 초보자가 되어버렸다. 예상은 했지만, 역시나 미끄러지기 시작했다. 한 명, 두 명, 그리고… 아, 이럴 줄 알았다.

"전원 달려보자!"

결국 이렇게 된 김에 모두 한 바퀴씩 뛰어보기로 했다. 스타트 라인에 선 아이들의 표정은 가히 올림픽급이었다. 긴장한 얼굴, 심호흡하는 모습, 그리고 "진짜 뛰어야 해요?"라는 마지막 확인까지. 특히 서후와 지훈이는 서로를 의식하며 살짝 견제하는 눈빛을 주고받았다. 둘 다 달리기에 자신이 있어 하는 편이라 은근한 라이벌 의식이 있었던 것 같다.

총성 대신 내 호루라기 소리와 함께 아이들이 한 명씩 차례로 뛰어나갔다. 처음엔 자신만만했던 아이들도 막상 뛰기 시작하니 현실이 드러났다. 미끄러지는 아이, 숨이 차서 걸음걸이가 이상해지는 아이, 그리고 중간에 "휴, 아 힘들어!"를 외치며 속도를 늦추는 아이까지. 한 명씩 뛸 때마다 나머지 아이들은 "어? 생각보다 빨라!", "어? 생각보다 느려!"를 연발했다. 60미터가 이렇게 멀게 느껴질 줄이야.

결과는 예상 외로 박진감 넘쳤다. 남학생 경기에서는 서후가 15초 59로 1위를 차지했지만, 지훈이가 15초 76으로 바짝 추격했다. 불과 0.17초 차이! 서로의 기록을 바라보며 "어? 누가 이겼지?"를 연발했다. 여학생 경기에서는 소령이가 16초 61로 당당히 1위를 차지했다. 평소 조용한 편인데 달리기만큼은 확실히 실력자였다.

의외의 복병은 산이었다. 16초 90으로 남학생 중 3위를 기록했는데, 평소 달리기에 별 관심이 없어 보였던 터라 모두가 깜짝 놀랐다. "어? 산이가?"라는 반응이 여기저기서 터져 나왔다. 하윤이와 가은이는 20초를 넘기며 "달리기는 역시 제 스타일이 아니에요."라는 쿨한 반응을 보였다.

아파서 참가하지 못한 하진이는 옆에서 열심히 응원해 주었고, 다솜이는 19초 67로 꽤 선전했고, 도현이와 주영이, 신은이도 각각 16초대와 18초대로 나름 괜찮은 기록을 세웠다.

이렇게 해서 운동회 계주 대표는 남학생 서후, 여학생 소령이로 결정되었다.

수고한 아이들에게 빠삐코 아이스크림을 하나씩 사줬는데, 이를 들고 교실에 오면서 진짜 재미있었다. 아이스크림을 그냥 먹는 아이는 거의 없고, 너도나도 우유에 넣어 녹여 먹기 시작했다.

"선생님, 이거 초코 아이스 우유 되는 거 아세요?"

"우와, 진짜 맛있어요!"

교실 곳곳에서 들려오는 감탄사와 함께 즉석 초코 우유 제조 현장이 펼쳐졌다.

다행히 오늘은 일정에 여유가 있어서 아이들이 초코 아이스 우유를 홀짝홀짝 마시며 여유를 부릴 수 있었다. 어떤 아이는 보드게임에 열중하고, 어떤 아이는 책상에 엎드려 책을 읽고, 또 어떤 아이들은 교실 한편에서 축구공으로 미니 축구를 즐겼다. 달리기로 지친 몸을 달래며 각자만의 방식으로 휴식을 취하는 모습이 평화로웠다.

과연 운동회 당일에는 어떤 활약을 보여줄지 벌써부터 기대된다. 아, 그리고 다음에는 운동장에서 미끄러지지 않는 법부터 가르쳐야겠다.

『예루살렘의 아이히만』 독후감 과제를 받았다

• 이주영

아이히만은 전쟁 때 500만 명이 넘는 사람들을 죽음으로 내몬 사람이다. 15가지나 되는 죄목이 있고, 전쟁이 끝난 뒤에는 무려 15년이나 도망 다녔다고 한다. 나는 이 책의 아이히만이 아주 특별한 괴물이 아니라, 그냥 평범한 사람처럼 보였다는 게 무서웠다. 그는 그저 시키는 대로 했다고 변명했지만, 그 결과는 수많은 사람들의 죽음이었다.

나에게 가장 충격적이었던 부분은 이것이다. 만약 내가 그 시대에 살았다면, 나도 그냥 남들이 하라는 대로 따라 했을지도 모른다는 생각이 들었기 때문이다. 그래서 더 두렵고 마음이 복잡했다. 이제는 어떤 일이 있어도 '이게 옳은 일인지 아닌지'를 먼저 생각하는 게 중요하다는 걸 알게 되었다. 명령만 따르는 게 아니라, 스스로 판단하고 책임질 수 있는 사람이 되고 싶다.

• 김다솜

"악의 평범성"이라는 말이 내 머릿속에서 떠나지 않았다. 어릴 때 보던 만화에서 악역들은 얼굴에 상처와 날카로운 눈매, 어두운 옷 등 우리가 흔히 생각하는 악당의 모습으로 나왔다. 하지만 아이히만은 달랐다. 정말 해를 끼칠 것 같지 않은 멀쩡한 아저씨로 보였다. 사진을 보아도 우리 아빠보다 더 친절할 것 같은 인상을 가지고 있었다.

생각해 보니 도둑도 반드시 검은색 옷에 삽을 들고 다녀야만 나쁜 사람인 것은 아닌 것 같았다. 아이히만도 다를 건 없었다. 외모도 평범하고, 말투도 평범해서 그냥 모르는 사람이 보면 동네 아저씨라고 말할 것 같았다. 나는 생각했다. "악의 평범성", 정말 맞는 것 같다.

악한 일을 저지르는 사람들은 스스로를 악인이라고 여기지 않고 평범하게 지내다가 죄를 짓게 되는 것이다. 또한 그런 사람이 내 주변에도 있을 수 있다는 것이 무섭고 두렵다. 아이히만은 히틀러의 지시에 따라 유대인들을 대량학살로 이끌어놓고도 자신은 원하지 않았다고 말했다. 그런데 정말 원하지 않았다면 그런 끔찍한 일을 할 수 있었을까? 만약 내 가족이 그 자리에 있었다고 생각하면 도저히 용서할 수 없을 것이다.

• **최하윤**

나는 아이히만이 마치 무서운 선생님처럼 위협적이고 덩치 큰 그런 모습의 인물인 줄 알았다. 그런데 그게 아니라 지금도 평범한 동네에서 볼 수 있을 것 같은 그런 아저씨였다. 나는 정말 놀랐다. 전혀 600만 명 이상을 죽음으로 내몬 사람같이 보이지 않았다. 오히려 웃음기가 가득해 보였다.

그 600만 명 속에 내 가족이 있었다면…. 아니더라도 그렇게 목숨을 잃은 600만 명의 가족들은 어떤 기분일까? 아마도 그게 나였다면 너무 큰 슬픔에 미친 사람처럼 되었을 것 같다. 그리고 TV나 라디오에서 "아이히만"이라는 말만 나와도 엄청난 분노가 솟구칠 것 같다. 600만 명의 유대인들, 그리고 내 가족이라고 생각하니 하늘이 무너지는 것만 같다.

아이히만에게 명령을 내린 히틀러는 내가 생각하기에 전혀 이해할 수 없는 인물이다. 어떻게 유대인들을 잡아다 무참하게 죽일 수 있는지…. 솔직히 내가 그 시대로 간다면 히틀러의 생각을 바꾸고 싶다.

아이히만이 죽기 전 교도소에 있었을 때, 교도소에는 책도 많고 성경책도 있으니 성경책을 읽으며 하나님께 자신의 죄를 뉘우치는 시간을 가졌으면 좋았을 텐데. 만약 아이히만이 히틀러의 명령을 듣지 않았다면 어떻게 되었을까? 결국 역사가 바뀌지 않았을까 싶다.

• **정하진**

나는 그래도 아이히만이 유죄라고 생각한다. 이유를 몇 가지로 설명할 수 있다.

"당신이 죽인 유대인의 가족 입장을 이해할 수 있습니까?"

"자신이 죽은 유대인의 가족이라면, 그 유대인을 죽음으로 내몬 사람을 가만히 둘 수 있겠습니까?"

"윗사람이 시켰으니 아무 감정도 없이 보낸다는 게 말이 됩니까?"

"그 수많은 사람들이 어떤 일을 당할지 알면서도, 그런 짓을 해도 되는 겁니까?"

나는 상부의 명령이라고 해도, 생각하지도 않고 수많은 사람들을 죽음으로 내보낸 것은 이해할 수 없다. 평범한 사람이라 해도 스스로 옳고 그름을 판단할 수 있는 것 아닌가. 만약 그 일이 당시에는 합법적이었다고 해도, 왜 아무런 생각 없이 감정도 갖지 않은 채 그 수없이 많은 유대인을 잡아 보냈는지 도저히 이해할 수 없다.

• 이도현

만약 내가 아이히만이었다면 죄가 크지 않다고 생각했을 것 같다. 왜냐하면 시킨 일을 했을 뿐이고, 시킨 일을 하지 않으면 더 큰 위험에 처했을 것이며, 그때는 그것이 합법이었기 때문이다. 하지만 그런 잘못된 일을 거부하지 않았기 때문에 마음속에는 조금의 죄책감이 있을 것이다.

이 책을 읽고 느낀 것은 평범했던 사람도 큰 죄를 지을 수 있다는 것이다.

• 김서후

아이히만의 죄는 엄청나게 크다. 최소 500만 명을 죽음으로 이끌었는데, 거기에 내 가족이 있었다면 절대 용서할 수 없는 사람이다. 아이히만은 위에서 지시가 내려와서 그 일을 했다고 해도, 그걸 막았어야 하는데 결국 큰 죄를 저질렀다.

그리고 아이히만의 얼굴은 내 생각과 달랐다. 내가 생각하는 범죄자의 얼굴과 너무 달라서 내 고정관념이 깨졌다. 모든 범죄자가 똑같은 얼굴은 아니구나. 결국 생각해 보니 더욱 위험한 것은, 겉모습으로는 그 사람의 본성을 알 수 없다는 것이다. 그래서 우리는 이제 생각하면서 살아야 한다. 다른 사람들의 말을 무조건 듣지 말고, 가족이나 선생님의 말을 듣되 스스로 판단할 줄 알아야 한다.

• 권시오

아이히만은 죄를 받아야 마땅하다. 만약 어떤 사람이 다른 사람을 죽이라고 명령해서 죽였다면, 그 실행자에게 죄가 없는 것이 아니다. 명령을 따르기만 하는 것은 한순간에 살인자가 될 수 있다는 뜻이다. 살인자가 받는 형벌을 생각해 보면, 그 살인자가 죽인 사람도 누군가의 소중한 가족이었을 것이다.

아이히만이 상부의 명령만 따르게 된 이유는 강력한 세뇌를 받았기 때문인 것 같다. 보통의 살인자나 큰 범죄자는 사형 선고를 받을 때 살려 달라고 빌지만, 자신이 옳은 일을 했다고 믿으면 비교적 떳떳하게 죽는다. 아이히만은 후자의 경우였고, 비록 잘못된 일이었지만 아이히만은 그것이 옳다고 믿고 죽기까지 떳떳했다.

• **주지훈**

내가 생각했을 때 아이히만은 무죄라고 생각한다. 왜냐하면 그는 그 체제 자체의 일부였으니까. 결국 전쟁이니까 전쟁에서는 사람이 많이 죽기 마련이다. 전쟁할 때 사상자가 없는 전쟁은 거의 없다. 그리고 아이히만은 자기보다 권력이 더 센 사람의 명령에 따라간 것일 뿐이었다. 그것이 사형당할 만한 범죄는 아니다.

히틀러의 명령을 따르지 않았다면 아이히만 자신이 죽었을 것이다. 그리고 아이히만은 히틀러의 명령을 받았을 때 직접 사람을 죽이지도 않았고, 당시에는 그게 합법이라고 여겨졌으니 우리가 지금 와서 말도 안 된다고 생각하는 것이다.

그렇게 따지면 전쟁할 때 총 쏜 사람은 다 사형이어야 한다는 말인가? 그리고 의사들도 아이히만이 정신적으로 괜찮다고 했고 불안 증세도 나타나지 않았으니, 그래도 무죄라고 판단했다면 나와 같은 생각일 것이다.

• **정하진**

『예루살렘의 아이히만』에서 사람들의 이야기를 들으면서 잠시 생각했다. 이 사람이 정말 죄가 없을까? 사실 들어보면, 그 명령을 어겼으면 법을 어긴 것이니까 그렇다고 해서 옳다는 건 아니라고 생각했다. 아이히만이 그 사람들을 기차에 태워 수용소로 보냈다는 것은, 자신도 법을 어긴 것이나 마찬가지니까 어느 정도 죄가 있다고 생각했다.

'법 자체만 본다면 합법인데 왜 죄를 지었다고 하지?'라는 생각을 계속했다. 그때 나는 아이히만에게 지시를 내린 사람이 죄가 있다고 생각했는데, 생각을 좀 더 해보니 정말 복잡한 문제라는 생각이 들었다. 하지만 아이히만에게도 죄가 있다.

무슨 죄냐고 묻는다면, 처음부터 아이히만은 그 기차가 사람들을 죽음으로 데려가는 기차인 걸 알면서도 보냈으니, 그 유대인들을 죽이는 일에 동참했다는 사실 때문에 죄를 지었다고 생각한다. 나는 이 이야기를 듣고 정말 한 사람의 잘못된 선택이 얼마나 큰 악으로 퍼져나갈 수 있는지 깨달았다.

• **현가은**

내가 생각하기에는 아이히만의 형벌은 10년에서 15년형 정도가 적당할 것 같다. 왜냐하면 아이히만은 결국 윗사람의 시킨 일을 한 것이긴 하지만, 결국 그 명령을 거부하지 않고 수많은 사람을 죽음으로 보냈다는 것은 마땅한 벌을 받아야 한다고 생각하기 때문이다.

아이히만은 결국 꼭두각시처럼 움직일 수밖에 없었기 때문에 사형까지는 아니더라도 최소 10~15년 정도의 형벌은 받아야 하지 않을까 싶다.

아이히만도 평범한 사람이었고, 평범하다는 건 그만큼 가정과 가족도 있어서 자신을 희생하며 가족을 살리려 노력했을 것이라는 게 안타까웠다. 소중한 가정이 있었기 때문에 그런 일을 했겠지만, 그래도 안 되는 일이니까 너무 무작정 윗사람의 말을 들으면 안 좋은 일이 생기는 것 같다. 윗사람이 자신에게 일을 시키는데 무리하거나 위험한 일이면 거절해 보는 게 낫지 않을까.

아이히만은 윗사람의 말을 들은 것이 합법이고 죄가 없다고 여겨서 윗사람의 말을 들은 건데, 그것이 죄가 되어 사형까지 이른 것은 너무 억울하다. 10~15년형 같은 것도 있었을 텐데 왜 사형이 되었는지 궁금하다.

• **김산**

내 생각에는 아이히만이 무조건 유죄라고 생각한다. 아이히만은 특별히 나쁜 성격도 아니고 그냥 보통 사람이라고 했다. 게다가 조금의 피만 봐도 겁에 질린다고 했다. 그런데 어떻게 자기가 유대인을 기차에 태워 수용소로 보내고, 수용소에 간 사람들이 죽게 된다는 걸 다 알고 있었는데 왜 사람들을 기차로 데려갔을까?

생각 없이 그냥 시키는 대로 움직이는 사람이 더 위험하다고 악의 평범성에 쓰여 있었다. 즉, 아이히만은 자기가 하는 일이 옳은지 그른지 고민하지 않고 아무 생각 없이 행동하면서 큰 악을 저질렀다고 볼 수 있다. 그러므로 아이히만은 유죄라고 생각한다.

• **장신은**

『예루살렘의 아이히만』을 보고 나니 진짜 악은 우리 주변에도 있을 수 있다는 생각이

들었다. 아이히만도 평범한 사람이었으니까. 그런데 생각해 보면 아이히만의 죄는 결국 자기 자신의 잘못이다. 마치 아주 높은 사람에게서 명령을 받고 기계적으로 실행했을 것이다.

우리의 시각으로 보면 명백히 나쁜 일이지만, 아이히만의 시각으로 보면 자기도 그것을 정당한 임무라고 생각했을 것이다. 자기 잘못이 아니라고 여겼을 것이다. 자기는 그냥 나치에게서 받은 임무를 수행한 것뿐이라고 생각했겠지만, 그렇다고 해서 아이히만의 잘못이 없다는 것은 아니다.

내 생각에는 아이히만 자신도 '이건 좀 너무하지 않나'라는 생각을 한 번쯤은 했을 것 같다. 솔직히 그런 생각은 한 번쯤 했지 않을까 생각한다. 사실 히틀러가 제일 나쁜 사람이다. 하지만 600만 명 중에 우리 가족이 있었다고 생각하면 나라면 용서할 수 없을 것 같다. 하지만 내가 아이히만이라면… 그래도 용서를 구할 것 같다.

길거리를 바라보니 대부분 사람들은 이렇게 생각했을 것이다. 아이히만도 살아남기 위해서 어쩔 수 없었을 거라고. 조금은 공감이 간다. 우리 주변에도 이런 사람이 있을 거라고 생각하니까 조금 두렵다.

미술 시간인데 왜 우리 반은 잠실 응원석이 되었나요

오늘 미술 시간. 플라스틱 손짝짝이 응원도구를 만든다고 했을 뿐인데, 교실은 순식간에 야구장 응원석으로 변했다.

"선생님, 이거 야구장에서 쓰는 거 맞죠?"

한 아이가 묻자마자, 아직 재료 설명도 끝나지 않았는데 여기저기서 "딱! 딱!" 소리가 터져 나왔다.

네임 펜을 나눠주는 순간, 상황은 완전히 폭발했다. 한 아이는 펜을 너무 세게 눌러 쓰느라 손톱이 휘고, 다른 아이는 펜 뚜껑을 제대로 닫지 않아 손바닥이 빨갛게 물들었다.

"야, 너 손 왜 그래?"

"아… 네임 펜이 터졌어…."

"하하하! 완전 좀비 손이잖아!"

그 한마디에 교실은 웃음소리로 진동했다.

한쪽에서는 '등짝 때리기용. 파이팅용. made in 6-2'라며 자기 작품을 소개하는 아이가 등장했고, 실제로 앞자리 친구 등을 툭툭 치며 효과음을 실험하고 있었다. 옆자리에서는 '이길 수 있어! 파이팅!'을 쓰며 혼자 응원 연습까지 하는 아이도 있었다.

'무적 6-2반이 이긴다'라고 쓴 아이는 손짝짝이를 흔들며 외쳤다.

"선생님, 우리 진짜 무적이죠?"

그 눈빛은 이미 운동회 결승전 MVP였다.

가장 인상적이었던 건 'you can do it 할 수 있다'라고 쓴 작품이었다. 글로벌 감성과 초등 감성이 절묘하게 뒤섞인 문구였다.

마지막에 한 아이가 만든 작품에는 이렇게 적혀 있었다.

'홍팀 파이팅! 이길 수 있어! 홍팀! 우리는 이긴다! 너는 최고의 홍팀! 가즈아!'

그 손짝짝이에는 열정, 투지, 그리고 약간의 혼돈이 고스란히 담겨 있었다.

손에 네임 펜 자국이 묻고, 책상 위는 난장판이었지만 아이들의 얼굴엔 웃음이 가득했다.

9월 22일

기후가 만든 패션쇼 - 세계 의상 탐험기

사회 시간 세계 여행을 떠났다. 단, 비행기 대신 교과서를 타고.

"유럽에서는 여름에 비가 안 와요. 우리와 정반대죠. 겨울에 비가 오는데 온도가 영하로 안 내려가요."

내가 말하자, 한 아이가 눈을 동그랗게 떴다.

"우리는 0도면 그냥 따뜻한 겨울인데요?"

"바로 그거예요! 집 구조가 달라서 그래요."

나는 칠판에 '온돌 vs 벽난로'라고 적었다.

"우리는 바닥을 데워서 공기 전체를 따뜻하게 하지만, 유럽은 벽난로 근처만 데워요. 게다가 나무집이라 보온도 약하고요."

이번엔 이슬람 여성의 히잡 이야기였다. 한 아이가 읽었다.

"요즘은 히잡도 많이 개방적으로 변했어요."

나는 쿠란의 구절을 소개했다

"여성은 단정하게 입어야 한다는 말이 있는데, 그 '단정함'을 나라마다 다르게 해석하죠. 그래서 히잡의 형태도 다양해요."

몽골 전통 의상 '오델'이 등장하자 교실이 갑자기 활기를 띠었다.

"선생님, 왜 이렇게 커요? 질질 끌리잖아요!"

"좋은 질문이에요. 작은 체구에 왜 큰 옷을 입을까요?"

"장갑 대신 소매를 쓰려고요!"

정답이었다.

"맞아요! 발까지 덮어서 신발 역할도 하고, 허리띠로 묶으면 바람까지 막아요. 완벽한 기후 적응형 패션이죠."

"자, 이번엔 유대인의 키파 모자!"

"하느님을 기억하기 위해 써요!"

"정확해요. 종교적 의미니까 인문환경의 영향이죠. 반면 러시아 털모자는?"

"추워서요!"

"그건 자연환경의 영향! 이 차이를 아는 게 중요합니다."

베트남의 논라 모자 사진을 보여주자 한 아이가 외쳤다.

"1달러!"

알고 보니 실제로 가본 적이 있었다.

"맞아요, 관광지에서 싸게 팔죠. 햇볕 차단엔 최고예요. 대나무, 야자잎 같은 재료에서도 기후를 읽을 수 있죠."

그리스 산토리니의 흰 건물 사진이 뜨자 아이들이 동시에 "우와!"를 외쳤다.

"왜 흰색일까요?"

"빛을 반사시키려고요!"

정답이었다. 나는 덧붙였다.

"검은색은 빛을 다 흡수해서 따뜻하고, 흰색은 반사해서 시원하죠. 색깔에도 기후의 지혜가 담겨 있는 거예요."

이어서 캐나다의 통나무집, 몽골의 게르, 모로코의 흙집을 보여줬다.

"몽골 게르 옆에 보이는 게 뭔지 알아요? 태양광 패널이에요. 와이파이도 되고, TV도 봐요."

"정말요?"

"그럼요! CU 편의점도 몽골에 있어요!"

아이들이 깔깔 웃었다.

방글라데시와 미얀마의 수상가옥을 보던 중 한 아이가 물었다.

"화장실은 어디 있어요?"

"그게 문제예요. 모든 걸 한곳에서 하니까 위생상 좋지 않죠."

아이들은 잠시 생각에 잠겼다.

마무리 시간, 나는 조용히 말했다.

"여러분, '몽고'가 아니라 '몽골'이에요. '몽고'는 중국이 낮춰 부르는 말이에요. 우리가 예전에 '조선놈'이라 불린 것처럼, 상대가 싫어하는 이름은 쓰지 말아야 해요."

마지막으로 몽골 전통 음식 '허럭' 영상을 보여줬다. 돌을 넣고 고기를 익히는 장면에 아이들이 눈을 반짝였다.

"맛있어 보이는데요?"

"생각보다 진짜 맛있어요. 단, 돌이 씹힐 수도 있어요."

"아~!"

아이들의 반응이 폭발했다.

오늘 수업은 세계 의상 탐험이라기보다 '기후와 문화가 만든 인간의 창의력 박람회'에 가까웠다. 아이들은 각 나라의 옷과 건축이 단순한 멋이 아니라, 살아남기 위한 지혜의 산물이라는 걸 느꼈을 것이다.

세상을 바꾼 건 천재가 아니라 '왜?'

오늘 수업의 주제는 '왜?'라는 질문이었다. 나는 아이들에게 물었다.

"우리나라 사람들은 '왜?'라고 하면 뭐라고 대답하죠?"

잠시 정적이 흐르더니, 한 아이가 멋쩍게 말했다.

"그냥요…."

교실이 웃음으로 들썩였다. 맞다. 우리는 너무 자주 '그냥'을 입에 달고 산다. 하지만 역사를 바꾼 사람들은 '그냥'을 몰랐다. 그들은 '왜?'를 물었고, 그 질문 하나로 세상을 움직였다.

첫 번째 주자는 세종대왕이었다. 한 아이가 교과서를 읽었다.

"한자는 어렵고 백성한 글을 배우기 힘들었어요."

발음이 조금 꼬였지만 뜻은 정확했다. 세종대왕이 "한자는 어려워도 그냥 쓰지 뭐."라고 했다면 한글은 없었을 것이다. 하지만 그는 달랐다.

"왜 백성들이 자기 말을 자기 글로 쓰지 못할까?"

그 의문이 훈민정음의 시작이었다. 세종은 병든 몸으로도 입 모양과 소리의 원리를 연구했고, 신하들의 반대에도 논리로 맞서며 결국 완성했다. 그리고 3년 뒤, 1446년. 세상에 '한글'이라는 기적이 태어났다.

다음은 장영실이었다.

"그때는 비가 언제 올지 몰라서 기우제를 지냈어요."

나는 고개를 끄덕였다.

"그런데 장영실은 '왜 하늘의 변화를 그냥 기다려야 하지?'라고 생각했어요."

그 질문 하나가 측우기와 자격루를 낳았다. 하늘을 '기도'가 아닌 '측정'으로 바꾼 사람, 바로 장영실이었다. 조선의 과학은 그때 이미 유럽보다 앞서 있었다.

정약용의 이야기에 이르자 나는 미소를 지었다.

"여러분, 정약용 선생님은 무려 500권이 넘는 책을 쓴 분이에요."

아이들의 눈이 휘둥그레졌다. 그는 "왜 행정은 비효율적일까? 왜 백성의 삶은 늘 고단할까?"를 고민했고, 거중기를 만들고 『목민심서』를 써서 행정을 바꾸고자 했다. '그냥 그렇게 사는 거지'라고 했다면 조선의 개혁은 없었을 것이다.

율곡 이이 이야기에선 분위기가 한결 가벼워졌다.

"율곡은 완벽한 천재였어요. 근데 좀 심했어요. 과거시험을 아홉 번이나 장원급제했거든요."

아이들이 웃음을 터뜨렸다.

"옆 사람 멘털이 남아나질 않았을 거예요."

이순신 장군 이야기에 이르자 아이들은 다시 조용해졌다.

"일본 배는 빠르고 근접전이 강했지만, 이순신은 '왜 우리는 진형과 화력으로 싸우면 안 될까?'라고 물었어요."

그 질문이 학익진 전술과 거북선을 만들었다. 그는 전쟁터에서도 냉철했지만, 『난중일기』에는 부하를 처벌하고 혼자 울던 인간적인 모습이 남아 있다.

허준의 이야기도 빼놓을 수 없었다. 왕의 의사로 평생 편히 살 수 있었지만, 그는 "왜 백성들은 병이 나도 치료받지 못할까?"를 고민했다. 그래서 『동의보감』을 썼다. 누구나 쉽게 구할 수 있는 약재로 치료할 수 있도록 말이다. 의학적으로 틀린 부분이 있다 해도, 그 정신만큼은 정확했다.

“무거운 물체가 더 빨리 떨어진다.”

2천 년간 진리처럼 믿어온 상식이었다. 하지만 갈릴레이는 “정말 그럴까?”라고 물었다. 그는 직접 실험했고, 결국 같은 속도로 떨어진다는 걸 증명했다.

“그래도 지구는 돈다.”

진리 앞에서 침묵하지 않은 한 인간의 고집이었다.

뉴턴도 그랬다. 사과가 떨어지는 걸 보며 “왜 사과는 떨어지는데 달은 안 떨어질까?”를 궁금해했다. 그리고 그 이유를 수학으로 설명했다. 보이지 않는 힘, 만유인력. 하늘과 땅의 법칙을 하나로 묶은 질문이었다.

마리 퀴리는 우라늄 옆 사진판이 저절로 검게 변하는 걸 보고 물었다.

“왜 빛을 안 쐈는데도 흔적이 남지?”

그 호기심이 방사능의 발견으로 이어졌다. 그리고 그녀는 연구 도중 피폭으로 생을 마감했다. 그녀의 노트는 지금도 너무 위험해서 직접 만질 수 없다.

9월 23일

먹는 이야기는 즐겁다

나는 열정적으로 케밥 이야기를 늘어놓았다. 고기 굽는 냄새, 향신료의 얼얼한 향, 튀르키예 노천식당의 북적임까지 묘사하니 아이들은 눈빛으로 "그래서 그 집은 지금도 영업하나요?" 하고 묻는 듯했다. 솔직히 나도 모른다. 아마 지금도 골목 어딘가에서 꼬치를 굽고 있을 것이다. 케밥 이야기의 열기가 가라앉기도 전에 자연스럽게 주제를 "세계 음식 탐험"으로 바꾸며 미국으로 건너갔다.

이번 테마는 추수감사절이었다.

"미국 하면 칠면조죠. 그런데 칠면조가… 그다지 맛있진 않아요."

미국 대통령의 칠면조 사면 행사 이야기를 꺼내자 아이들이 폭발적으로 반응했다.

"대통령이 칠면조를 풀어줘요?"

"네, 매년 한 마리씩요."

그때 뒤쪽에서 한 아이가 갑자기 "그거… 주말인가요?"라고 외쳤다. 칠면조에서 주말로 점프하는 이 기묘한 연상.

이야기는 다시 아시아로 가볍게 선회해 인도로 향했다. 힌두교에서 소는 신이라는 이야기를 꺼내며 나는 한 가지를 강조했다.

"발음 조심해. '시바신'이야. 세게 말하면 안 돼."

그 말을 듣자마자 뒤쪽에서 졸던 아이가 번개처럼 일어났다. 스스로 왜 놀랐는지도 모르는 표정이었다. 그 한 장면만으로도 인도 신들의 위엄이 설명 끝이었다.

인도에서 일하는 사촌 형 이야기도 이어졌다. 형이 가장 힘들어하는 것은 접대 음식이라고 했다.

"고기 먹다가 큰일 나거든. 소는 그분들의 신이니까."

그러자 아이 중 한 명이 바로 반문했다.

"그럼 몰래 먹으면 돼요?"
나는 단호하게 잘라 말했다.
"그건… 신을 먹는 거야."
아이들 표정이 순식간에 굳었다. 그런 얼굴을 보면 문화의 무게라는 게 자연스럽게 이해된다.
그렇게 다시 한국으로 돌아오자 김치가 등장했다.
"미국 간 친구가 김치 냄새 때문에 쫓겨난 적 있어."
"왜요? 씻어서 먹으면 되잖아요?"라는 순진한 말이 나왔다. 하지만 현실은 냉정하다. 문만 열어도 퍼지는 강렬한 김치 향은 외국에서 거의 생화학 무기 취급이다. 그러자 한 아이가 빠르게 되받아쳤다.
"그 사람들은 한국 와서 김치 냄새 난다고 하면요?"
음… 이건 혼나야 하는 상황인가….
교과서로 돌아와 자연환경과 인문환경 이야기를 이어갔다.
"자연이 만든 건 자연환경, 사람이 만든 건 인문환경. 여러분 책상도 인문환경이고, 선생님도 인문환경."
그러자 아이들이 동시에 외쳤다.
"그럼 우리는요?"
나는 잠시 고민하더니 말했다.
"여러분도 인문환경이지. 아니면… 변치 않는 자연인가?"
다음 여행지는 러시아였다. 백야와 극야 설명을 하자 아이들 상상력이 활활 타올랐다.
"백야는 밤인데 밝은 거. 극야는 낮인데 어두운 거."
둘 중 하나를 고르라고 하자 의외로 극야가 인기였다.
"오로라 보고 싶어요!"
"하루 종일 자고 싶어요!"
"펭귄이랑 슬라이딩하고 싶어요!"
마지막 말에서 나는 잠시 멈췄다.
"그럼 너는 초등 영어 단어 800개 외우고 가."

이후에는 덴마크 이름 이야기가 이어졌다. 덴마크는 이름을 아무렇게나 지을 수 없고 정해진 목록 안에서 고른다는 설명에 아이들이 의외로 관심을 보였다.

"그럼 선생님, 제 이름은 덴마크식으로 뭐예요?"

나는 시오에게는 쇠렌, 현오에게는 안데르스, 지훈에게는 올리버라고 붙여줬다. 그러자 지훈이가 바로 항의했다.

"올리브는 안 돼요?"

나는 고개를 저었다.

"식용유는 좀 그렇지 않니?"

급기야 수업은 인디언식 이름 짓기로 확장됐다

"시오는 흐르는 강물, 주영이는 새벽 별빛, 지훈이는… 번개 소리."

지훈이는 단호했다.

"그건 싫어요."

나는 대안을 제시했다.

"그럼 '우르릉 쾅쾅' 하면서 다니면 된다."

잠시 생각하더니 고개를 끄덕였다.

이해 40%, 절규 60%의 황금 비율

수학 시간에는 비와 비율을 공부했다. "비의 전항과 후항에 같은 수를 곱하면 어떻게 되지?"라는 질문을 던졌을 때, 한 아이가 머리를 긁적이며 난감한 표정을 지었다. 와… 불길했다. 아이들 표정엔 "오늘 수업… 망했다."라는 직감이 가득했다.

그래서 접근을 바꿨다. "20문제 중 17개 맞으면 몇 점이야?"라고 물었다. 한 아이가 자신 있게 "17점!"이라고 외쳤다. 아니라고… 100점 만점 기준이라고 하자 다른 아이가 진지하게 "170점이요."라고 답했다. 나는 고개를 한번 들었다가 이내 조용히 내려놨다. 170점은 도대체 어디서 나온 계산법인가. 이 녀석에게 비율은 포기해야 하나…. 분위기를 바꿔보려고 농구 선수의 성공률 예시를 꺼냈다. "3점 슛 성공률 40% vs 30%, 누가 더 좋아?"라고 묻자 모두가 자신 있게 "40%!"라고 외쳤다. 될 듯 말 듯.

분수 이야기에서는 잠시 희망이 살아나 보였다. “분자와 분모에 같은 수를 곱해도 값은 변하지 않는다!”라는 구호에 합창하듯 따라하며 의욕을 보였다. 하지만 막상 문제를 풀게 하자 상황은 다시 혼돈. 어떤 아이는 분자에만 곱하고, 또 어떤 아이는 분모만 나눈다.

비의 성질을 설명할 때는 아예 다른 모드가 됐다.

“비는 아주 이상한 성질을 가지고 있습니다.”

전항과 후항에 0이 아닌 같은 수를 곱하거나 나누면 비가 같아진다는 문장을 외우게 했지만, 중간에 끊기고 단어가 바뀌고 주문처럼 흩어졌다.

비례식에서는 혼돈이 정점을 찍었다. 눈으로만 봐도 풀리는 문제를 굳이 비례식으로 풀려는 아이들에게 “이건 눈으로 풀어! 앞이 두 배면 뒤도 두 배야!”라고 외쳤다. 하지만 아이들은 오히려 내항의 곱, 외항의 곱을 더 크게 외치며 수학의 미궁으로 깊이 뛰어들었다. 그 모습을 보고 있자니 오늘의 주제는 ‘비례’라기보다 ‘비극’이었다.

수업이 끝나고 의자에 털썩 주저앉았다. 머릿속엔 ‘비’와 ‘비율’만 빙빙 돌았다. 내일은 조금 더 천천히 설명해야겠다. 그리고 목소리도 아껴야겠다. 오늘의 비율은 분명했다. 이해 40%, 절규 60%.

다시 정의를 소환하다

오늘 창체 시간은 1학기 도덕 시간에 세 시간 동안 머리 싸매고 토론했던 ‘정의란 무엇인가’를 다시 꺼내보았다. 솔직히 몇 달이 지났으니 다 잊었을 거라고 생각했다. 그런데 웬걸, 이 녀석들 머릿속엔 그때 했던 내용이 그대로 저장돼 있었다.

처음엔 수업 분위기가 조용했다. 그런데 화장실 청소 이야기가 나오자 상황이 달라졌다. 한 아이가 “휴지를 뭉쳐 던지는 애들 때문에 청소가 힘들어요!” 하며 불만을 말했고, 다른 아이가 바로 “그건 이상한 남자들의 문제예요.”라고 해버렸다. 순간 마음속에서 ‘좋아, 시작이다’라는 신호가 켜졌다.

공리주의 이야기를 꺼내자마자 한 녀석이 손을 번쩍 들며 “공리주의로 갑시다!”라고 외쳤다. 분위기가 단숨에 달아올랐다. 내가 “그럼 수업 접고 체육 하자!”라고 하자 교실은 난리가 났다. 역시 ‘최대다수의 최대행복’은 언제나 인기다. 1학기 때 했던 테러범 딜

레마를 다시 꺼내자 "왜 딸을 꼭 고문하죠?" "협박하면 안 돼요?" 같은 현실적인 의견들이 쏟아졌다. 그러다 "만약 그 딸이 우리 반 친구라면요?"라는 말이 나오자 교실이 조용해졌다.

자유지상주의로 넘어가자 분위기가 또 변했다. 예전에는 "교실에서 똥 싸도 돼요?"라고 외치던 아이가 이번엔 아주 차분하게 말했다.

"헬멧 안 쓰면 사고 날 때 다른 사람한테 피해 줄 수도 있잖아요."

잠깐, 이건 성장 아닌가? 이어서 대리모 계약 이야기로 넘어가 "A, B 부부의 유전자지만 C가 낳았다면 누구 아이일까?"라고 묻자, 한 아이가 주저 없이 "몸에서 나왔으면 그 사람 거예요."라고 답했다.

칸트의 정언명령을 들려주자 아이들은 다시 현실 모드로 돌아왔다. "거짓말하지 말라."라는 말에 한 아이가 턱을 괴며 "근데 진짜 거짓말 하나도 안 하고 사는 사람이 있어요?"라고 묻자 모두 고개를 끄덕였다. 나는 "선생님 말 잘 들어라, 부모님 말씀 잘 들어라, 화장실 물 내리고 나와라…. 이런 게 다 정언명령이야."라고 말하자 아이들은 "그건 너무 많아요!"라며 폭소했다.

그러다 롤스의 무지의 장막 얘기가 나오자 아이들은 갑자기 활발해졌다. "여러분이 학생일지 선생님일지 모른다고 생각해 보세요."라고 하자, 한 아이가 바로 "그럼 숙제 안 해도 용서해 줘야죠!"라고 외쳤다. 정말 현실적인 철학자들이다.

목적론을 설명할 땐 일부러 황당한 예를 들었다.

"야구장에 가서 축구화를 신고 축구 영상을 보면 어떤가요?"

아이들이 일제히 "그건 양심이 없죠!"라고 외쳤다. 그래서 "그런데 자유지상주의자는 '내 돈 내 마음'이라고 할 수도 있어요."라고 던지자 아이들은 바로 "그래도 야구장은 야구 보러 가야죠!"라고 반박했다. 그때 한 아이가 갑자기 일어나 소리를 질렀고, 친구들이 싸늘하게 쳐다보는 순간 실험은 완성됐다. 목적론 실습, 성공.

1학기 때 조용히 뿌려둔 철학의 씨앗이 몇 달 사이 제법 자라 있었다. 아이들은 '옳다'와 '좋다'를 구분할 줄 알았고, 정답 대신 자기 생각을 꺼내는 데 익숙해지고 있었다.

• **정소령**

나의 어린 시절, 정말 싫어하던 친구가 있었다. 그 아이를 싫어한 이유는 여러 가지였는데, 무엇보다 나와는 성격이 전혀 맞지 않았다.

가을 무렵에 일어난 한 사건이 지금도 생생하게 기억난다. 어린이집에 새로 들어온 '미미 인형'이 있었는데, 그 인형으로 놀려면 점심을 다 먹어야 했다. 나는 빨리 밥을 먹고 그 인형을 먼저 가져왔다. 그런데 내가 싫어하던 그 친구가 다가와서 인형을 같이 가지고 놀자고 했다. 나는 일부러 웃으며 "알았어."라고 말했지만, 점심시간이 끝날 때까지 인형을 주지 않았다.

지금 생각해 보면 '그때 왜 그랬을까?'라는 생각이 든다. 만약 내가 그 친구였다면 정말 속상하고 화가 났을 것이다. 그냥 그 아이가 싫다는 이유로 일부러 상처를 주려 했던 내 행동은 정말 잘못되었다. 무지의 장막 뒤에서 냉정하게 보니, 내가 얼마나 이기적으로 행동했는지 알 수 있었다.

• **현가은**

공리주의는 '최대 다수의 최대 행복'을 추구하는 철학이다. 하지만 과연 다수가 행복하면 소수도 함께 행복할 수 있을까?

얼마 전 체육 시간에 이런 일이 있었다. 대부분의 친구들은 축구를 하고 싶어 했지만, 나는 혼자서 다른 활동을 하고 싶었다. 결국 다수결로 축구가 정해졌고, 나는 하기 싫은 운동을 억지로 해야 했다. 그때의 기분은 슬프고 억울했다.

이런 경험을 통해 궁금한 게 생겼다. 다수가 행복하려면 꼭 소수만 참아야 하는 걸까? 다수 중 몇 명만 양보한다면 소수의 의견도 들어줄 수 있지 않을까? 가끔씩은 소수의 의견을 따라준다면 모두가 기분 좋을 수 있는 방법을 찾을 수도 있을 것이다.

매번 다수결로만 정하다 보면 소수는 항상 목소리를 낼 수 없게 된다. 진짜 행복은 그냥 숫자가 많은 쪽 의견을 따르는 것이 아니라, 모든 사람이 서로를 생각해 주고 존중할 때 만들어지는 것이 아닐까? 공리주의의 문제점을 해결하려면 때로는 소수의 의견도 들어주고 받아들이는 마음이 필요하다고 생각한다.

• **김서후**

칸트의 정언명령 중 "거짓말을 하지 말라."는 원칙이 있다. 하지만 현실에서는 어른들도 이 원칙을 지키지 않는 경우가 많다.

우리 부모님은 나에게 "일찍 자라."라고 하시면서 본인들은 밤 12시가 넘어서야 주무신다. 엄마는 "일찍 자지 않고 뭐 하냐."라며 나를 재촉하시지만, 밤늦게 내려가 보면 누워계시거나 "이제 막 준비하려던 참이었어."라고 말씀하신다.

이런 모순된 상황에서 나는 헷갈린다. 어른들이 말로는 정직하라고 하면서 본인들은 작은 거짓말들을 자주 하고 계시기 때문이다. 엄마가 12시 넘어서까지 TV를 보고 계시면서 나에게만 일찍 자라고 하시는 것은 말이 안 맞는다고 생각한다.

정언명령이 진짜 의미를 가지려면 나부터 먼저 그 규칙을 지켜야 한다는 것을 알게 되었다. 다른 사람에게 요구하기 전에 내가 먼저 본보기를 보여야 하는 것이 아닐까?

• **최하윤**

사람들은 무엇을 결정할 때 다수결을 선호한다. 하지만 나는 공리주의가 항상 옳다고 생각하지 않는다.

얼마 전 학교 화장실에서 이런 일이 있었다. 너무 급해서 앞에 서 있던 친구들에게 양해를 구했지만, 대부분 자신의 차례가 밀리는 것을 싫어해서 허락해 주지 않았다. 나는 정말 급한 상황이었고, 조금 더 참았다면 큰 실수를 할 뻔했다.

이 일을 겪고 나서 깨달은 것은, 많은 사람들의 편의만 생각하고 한 사람의 급한 상황을 모르는 척하는 것은 잘못되었다는 것이다. 때로는 여러 명이 조금씩 양보해서 정말 도움이 필요한 한 사람을 도와주는 것이 더 좋은 선택일 수 있다.

정치 상황에서도 마찬가지다. 탄핵 같은 중요한 결정을 할 때, 그냥 사람 수가 많다고 해서 무조건 옳은 것은 아니다. 진짜 정의는 숫자가 아니라 옳고 그름을 따져서 판단되어야 한다.

공리주의의 문제점은 개인의 소중함과 권리를 놓칠 수 있다는 점이다. 모든 상황에서 다수결만 고집하지 말고, 때로는 소수나 개인의 간절한 바람을 먼저 생각해 주는 마음이 필요하다고 생각한다.

• **김산**

지난주 금요일, 학원에서 김 모 군과 홍 모 군 사이에 싸움이 일어났다. 김 모 군이 먼저 홍 모 군에게 계속 장난을 걸며 괴롭혔다. 홍 모 군이 여러 번 그만하라고 말했지만, 김 모 군은 계속 짓궂게 굴었다.

결국 참을 수 없게 된 홍 모 군이 지우개를 김 모 군의 팔에 던졌다. 그러자 김 모 군은 야구공을 던지듯 힘껏 지우개를 되던져서 홍 모 군의 팔에 맞혔고, 그 바람에 홍 모 군의 팔에서 피가 났다.

만약 내가 무지의 장막 뒤에서 피해자인 홍 모 군이 된다면, 나는 아마 사과를 안 받고 김 모 군을 혼내주거나 학교폭력으로 신고했을 것이다. 화가 나고 억울했을 테니까.

하지만 홍 모 군은 그렇게 하지 않았다. 월요일에 김 모 군의 사과를 받아주고 다시 친구가 되었다. 이런 홍 모 군의 모습을 보며 진짜 용서가 무엇인지 배웠다.

무지의 장막은 우리에게 감정을 빼고 차분하게 생각할 수 있는 기회를 준다. 하지만 때로는 홍 모 군처럼 따뜻한 마음으로 용서하고 받아주는 것이 더 큰 가치를 만들어낼 수 있다는 것을 알았다. 복수보다는 화해를, 벌주기보다는 용서를 선택한 홍 모 군의 결정은 정말로 어른스러운 판단이었다고 생각한다.

• **박현오**

만약 내가 선생님이 된다면, 수업 중에 딴 짓을 하는 학생이 있을 때 어떻게 할까? 우선 그 학생이 수업에 잘 참여할 수 있도록 도움을 줄 것이다. 왜 집중하지 못하는지 이유를 알아보고 함께 해결책을 찾고 싶다. 그래도 계속 수업을 방해한다면 근면반에서 따로 이야기를 나눌 것이다.

또한 체육 시간에 달리기를 할 때는 공정하게 정해진 코스로 뛸 것이다. 안쪽으로 들어가서 거리를 줄이는 일은 하지 않겠다. 다른 친구들이 열심히 뛰는데 나만 편한 길로 가는 것은 불공평하기 때문이다. 선생님의 입장에서 생각해 보니, 규칙을 지키고 다른 사람을 배려하는 것이 얼마나 중요한지 알게 되었다.

- **김다솜**

"다수의 행복이 과연 옳은 것일까?"

나는 항상 옳다고 할 수는 없다고 생각한다. 때로는 소수의 목소리도 중요할 수 있기 때문이다. 그런데 왜 사람들은 대부분 다수의 행복을 선택하는 걸까?

예를 들어 이런 상황을 생각해 보자. 테러범이 폭탄을 설치했는데, 많은 사람의 생명을 구하기 위해 소수(테러범의 가족)를 고통스럽게 해야 한다면? 대부분의 사람들은 "다수를 구해야 한다."라고 대답한다. 많은 생명이 더 소중하다고 생각하기 때문이다.

하지만 그 소수가 나라면 어떨까? 분명히 "그러면 안 된다."라는 의견도 더 나올 것이다. 만약 내 아버지가 수술 중 큰 사고를 당해 아무도 도와줄 수 없는 상황에서 고통받고 있다면, 정말 억울하고 힘들 것 같다. 아무리 다른 사람들을 위한 일이라고 해도 받아들이기 어려울 것이다.

학교에서도 마찬가지다. A는 체육에 트라우마가 있어서 체육을 무서워하는데, 다른 친구들은 모두 체육을 하자고 한다. 다수결로 체육을 하게 되겠지만, 그 A가 바로 나라면? 아마 "한 번 더 의논해 보자."라는 의견이 나올 것이다. 내가 당사자가 되면 생각이 달라지는 것 같다.

결국 다수의 의견도 중요하지만, 내가 소수의 입장이 된다면 과연 그것이 옳다고 생각할 수 있을지 의문이다.

- **주지훈**

만약 기차선로에서 왼쪽에는 축구팀이 탄 버스가 있고, 오른쪽에는 선생님 한 분이 계신다면? 나는 기차를 오른쪽으로 틀어서 한 분을 희생시킬 것이다. 더 많은 사람을 살리는 것이 맞다고 생각한다. 물론 마음은 아프겠지만 그것이 최선의 선택이라고 본다.

테러범이 원자폭탄을 숨겨두어서 서울 전체가 위험한 상황이라면? 테러범의 가족을 압박해서라도 폭탄의 위치를 알아낼 것이다. 수백만 명의 생명이 걸린 일이니까 어쩔 수 없는 선택이다. 어떤 상황이 와도 나는 더 많은 사람을 구하기 위해 소수를 희생시키는 선택을 할 것이다.

• **장신은**

공리주의의 문제점은 선생님이 말씀하신 것처럼 다수의 결정이 틀릴 때가 많다. 과거 독재자들도 많은 표를 받아 당선되었지만 결과는 좋지 않았다. 사람들이 잘못 판단할 수도 있다는 뜻이다. 이처럼 다수가 항상 옳은 것은 아니다.

자유지상주의의 문제점은 내가 보기에는 이것이 가장 잘못된 것 같다. 자신이 원하는 대로 마음껏 행동하면 다른 사람에게 피해를 줄 수 있다. 예를 들어 술에 취한 사람이 자신은 즐겁겠지만, 다른 사람들에게는 큰 피해가 된다. 자유도 한계가 있어야 한다고 생각한다.

정언명령은 이것도 문제가 있다. 옛날 철학자들도 이런 딜레마를 다룬 적이 있다. 예를 들어 아픈 아이에게 약을 주어야 하는데, 아버지가 약이 쓰다고 거짓말을 해서 아이가 약을 먹지 않으려 한다면? 이때 거짓말을 해서라도 약을 먹여야 하는 것 아닐까? 때로는 작은 거짓말이 더 큰 선을 가져올 수도 있다.

롤스의 무지의 장막은 좋은 방법이지만 너무 시간이 오래 걸린다. 급하게 결정해야 할 상황에서는 오히려 문제가 될 수 있다. 현실에서는 빠른 판단이 필요할 때가 많기 때문이다.

• **권시오**

어느 날 온라인에서 게임 관련 글을 보게 되었다. 어떤 사람이 게임 아이템을 약하게 만들어달라고 하면서 다른 나라 사람들을 차별하는 말을 썼다. 게임 이야기만 하면 되는데 왜 굳이 그런 말까지 했을까? 만약 그 사람이 차별받는 입장이었다면 과연 그런 말을 할 수 있을까?

무지의 장막 뒤에서 자신이 어느 나라 사람인지 모르는 상태라면, 분명히 그런 차별적인 발언은 하지 않았을 것이다. 자신도 그 차별의 대상이 될 수 있다는 걸 알았다면 말이다. 나는 그 사람에게 화가 났지만 온라인이라서 직접 말할 수는 없었다.

왜 자신의 의견만 말하면 되는데 굳이 다른 사람을 차별하는 말까지 할까? 세상에는 정말 이상한 사람들이 많은 것 같다.

• 이도현

나는 다수가 행복한 것이 옳다고 생각한다. 예를 들어 체육 시간에 피구를 하고 싶은 학생과 축구를 하고 싶은 학생이 있을 때, 축구를 원하는 학생이 더 많다면 축구를 하는 것이 맞다고 본다.

다수가 원하는 이유가 더 합리적이고 설득력이 있기 때문이다. 여러 사람이 같은 의견을 가진다는 것은 그만한 이유가 있다는 뜻이다. 그래서 다수가 행복해하는 것이 옳은 일이라고 생각한다.

• 정하진

부모님은 항상 "어두운 곳에서 휴대폰 보지 마라."라고 하신다. 그런데 정작 부모님도 어두운 곳에서 휴대폰을 보고 계신다. 이상하지 않나? 나에게는 안 된다고 하시면서 본인은 왜 하시는 걸까?

칸트의 정언명령은 "모든 사람이 따라야 할 도덕 법칙을 지켜라."라고 한다. 하지만 현실에서는 그런 명령을 잘 지키지 않는다. 어른들도 자신이 하는 행동과 다른 말을 할 때가 많다. 말과 행동이 다르면 아이들이 혼란스러울 수밖에 없다.

부모님은 왜 본인은 하면서 나에게는 하지 말라고 하시는 걸까? 정언명령이 정말 현실적으로 가능한 걸까? 의문이 든다.

• 이주영

학생은 어른의 말을 무조건 다 믿으면 안 된다. 그 말을 한 사람이 정말 믿을 만한 사람인지, 그 말이 옳은 말인지 생각해 봐야 한다. 어른이라고 해서 항상 옳은 것은 아니니까.

심지어 평소에 믿음직한 사람의 말이라도 전부 다 믿어서는 안 된다. 때로는 손해보다는 이익을 중요하게 생각할 수도 있기 때문이다. 사람은 누구나 실수를 할 수 있다.

중요한 것은 생각하는 것이다. 부모님의 말도 소중하지만, 스스로 생각하고 결과를 선택해야 한다. 결과가 나빠도 자신이 선택한 것이라면 받아들일 수 있을 것이다.

9월 24일

관객 없는 공개수업

교실 뒤편은 오늘도 텅 비어 있었다. 공개수업이라고 잔뜩 준비했지만, 정작 수업을 보러 오는 사람은 아무도 없었다. 뭐, 그렇다고 아쉬울 건 없다. 어차피 우리끼리 더 신나게 놀면 되는 거니까.

오늘 준비한 건 '가상의 모험 속에서 수학 문제 풀기'였다. 먼저 캐릭터 소개부터 시작했는데, 그 과정부터 이미 개그 쇼였다. 시오는 "항상 배고픈 쌍둥이 모험가"로 등장했는데, 실제 시오를 힐끔 보며 "딱 봐도 시오야!"라고 하자 당사자가 벌떡 일어나 "아니에요!"라고 항의했다. 다솜이는 "겁이 많지만 용기 낼 땐 누구보다 강한 캐릭터"로 설정했는데, 조용한 친구를 가리키자 옆에서 "저거 완전 다솜이네."라는 소리가 터져 나왔다.

산이는 "사탕 없으면 못 사는 덜렁이 해적"이었지만, 솔직히 산이와는 딱히 매칭이 안 됐다. 수학 문제에 억지로 끼워 넣은 캐릭터라 어쩔 수 없었다. 서후는 "조심조심하는 소심한 해적이었는데, 옆에서 "조심한 적이 없는데?"라는 태클이 바로 들어왔다.

PPT 속 그림이 뜨자 교실은 바로 웃음바다가 됐다. 과일 공주로 등장한 한 친구는 "공주의 마음을 가진…."이라는 설명을 듣자마자 "공부의 마음으로지…."라며 투덜대다가 결국 웃어버렸다. "근데 왜 얼굴까지 저렇게…."라는 불만도 나왔지만, 결국 다들 즐겁게 받아들였다.

이제 본격적인 모험이 시작됐다. 첫 번째 장소는 할머니의 폭주 마법 텃밭. 황금 토마토 3/5㎏과 에메랄드 오이 1/3㎏을 비교하는 문제였다. 황금토마토는 에메랄드 오이의 몇 배인지 묻는 문제. "분수의 나눗셈은 뒤집어서 곱한다." 같은 주문을 외우지 말라고. 원리를 이해하면 통분하고, 분모가 같아지면 분자끼리 비교하면 끝이니까. 다음은 사탕 보물섬. 무지개 사탕 2/3봉지와 별사탕 1/6봉지를 비교하는 문제였는데, 이번엔 훨씬 자연스러웠다. 과일 왕국에서는 왕 수박 5/6㎏과 공주 복숭아 1/4㎏이 등장했다. "답을 대분수로 바꿔야 돼요?"라는 질문이 나오자 곧바로 말했다. 하고 싶은 대로….

관용표현 이제 끝!

오늘의 수업의 핵심은 아이들이 직접 등장하는 '관용표현 이야기'였다.

이름만 들어도 와르르 웃음이 터졌다.

"다솜이는 코가 높았다."

"시오는 귀가 얇았다."

"지훈이는 발 벗고 나섰다."

"하윤이는 속이 깊었다."

이름이 불릴 때마다 그 아이는 고개를 들고, 주변에서는 웃음과 박수가 동시에 터졌다. 어떤 아이는 자신의 문장을 세 번이나 읽었고, 어떤 아이는 "선생님, 저 귀 얇아요?"라며 진지하게 확인까지 했다.

하지만 그 웃음 속에서 아이들은 '겉뜻과 속뜻이 다른 표현'의 묘미를 아주 자연스럽게 배웠다. 단어만 봐서는 알 수 없는 뉘앙스와 감정의 결이 몸으로 이해되는 순간이었다. 그리고 AI가 만든 관용표현 이야기를 함께 읽고 수업을 마무리 했다.

관용표현 대모험(이 이야기는 인공지능이 만든 이야기입니다)

- **프롤로그 – 수상한 국어 시간**

사근초등학교 6학년 2반 교실. 이도건 선생님이 평소보다 신비로운 표정으로 칠판에 글씨를 적고 있었다.

"오늘은 관용표현을 배워보자. 우리말에는 정말 재미있는 표현들이 많단다."

선생님이 '관용표현의 세계'라고 적는 순간, 칠판에서 눈부신 무지갯빛 빛이 번쩍 터져 나왔다. 아이들은 눈을 뜨기도 전에 빙글빙글 돌면서 어딘가로 빨려 들어가고 있었다.

"으아악! 뭐야 이거!"

"선생님! 도와주세요!"

하지만 이미 늦었다. 13명의 아이들은 모두 관용표현의 세계 속으로 사라져 버렸다.

• 1장. 걸신들린 급식의 왕국

가장 먼저 떨어진 곳은 하늘까지 닿을 듯 거대한 급식실이었다. 밥그릇과 반찬 그릇들이 산처럼 쌓여 있고, 공중에는 숟가락과 젓가락들이 둥둥 떠다니고 있었다.

"으으, 배고파 죽겠어. 점심시간까지 한참 남았는데…."

시오가 배를 부여잡으며 중얼거렸다.

그 순간 시오의 눈이 번뜩 이상하게 빛났다.

"나… 너무 배고파서 걸신이 들린 것 같아!"

말이 끝나기가 무섭게 주변의 밥그릇들이 스스로 날아와 시오의 입속으로 들어가기 시작했다. 밥, 국, 김치, 심지어 그릇까지도!

"어? 어? 멈춰! 이게 뭐야!"

시오가 당황하며 손을 휘저었지만 소용없었다.

"야야! 진짜 걸신이 들린 거야!"

다솜이 소리쳤다.

"관용표현이 현실이 된 거 같아!"

시오는 계속해서 음식을 먹어대고 있었고, 급기야 거대한 밥그릇 눈사태가 아이들을 향해 굴러오기 시작했다.

"도망쳐!"

서후가 외치며 앞장서서 달려나갔다. 뒤에서는 "꺼억!" 하는 시오의 트림 소리가 천둥처럼 울려 퍼졌다.

• 2장. 간 부은 자만의 성

숨을 헐떡이며 도착한 곳은 하늘 높이 솟은 거대한 성이었다. 성문에는 '오직 간 부은 자만 입성 가능'이라는 금빛 글씨가 새겨져 있었다.

"뭐야 이거? 간이 부었다고?"

김산이 어깨를 으쓱하며 나섰다.

"별거 아니네. 내가 이 문 따위 쉽게 열 수 있어. 나 어제 태권도 대회에서 1등 했거든!"

실제로는 예선 탈락이었지만, 김산은 당당하게 성문 앞으로 걸어갔다.

"오호라! 진정한 간이 부은 자가 나타났구나!"

성 위에서 웅장한 목소리가 울려 퍼졌다.

그러자 성문이 천둥소리와 함께 열렸다. 하지만 성 안에서 나온 것은… 날개 달린 수학 시험지 괴물들이었다!

"으악! 이차방정식이다!"

"저기 확률 문제도 있어!"

"분수 계산까지!"

시험지 괴물들이 빨간 펜을 들고 우르르 몰려나오자, 서후가 김산의 등을 떠밀었다.

"봐라! 네 간이 부어서 허풍 떤 바람에 성안이 완전 거덜 났잖아!"

아이들은 시험지 괴물들의 공격을 피해 혼비백산 달아났다. 뒤에서는 "틀렸다! 다시 풀어라!" 하는 무시무시한 소리가 들려왔다.

- **3장. 경치르는 정의의 법정**

간신히 피해 도착한 곳은 엄숙한 법정이었다. 높은 판사석과 증인석, 그리고 가운데에는 거대한 정의의 천칭이 놓여 있었다.

"우와, 여기 신기하다!"

주영이 호기심 가득한 눈으로 둘러보더니 판사 의자에 손을 뻗었다.

"이 의자 한번 만져볼까?"

순간, 법정 전체가 우르르 흔들리며 하늘에서 천둥 같은 목소리가 울려 퍼졌다.

"함부로 손대는 자여! 네 죄를 경으로 치리라!"

번개가 번쩍이더니 주영의 이마에 '장난꾸러기'라는 글자가 불타오르듯 새겨졌다.

"아야야야! 뜨거워!"

주영이 이마를 부여잡으며 깡충깡충 뛰었다.

신은이 그 모습을 보고는 입을 딱 벌렸다.

"헐… 진짜로 경을 치네. 기가 막혀서 숨도 못 쉬겠다!"

다른 아이들도 똑같이 입을 벌리고 있다가, 갑자기 모든 공기가 빨려나가는 느낌이 들었다.

"진짜 숨을 못 쉬어!"

가은이 헉헉거렸다.

아이들은 웃다가도 황급히 법정을 빠져나갔다. 주영의 이마는 아직도 글자가 빨갛게 타오르고 있었다.

• 4장. 걷잡을 수 없는 운동장

다음에 도착한 곳은 끝없이 펼쳐진 넓은 운동장이었다. 트랙이 소용돌이처럼 둥글게 돌아 있고, 곳곳에 축구공들이 뛰어다니고 있었다.

"드디어 좀 평범한 곳이네!"

하진이 기뻐하며 운동장으로 뛰어들었다.

"내가 제일 먼저 한 바퀴 달려볼게!"

하지만 첫발을 내디딘 순간, 하진이 미끄러지더니 축구공처럼 둥글게 말려서 골대를 향해 굴러가기 시작했다.

"어어어? 이게 뭐야!"

하진이 빙글빙글 돌면서 외쳤다.

쿵! 하진이 골대에 박혔다.

지훈이 눈을 동그랗게 뜨고 말했다.

"헉, 걷잡을 수가 없다! 저게 공인지 하진인지 구분이 안 되네!"

하윤이 배를 잡고 웃었다.

"완전 뚱딴지같이 굴러다니네! 새로운 운동 종목 개발한 거야?"

하진은 계속 굴러다니다가 겨우 울타리에 부딪혀서야 멈췄다. 어지럼증에 비틀거리며 일어나는 모습에 모든 아이들이 폭소를 터뜨렸다.

"다음부터는 조심해서 걸어야겠다…."

하진이 휘청거리며 중얼거렸다.

• 5장. 마 들린 청소부의 광란

운동장을 벗어나 도착한 곳은 익숙한 교실이었다. 하지만 먼지와 쓰레기가 산더미처럼 쌓여 있었다.

"어? 여기 우리 교실 같은데?"

소령이 주변을 둘러보더니 구석에서 빗자루를 발견했다.

"그래! 오늘은 내가 청소왕이 되어야지!"

소령이 빗자루를 잡는 순간, 눈빛이 이상하게 번뜩이더니 미친 듯이 바닥을 닦기 시작했다. 손의 속도가 점점 빨라지더니 급기야 빗자루에서 불꽃이 튈 지경이었다.

"으하하하! 깨끗해져라! 깨끗해져라!"

소령이 무서운 웃음을 지으며 쓸고 닦고 있었다.

가은이 소스라치게 놀라며 외쳤다.

"야! 소령이한테 마가 들렸다!"

도건 쌤이 도와주려고 무거운 책상을 들어 올리려 했다.

"으윽… 나도 도와야지…. 헉!"

하지만 책상이 너무 무거워서 도건 쌤은 그대로 뒤로 넘어졌다.

"아! 등골이 빠진다!"

정말로 도건 쌤의 등에서 뼈다귀 모양의 뭔가가 빠져나와 덜컹거리며 굴러다녔다.

"으악! 진짜로 등골이 빠졌어!"

아이들이 또다시 난리가 났다.

• 6장. 최종 보스 – 도루묵 대왕의 함정

마침내 아이들이 도착한 곳은 넓은 바다였다. 푸른 파도가 철썩이는 가운데, 거대한 물고기가 바다 위로 솟아올랐다.

"나는 이 세계의 지배자, 도루묵 대왕이다!"

물고기가 웅장한 목소리로 외쳤다.

"너희가 지금까지 고생한 것은 전부 말짱 도루묵이다! 아무 소용 없어!"

아이들은 크게 낙담했다. 지금까지의 모든 모험이 헛수고였다니!

그때 다솜이 번뜩 눈을 빛내며 외쳤다.

“얘들아! 저 놈은 간 빼먹고 등쳐먹는 괴물이야! 우리를 속이려는 거라고!”

“그래!”

주영이 앞으로 나섰다.

“좋아, 내가 나발 좀 불어서 허풍을 떨어볼게!”

주영이 주머니에서 작은 나팔을 꺼내 불기 시작했다.

“나 어제 메이저리그에서 홈런 20개 쳤어! 그리고 올림픽에서 금메달도 100개 땄고!”

나팔 소리와 함께 거대한 비눗방울 같은 것들이 터지기 시작했다. 도루묵 대왕의 몸이 점점 투명해지더니…

“허풍이 통했다!”

도루묵 대왕이 “푸슉” 하고 사라졌다.

• 에필로그 – 돌아온 교실

눈을 떠보니 아이들은 다시 6학년 2반 교실에 앉아 있었다. 이도건 선생님이 미소를 지으며 칠판 앞에 서 계셨다.

“어때요? 관용표현의 세계는 재미있었나요?”

아이들은 서로 얼굴을 쳐다보며 웃었다.

“선생님, 관용표현이 진짜가 되면 정말 무서워요!”

”맞아요! 앞으로는 함부로 말 안 할래요!”

시오가 배를 만지며 말했다.

“나는 앞으로 ‘걸신이 들렸다’는 말 절대 안 할 거야!”

김산도 고개를 끄덕였다.

“나도 허풍 떠는 거 이제 그만둘래!”

선생님이 환하게 웃으며 말씀하셨다.

“관용표현은 우리말을 더욱 재미있고 풍성하게 만들어 주는 보물이에요. 하지만 말에는 힘이 있다는 것도 잊지 마세요.”

그날 이후 6학년 2반 아이들은 관용표현을 사용할 때마다 그날의 모험을 떠올리며 빙

긋 웃곤 했다. 그리고 정말로 말조심을 하게 되었다고 한다.

하늘을 가르는 원반, 바닥을 가르는 비명

오늘 체육 시간은 '원반 게임'으로 불타올랐다. 원반 하나로 이토록 난리가 날 줄은 몰랐다. 규칙은 단순했다. 한 명이 가운데 서서 술래가 되고, 나머지 아이들이 둘러서서 원반을 주고받는다. 술래가 원반을 낚아채거나 누군가가 떨어뜨리면 바로 역할 교체. 하지만 술래가 15번이나 패스를 허용하면… 그때부터는 개구리 점프 20회의 지옥이 기다리고 있다.

문제는 이름이었다. 아이들이 이 게임을 뭐라고 부르는지 들어보니 기가 막혔다.

"왕따 게임이요!"

순간 나는 귀를 의심했다.

"야, 아무리 가운데 혼자 있어도 그건 좀 그렇잖아. 이건 그냥 '원반 패스 게임'이야. 알겠지?"

이름 하나로 수업 분위기가 갑자기 심리 상담 시간으로 바뀔 뻔했다.

게임이 시작되자 체육관은 단숨에 전쟁터로 변했다. 원반이 허공을 가르며 날아다니고, 아이들은 "하나! 둘! 셋!" 숫자를 외치며 긴장감 넘치는 패스를 이어갔다. 그런데 문제는 방향 감각이었다. 가끔은 엉뚱한 곳으로 날아가고, 술래는 허공을 향해 다이빙을 시도한다. 원반이 바닥에 떨어질 때마다 "아아악!" 하는 탄식이 체육관 천장을 뚫고 올라갔다.

중간에 벌칙 이야기가 나오자 교실의 협상가들이 등장했다.

"개구리 점프 다섯 개요!"

"아니에요, 스무 개 해야죠!"

"선생님, 오십 개 하면 전설급이에요!"

결국 나는 그 무한한 협상력을 꺾고 20개로 타협했다. 그런데 묘하게도 벌칙이 걸리자 더 신나게 뛰어다닌다. 아마 '벌칙 체험권'을 얻고 싶은 모양이었다.

체육관 바닥이 비 때문에 살짝 미끄러워 "조심해라, 발목 다친다!"를 세 번쯤 외쳤지만,

아이들은 이미 '세상에 이런 운동장'이라는 예능 프로그램에 출연한 듯 날아다녔다. 미끄러지며 돌고, 넘어지며 웃고, 일어나며 "괜찮아요!"를 외친다.

결국 큰 사고 하나 없이 수업은 무사히 마무리됐다. 원반이 이리저리 튀는 동안 웃음소리도 함께 튀었다. 체육관 안은 숨이 가쁠 만큼 시끄러웠지만, 그 소음 속엔 활력이 가득했다.

9월 25일

열탕·온탕·냉탕·한탕…

사회 1단원 복습 시간이었다. 시작은 좌표였다. 위도와 경도를 묻자 한 아이가 자신 있게 외쳤다.

"영도요!"

순간 나는 부산 여행이라도 떠난 줄 알았다. 다행히 다른 아이가 "북위, 남위, 동경, 서경이요!"라고 말하며 우리를 다시 지구본 위로 데려왔다. 소수점까지 찍어야 정밀하다고 하며 "정확한 폭격"이라는 단어가 누군가의 입에서 나왔다.

기후 설명에서는 완전히 찜질방이 됐다. "열대, 온대, 한대!"를 물었더니 한 아이가 "열탕, 온탕, 냉탕, 한탕, 고탕…."을 읊으며 마치 사우나 메뉴판을 읽었다. 급기야 "도건탕!"까지 나왔다. 내가 "도건탕보다는 실제로 존재하는 도가니탕!"라고 말하자 "도가니!"를 따라한다.

지구의 자전축 이야기로 넘어가니 집중도가 다시 올라갔다. "지구는 살짝 기울어진 팽이처럼 돌아요."라고 설명하자, 한 아이가 고개를 갸웃하며 물었다.

"그럼 언젠가 팽이가 쓰러지면 어떻게 돼요?"

진짜 지구가 쓰러지면 어떻게 되지. 우리 전체가 넘어지나?

대륙과 바다 맞추기 코너는 거의 스피드 퀴즈였다. "태평양! 대서양! 인도양!"이 쏟아지다가 "남극해! 북극해!"까지 등장했다. 대륙을 묻자 "유럽이랑 남극 빠졌죠?"라는 나의 힌트에 비로소 완성됐다.

튀르키예 이야기에선 분위기가 잠시 진지해졌다.

"튀르키예는 1차 세계대전 이후 튀르키예 주변의 섬을 거의 그리스에게 잃어서 바다가 있는데 바다를 잘 활용 못 해요."

그러자 한 아이가 "튀르키예 불쌍하네요…."라고 말했다. 튀르키예와 그리스 영토가 색칠된 지도를 보여주자 아이들은 더 튀르키예 편을 드는 모습이다.

그린란드 이야기는 조금 헷갈렸지만 흥미로웠다.

"그린란드보다 크면 대륙, 작으면 섬이에요."

아이들이 고개를 끄덕이며 "아하!" 했다. 그 와중에 메르카토르 지도 왜곡 이야기를 꺼내자 "그래서 남극이 그렇게 커 보였구나!"라는 깨달음이 나왔다.

프랑스에서는 또 다른 난장판이 펼쳐졌다.

"프랑스는 파스타!"

"그건 이탈리아야."

"그럼 파리바게뜨!"

"바게트! 바게트! 바게트!"

교실이 〈제빵왕 김탁구〉의 세트장이 됐다.

마지막엔 한 아이가 조용히 말했다.

"선생님, 몽골 아이들한테 몽고라고 하면 안 된다고 했죠?"

나는 고개를 끄덕이며 답했다.

"맞아. 몽고는 중국이 잘못 붙인 말이야."

9월 26일

물음표가 던져지다

"할아버지는 왜 수염을 이불 안에 넣고 잤는지, 밖에 내놓고 잤는지 기억할 수 없었어요."

교과서 읽기가 끝난 뒤 아이들에게 잘 때 팔을 어디에 두는지 물었다. 그 단순한 질문이 각자의 수면 습관과 성격을 고스란히 드러냈다. 누군가는 특이한 모양의 베개를 꼭 끌어안아야 잠이 들고, 또 다른 아이는 형제와 뒤엉켜 자는 독특한 방식으로 하루를 마무리한다.

이야기는 자연스럽게 문장 부호로 이어졌다. 우리 사회는 물음표에 유독 약하다는 설명을 덧붙였다. 질문을 받으면 어딘가 불편해하며 "그냥요."라고 도망치는 경우가 많다. 반면 어떤 문화권에서는 궁금하면 바로 묻는 것이 자연스럽다. 질문 하나가 사고방식의 차이를 드러내는 예가 되었다.

"우리는 왜 살까?"라는 질문을 던졌다. 이 질문만 나오면 교실 전체가 잠시 멈춘다. 대답은 다양했다. 어떤 아이는 천국을 위해 산다고 했고, 또 누군가는 맛있는 음식을 먹기 위해 산다고 말했다. 태어난 김에 그냥 산다는 말도 나왔다. 엉뚱하지만 묘하게 설득력 있는 답들이 이어지며 교실 분위기는 철학 수업처럼 흘렀다.

잠시 뒤 예상했던 질문이 돌아왔다.

"그럼 선생님은 왜 사세요?"

매년 반복되는 질문이지만 답은 항상 비슷하다. 아이들이 웃고, 행복하고, 어느 순간 나를 떠올릴 수 있다면 그걸로 충분하다는 마음에서다. 뻔한 대답인데 이렇게 하지 않으면… 속내를 말하면 생각보다 실망한 모습을 봤었다.

수업의 마지막에서 다시 한번 "우리는 왜 살까?"를 물었다. 재미있어서 산다는 아이도 있었고, 살아 있으니 산다는 말도 있었다. 신앙을 이유로 드는 아이도 있었다. 그러다 한 아이가 사랑받기 위해 태어났다는 말을 조용히 꺼냈다. 이어서 다친 친구가 걱정된다는 말까지 덧붙이며 한순간 분위기를 따뜻하게 물들였다.

운동회 안전교육

오늘은 운동회 안전교육을 진행하는 날이었다. 그런데 시작부터 아이들은 다른 데에 집중해 있었다. 며칠 전 들켰던 라면 사건을 아이들이 다시 꺼내며 킥킥거린 것이다. 교실 한편에 몰래 숨겨 놓은 라면이 발견된 상황을 여자아이들은 여전히 생생하게 기억하고 있었다. 민망한 추억이었지만, 그 덕분에 교실 분위기는 금세 밝아졌다.

일정 안내가 이어지자 아이들은 곧 준비물과 옷차림 이야기로 넘어갔다. 조끼 사이즈를 두고 서로 비교하며 큰 걸로 달라는 요구가 쏟아졌고, 물통을 챙기라는 말에 우유 박스를 대용품으로 쓰자는 좋은 의견까지 나왔다. 일정보다도 자신의 역할과 준비가 더 중요한 듯한 모습이었다. 하지만 어떤 상황에서도 최우선은 안전이라는 점을 다시 한번 강조했다.

달리기 조 편성을 발표하는 순간에는 작은 소동이 벌어졌다. 여학생들은 자연스럽게 한 조로 묶였지만 남학생 조는 경쟁심이 발동하며 이동이 잦았다. 특히 산이는 강자들 사이로 들어가겠다며 자리를 옮겨 모두를 웃게 만들었다. 운동회를 향한 아이들의 열정이 고스란히 드러나는 장면이었다.

활동 프로그램을 소개하자 교실은 금세 활기로 가득 찼다. 다양한 경기 종목이 공개될 때마다 환호와 탄식이 터졌고, 특히 금메달이 걸린 바람 빼기 챔피언 경기에서는 참여 의지가 눈에 띄게 높아졌다. 줄다리기 전략을 이야기할 때는 서로 앞뒤 순서를 조정하며 팀워크를 다지는 모습도 보였다. 운동회가 단순한 행사가 아니라 하나의 '팀 프로젝트'가 되어 가는 느낌이었다.

9월 29일

아침 조회에 울린 한글의 힘, 그리고 두 명의 주인공

오늘 아침 조회 시간, 교실 TV에 교장선생님의 얼굴이 또렷하게 비쳤다. 아이들은 평소보다 고요했다.

"여러분, 한글날을 맞아 특별한 책을 소개합니다!"

교장선생님의 밝은 목소리가 울려 퍼지자 아이들의 눈이 반짝였다. 저학년에게는 『여기는 집현전』, 고학년에게는 『주보따리, 한글을 지키다!』 — 제목만 들어도 흥미롭다.

교장선생님은 한글이 만들어지기까지의 우여곡절, 그리고 우리 글자가 있었기에 K-문화가 세계로 뻗어갈 수 있었다는 이야기를 들려주셨다. 아이들은 놀랍게도 끝까지 집중했다. 그러다 "쌤이라는 말 대신 선생님이라고 불러주세요."라는 말씀이 나오자, 교실 안에서 동시에 "앗!" 하는 탄성이 터졌다. 몇몇 아이들은 재빨리 입을 가리며 서로를 힐끗 본다.

"말은 마음을 나타내는 거울입니다."

교장선생님의 마지막 말이 교실에 잔잔히 퍼진다. 고운 말, 바른 말을 써야 한다는 메시지가 아이들의 얼굴에 고스란히 스며든 듯했다.

그리고 오늘의 하이라이트!

바로 시오와 소령이가 회장 임명장을 받는 순간이다. 화면에선 카메라 앵글이 살짝 어긋나 있었지만, 두 친구가 당당하게 앞으로 나아가는 뒷모습만으로도 충분히 멋졌다. 교장선생님께서 임명장을 건네자 우리 반에서는 다른 반에 비견될 만큼 박수를 쳤다. 교실로 돌아온 두 친구의 얼굴엔 책임감과 설렘이 동시에 묻어 있었다.

10만 제곱킬로미터의 마법과 스푸트니크 쇼크

오늘 수업은 K-팝 이야기로 가볍게 시작했다. 한국 문화가 세계적으로 인기라는 말에 아이들 얼굴부터 환해졌다. 하지만 금세 현실적인 이야기도 함께했다. 관광객이 많이 오긴 하지만, 사실 한국 사람들이 해외로 나가는 비율도 높아서 관광 수지로 보면 아직 손해라는 점을 알려주었다. 그래도 여행을 통해 배우고 오는 건 큰 도움이 된다는 이야기를 덧붙이며 분위기를 자연스럽게 교과서 내용으로 연결했다.

각 나라와의 교류 이야기를 시작하자 중국·일본·미국이 빠지지 않는다는 사실이 자연스럽게 나왔다. 스마트폰 하나에 여러 나라의 부품이 모여 완성된다는 예를 들자 아이들이 고개를 끄덕였다. 세계가 서로 영향을 주고받는 구조를 이렇게 보면 훨씬 이해가 쉬웠다. 이어서 교과서에 나오는 국가별 수출입과 항공 노선 순위를 리듬처럼 외우게 하며 수업의 흐름을 조금 더 재미있게 만들었다.

러시아로 이어가며 비교 감각을 키웠다. 우리나라 면적을 기준으로 러시아·중국·일본의 크기를 차례로 비교하자 아이들이 의외라는 표정을 지었다. 일본이 생각보다 크다는 사실이 특히 놀라웠는지 여러 번 확인하는 모습도 보였다. 이어 1단원에서 배운 러시아의 자연환경과 인구 분포, 우랄 산맥의 위치까지 자연스럽게 이야기가 흘러갔다.

우주 개발 이야기에 들어가자 교실 분위기는 다른 모드가 된다. 세계 최초의 인공위성 스푸트니크와 최초 우주인의 기록이 러시아라는 점은 아이들에게 새로운 정보였다. 또 러시아의 금성 탐사선이 최초이자 최후의 금성 사진을 남기고 고장 났다는 이야기에도 눈이 반짝였다.

시베리아 횡단열차 이야기를 하며 통일 후 부산에서 모스크바까지 기차로 갈 수 있다는 상상을 던지자 들썩였다. 오랜 시간이 걸리는 여행이지만, 그 상상만으로도 아이들은 신나 보였다. 러시아의 풍부한 자원과 바다가 얼어붙는 문제도 간단히 설명하며 흐름을 마무리했다.

마지막으로 스푸트니크 쇼크 영상을 보며 세계가 어떻게 놀랐는지 간단히 짚었다. 작은 인공위성 하나가 미국과 소련의 경쟁을 바꾸고, 과학과 교육까지 변화시켰다는 점을 아이들도 이해했다.

약속을 정하려다, 선생님 삭발 위기

우리 반만의 약속을 정하는 시간이었다. 아이들은 학습지를 받아 들자마자 종이에 빽빽하게 적힌 약속 예시를 보고 놀란 눈치를 보였다. 하지만 세 가지를 선택하면 된다는 말에 금세 표정이 풀어졌다. 딱딱한 표현이 많다는 지적이 나오자, 나는 관용표현을 살짝 비틀어 더 재미있게 바꿔보자고 했다. "말 한마디에 천 냥 빚도 갚는다."를 "친구에게 예쁜 말 쓰기 챌린지"로.

아이들은 하나씩 자신에게 맞는 약속을 골랐다. 서후는 숙제를 제때 한다는 약속을 선택했고, 그걸 관용표현으로 바꾸자 "오늘 할 일을 내일로 미루지 말라."라는 문장이 자연스럽게 따라붙었다. 그 모습만 봐도 지난주 미루고 미루다 터졌던 숙제 사건이 떠올라, 나도 모르게 실소가 나왔다. 하지만 오늘 아침 영어 단어 시험에서 서후가 만점을 받은 걸 보면, 약속을 지킨 사람에게 결실이 돌아온다는 말은 틀린 적이 없다.

소령이는 선생님 말씀을 잘 듣겠다는 약속을, 주영이는 수업에 적극적으로 참여하겠다는 다짐을 적었다. 하윤이는 '힘든 일이 있으면 솔직하게 말하겠다'는 문장을 적는데, 조용한 성격에 비해 놀라울 만큼 어른스러운 선택이었다. 마음을 혼자 끌어안는 것보다 털어놓는 용기가 더 중요하다는 걸 아이가 먼저 알고 있다는 사실이 기특했다.

그런데 마음 한편이 뜨거워진 탓일까, 나는 어느새 지난 금요일 있었던 일을 꺼내며 잠시 삼천포로 빠졌다. 15년 전에 6학년 아이들과 함께 썼던 타임캡슐 편지. 옛 제자들 이야기를 꺼냈다. 그 편지를 쓴 아이들은 이미 스물여덟 살이 되었고, 나를 초코우유라고 놀리던 아이들 이야기를 꺼냈다. 우리 반 한 녀석은 "우리도 나중에 이렇게 모일 수 있나요?"라고 묻는다. 근데 너희 나올 자신은 있냐?

"맞다, 우리 지금 약속 정하는 중이지."

각자 적은 문장들은 다 다르지만, 말은 씨가 되고, 가는 말이 곱고, 고래를 춤추게 하는 칭찬도 결국 말에서 비롯된다. 오늘 아이들이 적은 약속들은 언젠가 마음속에서 작은 버팀목이 될 것이다.

6학년 2반 우리 반 약속

• 김다솜

요즘 우리 반 친구들이 수업 시작 시간을 잘 지키지 않아요. 선생님께서는 정시에 시작하면 일찍 끝낼 수 있다고 말씀하셨는데, 친구들이 자꾸 늦게 와요.

"시간은 금이다"라는 말이 있어요. 정말 시간은 금처럼 소중하게 생각해야 해요. 하지만 우리 반에는 시간을 금처럼 생각하지 않고 수업 시간을 어기는 친구들이 많아요. 그래서 모두 수업 시간을 지켜서 제시간에 준비했으면 좋겠어요.

또, 잘난 척하지 말았으면 좋겠어요. 내가 축구를 잘한다고 해서 축구를 잘 못하는 친구에게 "왜 그렇게 했어?"라고 화내는 일이 있었어요. "원숭이도 나무에서 떨어진다"라는 말처럼, 잘하는 사람도 실수할 수 있어요. 그러니 못하는 친구에게 화내지 말고 방법을 알려주거나 배려해야 한다고 생각해요.

마지막으로 숙제를 제때 했으면 좋겠어요. 우리 반 친구들 중 몇몇이 숙제를 제대로 해오지 않는 일이 반복되고 있어요. 오늘 할 일을 내일로 미루다 보면 결국 숙제를 하지 못하게 돼요. 선생님께서 내일까지 제출하라고 하셨는데 기한을 지키지 못하면 결국 혼나게 돼요. 그러니 숙제를 미루지 말았으면 좋겠어요.

• 정하진

작심삼일 하지 말고 숙제를 제때 했으면 좋겠어요. 미루고 미루다 보면 바쁨에 눌려서 결국 틀릴 수도 있으니까요.

위험한 장난은 하지 말았으면 좋겠어요. 우리 몸이 재산이니까 내 자신을 아끼고 소중히 해야 해요.

제때 놓친 기회는 다시 잡기 어려워요. 그러니 쉬는 시간이 끝나면 제때 교실로 돌아와서 수업 준비를 제대로 했으면 좋겠어요.

남의 실수를 놀리지 말았으면 좋겠어요. 사람은 누구나 실수를 할 수 있어요. "원숭이도 나무에서 떨어진다"라는 말처럼 남을 놀리지 말았으면 좋겠어요.

마지막으로 서로의 비밀을 지켜줬으면 좋겠어요. 배신하지 않고 서로 신뢰를 지키는 것이 진정한 우정이라고 생각해요.

• 권시오

쉬는 시간에 놀되 남에게 피해 주며 놀지 말았으면 좋겠어요. 시험공부를 하는데 누가 소리 지르고 큰 소음을 만들어서 피해를 준 적이 있어요. 이렇게 자신만 생각하고 남의 마음은 모르는 행동을 하면 안 돼요.

또, 잘못에 대해 변명하지 말았으면 좋겠어요. 잘못을 하고 변명하는 친구를 본 적이 있어요. 변명하다 보면 결국 변명이 거짓말이 되어버려요.

• 이도현

돈을 아껴 썼으면 좋겠어요. "물 쓰듯 한다"라는 말처럼 함부로 쓰지 말고, 아껴서 쓴 돈이 모여서 큰돈이 될 수 있어요.

공부는 열심히 했으면 좋겠어요. "공든 탑이 무너지랴"라는 말처럼 열심히 하지 않으면 다시 해야 할 수도 있어요.

말을 함부로 하지 말았으면 좋겠어요. "말 한마디에 천 냥 빚도 갚는다"라는 말이 있어요. 말을 함부로 하면 나쁜 사람이 될 수 있어요.

• 정소령

첫 번째 약속은 선생님 말씀을 잘 듣자예요. "배움에는 왕도가 없다"라는 말처럼 선생님의 말씀을 잘 듣고 집중했으면 좋겠어요.

두 번째 약속은 우리가 모두 활동을 할 때 장난치지 말고 끝까지 참여하자예요. "손발을 맞춘다"라는 말처럼 우리 서로 협동하면 더 좋은 결과를 얻을 수 있을 거예요.

세 번째 약속은 공부할 때는 다른 것에 한눈팔지 말자예요. 이 약속은 첫 번째 약속과 비슷한데, 공부할 때 집중하면 좋은 성과가 있을 거예요. "공든 탑이 무너지랴"라는 말처럼 정성을 다하면 무너지지 않아요.

• **장신은**

첫 번째 약속은 욕설이나 나쁜 말을 쓰지 말자예요. "낮말은 새가 듣고 밤말은 쥐가 듣는다"라는 말이 있어요. 가끔 5학년 동생들이 욕하는 모습을 봤어요. 이 말처럼 우리도 모르는 사이에 함부로 나쁜 말을 쓰지 말았으면 좋겠어요.

두 번째 약속은 숙제를 제때 하자예요. "천 리 길도 한 걸음부터"라는 말처럼 우리 반에서는 숙제를 미루지 말았으면 좋겠어요.

세 번째 약속은 친구를 괴롭히지 말자예요. "남의 눈에 눈물 내면 제 눈에 피눈물 난다"라는 말이 있어요. 다른 친구를 계속 괴롭히면 결국 자신에게 돌아와요.

• **김산**

숙제를 기간 안에 다 해왔으면 좋겠어요. "공든 탑이 무너지랴"라는 말처럼 숙제를 잘 해오면 실력이 늘어요.

친구에게 고운 말을 썼으면 좋겠어요. "가는 말이 고와야 오는 말이 곱다"라는 말처럼 친구에게 고운 말을 하면 친구도 나에게 고운 말을 써요.

쓰레기를 제때 쓰레기통에 버렸으면 좋겠어요. "티끌 모아 태산"이라는 말처럼 쓰레기를 제때 버리지 않고 미루면 쓰레기가 쌓여요.

• **최하윤**

첫 번째 약속은 서로의 이름을 바르게 부르자예요. "가는 말이 고와야 오는 말이 곱다"라는 말처럼 자신이 먼저 솔선수범해서 친구의 이름을 예쁘게 불러주면 듣는 사람도 기분이 좋아져서 똑같이 나에게도, 다른 사람에게도 그런 행동을 할 거예요.

두 번째 약속은 글씨를 바르게 쓰자예요. "천 리 길도 한 걸음부터", "공든 탑이 무너지랴"라는 말처럼 처음부터 글씨를 똑바로 바르게 쓰면 다시 쓰지 않아도 될 때가 많아요. 그렇게 습관이 되면 시험지나 자신의 글씨도 바르게 쓸 수 있어요.

세 번째 약속은 자만하지 말자예요. 자신이 잘한다고 다른 친구를 무시하거나 놀리지 말았으면 좋겠어요. "원숭이도 나무에서 떨어진다"라는 말처럼 누구나 실수할 수 있고 누구도 틀릴 수 있으니까, 항상 자신이 잘한다는 생각을 하지 말고 언제든 실수할 수 있으니 자만하지 말았으면 좋겠어요.

네 번째 약속은 어디서든 뒷담화하지 말자예요. "낮말은 새가 듣고 밤말은 쥐가 듣는다"라는 말처럼 언제든 다른 사람이 자신의 이야기를 들을 수 있으니 말을 조심했으면 좋겠어요.

• 박현오

규칙을 잘 지켰으면 좋겠어요. "백지장도 맞들면 낫다"라는 말처럼 우리 모두가 함께 규칙을 지키면 우리 반이 더 좋아질 거예요. 규칙을 지키지 않으면 우리 반이 시끄럽고 어지러워지니까, 모두가 규칙을 잘 지켜서 행복하고 즐거운 반을 만들었으면 좋겠어요.

• 주지훈

우리 반에서 누가 나보고 키가 작다고 하는데, 남한테 상처 주는 말은 하지 말았으면 좋겠어요.

겉모습만 보고 판단하지 말았으면 좋겠어요. 우리 반에서 나이가 가장 많은 친구라도 내 실력으로는 축구선수가 못 된다고 하는데, 노력하면 될 수도 있어요.

사소한 일이라도 도와줬으면 좋겠어요. "티끌 모아 태산"이라는 말처럼 사소한 일이라도 계속하면 언젠가는 선생님의 칭찬을 받을 수 있어요.

• 이주영

수업 시간에는 학용품을 가지고 장난치지 말았으면 좋겠어요. 도구를 먹지도 말았으면 좋겠어요. 잘못하면 마음이 흐트러지기 때문이에요.

학교에서 1년에 한 번 좋은 기회가 있을 때 욕심을 부리거나 반칙을 쓰지 말았으면 좋겠어요. "말이 씨가 된다"라는 말처럼 나쁜 말은 나쁜 결과를 가져와요.

친구를 차별하지 말았으면 좋겠어요. 작게라도 차별하는 사람이 있을 수 있는데, 반 친구를 차별하지 말았으면 좋겠어요. 강한 친구가 약한 친구를 무시하기보다는 모두를 똑같이 대했으면 좋겠어요.

• **현가은**

첫 번째 약속은 지각하지 말고 일찍 등교하자예요. 왜냐하면 1교시를 시작하려면 그 친구까지 와야 시작하는데, 지각을 하면 같은 반 친구들의 시간이 없어지기 때문이에요. “시간은 금이다”라는 말처럼 선생님의 시간을 소중하게 생각해서 이 규칙을 지켰으면 좋겠어요.

두 번째 약속은 남의 실수를 놀리지 말자예요. 사람마다 실력이 다르기도 하고, 또 잘하는 사람도 잘못할 때가 있어요. 잘 못하는 사람도 잘할 때가 있는데, 남의 실수를 놀리지 말았으면 좋겠어요.

세 번째 약속은 반 친구를 차별하지 말자예요. “같은 하늘 아래 모두가 평등하다”라는 말처럼, 서로 도와주고 성격은 다르지만 모두 같은 하늘 아래에 있는 반 친구이기 때문이에요.

• **김서후**

숙제는 제때 했으면 좋겠어요. 숙제를 안 해오는 친구들이 많고, 또 다음에도 안 해오게 되면 몸에 나쁜 습관이 들어요. 숙제는 제때제때 하나씩 하는 게 좋을 것 같아요.

실천 방법은 그냥 잠이 올 때나 시험이 있을 때도 숙제를 해서 언젠가 다 끝내서 숙제를 다 못 끝낼 때가 없게 하는 거예요. 오늘 할 수 있으면 내일로 미루지 말았으면 좋겠어요.

수업 시간에는 집중했으면 좋겠어요. 수업 시간에 장난치거나 집중하지 않아서 친구들이 공부하는 데 피해를 줄 수 있어요.

지각하지 말고 일찍 등교했으면 좋겠어요. 우리 반에 맨날 늦게 오는 친구가 있는데, 그런 행동은 다른 친구들의 기분을 나쁘게 만들어요.

실천 방법은 다음부터는 조금 일찍 준비하거나 늦게까지 게임을 하지 않고 늦게까지 놀지 말았으면 좋겠어요. 밤늦게 놀지 말고 그냥 일찍 자면 좋겠어요. 안 그러면 몸이 더 망가져요.

주먹야구보다 더 어려운 건… 기다려주는 마음

오늘의 미션은 주먹야구였다. 규칙은 단순했다. 홈에서 공을 주먹으로 치되 자신 없으면 손바닥으로 쳐도 되고, 1루와 2루만 사용하며, 세 번 헛치면 아웃. 그런데 막상 경기가 시작되자 단순함은 금세 사라졌다.

첫 타자가 공을 헛치자마자 여기저기에서 조언이 폭발했다. 자세를 고쳐야 한다는 말, 팔을 더 뻗어야 한다는 말, 당장 지도자라도 된 듯한 표정까지. 특히 옆에서 손짓하며 설명하던 아이의 얼굴에는 '답답함'이라는 글자가 선명하게 적혀 있는 듯했다.

순간, 나는 경기를 멈췄다. 누구나 처음엔 서툴고, 옆에서 다그치는 소리는 오히려 주먹 하나 더 무거워지게 만든다. 공 하나 제대로 못 친다고 세상이 무너지는 것도 아닌데, 아이들의 표정은 이미 승부보다 '비판을 피해야 한다'는 긴장감으로 굳어 있었다. 그래서 나는 공을 들고 차분하게 이야기했다. 누군가에게 부족함을 지적만 하는 대신 기다려주는 법을 배우는 것이 더 중요하다고, 다시 기회가 왔을 때 그때 천천히 도와주는 게 친구라고.

아이들은 짧은 침묵 속에서 조용히 고개를 끄덕였다. 불편한 침묵이 아니라 무언가 이해한 듯한 고요였다. 이런 순간이야말로 수업 속의 진짜 교육이었다. 어떤 아이는 공부에는 강하지만 운동에는 약하고, 또 어떤 아이는 운동은 잘하지만 책만 보면 평온해진다. 서로의 약점을 들추는 것이 아니라, 속도를 맞춰주는 법을 배우는 것이 우리 반이 지켜야 할 약속이라는 걸 아이들도 조금씩 알아가는 듯했다.

경기는 다시 이어졌다. 점수는 엎치락뒤치락하며 치열해졌지만, 분위기는 전보다 훨씬 부드러웠다. 파울을 치고 넘어진 아이도 웃었고, 주먹이 허공을 가르는 헛스윙조차 작은 축제가 되었다. 규칙은 단순했지만, 오늘 수업이 가르쳐준 건 훨씬 복잡하고 훨씬 소중한 것이었다.

9월 30일

안경 납치 사건으로 얼룩진 졸업 앨범의 하루

촬영을 시작하기 전, 나는 교실에서 몇 가지 원칙을 먼저 잡았다. 단체 사진은 한 사람이 잘 나온 컷을 고르는 게 아니라 전체의 균형을 맞추는 작업이라는 점, 목을 과하게 빼면 오히려 긴장한 모습이 되니 시선을 살짝 위로 두면 자연스럽게 몸이 펴진다는 점 등을 차근차근 설명했다. 보호대를 찬 산이는 뒤쪽에 서면 눈에 덜 띈다고 조언했고, 화장실은 미리 다녀오라고 신신당부했다. 촬영만큼은 흐름을 끊기지 않는 게 중요했다.

운동장에 나가자 1반이 이미 촬영 중이었고, 아이들은 기대와 들뜸이 뒤섞인 표정으로 포즈를 고민하고 있었다. 우리의 순서가 오자 사진기사님이 계단 위에서 자세를 하나씩 잡아줬다. 시오의 첫 컷은 깔끔했고, 다솜이는 머리카락을 정돈한 뒤 표정이 부드럽게 잡혔다. 산이는 조금 어색해했지만 엄지척으로 분위기를 끌어올렸고, 서후는 칭찬 한마디에 금세 얼굴이 환해졌다. 현오는 팔짱 포즈를 거부하며 나름의 고집을 보였지만 표정만큼은 환했다. 도현은 심플하게 세 컷을 찍었고, 그 평범함이 나중의 사건을 예고하고 있었다.

이어지는 아이들도 제각각 개성이 드러났다. 턱을 지나치게 올린 주영, 앞줄 배치가 어색했지만 씩 웃어준 신은, 머리카락 때문에 잠시 스톱된 소령, 망설이다가 결국 즉흥 포즈로 마무리한 하진, 축구 동작을 고집한 지훈, 차분히 안경을 고쳐 쓴 하윤, 마법사로 변장한 가은까지.

문제는 개인 상반신 촬영에서 터졌다. 안경이 서로 비슷하게 생긴 탓에 한 친구가 장난삼아 남의 안경을 들고 가 버렸고, 그사이 도현이의 안경은 사라져버렸다. 도현은 안경 없이 촬영을 진행했고, 나는 나중에서야 안경이 없어진 사실을 알아차렸다. 기사님이 시간을 확인하며 난감해했고, 나는 황당한 상황에 잠시 말을 잃었다. 결국 상반신 재촬영이 불가피했고, 사진기사님께도 정중히 고개를 숙였다. 사건은 다행히 그 자리에서 봉합

되었다.

마지막 일정은 청바지와 흰 티 차림의 전신 촬영이었다. 아이들은 다시 옷을 챙겨 들고 이동하며 한층 가벼워진 표정으로 장난을 주고받았다. 조금 전까지 긴장과 당황이 뒤섞였던 얼굴들이 이제는 평소의 활기를 되찾고 있었다. 안경 소동의 주인공들 역시 금세 웃음을 되찾은 듯 어깨를 으쓱이며 걸어갔다.

촬영이 모두 끝난 뒤, 나는 멀리서 아이들을 바라보았다. 오늘은 분명 파란만장이었지만 언젠가 이 사건도 졸업 앨범의 한 장면처럼 웃으며 떠올릴 날이 올 것이다. 그리고 사진이 걱정되는 아이들에게는 "포토샵이 웬만하면 다 해결해 준다."라는 말을 건넨다.

멍때리는 것도 유전자의 명령이라면?

오늘 수업은 50년 전으로 거슬러 올라갔다. 아이들에게 소개한 책은 1976년에 출간된 『이기적 유전자』였다. 내가 태어나기도 전에 나온 책이지만, 지금도 전 세계에서 꾸준히 읽힌다는 사실부터가 흥미로웠다. 대부분의 오래된 책은 시대에 맞게 내용이 고쳐지지만, 이 책은 거의 원본 그대로다. 문장이 깔끔하고 예시도 명확해서 초등학생도 앞부분만큼은 충분히 따라올 수 있다.

이 책에서 처음 등장한 개념이 바로 '밈(meme)'이다. 요즘 말하는 '인터넷 밈'의 원조인데, 본래의 뜻은 유행어와 좀 다르다. 도킨스는 밈을 '번지는 행동'에 가까운 개념으로 설명했다. 친절한 행동을 보면 따라 하고 싶어지는 것, 그 전파 과정을 설명하기 위해 만든 말이었다. 수많은 신조어가 생겼다 사라지지만, 이 단어는 반세기를 버텼다.

나는 아이들에게 질문을 던졌다.

"지구의 주인은 누구일까?"

사람, 자연, AI 등 다양한 대답이 나왔지만 도킨스의 결론은 의외였다. 유전자. 인간은 유전자를 보호하고 복제하기 위해 만들어진 '생존 기계'라는 설명을 아이들에게 들려주자, 교실은 잠시 조용해졌다. 밥을 먹는 것도, 운동을 하는 것도, 심지어 사랑에 빠지는 것까지 유전자의 전략이라는 발상은 아이들에게 꽤 신선한 충격이었던 듯하다.

이어서 형제 이야기를 예로 들며 설명을 풀었다. 우리 반 산이와 동생 겸이가 비슷하면서도 집에서 자주 부딪히는 이유는, 형제끼리는 4분의 1 정도만 유전적으로 같고 나머지는 다르기 때문이라고 말했다. 서로 달라 보이는 것이 자연스러운 셈이다. 이런 관점은 아이들에게 색다른 이해를 안겨주었다.

생명의 시작도 책에서는 우연의 반복으로 설명한다. 축구 비유를 소개해 주자, 잠시 흐트러졌던 아이들이 다시 집중하기 시작했다. 우리 반 13명도 레알 마드리드 같은 세계 최강팀과 몇억 년간 매일 경기한다면 언젠가 한 번쯤은 그 강팀을 이길 수도 있는 것처럼, 생명도 끝없는 우연 속에서 탄생했다는 내용이었다.

그런데 설명을 이어가던 중, 몇몇 아이들이 엎드리기 시작했다. 나는 순간적으로 도킨스의 관점을 떠올렸다. 혹시 지금 잠든 것조차 유전자의 명령일지도? 농담처럼 던진 말에 아이들은 피식 웃었고, 금세 분위기가 누그러졌다.

그래서 이 책을 무조건 읽으라고 권하진 않는다. 반세기 전의 이론이라 지금과 맞지 않는 부분도 많다. 하지만 '내가 하는 행동 뒤에 유전자가 있다'는 시각은 여전히 흥미롭다. 형제가 싸우는 이유, 누군가를 돕는 이유, 심지어 친절함이 어떻게 퍼지는지까지 한 번 더 생각하게 만든다. 수업 마지막, 한 녀석이 조심스럽게 물었다.

"그럼 우리가 하는 모든 게 유전자가 시키는 건가요?"

10월 1일

비와 비율은 어렵다

나는 칠판에 큼지막하게 'Ratio'라고 쓰며 수업을 열었다. 아이들은 영어 단어 하나에 괜히 술렁였지만, 나는 오히려 더 진지해졌다. 비는 생각보다 훨씬 익숙한 개념이라는 점을 알려주고 싶었기 때문이다. 레몬에이드 예시를 들자마자 교실 분위기는 한층 밝아졌다. 레몬 한 컵에 물 세 컵이면 비가 1 대 3이라는 설명은 단번에 받아들였다. 먹는 이야기는 언제나 집중력을 책임져 준다.

하지만 중요한 설명은 그다음이었다. 비는 '수'가 아니라 '식'이라는 점이다. 1 더하기 2가 식이고, 3이 그 값을 나타내는 수이듯 1 대 2 역시 식일 뿐이며, 분수로 바꾸어야 비율이 된다. 아이들이 고개를 갸웃거리자, 나는 서로의 이름을 이용한 비교 예시를 가볍게 섞으며 분위기를 풀었다. 웃음소리가 한 번 지나가고 나서야 개념이 또렷이 잡히는 듯했다.

이어서 비의 성질로 넘어갔다. 레몬에이드 1 대 3이든 2 대 6이든 맛은 같다는 사실은 아이들에게 꽤 신선했다. 그저 컵 크기만 달라질 뿐이라는 설명을 곁들이며 스케일 업과 스케일 다운 개념을 자연스럽게 연결했다. 조금 더 복잡한 비도 다뤘다. 1.5 대 7분의 1처럼 자연수가 아닌 비를 자연수 비로 바꾸는 과정은 계산이 길었지만, 마지막에 21 대 2가 되자 아이들은 한꺼번에 고개를 들었다. 라면 스프 비율이나 과자 제조 비율을 떠올리자 이해가 빠르게 깊어졌다.

비율(Rate)을 설명하며 단위의 존재를 강조했다. 100m를 20초에 뛰면 5m/s가 되고, 주사위를 던졌을 때 나오는 수의 비율도 이런 식으로 표현할 수 있다고 말했다. 실제 경험과 연결되자 아이들 표정이 더 또렷해졌다. 단위가 붙는 순간 비가 성격을 바꾸며 새로운 정보가 된다는 사실이 자연스레 정리됐다.

비교와 비례로 넘어가자 수업은 다시 속도를 냈다. 4㎝ 대 6㎝ 사진을 8㎝ 대 12㎝로

키워도 형태가 그대로 유지된다는 설명은 예시만으로도 충분했다. 칠판에 써둔 '2 대 3 = 4 대 6'은 시소의 균형 개념으로 이어졌다. 양쪽 힘의 곱이 같아야 균형을 잡는다는 원리를 곱셈 구조로 보여주자 아이들이 금세 따라왔다. 이 부분은 말보다 그림이 더 강력했다.

수업의 마지막은 세계지도로 마무리했다. 실제 세계지도를 들고 "이걸 3 대 4로 줄이면 무엇이 변하고 무엇이 그대로일까?"라고 묻자 아이들이 먼저 대답했다. 비율이 유지되는 한, 크기만 바뀔 뿐 전체의 조화는 그대로라는 사실을 어느새 이해한 것이다. 어느 한쪽만 크게 키우면 전체 구조가 무너진다는 설명은 비율 수업의 좋은 결론이 되었다.

정리 시간, 나는 아이들에게 편한 문장으로 과제를 제시했다. 일상에서 비와 비율을 찾아 적어오는 것. 레몬에이드, 만두 소스, 운동 기록, 간식 봉지 속 영양 정보 등 무엇이든 상관없다고 말했다. 수학이 교과서 속에서만 있는 것이 아니라는 점을 자연스럽게 느끼게 하고 싶었다.

만리장성

사회 수업의 주제는 중국이었다. 나는 먼저 우리나라 면적을 떠올리게 하며 수업을 열었다. 우리나라가 작지만 아담하고 살기 좋다는 말에 아이들은 고개를 끄덕였다. 이어 중국이 그보다 훨씬 큰 나라라는 사실을 설명하자 아이들 표정이 순식간에 달라졌다. 규모가 단번에 비교되는 비유를 들자 교실은 금세 웃음으로 풀렸다.

만리장성은 아이들의 관심을 가장 빨리 끌어당기는 소재였다. 만 리가 얼마나 되는지 차근차근 계산해 나가며 길이를 짚어 주었다. 서울에서 부산까지 거리의 열 배가 넘는다는 설명이 나오자 탄성이 이어졌다. 긴 성을 쌓는 이점과 함께 한계도 함께 이야기하며, 지형에 따라 방어 전략이 달라질 수 있음을 자연스럽게 연결했다.

직접 다녀온 경험도 보탰다. 복원된 웅장한 성벽보다 원형에 가까운 흙 성벽이 실제로는 더 낮았다는 사실을 들려주었다. 오래된 성벽이 세월을 지나며 깎이고 닳아 거의 언덕처럼 보였다는 말에 아이들이 놀란 눈빛을 보였다. 예상과 실제 사이의 차이가 꽤 컸기 때문이다.

수업은 자연스럽게 중국의 산맥과 강으로 이어졌다. 히말라야에서 흘러나온 물이 황허강과 양쯔강을 이룬다는 흐름을 설명하며 삼국지의 지명도 함께 짚어 주었다. 고지대와 대륙 내부의 도시가 갖는 특성, 음식 문화의 차이까지 연결하자 아이들은 지도를 다시 들여다보며 집중했다. 이어 등장한 고비사막은 이름에서 오는 오해를 정리하며 지나갔다.

중국의 핵실험 지역 이야기는 잠시 분위기를 차분하게 만들었다. 사람이 많이 사는 동쪽 대신 넓은 사막 지대를 택할 수밖에 없었던 이유, 산맥으로 둘러싸인 지역의 특성 등을 설명하자 아이들은 넓은 나라 안에서도 환경 차이가 얼마나 큰지 실감하는 듯했다. 삼국지 속 땅이 실제로는 사람이 살기 어려운 지역이 많았다는 설명도 아이들 이해에 도움이 되었다.

만리장성 영상을 틀자 아이들의 반응이 생생하게 이어졌다. 화면 속 흙 성벽이 낯설어 보였고, 복원된 구간은 또 다른 모습이었다. 실제와 복원을 구분하는 기준을 짚어 주며 당시 사람들의 생활 방식도 함께 떠올리게 했다. 산해관 이야기를 덧붙이며 성벽이 바다까지 이어졌다는 사실을 말하자 교실은 다시 활기를 띠었다.

이어서 실크로드 영상으로 넘어갔다. 사라진 도시 '누란'과 모래에 밀려 움직이는 호수 이야기는 아이들의 시선을 단번에 사로잡았다. 자연이 만든 변화처럼 보이지만, 사실은 잘못된 개발이 만든 결과였다는 설명이 이어지자 잠시 조용한 공기가 흐르기도 했다. 건조한 기후 덕분에 수천 년 전 미라가 그대로 보존될 수 있었다는 장면에서는 또다시 감탄이 터졌다.

마지막으로 명사산의 오아시스를 보며 수업을 마무리했다. 사막 한가운데 초승달 모양으로 고여 있는 물은 아이들에게 낯설고 신비한 풍경이었다. 오아시스가 지형의 낮은 곳에 자연스럽게 자리 잡는다는 설명이 이어지며 수업은 차분하게 마감되었다.

10월 2일

홍팀의 역전 드라마, 2025 가을운동회

10월의 가을 하늘 아래, 우리 반 홍팀 아이들은 처음부터 심상치 않았다. 아침부터 "선생님, 우리 이번엔 꼭 이긴다!"라며 눈빛에 불을 켜고 나타난 녀석들. 난 운동회 준비하느라 바빠서 그냥 마음으로 넘겼다.

'그래그래, 우리 팀이 이겨야지.'

가은이의 엄청난 댄스(?) 실력, 서후의 굉장했던 줄넘기 등등. 경기 초반 홍팀은 800점 차로 앞서 나갔다. 6학년 공 옮기기 게임에서 우리 반 아이들의 완벽한 팀워크! CCTV 판독(?)까지 가는 간발의 차이로 이겼을 때, 나는 진심으로 소리 질렀다. 업무 담당자임에도 우리 팀(홍팀)에 심각하게 감정 몰입이 되고 있었다. 하지만 청팀이 엄청 무서운 속도로 추격해 오고 있다. 엎치락뒤치락.

4학년 가시공 굴리기 때는 진짜 웃겼다. 공이 제멋대로 굴러가는데 아이들은 진지하게 쫓아다니고. 한 녀석은 아예 반대 방향으로 뛰어가서 "야, 너 어디 가니?" 소리도 들었다. 그래도 우주의 기운을 받은 홍팀이 이겼다. 이 분위기, 계속 가져갈 수 있을 것 같았다.

그리고 이어진 학부모 경기였다. 우리 엄마들의 훌라후프 실력이란! 너무 잘하셔서 웬만하면 품위를 지켜드리려고 했는데. 이어진 아빠 제기차기. 아빠들의 명예 회복전! 근데 생각보다 제기를 못 찬다! 제기차기는 나의 세대가 마지막인가? 10 대 7로 홍팀 아빠들이 이기긴 했지만, 청팀 아빠들 중 마지막 두 분의 분전도 굉장했다.

지우개 블록 게임 때. 3~4학년 녀석들이 온몸으로 지우개를 쓸어 담는데, 사회를 보는 진행자는 코어 근육(?)이 없으면 못 이긴다며 괜히 체육 이론을 늘어놓았다. 샌프란시스코 주립대학에서 4년 동안 지우개 블록 세기를 연습한 선생님이 개수를 센다는 드립도 쳤다. 28 대 27, 겨우 한 개 차이로 홍팀이 이겼을 때 청팀 아이들이 항의하러 오는 걸 "할 말 있으면 카톡으로 남겨줘."로 무마하는 센스까지.

오늘의 딱지치기는 체육학 박사 100명이 만든 경기(?)라고 했다. 물론 거짓말이다! 그냥 딱지 뒤집기인데 아이들은 진지하게 임했다. 보통 딱지와는 다르긴 하다. 특수 제작되어 공기가 들어있다는 딱지. 치면 잘 넘어간다. 팔 근력과 집중력으로 쳐서 넘기는 아이들의 모습. 청팀이 이 종목을 가져갔지만, 그래도 우리는 아직 100점 차로 앞서고 있었다.

줄다리기는 500점짜리 빅 매치였다. 전교생이 한 줄에 매달려 "하나! 둘!" 구호를 외치는데, 운동장이 떠나가는 줄 알았다. 줄다리기에서 홍팀이 2 대 0으로 이기면서 분위기는 완전히 우리 쪽으로 기울었다. 하지만 나는 알고 있었다. 진짜 승부는 마지막 계주에서 갈린다는 것을.

그리고 드디어 700점짜리 마지막 계주. 학년별로 남녀 대표선수가 한 바퀴씩, 팀별로 총 12바퀴를 도는 경기였다. 우리 반 아이들은 마지막 주자로 소령이와 서후가 대기하고 있다. 둘 다 달리기에 자신 있는 녀석들이었다.

"선생님, 이길게요!"

말은 멋있었지만 떨림 가득하던 그 당시 상황.

레이스는 팽팽했다. 청팀도 홍팀도 한 치의 양보 없이 달렸다. 하지만 마지막 주자가 잡을 쯤 홍팀이 10미터 이상 앞서 있었다. 하지만 코너를 돌던 서후가 미끄러지며 간격은 좁혀진다. 그리고 마지막 코너. 이대로 들어오면 끝난다. 우리가 이긴다. 하지만 우리 서후와 청팀 주자가 4코너에서 부딪혀 함께 넘어졌다. 그 순간, 운동장이 조용해졌다. 모두가 숨을 죽이고 지켜봤다. 엄청난 승부욕 때문에 최종 주자 2명이 부딪힌 것이다. 10여 초의 경기 중지. 뭔가 다친 것 같은 느낌. 하지만 둘은 일어났다. 그리고 두 아이는 손을 잡고 함께 결승선을 통과하는 것으로 계주 경기를 마무리 했다.

그 장면은 나름 감동적이었다. 이게 진짜 스포츠 정신이지. 이기는 것보다 더 중요한 게 있다는 걸, 아이들이 몸소 보여준 순간이었다. 결국 계주는 무승부로 결정되었다.

최종 점수 5,200 대 4,600. 홍팀의 승리였다. 하지만 진짜 승리는 숫자가 아니었다. 마지막 계주에서 손을 잡고 함께 들어온 그 아이들, 지고도 박수쳐 준 청팀 아이들, 엄마, 아빠, 할머니, 할아버지까지 모두가 하나 되어 즐긴 이 시간! 은근 스릴이 있었다. 근데 10월이 왜 이리 덥지?

10월 13일

명절 이야기 – 13가지 추석 풍경

추석이 지나고 돌아온 아이들의 얼굴을 보니, 이 녀석들이 명절을 '버티고' 왔다는 표현이 더 적절할 것 같다는 생각이 들었다.

수업 시작 전, 나는 조선시대 추석 풍습 이야기를 꺼냈다. 제자들이 추석 때 선생님의 가마를 부수던, 지금으로 치면 선생님 차를 망치로 때려 부수던 그 통쾌한(?) 전통 말이다.

"여러분, 절대 선생님 차에 손대면 안 됩니다. 부모님이 다 물어내십니다."

아이들 눈빛이 묘하게 반짝였다. 저 눈빛, 뭔가 계산하고 있는 것 같은데….

첫 발표자는 주영이었다. 광주에 다녀왔단다.

"케이블카 타고 산에 올라갔어요!"

"무슨 산?"

"…기억이 안 나요."

내일 알아온다더니 한참 뒤에 "내장산이요!" 하고 외쳤다. 그 긴 시간 동안 기억해 내느라 머리를 쥐어짜내고 있었다. 그리고 산행 중 돌탑 무너뜨린 얘기도 했는데, 누군가의 소원이 산산조각 났을 생각을 하니 미안하면서도 웃음이 났다.

가은이는 춘천과 철원을 종횡무진했다고 한다. 그리고 슬쩍 던진 한마디.

"용돈 17만 원 받았어요."

이게 바로 명절의 맛 아니겠는가.

하진이의 추석은 좀 특별했다. 롯데월드에서 오픈런을 했단다. 아침 9시 반부터 기다려서 아틀란티스를 2시간 기다려 탔다고.

"인터넷에서 만난 친구들이랑요."

잠깐, 뭐? 오픈채팅방 얘기가 나오자 나는 즉시 모드를 전환했다.

"여러분, 모르는 사람 조심하세요. 최근 초등학생 납치 사건 있었잖아요."

분위기가 싸해졌지만 할 말은 해야 한다.

현오는 할머니와 송편을 만들었다고 했다.

"먹은 게 아니라 만들었어요."

기특하다 했더니 "할머니랑 외할머니랑 같이…." 결국은 먹었겠지. 그리고 "선생님 생각했어요."라는 립 서비스까지. 고맙다, 현오야.

하윤이는 명절을 제대로 보낸 케이스다. 증조할머니 산소도 가고, 교회 소풍도 가고, 급기야 작은할아버지 칠순잔치까지.

"작은할아버지가 밑에 막내는 아니고…."

작은할아버지가 뭐예요? 옛날에는 형제가 많아서 큰할아버지와 작은할아버지의 나이 차이가 20년도 날 수 있다고 한마디를 내가 덧붙였다.

다솜이는 한숨을 내쉬며 말했다.

"외할머니 집에서 육아했어요."

13살에 명절 육아라니. 사촌 동생을 돌봤단다.

"거의 끌려갔다 왔어요."

그리고 친할머니 집에선?

"그래도 거기선 그냥 있다 왔어요."

잘 놀다 왔다는 말을 좀 과장하려 했겠지 추측하며 넘어간다. (앞에서 기술했지만 주영이가 사실 이 무렵에 산 이름은 내장산이었다고 나중에 기억해 냈다.)

소령이는 강원도 통리라는 곳에 갔단다.

"너무 시골이어서요. 산에 둘러싸여 있어요."

그런데 비가 너무 많이 와서 "진짜 아무것도 못 하고 집에만 있다가 왔어요." 명절인데 집에 갇혀 있다니. 나도 그랬는데. 이번 명절엔 비가 너무 많이 왔다.

서후는 더 극단적이었다.

"일주일 동안 집에만 있었어요."

"그럼 뭐 했어?"

"금, 토, 일에 배드민턴 쳤어요."

외할머니 집이 1분 거리라는데, 처음엔 1분을 일본이라고 잘못 알아 다들 놀랐다. 정확히 1분 거리!

도현이의 사연은 좀 안타까웠다. 5일 동안 조카가 노트북을 만졌는데, 바탕화면이 다 지워졌단다.

"휴지통도 비웠어요. 분리수거해 버렸어요."

디지털 시대의 새로운 명절 재난이다.

지훈이는 간단명료했다.

"축구하고 자고, 자고 축구하고 끝났습니다."

"그래서 오늘부터 숙제 많이 내줘야겠네요."

내 말에 지훈이의 얼굴이 일그러진다.

신은이는 진주까지 내려가서 농사일을 도왔단다.

"신은이는 힘이 쎄서 소처럼 일한 거 아니야?"

내 질문에 "허리가 아파요. 여기가 끊어질 것 같았어요!" 손으로 허리를 가리키며 진심 어린 하소연을 했다.

산이는 강원도 인제 캠핑을 갔는데, 동생 겸이랑 싸웠다고 한다.

"해먹 자리 뺏겠다고요!"

해먹이 하나밖에 없었단다.

"동생이 먹겠다고 했대요."

잠깐, 누워있는 해먹이 아니라 '**해먹**는다'의 해먹. 아이들은 말장난을 건다. 먹겠다가 차지함을 알고 그랬겠지.

모두의 추석 이야기를 듣고 나니 내 차례가 됐다.

"선생님 추석에 뭐 하셨어요?"

일본 탐험기

오늘 사회 시간의 주제는 일본이었다. 칠판에 '일본' 두 글자를 쓰고 면적 비교부터 시작했다. 우리나라(남한)가 약 10만 제곱킬로미터라면 일본은 그 3.5배쯤 된다. 인구는 5천만 대 1억 2천만으로 2.5배 차이가 나지만, 국민총생산을 1인당으로 계산하면 우리가 오히려 앞선다. 아이들은 일본과 비슷한 수준이라는 말에 뜻밖이라는 표정을 지었다.

물가 이야기도 자연스럽게 이어졌다. 예전엔 일본이 비싸다는 인식이 강했지만 요즘은 우리나라가 더 빨리 올라 일본이 상대적으로 싸게 느껴진다는 설명에 아이들이 고개를 끄덕였다. "일본이 가난해진 거예요? 아님 우리가 발전한 거예요?"라는 질문이 나오자, 나는 한국, 일본 한쪽만 그런 건 아니고 일본은 느리게 성장했고, 한국은 그보다는 빨리 성장해서 그런 게 아닐까 했다.

교과서의 기초 정보도 함께 짚었다. 일본은 네 개의 큰 섬과 수천 개의 작은 섬으로 이루어진 나라이고, 비와 눈이 많으며 태풍과 지진이 잦은 지역적 특징을 지닌다. 그런데 이런 사실만 나열하면 아이들이 금방 잊을 것 같았다. 그래서 자연스럽게 네 개의 핵심 섬 이름을 외우는 활동으로 넘어갔다.

아이들은 혼슈·규슈·시코쿠는 곧잘 따라 했지만, 이상하게도 홋카이도에서만 걸음을 멈췄다. 발음이 낯설어서인지, 느낌이 잘 잡히지 않아서인지, 여럿이 동시에 "어… 뭐였죠?" 하며 머리를 긁적이는 장면이 묘하게 웃겼다.

지형 이야기는 중국과 비교하니 아이들이 훨씬 쉽게 이해했다. 중국은 동쪽의 넓은 평야에 인구가 집중되어 있지만, 일본은 바다를 빼면 거의 전부가 산지라는 점을 짚어 주었다. 그러자 자연스럽게 생활 모습으로 이야기가 이어졌다. 산지가 많다 보니 곰이 마을 가까이까지 내려오는 사고가 잦고, 어떤 지역에서는 집 앞에 나타나는 경우도 있다는 말에 아이들이 눈을 동그랗게 뜨며 놀랐다.

지진이 자주 나는 이유도 덧붙였다. 일본이 여러 지각판이 만나는 경계에 자리 잡은 나라라서, 땅이 민감하게 움직일 수밖에 없다는 지형적 특성 때문이라고 설명하니 아이들 표정이 조금 더 진지해졌다.

이 지점에서 2011년 동일본 대지진 이야기를 자연스럽게 꺼내며 후쿠시마 원전 사고로 연결했다. 당시 어떤 규모의 지진이었는지, 그로 인해 원전이 어떻게 손상되었는지 간단히 구조를 설명하고, 폭발 이후 지금까지 이어지는 오염수 처리 문제까지 짚어 주었다. 설명이 이어지자 교실 분위기가 조금 무거워졌고, "선생님, 그게 아직도 안 끝났어요?"라는 반응이 여기저기서 나왔다.

생각해 보면 이 아이들은 2013년생이라 그 모든 일이 자신들이 태어나기 전의 일이다. 그래서 복잡한 과학적 원리보다, '왜 문제가 이렇게 오래가는지', '왜 몇 년이 지나도 해결이 쉽지 않은지'를 이해시키는 데 집중했다. 문제의 규모가 크고, 자연과 기술이 얽힌 장기적인 과제라는 점을 아이들 눈높이에 맞춰 풀어 주니, 고개를 끄덕이며 조금씩 감을 잡는 모습이 보였다.

이어서 일본의 성과 역사로 주제를 옮겼다. 히메지성의 복원 과정, 깊은 해자, 그리고 임진왜란을 일으킨 히데요시의 흔적을 소개했다. 일본 전국시대를 대표하는 세 인물 — 오다 노부나가, 도요토미 히데요시, 도쿠가와 이에야스 — 의 흐름도 간단히 정리했다. 특히 오사카성의 함락 과정에서 벌어진 '해자 메우기' 일화는 아이들의 상상력을 자극했다.

화면은 자연스럽게 아까 그렇게 이름을 못 외우던 홋카이도의 눈 축제 영상으로 넘어갔다. 새하얀 조각들이 줄지어 서 있는 장면이 펼쳐지자 아이들은 "저게 다 눈이라고요?"라며 다시 집중하기 시작했다. 이어 원숭이 온천 영상이 재생되는 순간 교실 분위기는 순식간에 가벼워졌다. 눈 속에서 따뜻한 물에 몸을 담근 원숭이들이 감탄하듯 눈을 반쯤 감고 있는 모습에 아이들은 참지 못하고 웃음을 터뜨렸다. 덕분에 일본의 겨울이 얼마나 길고 혹독한지, 그 기후가 생활 모습에 어떤 영향을 주는지 자연스럽게 이어 설명할 수 있었다.

마지막 주제는 역시 스시였다. 원래는 서민들이 먹던 음식이었지만, 브랜드 전략과 시장 변화로 지금은 고급 음식이 되었다는 사실을 이야기하자 아이들은 "에이, 진짜요?"라는 표정으로 서로를 바라봤다. 영상 속 스시 가격이 등장하자 반응은 더 솔직했다. "이걸 왜 먹어요?", "한 접시에 저렇게 비싸요?" 같은 현실적인 감상이 여기저기에서 터져 나왔다.

공정무역 해야 할까?

오늘 수업의 주제는 공정무역이었다. 교과서 만화 속 "가난이 내 잘못인가요?"라는 대사가 등장하자 교실의 분위기가 금세 달라졌다. 하루 종일 축구공을 꿰매고도 몇천 원밖에 받지 못하는 아이들의 현실은 아이들에게 큰 충격이었다. 말이 필요 없을 만큼 조용해졌다.

나는 신분 제도 이야기를 꺼냈다. 조선시대에는 태어나는 순간 신분이 정해졌지만, 자본주의는 돈이 사실상의 신분이 되고 있다고 설명했다. 돈을 많이 가진 사람은 더 많은 기회를 얻고, 없는 사람은 계속 부족한 상태에 머무는 구조라는 이야기에 아이들이 천천히 고개를 끄덕였다. 은행 이자가 굴러다니는 방식도 간단히 설명하자, 숫자 하나가 사람의 삶을 결정하는 구조가 조금은 실감나는 듯했다.

이어서 마트에 놓인 만 원짜리 축구공을 예로 들었다. 그 공을 만든 사람들은 대부분 아이들이었고, 한때는 하루 종일 일해도 300원밖에 받지 못했다는 사실을 알려주자 아이들의 표정이 단단해졌다. 초콜릿이나 커피도 마찬가지였다. 천 원짜리 초콜릿의 원가가 60원이고, 4천 원짜리 커피 원둣값이 300원이라는 설명은 아이들에게 생각보다 큰 충격이었다.

영상(10년 전 영상이긴 하지만)을 재생하자, 낡은 화면 속 아이들이 작은 가죽 오각형을 하나하나 손으로 꿰매고 있었다. 축구공 하나를 완성하려면 1,620번 바늘을 찔러야 한다는 설명이 나오자 아이들은 동시에 숨을 삼켰다. 이어서 '이 아이들은 축구공을 만들기만 했지, 정작 차본 적은 없다'는 자막이 뜨자 교실의 공기는 한층 더 무거워졌다.

이어서 설명되는 수치는 당시 통계였다. 전 세계 축구공의 70%가 인도와 파키스탄에서 만들어지고, 그 지역의 많은 아이들이 학교에 가지 못한 채 하루 대부분을 공장에서 보냈다는 것이다. 아이들은 처음 듣는 현실에 놀람과 씁쓸함을 동시에 드러냈다. 같은 또래지만 살아가는 하루가 이렇게 다를 수 있다는 사실이, 화면 너머의 먼 이야기처럼 느껴지지 않는 순간이었다.

나는 질문을 던졌다.

"그렇다면 이 아이들에게 정당한 값을 주면 해결될까?"

초콜릿 원가를 열 배로 올리면 제품 가격도 자연스럽게 올라간다는 계산을 보여주자 아이들은 금세 이해했다. 더 주는 것이 맞다는 마음과, 가격이 오르면 불편해진다는 현실 사이에서 조용한 고민이 흐르는 순간이었다.

"바로 이 모순 때문에 공정무역에는 정답이 없다."

"여러분보다 어린 아이들이 만든 축구공을 차면서, 우리가 즐거워도 되는 걸까?"

순간 교실이 잠잠해졌고, 아이들은 자연스럽게 고개를 숙였다. 대답하기 어려운 질문이라는 걸 알면서도, 그 무게를 그대로 느끼는 표정이었다. 나는 그 침묵을 지켜본 뒤 천천히 말을 이었다. 한국에서 학교에 다니고, 친구들과 뛰어놀고, 하루 세 끼를 당연하게 먹을 수 있다는 것 자체가 얼마나 큰 행운인지 다시 한번 짚어 주었다.

우리는 프로빵을 배웠다

오늘 체육 수업의 첫 장면은 조금 뜻밖이었다. 선생님이 갑자기 "손바닥은 위에서, 박수 준비!"라고 외치자 아이들은 상황 파악도 못 한 채 동작을 그대로 따라 했다. 이어 들려온 "동작이 잘 안되면 곱하기 2 간다."라는 말은 의미는 알 수 없었지만, 한 가지는 분명했다. 걸리면 큰일 난다는 것.

준비운동에서는 더 혼란스러웠다.

"이건 8번 해야 한 번이다. 제대로 한 번만 하면 끝난다."

정확히 어떤 계산인지 끝내 아무도 이해하지 못했지만, 아이들은 힘을 모아 숫자를 외치며 동작을 수행했다. "내 몸을 부수는 거냐…."라는 작은 투덜거림이 흘렀지만, 선생님은 "목소리 크게, 동작 정확하게!"만 반복했다.

팀 나누기는 예상대로 가위바위보였고, 가위바위보 중간에 "맛살 드세요!"라는 정체불명의 구호까지 나오며 빨강 팀과 파랑 팀이 꾸려졌다. 규칙 설명이 이어졌고, 그중 단 하나의 문장이 오늘 수업의 분위기를 압축했다.

"게임은 게임일 뿐이지만, 끝까지 최선을 다한다."

말은 약간 이상했지만, 듣고 보니 잘 맞는 말이었다.

선생님은 자신의 어린 시절 이야기를 덧붙였다. 테니스공을 축구공처럼 쓰고, 돌과 벽을 골대로 삼아 놀던 시절. 그 감성을 살려 오늘은 작은 공과 작은 골대, 큰 공과 큰 골대 두 단계로 수업을 운영한단다. 이름도 '프로빵'. 제주(체육선생님의 고향)에서 100원을 걸고 하던 동네 축구에서 따왔다며 "프로페셔널한 빵"이라는 농담까지 더하자 체육관에 다시 웃음이 번졌다.

경기는 작은 공으로 시작됐다. 하지만 작은 공은 아이들의 발보다 더 자유롭게 움직였고, 튈 곳으로 튀며 모두를 배신했다. 유일하게 골문을 위협한 건 도현이의 힘 있는 슛 정도였지만, 결국 첫 라운드는 무득점으로 끝났다.

큰 공이 등장하면서 경기 양상은 달라졌다. 축구선수급 실력의 서후와 지훈이가 살아났고, 중거리 슛이 한두 번씩 터지자 체육관에는 "심장 떨린다!"라는 외침까지 나왔다. 까마귀 권법처럼 팔을 흔들며 몸싸움이 벌어지는 장면도 등장했다.

양 팀 골문에서는 산이와 신은이가 벽처럼 버텼다. 하윤이와 가은이의 2점 슛은 각도가 날카로웠지만 아쉽게 골대를 스쳐 지나갔다. 하윤이의 슛이 산이와 지훈이를 연달아 맞고 굴절되는 장면도 있었지만 아쉽게 득점으로 이어지진 않았다. 지훈이의 단독 돌파는 결정적이었으나, 힘이 너무 실려 골문을 지나쳐갔다.

팽팽하던 흐름은 소령이의 첫 골로 깨졌다. 이어 지훈이가 추가 골을 넣으며 점수 차는 벌어졌다. 한 아이의 거친 태클은 곧바로 선생님의 지적을 받았다. 잠시 흐트러졌던 경기는 산이의 골로 다시 크게 기울었다. 빨강 팀이 3골 연속이다.

하지만 오늘의 진짜 명장면은 주영이에게서 나왔다. 강슛을 시도하다 신발까지 함께 날아가 버린 것이다. 공보다 신발이 더 멀리 날아간 순간, 체육관은 그야말로 폭발했다. 누군가는 엉덩이로 공을 막는 전략을 시도했고, 누군가는 뒤로 미끄러지면서도 공을 따라갔다. 혼돈과 웃음이 동시에 굴러다녔다.

후반에는 파랑 팀 서후가 프리킥으로 1점을 만회했지만, 분위기를 뒤집기엔 부족했다. 최종 스코어 4 대 1, 빨강 팀의 승리였다.

그런데 오늘의 MVP는 골을 넣은 아이도, 멋진 선방을 보여준 아이도 아니었다. 경기 후반부터 끝까지 잃어버린 신발 한 짝을 찾으며 체육관을 헤매던 주영이였다. 그 신발은 오늘 체육 시간의 성격을 상징하는 작은 장면이었다. 어수선했지만 즐겁고, 이겼든 졌든 마음껏 뛸 수 있었던 시간. 그게 바로 '프로빵'의 정신이었다.

10월 14일

내가 때린 게 아니라 DNA가 때렸다?

추석이 지나고 어느덧 시간이 흘렀다. 아이들은 『이기적 유전자』 첫 수업의 내용을 거의 잊은 듯 보였다. 이건 당연하지?! 나는 요약본을 나눠주며 말했다.

"이건 복습이 아니라 처음 학습하는 시간이다!"

첫 이야기는 강렬했다. '지구의 진짜 주인은 사람도, 동물도 아닌 유전자'라는 문장이 화면에 크게 보였다.

"우리가 스스로 선택한다고 믿지만 사실은 유전자가 우리를 움직이게 한 대."

설명이 끝나기도 전에 누군가는 "그럼 제가 아침마다 늦는 것도 유전자 때문이에요?"라고 농담을 던졌고, 교실은 금세 웃음으로 풀렸다.

생명의 기원으로 넘어가자 분위기가 달라졌다. 오래전 과학자가 물, 메탄, 암모니아 같은 기체를 섞어 전기 충격을 주자 단백질이 생겼다는 실험을 들려주자 아이들은 탄성을 내질렀다. 이어서 DNA 이야기를 꺼내자 집중도는 한층 높아졌다. 네 개의 염기(A·G·T·C)가 모든 생명체의 설계도를 만든다는 말을 하며 "다솜이와 하윤이의 DNA도 몇 퍼센트밖에 차이가 안 나."라고 하자 아이들이 신기하다는 듯 서로를 바라봤다. 말티즈와 시베리안 허스키가 유전자 하나 차이라는 말에서는 진짜로 교실 전체가 술렁였다. 그 둘은 다른 친구 아니야? 아니야, 같은 개잖아.

본격적으로 '유전자가 시키는 행동들' 이야기를 꺼냈을 때는 분위기가 절묘하게 바뀌었다.

"토끼가 빨리 뛰는 건 훈련 때문이 아니라 잡히면 잡아먹히기 때문에 살아남아야 한다는 유전자의 설계 때문이고, 엄마가 자식을 돌보는 것도 같은 집에 사는 사람의 감정만은 아니라 엄마의 절반을 가져간 자식의 유전자 명령이라는 거야."

나는 가족 관계도를 그려가며 설명을 이어갔다.

“자식은 내 유전자의 절반, 조카는 그보다 적고, 낯선 사람은 거의 0과 가까워.”
그러다 질문이 나왔다.
“그럼 할머니가 엄마보다 저를 더 좋아하는 건 뭐예요?”
음… 이게 참 설명이 잘 안된다.
형제 경쟁 이야기를 들려주며 “새끼 새가 형제를 둥지 밖으로 밀어내는 것도 생존 전략 때문”이라고 하자, 산이가 조심스럽게 물었다.
“그럼 저도 동생한테 간식 안 나눠줘도 되는 거예요?”
나는 급히 손사래를 치며 말했다.
“노노노. 사람에겐 밈이 있어서 달라.”
그렇게 수업이 끝나고 잠시 후, 교실 뒤편에서 소란이 들렸다.
“야! 내 자리야!”
“그건 내가 한 게 아니라 내 유전자가 시킨 거야!”
나는 고개를 번쩍 들었다.
“내가 널 밀친 건 유전자가 생존하려고 그런 거야!”
“좋아! 그럼 나도 내 유전자의 명령을 따른다!”
아이들은 서로 밀고 당기며, 유전자 탓을 하며, 방금 배운 내용을 곧바로 ‘실습’하고 있었다. 가은이는 간식을 보이며 “유전자가 에너지를 확보하래요.”라고 했고, 신은이는 줄을 서라는 말에도 “생존 기계는 효율적으로 움직여야죠.”라고 말하고 있었다.
“선생님, 저희 유전자가 시켰어요. 이제 이게 우리 반의 밈이에요.”
나는 급히 반박했다.
“아니야, 밈은 그런 게 아니야. 밈은 유전자를 넘어서 만든 정신적 가치라고 했잖아.”
그 말이 끝나기가 무섭게 하진이가 조용히 말했다.
“근데 경쟁도 밈이라고 볼 수 있지 않나요?”
아이들의 표정엔 장난과 진심이 뒤섞여 있었다. 나는 마지막으로 힘을 내어 말했다.
“선생님이 화내는 건 유전자가 아니라 밈 때문이야. 교사로서 너희를 아끼는 마음, 그게 내 밈이야.”

비냐, 비율이냐, 비례식이냐

수학 시간의 주제는 비, 비율, 비례식이었다. "비와 비율의 차이를 아는 사람?"이라는 질문에 다솜이가 먼저 말했다.

"비는 비교, 비율은 수로 표현한 거예요!"

출발은 아주 좋았다. 하지만 곧바로 세 개념이 뒤섞이기 시작했다. 비의 성질, 비례식의 성질, 비율이 마치 카드 셔플처럼 교실 안을 헤맸다.

한참 설명하던 중, 하윤이가 "비례식의 성질은 내항의 곱은 외항의 곱과 같다!"라고 외쳤다. 순간 교실에 희망이 비쳤다. 하지만 문제를 풀자마자 한 녀석이 "전항에다 4 곱해서 20이요!"라고 답해 다시 혼란 속으로 빠져들었다.

"그건 비의 성질이지, 지금 우리는 비례식의 성질을 사용하고 있어!"

아이들은 세 개념을 서로 바꿔 끼워 쓰며 난항을 거듭했다. 결국 나는 정리했다.

"그냥 외워."

'비율'로 넘어갔을 때는 혼란이 절정에 다다랐다.

"4 대 5 = 4/5, 16 대 □ = 16/□, 이 둘의 비율이 같으면?"

나는 다시 질문을 던졌다. 한참을 망설이던 신은이가 조용히 말했다.

"5분의 4 = □의 16… 네모는 20."

"신은이는 비례식 스타일~"

이어서 분수의 '평행우주(?)' 개념을 꺼냈다.

"8분의 8은 결과만 보면 분명히 1이죠. 그런데 실제 상황을 들여다보면 두 가지 우주가 열려요. 사과 하나를 여덟 조각 내서 그걸 전부 먹은 경우, 그리고 사과 여덟 판을 여덟 명이 나눠 한 판씩 먹는 경우. 값은 똑같이 1이지만, 안에서 벌어지는 이야기는 완전히 다르죠. 그래서 8분의 8을 그냥 '1'이라고만 보면 안 돼요. 그 안의 세계를 같이 봐야 해요."

3분의 2도 같은 방식으로 설명했다.

"사과 하나를 세 조각으로 나눠 그중 두 조각을 먹는 것도 3분의 2, 사과 두 개를 세 명이 나눠서 한 사람당 3분의 2개씩 먹는 것도 3분의 2예요. 결국 분수는 '어떻게 받아들이느냐', 더 정확히 말하면 '어떻게 머릿속에서 그려보느냐'에 따라 전혀 다른 상황이 펼쳐지는 거죠."

아이들이 고개를 끄덕이는 걸 보며, 분수 개념을 다시 한번 차근차근 정리해야겠다는 생각이 들었다.

마지막으로 과제를 냈다. "4:5 = 16:□. 이걸 세 가지 방법으로 풀기. 그리고 3분의 2를 두 가지 시각으로 설명하기. 칠판 안 보고, 각자 연습장에! 말로 다른 사람에게 설명해 줄 수 있을 정도로."

오늘의 결론은 따로 적을 필요도 없었다.

비는 비교, 비례식은 균형, 비율은 통찰. 그리고 분수는 때론 우주다.

10월 15일

분수의 개념 정리 + 수학 영어단어

오늘 수학 시간에는 분수의 개념에 대해 설명을 해주었다. 비와 비율이 결국 이 분수라는 녀석과 연결되기에. 오늘의 주인공은 4분의 2. 이유는 간단하다. 얘는 착하다. "저 사실 2분의 1이에요~" 하며 천진하게 웃는 타입이니까. 오늘은 4분의 2의 네 가지 삶, 즉 하나의 분수가 네 가지 세계를 동시에 살아가는 이야기를 들려주고 공부했다.

첫 번째는 Whole-Part, 전체와 부분의 세계다.

"Whole은 구멍(hole)이 아니라 전체예요."

내가 칠판에 썼다. 피자 한 판을 네 조각 내서 두 조각 먹으면 4분의 2. 간단하고 직관적이다. 그런데 ○○가 멍하니 딴 짓을 하길래 나는 한마디 했다.

"○○야, 첫판부터 놓치기 없기!"

아이들이 웃었다.

두 번째는 Quotient, 몫이다.

"4분의 2를… 2 나누기 4로 바꿔보면, 2개를 4명이 나눠 먹는 몫인 거예요. 그러면 한 사람당 2분의 1의 몫을 가지게 되고."

분수는 나눗셈의 또 다른 얼굴이다. 그리고 이건 정말 식과 수를 이어지는 멋진 개념임을 설명했다. 이제 조금씩 분수의 감이 오는 눈치였다.

세 번째는 Quantity, 양이다.

"양을 나타낼 때 말, Quantity!"

내가 말했다.

"콜라가 10리터 있는데 4분의 2를 마셨다? 그럼 5리터를 마신 거죠?"

아이들이 갑자기 현실감을 느끼며 웅성거렸다.

"선생님, 그럼 사과 8개의 4분의 2는요?"

“그건 4개지!”

그때부터 교실은 콜라, 사과, 연필, 짜장면, 심지어 물 1리터를 절반으로 나누는 혼돈 상태로 빠져들었다.

마지막은 Ratio, 비율의 세계다.

“우리 팀이 2골 넣고 상대가 4골 넣었어요. 그럼 2 대 4, 분수로는 4분의 2. 왜 뒤에 있는 4가 분모일까요?”

아이들이 조용히 나를 바라봤다.

“우리가 졌잖아요. 절반밖에 못 했으니요.”

아이들이 웃는다.

“그럼 시험에서 20문제 중에 19개 맞으면요?”

“그건 20분의 19, 점수로는 95점!”

이제 아이들은 종이를 꺼내 4분의 2를 네 가지로 표현하기 시작했다. 처음엔 피자를 색칠하며 여유로웠지만, Quotient에 이르자 분위기가 삐걱댔다.

“선생님, 2 나누기 4는 그림으로 어떻게 해요?”

“그냥 사과 두 개 그리고 네 명 나눠 가지면 되잖아!”

설명 대상물이 서로 달라 교실이 점점 시끌시끌해졌다.

Quantity 단계에서는 아예 혼란의 절정이었다.

“물 1리터의 4분의 2는… 잠깐만요, 계산기 써도 돼요?”

“물 1리터의 절반을 묻는 문젠데?”

답답하다.

Ratio는 거의 전쟁이었다.

“2 대 4니까 2분의 4죠?”

“아니야, 4분의 2야!”

“왜요?”

“뒤에 있는 게 분모라니까!”

“근데 왜 뒤에 있는 게 분모예요?”

그냥 외우는 게 낫겠다.

그때 한 아이가 자기 종이를 가만히 보더니 나에게 와서 조용히 말했다.

"선생님, 근데 이거 다 똑같은 4분의 2잖아요?"

나는 웃었다.

"그렇지. 다 똑같은 숫자인데, 생각하는 방식이 다르다는 게 핵심이야."

그 아이는 "아…." 하며 고개를 끄덕였지만, 눈빛에는 여전히 '이해는 했는데 뭔가 이상한데…'라는 표정이 섞여 있었다.

4분의 2는 단순한 숫자가 아니다. 그건 Whole-Part, Quotient, Quantity, Ratio — 네 가지 세계를 동시에 살아가는, 아주 바쁜 분수다.

10월 16일

2,500년 전 국수 화석에서 시작된 이야기

창체 시간에 〈누들로드〉 다큐멘터리를 함께 보며 세계 여러 나라에 대해 알아보았다. 교과서 속 아시아의 국수 이야기를 넘어, 진짜 '면의 세계사'를 보여주고 싶었기 때문이다. 처음엔 아이들 표정이 심드렁했지만, 영상이 시작되자 분위기가 달라졌다.

첫 장면은 중국 사막 한가운데서 발굴된 2,500년 전 국수 화석이었다. 바삭하게 말라붙은 그 면발이 그대로 보존된 모습이었다. 아이들이 일제히 탄성을 질렀다.

"저거 지렁이 아니에요?"

나는 웃으며 말했다.

"2,500년 살아남은 지렁이면… 그건 거의 신이지."

"저 면은 진짜로 고대 사람들이 만들어 먹던 거예요. 지금 우리가 먹는 국수의 조상이라고 보면 됩니다."

장면은 곧 이탈리아로 넘어갔다. 파스타의 고향 시칠리아 사람들은 1년에 1인당 무려 44킬로그램의 파스타를 먹는다고 한다. 그러자 아이들이 서로를 보며 말했다.

"1인당 44킬로그램이면… 어느 정도 양이지? 우리도 라면 그 정도 먹지 않나요?"

다큐멘터리는 본격적으로 '면이 어떻게 탄생했는가'로 넘어갔다. 한 학자가 "양손으로 비벼서 면을 만들었다."라고 설명하자 하윤이가 말했다.

"그거 클레이잖아요?"

다솜이도 거들었다.

"그럼 우리도 만들 수 있겠는데요?"

나는 급히 손을 저었다.

"2,500년 전 방식이니까 지금 하면 안 돼요. 6학년이 교실에서 밀가루를 손으로 반죽하고 창가에 그 면을 말리면 뉴스거리?"

교실이 또 한 번 웃음바다가 됐다.

영상의 수타면 장인이 면을 뽑는 장면은 거의 예술이었다. 두 가닥이 네 가닥이 되고, 여덟 가닥이 되고… 순식간에 1만 6천 가닥으로 늘어났다.

“저걸 어떻게 다 세요?”

“안 세요. 두 배씩 늘어나니까…. 이건 수학이에요. 한 줄에서 계속 2를 곱하는 거죠.”

수학이라는 단어가 나오자 아이들이 갑자기 고개를 들었다. 먹는 이야기보다 수학이 더 재미있어 보였던 건 처음이었다. 진짜 2를 거듭 곱해보는 녀석도 있다.

알칼리성 물 이야기도 흥미로웠다.

“중국 북서쪽은 물이 알칼리성이에요. 그래서 면이 쫄깃해요. 옛날에 알칼리성 물에 반죽을 계속 만지다 보니 손톱이 다 빠지기도 했데요.”

“장갑 끼면 되잖아요!”

“그럼 면을 치는 감이 안 와요. 장갑 끼고 면도 잘 못 뽑아요. 지훈이가 시험 볼 때 장갑 끼고 연필 잡는 거 상상해 봐요.”

수업을 마무리한다.

“여러분, 국수 한 그릇에도 역사가 들어 있어요. 2,500년 동안 이어진 우리보다 먼저 산 사람들의 이야기들.”

아이들은 고개를 끄덕이며 영상을 흥미롭게 떠올리고 있었다.

“오늘 그럼 편의점에서 라면 하나 먹고 집에 갈게요.”

그래. 그것도 역사라면 역사가 될 수 있겠지.

그랜드캐니언에서 알래스카까지

사회 시간에는 미국을 주제로 수업을 진행했다. 미국의 면적은 우리나라의 100배지만 인구는 3억 3천만 명 정도다. 나는 “나라가 100배 크면 사람도 100배 많아야 하는 거 아니에요?”라는 질문에 “땅은 넓지만 사람이 그렇게 많지는 않고 비어 있는 곳도 있다.”라며 설명했다. 인구밀도로 설명하려다 그러면 또 다른 길로 샐 것 같아 망설여졌다.

케네디 우주센터 이야기가 나오자 교실 분위기가 단번에 달아올랐다. 아폴로 11호가 단 3일 만에 달에 도착했다는 말에 아이들이 눈을 반짝였다. 우주센터인지라 우주로 로켓을 쏘다 폭발 사고도 있었다고 조심스레 덧붙였다. 로켓이 터지면 안에 탄 사람도 무사할 수 없다는 말에 교실이 잠시 조용해졌다. 그러나 "아폴로는 열한 번째 발사에서 결국 인간을 달에 보내는데 성공했다."라는 이야기와 함께 "내년쯤에 다시 우주인을 달에 보낼 예정이라는데…." 옛날에 달에 다녀온 우주인들의 배설물 이야기를 소개했다. 이번에 달에 가면 그때 남겨 놓은 배설물 속 미생물이 살아있는지 확인하러 간다니 전혀 믿지 않는다. 그 응가속의 미생물이 지금까지 살아있으면 엄청난 과학적 발견일 텐데.

영상은 곧 미국 농업으로 이어졌다. 끝없이 펼쳐진 옥수수밭을 본 아이들은 그 규모에 먼저 놀랐다. 나는 "저 옥수수는 대부분 소 먹이용"이라고 설명했다. 풀만 먹인 소는 특유의 냄새가 나서 제대로 먹기 어렵기 때문에, 옥수수 사료를 먹인 소를 주로 먹는다고 덧붙였다. 그리고 성장 속도의 문제도 이야기 했다. 평소 고기를 좋아하는 아이들은 이 대목에서 호기심을 보였다.

"그래서 우리가 먹는 소고기가 그렇게 부드러운 거예요?"

"근데 등급 낮은 것은 질긴데요?"

비슷한 표정들이 교실에 퍼졌다.

이어진 장면은 그랜드캐니언이었다. 600만 년 동안 물이 바위를 깎아 만든 거대한 협곡이었다. 협곡의 깊이가 제법인지라 "사진 찍으러 끝까지 갔다가 사고를 당하는 사람도 많다."라고 설명했다. 이 협곡이 서울에서 부산까지의 길이와 비슷하다는 말이 나오자 아이들은 상상이 되지 않는다는 듯 한동안 말이 없었다. 눈앞의 영상이 인공지능이 만든 가상이 아니라 실제라는 사실이 실감 나지 않았던 모양이다.

오늘의 하이라이트는 단연 알래스카였다.

"이곳 주민들은 매달 100만 원 정도를 그냥 받아요."

이 말에 교실은 순식간에 술렁였다. 아이들의 눈빛이 완전히 달라졌다. 나는 그 이유를 바로 설명했다.

"외지인은 못 받고, 원래 살던 사람들만 받아요. 알래스카에서 석유가 나오면서 그 수익금 일부를 주민들에게 나눠주는 거래요."

그 말에도 아이들은 가능성을 포기하지 않았다.

"우리는 결국 못 받네요."

4인 가족이면 얼마인지 계산하는 아이, 따뜻한 패딩 한 벌로 가서 알래스카에서 버틸 수 있는지 궁금해하는 아이, '정말 매달 100만 원 받을 방법은 없느냐'며 진지하게 묻는 아이까지 있었다.

나는 알래스카가 원래 러시아 땅이었다는 역사 이야기를 이어갔다. 러시아는 720만 달러를 받고 알래스카를 미국에 넘겼다. 러시아는 얼음덩어리라 가치가 없다고 판단했기 때문이다. 그런데 뒤늦게 금과 석유가 대량으로 매장돼 있었다는 사실이 알려지자 아이들은 '빙하밖에 없다'고 생각했던 자신들의 상상을 재정비하는 표정이었다. 본인이 알래스카를 사면 안 되냐고 반문하는 아이도 있다. 근데 이보슈. 720만 달러는 있슈?

수업의 마지막은 이누이트족이었다.

"지금은 이글루를 짓지 않아요. 와이파이 터지는 집에서 삽니다. 일부 이글루에 사는 이누이트족도 있겠지만, 요즘의 이글루는 우리가 캠핑 가듯이 그들이 사용하는 집이에요."

이누이트의 현대식 생활이 낯설었던지, 아이들은 조용히 감탄했다. 일도 많지 않고, 매달 기본소득을 받으며 지내는 사람들의 삶은 아이들에게 꽤 이국적이었다.

수업이 끝난 뒤 복도로 나와 보니 아이들의 대화가 흘러나왔다.

"알래스카 가려면 영어 공부해야 되나?"

"추운 거랑 100만 원 중에 뭐가 더 나을까?"

침방울 비례 배분과 선생님의 머리카락 문제

아침 시간.

"4분의 3 곱하기 2분의 1이 뭘까?"

아이들은 대수롭지 않다는 표정이었지만, 그 자신감은 오래가지 않았다. 누군가가 태연하게 "1과 2분의 1이요."라고 말하는 순간, 나의 마음속에서 조용한 비명이 터졌다. 사과가 4분의 3밖에 없는데 어떻게 1을 넘어간단 말인가. 마치 내가 도깨비방망이라도 들고 사과를 불러낸 사람처럼 되어 버렸다. 5학년 때 배웠어야 할 분수의 곱셈 개념이 흔적도 없이 사라져 있었다. 난 아이들에게 협박인지 예고인지 모를 말을 던졌다.

"내일 소방 대피 훈련 때 운동장에서 물어볼 거야."

결국 분수의 네 가지 의미를 다시 꺼내 들었다. 부분과 전체, 몫, 양, 비율. 복습 과정. 다시 다시 가르쳐야 한다. 일단 축구 시간을 빌려 비유를 꺼냈다.

"축구 경기 90분의 4분의 3은 몇 분일까?"

그러자 아이들은 잠시 침묵했다. 내가 "90분을 4등분하면 22분 30초씩이고, 세 칸이면 67분 30초."라고 정리해 주자 아이들의 표정은 더 굳어졌다. 이건 단순한 산수 실수 문제가 아니었다. 양을 나누는 감각 자체가 어딘가로 사라져 있었다. 물론 몇몇 아이들은 금방 계산은 했지만.

마지막으로 나는 조금 장난스러운 문제를 냈다. "쌤 머리카락이 30만 개인데 검은 머리가 2, 흰 머리가 1이면 흰 머리카락은 몇 개일까?" 아이들은 망설임 없이 "10만 개요!"라고 답했다. 이렇게 쉬운 비례배분을 왜 그리 어려워하지? 그러자 뒤쪽에서 "그렇게 많을 수 없어요. 그건 선생님 희망 사항이죠!"라는 말이 들렸고, 교실 전체가 웃음으로 흔들렸다. 이어 침방울 비례 배분 문제를 던지자 이번엔 더 빨리 정확한 답이 나왔다. 수업 시간에 내가 말할 때 아이들은 침이 너무 많이 튄다며 지적하기에 즉흥적으로 문제를 내었다. 내 침방울이 100개 튀었는데… 맨 앞자리 학생에게 8, 그 옆자리 학생에게 2가 튀었다면.

"그럼 전 100개 중 2 대 8이면 20개가 맞았네요! 기분은 별로네요."

드디어 하나는 맞았다.

수업이 마무리될 무렵, 나는 분수 개념이 여전히 부족한 몇몇 아이들을 따로 불러 조용히 말했다. 비례 배분은 단순히 수학 공식에 그치는 것이 아니라 생활 속에서도 중요한 개념이라고, 김장할 때 소금 비율 맞추는 것부터 요리, 쇼핑, 시간 관리까지 모두 이 원리로 움직인다고 설명했다. 아이들은 고개를 끄덕였지만, 여전히 자신 없는 표정이었다.

다르면 불편한 게 아니라, 다른 방식의 세계일 뿐

내일 있을 장애이해교육을 앞두고 사전 학습 시간을 가졌다. 나는 아이들에게 올리버 색스의 『아내를 모자로 착각한 남자』를 소개했다. 제목부터 이상했는지 아이들 얼굴에 물음표가 떠올랐지만, 실화라 하자 분위기가 곧 진지해졌다. 단순한 의학 보고서가 아니라 '사람의 존엄'을 다룬 기록이라는 설명을 덧붙이자 아이들의 시선이 조금 더 깊어졌다.

책 이야기에 들어가기 전, 나는 오래된 친구 이야기를 꺼냈다. 초등학교 4학년 때, 그 친구는 레고를 전혀 맞추지 못했다. 네 칸짜리에 두 칸짜리를 붙이는 단순한 조립도 삐뚤빼뚤했다. 그때 나는 장난삼아 "너 진짜 못한다."라고 놀렸지만, 그 친구는 지금 정형외과 의사다. 레고도 못 맞추던 아이가 결국 '뼈 맞추는 전문가'가 된 셈이었다. 나는 덧붙였다.

"해보면 되는 게 인생이다. 처음에는 안 맞아도, 하다 보면 맞아진다."

책 이야기로 넘어간다. 첫 번째 에피소드는 제목 그대로, '아내를 모자로 착각한 남자'였다. 시각으로는 보이지만 그것이 무엇인지 인식하지 못하는 증상. 그런데도 그는 자신이 좋아하는 음악을 중심으로 삶을 새롭게 구성하며 행복하게 살았다. 아이들은 처음엔 "그게 가능해요? 안 보이는데?" 하다가 이내 고개를 끄덕였다.

"틀린 삶이 아니라, 다른 방식의 삶이다."

이 문장이 아이들에게도 전달되는 듯했다.

두 번째 이야기는 몸의 감각을 완전히 잃은 여자였다. 손이 어디 있는지도 모르고, 걸으면 바로 쓰러지는…. 그럼에도 그녀는 포기하지 않았고, 거울로 자신의 몸을 직접 보며 다시 걷는 법을 배웠다. 그러다 나는 문득 예전에 우리 반에서 통합수업을 듣던 휠체어를 타던 학생이 떠올랐다. 그 친구와 함께하기 위해 '모두 걸어서 축구하기'라는 규칙을 만든 날, 몇몇 아이들은 "그걸 축구라고 할 수 있어요?"라며 불만을 드러냈었다. 그때 나는 그 아이들에게 되물었다.

"그럼 분수 곱셈이 헷갈리는 너에게 누가 '그건 공부 아니야'라고 하면 어떨까?"

그제야 아이들은 조용해졌다. 그 친구에게는 그날의 경기가 첫 번째 축구 경기였다는데. 내가 이 사례를 소개한 이유를 알까?

어제 체육 시간에 있었던 장면도 떠올랐다. 피구에서 아웃된 한 아이가 팔짱을 낀 채 "저걸 왜 못 맞춰요?"라고 투덜거리던 순간. 나는 그 아이에게 "지금 네 기분이 너가 못하는 것을 할 때 다른 사람을 너를 바라보며 느끼는 감정과 비슷하지 않을까?"라고 말했다. 그제야 아이는 "아…." 하며 고개를 끄덕였다. 잘하는 사람이 서툰 사람을 보면 답답할 수는 있지만, 그 답답함이 곧 '장애'라는 단어로 변하는 순간 문제가 생긴다. 우리는 너무 쉽게 남을 평가한다. 하지만 '못하는 것'은 그저 '못하는 것'일 뿐, '이상함'이 아니다. 단지 능력의 모양이 다른 것뿐이다.

세 번째 에피소드는 숫자를 사랑한 쌍둥이 형제였다. 말은 거의 하지 못했지만, 숫자에서는 천재적이었다. 사람들은 그들을 이상하다 했지만, 그들에게 숫자는 언어였고, 서로는 눈빛만으로 규칙을 주고받았다. 나는 영화 〈컨택트〉의 외계인 언어를 예로 들며 말했다. 외계인이 우리와 다른 차원의 언어를 사용할 텐데….

"언어 체계가 다르다고 틀린 것은 아니다."

숫자도 언어가 될 수 있다는 말에 아이들이 고요하게 고개를 끄덕였다.

마지막은 색을 잃은 화가였다. 사고 이후 세상이 회색빛으로만 보였지만, 그는 밝고 어두움, 명암의 대비로 새로운 예술을 만들어냈다. 아이들에게 물었다.

"그 사람의 그림을 보고 '이상하다'라고 할까, 아니면 '당신의 세계는 이렇게 보이는군요'라고 할까?"

뭔가 깨닫기를 바랐지만 회색빛으로 보이는 세계를 우리는 경험해 본 적이 없기에 그렇게 정리하며 넘어갔다. 다만, 다름을 틀림으로 착각하지 말자.

수업이 끝나갈 무렵 오늘 배운 내용으로 역할극을 할 조를 짜는데, 아이들의 절규가 터졌다.

"제발 알파조만 아니게 해주세요!"

결국 알파조에 걸린 몇몇 아이들이 탄식을 쏟아냈지만… 뽑기판의 운명은 바꿀 수 없다!

발표는 독백이 아니라 대화란다

국어 시간에는 개인 발표 과제를 안내했다. 주제는 자유, 발표 시간은 5분 이내. 아이들은 "5분이면 금방이잖아요."라는 표정을 지었지만, 나는 단호하게 말했다. 발표에서의 5분은 생각보다 훨씬 길다. 준비 기간이 한 달이나 되더라도, 그 시간을 채우려면 반드시 갖춰야 할 두 가지가 있다.

첫째는 사람의 눈을 보고 말하기다. 발표할 때 "저는 ○○우유를 소개하겠습니다."라고 말하면서 정작 청중이 아닌 바닥이나 물건만 바라보는 경우가 많다. 그러면 발표가 아니라 혼잣말처럼 들린다. 그래서 나는 "여러분은 어떤 우유 좋아하세요?"처럼 청중을 향해 말을 건네듯 발표하라고 했다. 눈을 부릅뜨라는 뜻이 아니라, 시선을 자연스럽게 나누며 '나는 지금 너희에게 말하고 있다'는 느낌을 주라는 의미다.

둘째는 손동작을 활용하기다. 팔을 몸에 붙인 채 "축구는 공놀이입니다."라고 말하면 로봇처럼 보인다. 손을 조금만 펴도 분위기가 훨씬 부드러워지고 말투까지 자연스러워진다. 그래서 집에서 인형을 세워두고 발표 연습을 하라고 조언했다. 인형과 눈을 마주치는 게 웃길 수 있지만, 발표 연습에는 의외로 가장 효과적이다. 거울 앞에서 손동작을 점검하는 것도 좋은 방법이다.

발표 자료는 PPT도 좋지만, 실제 물건을 보여주는 방식이 훨씬 강력하다.

"제가 모은 피규어예요." 하고 실물을 보여주면 청중의 시선이 단번에 집중된다. 반대로 아무 자료도 없이 칠판만 바라보는 발표는 가장 피해야 한다. 발표자의 등만 보이면 청중은 금세 흐트러진다. 여행 발표라면 인터넷 사진보다 자신이 직접 찍은 사진을 쓰라고 했다. "이건 제가 작년에 찍은 사진이에요."라는 한마디만으로 발표의 진정성이 훨씬 살아난다.

나는 아이들에게 5분이 얼마나 긴 시간인지 다시 강조했다. 말하다 보면 30초만 지나도 오래 말한 것 같은 착각이 들기 때문이다. 그래서 반복 연습은 필수다. 인형 앞에서, 거울 앞에서, 가족 앞에서. 시선은 자연스러운지, 손동작은 굳지 않았는지, 속도는 너무 빠르지 않은지 스스로 점검해야 한다.

또 PPT 화면을 켜고 "여기 보세요."라고 말하면서 정작 본인은 화면만 쳐다보며 화면을 그대로 읽으면 집중도 떨어진다. 시선은 청중에게, 손은 화면을 향하게 — 말과 몸이 함께 움직여야 발표가 살아난다. 청중의 시선을 이동시키는 기술도 중요하다. "저기 보세요."라고 손으로 자연스럽게 가리키면, 모두의 시선이 동시에 같은 방향으로 모인다. 이것이 바로 무대를 장악하는 방법이다.

마지막 안내는 간단했다. 주제는 무엇이든 좋다. 하지만 자신이 좋아하는 것을 선택할 것. 그리고 눈 마주침과 손동작, 이 두 가지는 꼭 연습할 것. 발표는 싸우듯 눈을 부릅뜨라는 것이 아니라, "선생님은 축구 좋아하시나요?"처럼 자연스럽게 말을 건네는 느낌으로 하면 된다.

정리하는데, 한 아이가 "고양이를 데려와서 발표하면 안 돼요?"라고 물었다. 나는 웃으며 말했다.

"안 돼요. 발표는 끝나도 고양이는 혼자 집에 못 가잖아요."

대신 발표할 고양이 사진을 많이 찍어오라는 조언을 덧붙였다.

발표는 시험이 아니다. 조금 떨려도 되고, 말이 꼬여도 괜찮다. 중요한 건 완벽한 발표가 아니라, 자신의 이야기를 자신만의 목소리로 전하는 것이다.

10월 17일

두피 마사지기로 배우는 공진의 세계

그네 이야기로 문을 열었다. 누구나 타본 적은 있지만, 언제 밀어야 더 잘 나아가는지는 의외로 말로 설명하기 어렵다. 아이들이 가상의 그네를 그리고 정확히 언제 밀어야 하는지 그 순간을 짚어줬다. 그네가 내려왔다가 다시 반대쪽으로 올라가려 할 때, 그 타이밍에 맞춰 힘을 주면 진폭이 커지는데, 그 현상이 바로 공진이다. 그 설명과 함께 "그네는 결코 한 바퀴 돌지 않는다."라는 말을 덧붙였나. 가능하다와 불가능하다로 나뉘었지만 물리 법칙 앞에서 사람의 근성과 용기는 늘 허무하게 무너진다. 그네를 한 바퀴 돌리려면 어느 정도의 힘이 필요할까나.

다리 붕괴 사건 이야기를 꺼내자 분위기는 한층 달아올랐다. 1930년대, 군인들이 발을 맞춰 걷다가 다리가 통째로 무너진 실화. 발소리의 진동수가 다리의 고유 진동수와 정확히 맞아떨어지는 순간 벌어진 참사였다. 지금은 이런 사고를 막기 위해 구조물을 여러 진동에 버티도록 설계한다는 설명에 아이들이 감탄했다.

'유리잔 깨는 소리' 영상도 보여줬다. 740㎐의 음이 점점 커지면서 유리잔이 미세하게 떨리기 시작했고, 마지막 순간 퍽 하며 깨졌다. 처음 보면 놀랄 만한 장면이지만, 과학은 때때로 무서울 만큼 정확하다. 아이들은 만화에서 본 장면이 현실에서 가능하다는 사실에 새삼 흥미를 느꼈다. 해보자고 하는 아이들도 있었지만… 진짜 될까?

그때 나는 비장의 무기를 꺼냈다. 바로 두피 마사지기였다. 평소엔 피로를 풀 때 쓰는 도구이지만, 오늘만큼은 과학 실험 도구였다. 유튜브에서 봤던 것을 준비했다. 길이가 다른 철사들이 제각각 다른 고유 진동수를 가진다는 사실을 직접 확인하기 위해서였다. 하나를 떨면 같은 길이의 철사만 따라 떨리는데, 그것이 공진이다.

그리고 드디어 실험이 시작됐다. 두피 마사지기가 나눠지는 순간 교실은 작은 난장판이 됐다. 손잡이가 파란색, 노란색, 하얀색을 두고 벌어진 작은 신경전. 사실 그 손잡이의 색만 빼고 모든 것은 같다. 발표자 뽑기로 해결한다. 머리에 대자마자 동시에 들려오는 탄성 — '이상한데 시원하다.' 두피 한 줌 떨리는 단순한 자극이 교실 전체를 흔드는 듯하다. 더 시원한 사용법을 찾아냈다는 아이들의 선언이 이어지며, 교실은 어느새 두피과학 연구소가 되었다.

웃음이 한 차례 지나간 후, 나는 마지막 정리를 했다. 공진은 결국 같은 진동수로 떨릴 때 서로 영향을 주고받는 현상이다. 그네도, 다리도, 유리잔도, 사람의 심장도 모두 이 원리를 따른다. 오늘 아이들이 몸으로 느낀 건 단순한 과학 개념이 아니라, '세상이 떨리는 방식'이었다.

무지의 장막부터 용돈 현실까지, 초콜릿 대토론

오늘 국어 시간의 주제는 '공정무역', 그리고 초콜릿이었다. 아이들은 수업 시작부터 장난기를 숨기지 못했다. 초콜릿을 먹을 수도 있을지 모른다는 기류가 흘렀고, 나는 "초콜릿을 먹기 전에 우리의 생각을 먼저 다듬어야 한다."라고 웃으며 분위기를 정리했다. 곧바로 초콜릿 팀과 바나나 팀으로 나누어 준비하게 했는데, 토론을 겸한 발표 시간이 다가오자 교실에 은근한 긴장감이 퍼졌다.

첫 번째로 시오가 입을 열었다. '무지의 장막' 개념을 꺼내며 자신이 누구로 태어날지 모른다면, 카카오 농장 노동자의 입장도 생각해야 한다는 의견을 조심스럽게 제시했다. 말이 끝나자 잠시 정적이 흘렀다. 그러나 곧 다솜의 현실적인 목소리가 이어졌다. 공정무역 초콜릿이 너무 비싸 한두 개만 사도 용돈이 거의 사라진다며, 마음은 이해하지만 실제로 구매하기 어렵다는 솔직한 고백이었다. 아이들이 고개를 끄덕이는 모습에서, 공감과 체념이 동시에 느껴졌다.

산이는 가격 문제를 더 구체적으로 짚었다. 공정무역을 해 초콜릿 한 개가 몇 배로 올라가면 결국 사지 못하는 상황이 되고 만다는 것이었다. 공정한 거래라는 이상은 이해하지만, 그 이상을 지탱할 '현실의 지갑'이 버티기 어렵다는 논리였다. 도현은 한 발 더 나아가 카카오 농장에 광고판을 세워 수익을 내고, 그 돈으로 아이들을 학교에 보내면 어떠냐는 상상력 가득한 해결책을 내놓았다. 그 뒤를 이어 주영은 아예 다른 시각에서 문제를 바라보았다. 생산자에게 더 많은 돈을 주는 결정은 결국 소비자의 선택과 회사의 의지라는 점을 함께 꼬집으며, '고용자의 입장'에서 질문을 던졌다.

한 아이는 이유를 단순하게 정리했다. 그저 비싼 것이 싫다는 것이다. 간단하지만 많은 소비자가 실제로 느끼는 감정이기도 했다. 반면 가은은 조용하면서도 강한 목소리로 다른 의견을 제시했다. 카카오 농장의 아이들도 친구와 놀고 학교에 가고 싶을 것이며, 공정무역은 그 시간을 되찾아주는 과정일 수 있다는 말이었다.

소령이는 한 걸음 물러서 돈이 흐르는 구조를 바라봤다. 초콜릿 값이 비싸다고 해도 그 금액이 모두 농장 노동자에게 돌아가는 것은 아니며, 차라리 직접 기부하는 방식이 더 분명할 수 있다는 분석이었다. 하윤이는 현실적인 물가 이야기를 덧붙이며, 이미 오르는 것이 많은 상황에서 초콜릿까지 오른다면 부담이 커질 수밖에 없다고 정리했다. 마지막으로 서후는 한 달 용돈을 기준으로 계산해 보면 공정무역 초콜릿 한두 개가 곧 전부가 되어버린다고 말하면서도, '1년에 한 번 정도는 의미를 담아 사보자'는 절충안을 내놓았다.

교실을 둘러보니 열세 명의 아이들이 모두 제각각의 시선을 가지고 있었다. 철학적 관점, 소비자의 현실, 따뜻한 마음, 구조적 분석, 창의적인 대안까지. 초콜릿 하나에 열세 가지 고민이 담겨 있다는 사실이 새삼 인상적이었다. 마지막으로 나는 아이들에게 말했다. 이 문제는 정답이 있는 선택지가 아니라, 각자의 기준으로 판단해야 하는 문제라고. 다음 주엔 본격적인 찬반 토론을 시작할 예정이라고 찬성, 반대 어느 쪽에 설지 미리 준비하라고 했다.

화재 대피 훈련, 스타일과 생존 사이에서 갈팡질팡

"불났어! 불났어!"라고 외치자 아이들이 일제히 자리에서 일어났는데, 그 직후 펼쳐진 장면은… 한 아이가 태연하게 신발을 갈아 신고 있었다. 화재 대피보다 신발 스타일이 더 급한 듯한 모습이었고, 나는 그 황당함을 참지 못한 채 "불나면 그냥 나가야지!"라는 마음으로 급히 아이들을 계단으로 내려 보냈다. 한 녀석은 저희가 다리가 아프면 업어 주실 거냐고 묻는다. 실제 화재라면 열세 명을 전부 업고 나갈 수도 없는 노릇이고, 그런 상황이 되면 나는 바삭하게 구워지고 말 것이라고 말했다.

그러나 진짜 압권은 따로 있었다. 혼자만 살겠다며 전력 질주로 달려가는 아이가 있었다. 뒤도 돌아보지 않는 그 속도는 거의 육상 청소년 대표급이었고, 단체 행동은 순식간에 연기처럼 사라졌다. 그 와중에 뒷줄에서 "유비무환이 떠올랐어요."라는 목소리가 들려와 순간 멈칫했다. 화재 대피 훈련 중에도 사자성어를 떠올리는 걸 보며, 사자성어 시험이 남긴 잔상이 얼마나 강력한지 깨달았다.

운동장에 도착하자 성동소방서 소방관님이 등장해 아이들의 시선이 단번에 모였다. 소화기 사용법을 차분하게 설명하는 모습을 보며 나는 아까 혼자 뛰쳐나간 그 친구를 다시 떠올렸다. 만약 소화기라도 들고 나왔다면 영웅처럼 보였을 텐데….

뒤이어 소방차가 등장하자 운동장에서 또 한 번의 축제가 열렸다. 아이들은 소방차를 보는 순간 눈빛이 반짝이며 상상력을 활활 태웠다. 그리고 물줄기가 힘차게 뿜어져 나오자 "무지개 생겨라!"라는 외침이 터졌고, 결국 아이들의 관심사는 불보다 무지개였다.

우리 반의 회색빛 연극제, 그리고 알파카의 등장

오늘은 장애인식개선 수업의 핵심 활동인 역할놀이 날이었다. 어제 함께 알아본 『아내를 모자로 착각한 남자』 속 이야기를 바탕으로, 아이들이 직접 짧은 연극을 만들어 보는 시간이었다. "다르다는 것이 틀린 게 아니다."라는 메시지만 지켜 달라고 했는데, 아이들은 각자의 방식으로 이 문장을 해석해 냈다.

알파 팀은 소령이가 리더를 맡아 색을 잃은 화가 이야기를 준비했다. 가은이는 사고로 시력을 잃은 화가였고, 서후와 지훈이는 교통사고 장면을 만드는 역할을 맡았다. 소령이는 신고부터 병원 장면까지 도맡으며 자연스럽게 이야기를 연결했다. 간결한 구성이라 흐름이 부드럽게 이어졌다.

베타 팀으로 넘어가자 분위기가 조금 달라졌다. 아이들의 상상력이 폭주하기 시작했다. 산이가 사고를 내고 병원에서 깨어나는 설정을 중심으로 장면을 짰는데, 시오는 모든 효과음을 입으로 만들어 보겠다며 의욕을 보였다. 화가 역할의 다솜과 보호자 역할의 하윤이가 그 사이에서 이야기를 붙잡았고, 여러 요소가 섞였지만 나름의 완성도를 갖추어갔다.

감마 팀은 도현이의 한마디로 정리됐다.

"색을 잃은 화가랑 감각을 잃은 사람을 합쳤어요."

두 에피소드를 하나로 묶어낸 과감한 시도였다. 주영이가 감각을 잃은 인물, 신은이는 그를 돕는 역할, 하진이는 색을 잃은 화가를 맡아 장면을 구성했다. 이야기가 다소 복잡해 보였지만, 일단 무대에서 자연스럽게 흘러가기를 기대하며 발표를 시작했다.

무대 발표는 알파 팀부터 진행됐다. 두 개의 의자를 차로 설정하고 장면을 열었는데, '운전석 위치' 문제로 잠시 웃음이 터졌다. 곧 사고 장면으로 넘어가고, 가은이가 회색빛 세상을 표현하며 차분하게 연기를 이어갔다. 마지막에 던진 짧은 희망 메시지는 더없이 인상적이었다. 아이들은 그 순간 팀 이름을 '알파카'로 바꿔 부르며 스스로 재미를 더했다.

베타 팀의 발표는 에너지로 가득했다. 준비 과정의 소란스러움이 무대 위에서도 그대로 이어졌지만, 오히려 그 덕분에 장면이 생동감 있었다. 산이가 그림을 이상하게 그리며 갈등을 만들고, 이내 서로를 이해하며 이야기 흐름을 따뜻하게 마무리했다. 시오의 입 효과음은 팀 분위기를 끌어올리는 장치가 되었다.

감마 팀은 예상대로 다소 혼란스러운 출발을 했다. 무대 한쪽에 몰려 웅성이는 모습에 다시 앞으로 이동시키자, 감각을 잃은 인물을 돕는 장면이 서서히 펼쳐졌다. 차가운 물과 뜨거운 물을 구분하는 장면이 이어지고, 어느새 색을 잃은 화가 이야기가 겹쳐지며 복잡한 구성이 완성되었다. 그러나 그 속에서 "다르게 느끼는 세계를 이해하려는 마음"이라는 핵심은 분명하게 드러났다.

짧은 준비 시간과 제한된 무대였지만, 아이들은 각자의 언어로 이야기를 풀어냈다. 대본은 엉성했고 연기는 서툴렀지만, 자신이 맡은 인물을 이해하려는 마음만큼은 또렷했다. 회색빛 세상을 살아가는 화가와 감각을 잃은 사람이 어떤 마음으로 세상을 바라볼지 고민해 본 그 시간 자체가 의미였다.

서로 기대어 버티는 힘

영상을 재생하자 아이들의 눈빛이 즉시 집중으로 변했다. 화면 속 사람들은 나무젓가락처럼 생긴 막대 몇 개로 다리를 만들고 있었고, 못도 본드도 없이 구조를 세워 올리고 있었다. 다리에 실제 사람이 올라가자 교실에서 탄성이 터졌다. 간단한 막대기들이 50㎏이 넘는 어른을 버티는 장면은 아이들에게 충분히 충격적이었다.

나는 영상이 멈춘 순간을 틈타 설명을 이어갔다. 이 다리는 조립과 해체가 모두 쉽고, 부품 하나만 빠져도 다리가 순식간에 무너진다. 전쟁 시대에 쓰였던 이유도 바로 여기에 있었다. 군대가 지나간 뒤 적이 쫓아오면 조각 하나만 빼서 다리를 무너뜨리는 방식이었다. 영상에서도 한 조각이 빠지는 순간 구조 전체가 무너져 내렸고, 아이들은 그 단순한 원리에 감탄했다.

이어지는 설명에서 단점도 짚었다. 이 다빈치 다리는 길게 만들수록 높아지고, 높아질수록 실용성이 떨어진다. 결국 오늘날에는 거의 쓰이지 않지만, 구조 자체는 여전히 천재적이었다. 아이들은 그 부분을 흥미롭게 받아들였고, 자연스럽게 실습 단계로 넘어갈 준비가 되었다.

부품을 나눠주자 교실은 금세 분주해졌다. 구멍의 수와 길이를 맞추느라 여기저기에서 도움이 필요하다는 목소리가 이어졌다. 서로 가지고 있는 막대를 비교하고 바꿔가며 어느새 작은 장터처럼 움직이기 시작했다. 조립을 시작하자 구조가 흔들리고 기울어지며 초반에는 혼란스러운 장면이 많았지만, 각자 손으로 만지며 원리를 익히는 속도가 빨랐다.

중심 구조가 잡히기 시작하자 교실 곳곳에서 "됐다."라는 말이 연달아 들렸다. 조금 먼저 완성한 아이들은 곧바로 주변 친구들을 도왔고, 잃어버린 부품을 찾으며 구조를 맞춰 나갔다. 각자 방식은 달랐지만 모두가 같은 목표로 향하고 있었다.

완성된 다리를 책으로 시험해 보는 순간이 가장 흥미로웠다. 교과서를 올리자 구조가 안정적으로 버티는 모습이 보였고, 아이들은 놀라움을 숨기지 못했다. 책이 늘어날수록 긴장감이 높아졌고, 열한 번째 책에서는 결국 다리가 무너져 내렸다. 아니 정확히는 책이 기울어져 넘어졌지만. 예상 가능한 결과였지만 아이들은 그것마저 즐겁게 받아들였다.

수업을 마무리할 때, 아이들은 비닐봉투에 자신의 작품을 소중하게 담았다. 집에서도 다시 만들어 보고 싶다며 묻는 아이들에게 나는 일반 나무젓가락으로도 가능하다고 알려주었다. 오늘 수업의 결론은 간단했다. 다빈치 다리가 버티는 힘은 완벽한 재료가 아니라 서로를 지탱하는 구조에서 나온다. 아이들 역시 서로 기대어 설 때 더 단단해질 수 있다는 사실을 자연스럽게 배워 나갔다.

10월 20일

한글 간판과 백범의 꿈 사이에서

국어 시간, 오늘의 주제는 백범 김구 선생님의 〈내가 원하는 우리나라〉였다. "읽어온 사람?" 하고 물었지만 아무도 손을 들지 않았다. 예상했던 반응이었다. 『백범일지』라는 제목만으로도 부담스러울 수 있으니까. 하지만 『백범일지』의 초반부는 의외로 꽤 재미있다. 어린 김구 선생님의 장난꾸러기 모습은 지금 떠드는 아이들과 크게 다르지 않다. 인물이 위대해 보이는 순간에도, 시작은 늘 평범하다는 사실을 보여주는 대목이기도 했다. 오늘은 백범의 글을 읽기 전에 그 글에서 강조하던 우리나라의 문화에 대해 일단 학습을 했다.

수업 관련 영상의 첫 장면은 남산타워였다. 화면 속 풍경을 보며 아이들은 남산을 걸어 올라가는 시간, 데이트 장소, 외국인 관광객 같은 이야기를 자연스럽게 떠올렸다. 나는 얼마 전 남산을 지나며 마주쳤던 외국인들을 떠올렸다. 같은 도시를 보면서도 서로 다른 감정을 품는다는 사실이 흥미로웠다. 누군가는 K-POP 때문에, 누군가는 골목 풍경 때문에, 또 누군가는 단순한 호기심에 서울을 찾는다. 도시의 매력은 이런 다양함에서 비롯된다.

이어진 장면은 조선시대의 '갓'이었다. 외국인들이 한국을 상징하는 대표 이미지 중 하나로 꼽는 모자라는 사실에 아이들이 놀라워했다. 예술의전당 지붕이 '갓' 모양이라는 설명은 한 번에 이해를 돕는 좋은 예였다. 전통과 현대가 함께 존재하는 건물 디자인의 의미도 자연스럽게 연결되었다.

저승사자 이야기가 나오자 아이들은 이름이 비슷한 단어들을 헷갈리며 웃음을 터뜨렸다. 전통 속 상징이 현대의 감각과 충돌하는 순간이었다. 반면 1988 서울올림픽 장면에서는 아이들이 잠시 말을 아꼈다. 당시의 감격을 설명하면서, 그 시대의 열정과 희망이 오늘의 서울을 만드는 힘이 되었음을 전하고 싶었다. 나에게 전해지는 '88 서울올림픽'

은 우리 아이들에게는 전혀 다른 느낌으로 다가감에 약간의 서먹함은 있었다.

골목길 장면에서는 강남과 강북의 구조 차이를 예로 들며, 도시가 어떤 과정을 거쳐 만들어졌는지 자연스럽게 풀어냈다. 강북의 미로 같은 골목길은 오래된 역사와 지형의 흔적을 그대로 품고 있고, 강남의 반듯한 도로망은 계획적으로 만들어진 도시의 전형이라는 설명을 곁들이자 아이들이 금세 고개를 끄덕였다. 좁은 골목길이 왜 생겨났는지, 사람들이 어떻게 그 공간을 이용하며 살아왔는지를 알아보았다.

한글 간판 장면에서는 분위기가 조금 따뜻해졌다. 외국인들은 한글 간판을 '읽는 대상'이 아니라 '보는 그림'으로 받아들인다는 영상 속 설명은, 우리가 영어 간판을 바라보는 감각과 비슷했다. 익숙한 것의 아름다움을 다시 보게 만드는 순간이었다.

경복궁의 지붕선을 비추는 장면에서는 한국식 건축의 특징이 한눈에 보였다. 지붕 중심의 동양 건축과 벽 중심의 서양 건축을 비교하는 대목은 아이들에게 건축의 사고방식을 이해시키는 좋은 시작점이었다. 자연 지형을 이용해 성을 쌓는 방식 역시 효율과 지혜가 깃든 전통이라는 점에서 큰 인상을 남겼다.

마지막 영상은 서울의 변천사였다. 판잣집에서 유리 빌딩까지 이어지는 변화는 시간이 쌓여 만든 도시의 얼굴이었다. 옛것과 새것이 함께 존재하는 풍경은 서울만의 독특한 매력이기도 했다.

영상을 멈추며 나는 아이들에게 물었다.

"백범 선생님이 지금 서울을 보신다면 어떤 표정을 지으실까?"

잠시 정적이 흐른 뒤, 스스로 답을 이었다.

"아마 백범 선생님께서는 빙그레 웃으셨을 거예요."

문화강국을 꿈꾸던 백범의 바람이 여러 모습으로 실현된 도시가 바로 지금의 서울이기 때문이다.

독일의 통일부터 사우디의 변화까지

오늘 세계지리 수업의 첫 목적지는 독일이었다.

"면적은 우리나라의 약 세 배 반입니다."라고 말하자 아이들이 "생각보다 크네요?" 하고 환호했다. 독일은 지형도 재미있다. 남쪽은 산지, 북쪽은 평지인데 이상하게도 사람들은 산지에 더 많이 산다. 이유를 우리 반 '산'이에게 농담으로 물었더니 본인도 모르겠단다.

독일 이야기를 하다 보면 자연스럽게 분단 시절로 넘어간다. 영국·프랑스·미국이 서독을, 소련이 동독을 맡았다는 설명에 하윤이가 조심스럽게 물었다.

"우리처럼 분단됐어요?"

"비슷하지만 조금 달라요. 독일은 스스로 잘못해서 생긴 분단이고, 우리는 억울하게 당한 거죠."

아이들은 조용히 고개를 끄덕였다. 그래도 독일은 끊임없이 교류했고 결국 통일에 성공했다. 통일 전에도 동독과 서독 사이에 전철도 오갔다고 하자 다들 놀란 눈으로 칠판을 바라봤다. 지금의 남한과 북한과는 너무 다르다는 말에 통일이 쉽지 않겠다는 의견도 있다.

브란덴부르크 문 사진을 보여주며 통일의 상징을 이야기했다. 동서독 사람들이 서로 껴안으며 지나가던 장면에서 시오가 작은 목소리로 "와⋯저 대문 진짜 멋있다."라고 말했다. 나는 덧붙였다.

"그 문 옆에 있던 장벽의 일부가 지금 청계천에 있어요. 독일이 우리에게 준 선물(?)이에요. 언젠가 우리도 통일할 수 있다는 뜻이죠."

다음은 쾰른 성당이었다.

"이건 완성하는 데 600년 걸렸어요."

아이들이 믿기지 않는다는 표정으로 "600년이요?! 왜요? 조선왕조 500년?" 하고 외쳤다.

"고려 시대에 공사를 시작해서 조선 말쯤에 끝난 셈이죠."라고 말하자 시오가 감탄했다.

"그럼 처음 만든 사람들은 다⋯ 죽었겠네요. 당연한 말인가⋯."

"그래요. 여러 세대가 이어서 지은 거예요."

2차 세계대전 때 독일이 폭격을 심하게 당했는데 이 성당만은 기적처럼 살아남았다고 하자 교실이 조용해졌다. 왜일까? 정답은 없지만 나는 이렇게 생각한다고 말했다.

"아마 이 성당의 아름다움 앞에서, 인류의 유산을 지켜야 한다는 마음에 폭격 버튼을 누르기 힘들었겠죠."

맥주와 자동차 이야기는 아이들 반응이 가장 좋았다.

“이집트 피라미드에도 맥주 그림이 있어요.”

아이들이 ‘설마요’라는 표정을 짓자 덧붙였다.

“그땐 알코올이 거의 없어서 물처럼 마셨대요.”

“그럼 학교에서는… 애들이 물 대신 맥주를요?”

“안 돼. 진짜 이상한 나라네.”

대화는 짧고 정확하게 끝났다.

자동차 이야기로 넘어가자마자 로고 퀴즈가 시작됐다.

“BMW는 원래 프로펠러 회사예요.”

한 녀석이 “그래서 로고가 프로펠러처럼 돌아가는 거예요?”라고 물었다. 이 녀석 눈에도 그렇게 보이나 보다.

두 번째 나라는 사우디아라비아였다.

우리나라의 스무 배나 되는 땅에 사는 사람은 훨씬 적다. 대부분이 사막이기 때문이다.

“학교도 사막에 있어요?”

“모래사막에서 공부할 수는 없잖아.”

교실이 웃음으로 흔들렸다.

“사우디는 기름값이 거의 공짜였대요.”

“그러니 국민들의 불만이 적었겠죠. 하지만 요즘엔 자유를 원하는 목소리도 많아요.”

“그래도 자유보다는 돈이 있어야 살 수 있을 거 같아요.”

나는 고개를 끄덕이며 말했다.

“맞아. 하지만 돈만으로 행복하긴 어렵단다.”

다음은 사우디의 메카였다.

“이슬람교의 성지예요. 이슬람교를 믿는 사람들은 죽기 전 한 번은 꼭 갑니다.”

하윤이가 가보고 싶다고 했지만, 이슬람교인이 아니면 도시 입구 근처도 못 간다는 사실에 아이들이 아쉬워했다.

또 낙타 이야기는 언제나 아이들의 반응이 좋다.

“사실 사우디에 낙타 별로 없어요.”

아이들이 "에이…." 하다가 "진짜요?"라는 표정으로 바뀌었다.

"진짜 낙타는 호주에 훨씬 많아요. 옛날에 호주 이민 초창기에 풀어놨는데 너무 잘 살아서 이제는 낙타가 호주의 골칫거리라네요."

그러자 누군가 말했다.

"그럼 낙타는 호주가 더 좋겠네요."

"그렇지. 누구나 살기 좋은 데를 찾는 거지."

마지막은 석유였다.

"옛날에는 땅을 1미터만 파도 석유가 나왔대요. 그런데 이제는 점점 깊이 파야 한대요."

그래서 사우디는 미래를 위해 태양광과 새로운 산업을 준비하고 있다고 말하며 수업을 마무리했다. 그리고 조용히 물었다.

"그럼 우리는 뭘 준비해야 할까?"

초콜릿 하나로 벌어진 전쟁: 우리 반 공정무역 대격돌

- 공정무역 찬성: 주영, 신은, 가은, 시오, 하진
- 공정무역 반대: 하윤, 다솜, 소령, 지훈, 서후, 도현, 김산

공정무역 토론은 시작도 하기 전에 이미 기류가 달랐다. 찬성 5명, 반대 7명. 자리를 마주 보게 배치하는 일조차 쉽지 않았다. 마주 보고 앉는다는 것이 생각보다는 부담스럽나 보다. 서로 눈치를 보며 의자를 끌고 가다가, 결국 "얼른 앉아요!"라는 나의 외침이 나와서야 겨우 자리가 잡혔다. 분위기는 이미 전운에 가까웠다.

나는 토론의 기본을 다시 강조했다.

"토론은 말로 싸우는 겁니다. 말 안 하면 지는 겁니다."

너무 당연한 말이었지만 말 안 할 아이들에게 미리 한 번은 꼭 참여하길 권했다. 아이들은 메모지를 꺼내 들었지만, 몇몇은 아예 빈손으로 "기억으로 승부하겠다."라는 표정을 짓고 있었다. 하지만 얼마나 갈지는….

찬성 측이 먼저 포문을 열었다.

“공정무역을 하면 그 아이들이 더 잘살 수 있어요. 우리가 사지 않으면 더 가난해져요.”

깔끔한 오프닝이었다.

그러자 반대 측이 바로 반격했다.

“굳이 공정무역을 할 필요가 있나요? 돈을 보내는 방법은 기부도 있잖아요. 더 효율적인 방법이 많아요.”

소령의 말에 교실 공기가 순간 팽팽해졌다. 공정무역 vs 기부. 확실한 대결 구도가 잡혔다.

하지만 토론 경험이 적은 만큼 흔들림도 빨랐다. 찬성 측이 “낭비라는 표현은 적절하지 않아요.”라고 지적하자 반대 측은 잠시 말을 잃었다. 나는 가볍게 정리했다.

“아마 ‘돈이 더 든다’는 의미였겠죠. 표현 조절도 토론의 실력이에요.”

반대 측의 서후가 논리를 이어갔다.

“용돈이 진짜 얼마 안 되는데 공정무역 제품을 사면 저희도 먹을 게 없어요. 기부가 더 나을 수도 있어요.”

그러자 주영이의 반격이 들어왔다.

“무지의 장막을 생각해 보세요. 내가 그 노동자로 태어났다면 어떨까요? 그래도 공정무역을 반대할 거예요?”

흐름을 깨뜨린 건 지훈이었다.

“그 친구들은 그냥 운이 없는 거죠. 그냥 그렇게 받아들이는 게 우리도 편해요. 다른 도울 방법이 있을 거예요.”

그 말은 토론장에서 거의 ‘도발 선언’이나 다름없었다.

가은이가 바로 치고 들어왔다.

“운이 없다고요? 태어난 걸 본인이 선택한 것도 아닌데요. 게다가 우리가 간식 덜 사 먹고 공정무역 제품 하나 사는 건 어려운 일 아니잖아요. 기부도 결국 확실하게 그 아이들에게 전달되는지 모르는 거고요.”

완벽한 3단 반격이었다.

그러나 반대 측도 쉽게 무너지지 않았다.

“공정무역도 회사가 먼저 돈을 가져가요. 기부도 많이 하면 더 큰 돈이 전해지고. 결국 아이들을 도울 수 있어요."

소령이의 말에 주영이도 곧바로 대응했다.

"그래도 공정무역은 더 많은 아이들에게 갈 수 있어요. 기부는 소수에게만 가잖아요."

다솜이도 참지 않았다.

"공정무역 대부분이 회사 몫이라면서요. 그러면 많은 아이들에게 '조금씩' 가는 게 진짜 도움이 될까요?"

시오가 묻자마자 분위기가 다시 뒤틀렸다.

"근거 자료 있나요?"

순간 모두 말을 멈췄다. 그래서 내가 중재했다.

"둘 다 실제 자료는 없어요. 대신 상대 말의 빈틈을 찾아보시죠."

가은이의 말은 다시 찬성 진영을 끌어올렸다.

"공정무역은 아이들도 조금 도와줄 수 있어요, 우리는 간식 자주 먹잖아요. 간식 조금만 줄이면 돼요."

그러자 소령이 지적했다.

"그 '조금'이 너무 적어서 문제예요. 공정무역하다 물건이 너무 비싸기만 하면 결국 못 사게 돼요."

신은이도 다시 공격에 참여했다.

"기부는 소수만 돕는 구조예요. 정해진 곳에 기부하잖아요. 공정무역은 넓게 도울 수 있어요."

그러자 다솜이 응수했다.

"넓게 나누더라도 아이들에게 돌아가는 돈이 너무 적으면 의미가 크지 않아요. 차라리 적은 아이들에게 확실한 돈을 주는 게 낫지 않을까요?"

시오가 다시 봉합했다.

"기부도 다 전달되지 않는 경우 많아요. 공정무역이나 기부나 구조는 비슷해요."

주영이도 공격을 재개했다.

"카카오 노동자들은 본인이 번 돈으로 초콜릿 소비도 못 하는데, 우리만 먹고 싶은 걸 먹는 게 공정한가요? 이건 불균형해요."

그러자 반대 측의 서후가 단도직입적으로 말했다.

"그럼 찬성하는 사람들이 더 많이 공정무역 제품을 사면 되는 거 아닌가요?"

산이가 거들었다.

"우리도 우리의 행복을 위해 쓸 권리가 있어요! 공정무역 제품을 사용하면 우리가 쓸 수 있는 돈이 너무 줄어들어요."

나도 한마디 거들어본다.

"부모님이 번 돈인데, 왜 학생에게 공정무역 제품을 사는 것이 옳은가에 대한 도덕적 강요를 하냐는 주장도 가능하죠."

그러자 주영이 바로 치고 들어왔다.

"그 노동자들은 본인들이 일해도 노동자는 자기가 생산한 제품을 못 사요. 저는 그걸 도와주겠다는데 왜 반대하세요?"

지훈은 현실을 짚었다.

"나도 살아야 남도 도와줄 수 있는 거예요."

시오가 맞받았다.

"누가 밥 굶으라고 했나요? 그냥 한 번쯤은 공정무역 제품 사 보자는 거잖아요."

가은이는 핵심을 정확히 찔렀다.

"우리는 부모님 돈을 당연하게 쓰잖아요. 부모님도 본인 행복이 있는데요. 우리를 위해 참잖아요. 아이들도 일평생 일하지만 스스로를 위해 쓰지 못해요. 그 사람들에겐 선택권이 없어요. 공정무역 해야 합니다."

도현이도 반대 논리를 이어갔다.

"비싸지면 결국 부모님한테 돈 더 달라고 하게 돼요. 안 되는가?"

가은이는 담담했다.

"부모님 도움 받지 말고 가끔씩 모아서 한번 사 보는 건 가능하잖아요."

하윤이가 정리를 시도했다.

"요즘 물가도 오르는데 공정무역으로 가격이 오르면 더 못 사게 돼요."

마지막은 시오의 한 문장이었다.

"비싸다고 하는데, 그 가격이 원래 정당한 가격이에요. 노동자가 받아야 할 최소한의 대가죠."

그 말을 들은 지훈과 서후가 바로 반문했다.

"그게 정말 정당한 가격인가요? 1만 원짜리가 1만 오천 원 되면 그게 맞는 건가요?"

초콜릿 하나를 두고 펼쳐진 논쟁은 결국 이렇게 끝났다.

오늘은 정말 격하게 토론했다.

오늘의 체육 시간, 가위바위보가 운명을 가른다

오늘 체육 시간. 구령이 울려 퍼지는 가운데 지훈이가 절뚝이며 나타났다. 옆 친구들이 상황을 대신 설명했다.

"선생님, 얘 오늘 부상 중이에요. 계단도 못 내려왔어요."

그 말을 듣고 난 강력하게 오늘 쉴 것을 권했다.

"축구선수가 꿈이라며? 진짜 선수도 부상당한 그다음 날은 다 쉬어."

결국 지훈이는 반쯤 체념한 얼굴로 대열에 섞였다. 오늘의 본 게임은 '이색 미니 발야구'. 규칙은 간단했다. 공을 차고 고깔을 돌아 기둥 사이로 들어오면 점수를 얻는 방식. 고깔마다 점수가 0.5점, 1점, 1.5점… 하고 쭉 올라가 최대 3점까지 낼 수 있다는 설명이 이어졌다. 체육선생님이 "아까 3점 낸 친구 있어." 하고 말했다. 아이들이 한입으로 말하는 이가 있었다. 지난 운동회 때 우리 반 서후랑 같이 넘어졌던 그 전설의 달리기 선수.

오늘 경기의 가장 흥미로운 건 공 선택 방식이었다.

"세상에서 가장 공정하고 공평한 방법! 선생님이랑 가위바위보!"

이기면 학생이 원하는 공을 고르고, 지면 선생님이 가장 잘 못 찰 것 같은 공을 배정한다는 무시무시한 제도였다.

"선생님 제발요…. 진짜 공평하게 해요…."

아이들 애원이 벌써부터 쏟아졌다. 스스로도 가위바위보는 공정하지 않다고 판단한 듯하다. 경기 결과가 운에 좌우될 수도 있으니 일견 타당해 보인다.

경기가 시작된다.

시오가 공을 차자 모두가 외쳤다.

"뛰어! 뛰어!"

점수는 0.5점이었지만, 뒤에 이어질 다솜의 0.5점과 합치면 1점이다. 이럴 땐 수학이 이렇게 쉬운데, 왜 교실에서는 그렇게 힘들어하는지 모르겠다.

신은이는 "발목 힘 좋아요!"라는 정체불명의 응원을 받으며 나섰고, "뻥 차고, 0.5밖에 못 가니까 잘 해봐!"라는 응원도 들었다. 응원인지 저격인지 헷갈렸지만, 분위기상 응원인 걸로 넘어갔다.

공 선택 가위바위보 라운드는 계속 열기가 뜨거웠다.

"안 내면 진다! 가위바위보!"

희비가 갈렸다. 승자는 환호했고, 패자는 절망했다. 주영이는 탱탱볼을 받으며 "이거 멀리 가요!"라는 희망 섞인 말을 듣고 들떴지만, 결과는 또 0.5점. 무거운 축구공을 받은 아이는 "발가락 나가는 거 아니야?" 같은 기묘한 걱정도 오갔다. 소령이는 뛰고 돌아오더니 "아슬아슬해서 사망할 뻔."이라며 한동안 숨을 몰아쉬었다. 고작 0.5점을 위해 이 정도의 인생을 건다니. 역시 체육은 위대한 과목이다.

공수를 교대하자 분위기는 더 뜨거워졌다. 초록·파란 선까지는 여자, 그 밖은 남자. 그리고 반드시 기둥 사이 '안쪽'으로 들어와야 한다는 세부 규칙이 다시 알려진다. 단순한 규칙인데 흥분하니 아이들이 자꾸 잊었다.

"야! 이 선 안으로 들어오면 안 된다니까!"

경기 내내 가장 많이 들린 말이었다.

승리 팀에게는 놀라운 보상이 주어졌다. 상대 팀에서 남자 한 명, 여자 한 명을 '뺏어오는' 특권.

"빨리! 누구 데려올 거야?"

"소령!"

"주영!"

"도현이 있어 보여!"

선택 시간이 되자마자 학생 드래프트 장이 열렸고, 급기야 "나 데려가지 마!"라는 절규까지 터졌다.

후반전은 축구였다.

"시간이 남아서 재미있는 축구를 할 거야."

선생님은 그렇게 말했지만 아이들은 미묘한 표정을 지었다.

"이거 미니 도박(?) 발야구 계속해요!"

"축구 안 해도 될 것 같아요!"

발야구가 너무 재미있었던 탓이다. 하지만 다수결의 원칙은 냉정했고, 결국 축구가 선택됐다.

축구 규칙도 특이했다. 여학생 골은 2점, 남학생 골은 1점. 골을 넣은 사람이 골키퍼가 되는 시스템까지 붙었다.

"골을 넣었는데 골키퍼요?"

"2분 안에 다른 사람이 골 넣으면 교체해 줄게. 안 넣으면 그냥 해."

골키퍼는 중앙선 너머 흰색 선까지만 공을 던질 수 있고, 골대 뒤로 나간 공은 무조건 스로인. 무엇보다 중요한 건 "웬만하면 멈추지 말고 계속!"이라는 규칙이었다. 우리 체육 선생님의 국룰이다.

조끼를 입고 빨강 팀과 파랑 팀이 나뉘자 곧바로 킥오프. 경기는 시작부터 격렬했다.

"여자친구는 상대 골대 근처로 가 있어야 유리하다!"

전술 지시가 날아다니고, 골이 터질 때마다 소리가 뒤집혔다.

"하윤이 2점!"

"다솜이 2점! 파랑 팀 역전!"

"지훈이 골!"

그 자체로 완벽한 경기였다. 오늘 체육은 부상자 등장부터 드래프트, 그리고 역전을 오가는 축구까지. 드라마네?

10월 21일

친구야! 이 책 읽어봐 – 1교시 도서관 활동 기록

오늘 1교시, 아이들과 함께 느티나무도서관으로 내려간다. 도서관에 마련된 책 추천 엽서를 앞에 두고, 아이들은 친구를 떠올리며 저마다의 추천 이유를 적어 내려간다.

- **초밥이 여행을 갔어요**

"이 친구는 초밥을 정말 좋아한다. 초밥 먹으면서 보기 딱 좋은 책이다!"

친구가 좋아하는 음식과 책을 연결시키는 센스가 돋보인다. 그림책이지만 충분히 재미있다는 것도 잊지 않고 덧붙인다.

- **읽으면 바로 써먹는 어린이 한국사 퀴즈**

① 지훈이가 전 세계 상위 1%가 되기 위해서다. ㅎㅎ

② 글도 재밌고 공부도 된다.

③ 제목처럼 바로 써먹을 수 있다!"

친구의 큰 꿈을 응원하면서도 재미와 실용성을 모두 챙긴 추천이다.

- **하얀 밤의 고양이**

"사람은 언제든지 외로울 때가 있다. 이 책의 주인공도 처음에는 힘들고 외로웠지만, 하얀 밤의 고양이를 만나 위로를 받는다."

그리고 ○○에게 이런 말을 전한다.

"힘들면 친구나 사람이 아닌 동물에게도 위로를 받아 봐. 언젠가 너를 도와주고 위로해 줄 거야. 사람은 살 자격이 있고, 위로받을 자격이 있으니까."

열 살 아이가 건네는 말 속에 삶의 깊은 이해가 담겨 있다.

- **유대인들은 왜 부자가 되었나**

"돈을 잘 관리하고, 경제관념을 키우라고 추천한다. 긴 줄글도 보게 해서 문해력도 올릴 수 있다!"

친구의 미래를 생각하는 실질적인 조언이 담긴 추천이다.

- **크리스마스 피그**

"동생을 '피그'라고 부르는 산이, 만약 이 책의 주인공처럼 동생을 잃어버리면 어떻게 될지 궁금해서 추천한다."

동생을 소중히 여기라는 따뜻한 메시지가 숨어 있는 추천이다.

- **북극곰**

"자연의 신비함을 볼 수 있다. 그리고 북극곰이 북극에서 살아남는 것과 다른 북극 동물들도 볼 수 있다."

간결하지만 책의 매력을 정확히 담아낸 추천이다.

- **푸른 사자 와니니**

"내가 진짜 재밌게 읽은 책이다. 만화책만 읽는 너에게 글이 좀 많은 책을 읽으라고 추천한다!"

자신의 경험을 바탕으로 친구의 독서 습관까지 걱정하는 마음이 느껴진다.

- **혼자 학교 가는 날(동생 서은이에게)**

"이제 서은이가 언니 없이 혼자 학교에 갈 때가 오겠지. 세상이 무섭고 험하지만, 이 책의 주인공처럼 씩씩하게 혼자 학교에, 혹은 어린이집에 가길 바라면서 추천한다!"

동생의 성장을 응원하는 언니의 마음이 담긴 특별한 추천이다.

- **당연하게도 나는 너를**

"처음 이 책을 읽으면서 내가 읽었던 책 중에 가장 재미있었던 느낌이 들었다. 그래서 이 책을 추천한다!"

솔직하고 단순한 이유지만, 가장 강력한 추천의 말이기도 하다.

- **우리 엄마는 뿔짝 도사**

"서은이의 언니인 하윤이가 서은이가 자주 엄마를 힘들게 한다고 해서 이 책을 추천한다. 이 책은 '엄마를 사랑하고 감사하게 생각하라'는 내용을 담고 있다."

그리고 마지막에 이렇게 덧붙인다.

"엄마와 아빠를 사랑하고, 특히 언니랑도 행복하게 지내라고 이 책을 추천한다."

가족의 소중함을 일깨워 주고 싶은 마음이 고스란히 담긴 추천서이다.

레이저와 용암 사이에서 갈팡질팡

창체 시간. '용암이냐, 레이저냐, 그것이 문제로다.' 지난 시간에 다뤘던 유튜버 마크 로버 이야기의 연장선이었다. 아이들은 그저 웃긴 과학 유튜버라고 생각했겠지만, 사실 그는 NASA에서 화성 탐사 로봇을 만들던 과학자였다. 그런 사람이 용암과 레이저 중 무엇이 더 강한지 실험을 한다니 아이들의 기대는 당연했다. 오늘은 그 영상을 함께 보며 과학의 세계에 한 발을 더 디뎌보는 시간이었다.

수업을 시작하며 용암과 레이저의 기본 원리를 간단히 짚었다. 용암은 돌이 녹은 것이고, 레이저는 빛을 극도로 모아 만든 에너지라는 설명에 아이들은 고개를 끄덕이는 듯하다가 이내 표정이 흐려졌다. 그러다 지훈이가 "레이저 맞으면 아파요?"라는 현실적인 질문을 던졌고, 그 답은 오늘 영상을 보고 이야기하기로 했다.

첫 미션인 유리병 부수기가 등장했다. 레이저로 병이 순식간에 잘려 나가는 장면에 아이들의 숨이 멎고, 이 틈에 나는 고글의 역할을 짧게 설명했다. 고글은 멋이 아닌 안전을 위해. 이어진 용암 실험에서 병들이 녹아내리자 "용암을 담는 그릇 저거 쿠팡에 있어?"는 말이 들려 한순간 웃음이 터졌다. 요즘 아이들에게 세상의 기준은 온라인 쇼핑몰인가 보다.

두 번째 미션은 팝콘 만들기였다. 레이저는 옥수수를 태워 버렸고, 용암은 팝콘을 숯으로 만들었다. 아이들이 이미 맛 상상에 빠져 설명이 묻힐 정도였다. 시장의 뻥튀기 기계가 등장하자 한 아이가 봤다며 반가워했고, 기압이 내려가 팝콘이 터지는 원리를 설명하려다 결국 아이들의 "배고프다."라는 말에 밀려 또 다른 간식을 쏘고야 말았다.

세 번째는 철제 미로 탈출. 레이저는 거울을 반사시키다 실패했고, 용암은 벽 자체를 녹여 길을 뚫었다. "미로는 스스로 개척하면 된다."는 영상의 말에 아이들은 시험 문제도 저렇게 나오면 좋겠다며 농담을 던졌다. 그 와중에 마크 로버의 비밀병기였던 쥐 한 마리가 미로를 가볍게 통과해 버리자 교실이 발칵 뒤집혔다. 과학적 설명은 순식간에 쥐의 '귀여움'이라는 감탄 속에 묻혔다.

네 번째 미션은 콩 통조림 폭발 실험이었다. 용암을 부은 통조림이 천장까지 튀어 오르자 아이들은 걱정했다. 저걸 누가 치우느냐는 현실적인 한마디에 모두가 웃었다. 나는 차분히 설명했다.

"뜨거워지면 통조림 안쪽 공기가 팽창하면서 압력이 높아져. 그래서 작은 구멍도 없는 깡통은 결국 터지는 거야."

그러자 어떤 아이가 "그럼 집에서 절대 따라 하면 안 되죠?"라고 물었다. 설마… 당연히 안 되는 거 알지?

다섯 번째는 성냥 켜기 실험. 용암은 그냥 모든 것을 태워 버렸고, 레이저는 안전 장비 때문에 결과가 잘 보이지 않았다. 마크 로버는 화학 반응으로 성냥을 켜는 데 성공했지만, 그 장면을 본 한 녀석이 염산 물총을 사고 싶다고 해 위험하다며 단호하게 선을 그을 수밖에 없었다.

여섯 번째는 부탄가스 통 실험이었다. 레이저가 금속통을 서서히 절단하는 장면이 나오자 아이들은 숨을 죽였다. 금속이 붉게 달아오르며 갈라지는 장면은, 보기만 해도 손에서 땀나는 수준이었다. 폭발이 일어나자 아이들 얼굴에서 동시에 '대박'과 '무섭다'가 섞인 표정이 피어났다. 이어서 용암 팀이 아예 부탄가스 통 위에 용암을 부어버리는 장면이 나왔는데, 아이들은 이 장면에서 갑자기 편안해했다. "이건 거의 게임인데요?"라는 말에 모두가 동의했다. 현실과 게임의 장면이 묘하게 맞아떨어지자, 과학 실험이 아니라 마인크래프트 월드 속 이벤트를 보는 듯한 반응이 이어졌다.

마지막 미션은 배 가라앉히기였다. 투석기로 뜨거운 용암 덩어리를 배 위에 떨어뜨려도 배는 끄떡도 하지 않았다. "저건 실제로도 저렇게 안 타요?"라는 질문이 나올 만큼 배는 단단했다. 그런데 불화살을 연사로 쏘아 배의 몸통을 갈라내기 시작하자 아이들이 동시에 탄성을 내질렀다. 마침내 배가 갈라져 가라앉았고, 영상 속 연구자들이 잔해 일부를 '기념품'이라며 보여주자 교실은 또다시 술렁였다. "저걸 받아서 어디에 써요?" 맞아. 과학은 때때로 인류의 호기심과 쓰임새가 전혀 맞지 않을 때가 있다?

영상이 끝나자 나는 아이들에게 물었다. "그럼 너희는 용암이나 레이저로 뭘 해보고 싶니?" 예상대로 가장 먼저 나온 건 팝콘이었다. 지훈이는 한술 더 떠 '라바 치킨'을 만들겠다고 했는데, 용암에 닭을 던지면 익는다는 게임 속 설정을 현실처럼 당당히 주장하는 모습에 교실은 또 한 번 폭발했다. 대화는 닭 손질법으로 이어지더니, 누군가는 프라이팬으로 튀기겠다는 얘기까지 꺼냈다. 급기야 이야기는 치킨을 먹으러 온 외계인 잡기까지 확장됐다. "일단 비와 비율 정확히 해야 외계인을 잡을 수 있지 않을까?"

질문은 또 이어졌다. "선생님, 화산이 터질 때 돌멩이 타고 날아가면 멀리 갈 수 있어요?" 순수하지만 꽤 위험한 상상이었다. 원리가 맞지 않는다는 설명을 하려는 순간, 한 녀석이 벌떡 일어나 돌 위에 올라탄 사람처럼 두 팔을 벌리고 "슝―!" 하고 몸을 날렸다. 정확한 역학은 아니었지만, 적어도 그 손짓 하나만큼은 생각이 한 단계 확장되는 순간이었다.

열하일기 반, 왕꿈틀이 반

오늘 국어 수업. 『열하일기』로 시작해 왕꿈틀이로 끝났다. 아니, 더 정확히 말하자면 내 졸음으로 시작해 마이구미로 마무리되었다. 5교시 수업만 되면 어쩔 수 없이 찾아오는 그 무거운 시간대였다.

『열하일기』가 박지원이 청나라의 열하라는 지역에 다녀온 뒤 쓴 여행기라는 설명을 꺼내자 아이들은 '열하가 뭐길래' 하는 표정을 지었다. 열하가 뜨거운 강이라는 뜻이지만 실제 온도는 수영장 물 정도라는 말을 하자마자 한 아이가 냉탕은 15도라고 주장했고, 나는 그 정도면 얼음탕이라고 웃어넘겼다. 자연스럽게 분위기가 풀렸다.

책 이야기는 금세 깊어졌다. 조선을 비판하고 청나라의 문물을 솔직하게 칭찬했던 『열하일기』가 한때 금지되었다는 사실에 아이들이 눈을 크게 뜨며 집중했다. 그 시대 조선이 '우리가 작은 중국이다'라는 소중화사상에 빠져 있었고, 청나라를 무식한 오랑캐로 여겼다는 배경을 설명했다.

그런데 설명을 이어가던 도중, 졸음이 파도처럼 밀려왔다. 5교시는 학생이나 선생님이나 언제나 가장 위험한 시각이었다. 결국 나는 솔직하게 선언했다. 오늘은 여기까지 하자고.

그리고 마침내 비장의 무기를 꺼냈다. 왕꿈틀이와 마이구미. 젤리를 돌리자 교실 분위기는 단번에 환해졌고, 아이들은 수련 활동에서의 본인의 방 번호를 외치고 다녔다. 같이 모여 먹자나 뭐라나. 나 역시 잠시나마 눈꺼풀이 가벼워지는 듯했다.

결국 오늘의 『열하일기』는 반만 공부했고, 나머지 반은 젤리가 채웠다. 연암 박지원에게는 다소 미안했지만, 오늘만큼은 졸음 앞에서 젤리의 위대함을 재확인한 하루였다.

다음 시간엔 정말로 열하일기를 제대로 공부하겠습니다!

10월 22일

파이의 습격과 원주율과의 첫 만남

나는 칠판 한가운데에 큼지막한 원을 그려놓고 말했다.

"얘들아, 오늘의 주제는 원주율이다. 아주아주 오래전 원주율에 대해 궁금해했었어."

말이 끝나기가 무섭게 맨 뒷자리에서 질문이 날아왔다.

"그때 스마트폰 있었어요?"

나는 순간 멈칫했지만 곧 웃었다.

"없었지. 무려 4,000년 전이야."

"옛날 사람들은 바퀴도 만들고, 그릇도 만들고, 원을 계속 만들다 보니까 이상한 걸 발견했어. 원의 둘레가 지름보다 항상 일정하게 더 길더라는 거야."

그 말을 듣자 한 아이가 '그거 당연한 거 아니냐'는 표정으로 고개를 갸웃했다.

"맞아, 우리 입장에선 당연하지. 하지만 '그 일정하게 더 긴 게 정확히 얼마냐'를 생각해낸 게 놀라운 거야."

나는 화면에 '바빌로니아'를 적었다.

"고대 바빌로니아 사람들은 원의 둘레를 지름으로 나눠봤더니 3.125가 나왔대."

교실 여기저기서 감탄이 터졌다. 계산기도 없이 거의 맞힌 게 신기한 모양이었다.

"요즘은 컴퓨터로 소수점 아래 100조 자리까지 계산했대."

순식간에 아이들이 술렁였다.

100조라는 숫자가 던지는 충격은 언제나 크다.

"근데 실제로는 3.141592 정도만 알아도 과학에는 충분하대."

그러자 바로 질문이 이어졌다.

"그럼 왜 100조 자리까지 계산해요?"

나는 어깨를 으쓱하며 말했다.

"그냥… 할 수 있으니까? 이미 시작한 거 그냥 끝까지 가보는 게 아닐까."

칠판에 '원주율 = 파이'라고 쓰자마자 앞줄에서 손이 번쩍 올라왔다. 아이는 아주 진지한 표정으로 물었다.

"근데 파이는 애플파이 아니에요?"

참. 이건 알면서 당해준다. 그래 애플파이로 하자. 너희 선배들도 다 그렇게 애플파이라 했지.

"원의 지름에 대한 원주의 비는 원주 대 지름이다."

내 말이 끝나기도 전에 또 질문이 튀어나왔다.

"선생님, 그 콜론(:)… 얼굴이에요?"

"아니야, 그건 비율 표시야. 얼굴 그리는 자리 아님."

그래도 개념은 정리해야 한다.

"정리해 보자. 원주÷지름 = 3.14 = 원주율 = π."

내가 등호를 줄줄이 늘어놓자 뒤쪽에서 감탄이 흘렀다.

"우와, 원주율은 예명이 많네요."

나는 피식 웃으며 맞장구쳤다.

"그래, 수학계의 연예인이지."

이제 가장 중요한 단계다.

"얘들아, 외워야 한다."

그 순간 교실은 주문을 외우는 마법학교처럼 변했다.

"원의 지름에 대한 원주의 비는 원주 대 지름! 원주 나누기 지름은 3.14는 파이!"

그러자 한 아이가 중얼거렸다.

암송 발표 시간도 장관이었다. 어떤 아이는 정확히 외웠고, 어떤 아이는 "원의 뭐시기… 그… 저기…."만 반복하다가 친구에게 떠밀려 겨우 마무리했다. 그래도 모두가 끝까지 집중해 따라왔다.

"원의 지름에 대한 원주의 비는… 3.14는… 파이…."

수업은 끝났지만, 오늘의 주문은 여전히 아이들 머릿속에서 빙글빙글 돌고 있겠지?

베트남을 배우며 우리 일상을 다시 본 시간

오늘 사회 시간의 주제는 베트남이었다. 화면에 베트남 지도가 뜨자 분위기가 괜히 산뜻했다. 오늘은 뭔가 잘될 것 같은 기분이 들었다.

“가은아, 베트남 면적이 우리 남한의 몇 배 정도 될까?”

“세 배요!”

주저 없는 대답, 정확한 정답. 대한민국의 10만 제곱킬로미터. 계산은 쉽다. 시작부터 흐름이 좋았다.

나는 화면 속 그림들을 가리키며 말했다.

“쌀국수, 하롱 베이, 커피, 쌀, 후추… 다 들어봤지?”

아이들이 고개를 끄덕이며 집중하는 모습이 보기 좋았다.

“쌀국수 먹어본 사람?”

손이 우르르 올라왔다.

“향신료가 좀 세긴 한데, 나는 맛있더라.”

“고수는요?”

“그거 비누 맛 나요!”

여기저기서 터져 나오는 반응에 비누 맛은 맞는데 맛도 있고.

이어서 베트남 전쟁 이야기.

“우리가 38선으로 나뉘었듯, 베트남은 17도선으로 남북이 갈라졌어. 결국 북베트남이 승리했고, 그 당시 베트남 지도자 이름을 따서 도시 이름이 호치민이 됐지. 우리로 치면 김구 선생님 같은 위치 정도 아닐까.”

아이들이 고개를 끄덕이며 받아들였다.

하롱 베이로 넘어가며 나는 설명을 덧붙였다.

“석회암이 물에 녹아서 저런 지형이 된 거래. 원래는 평평했는데 오랜 시간 동안 녹아 사라진 거야.”

그러자 뒤쪽에서 들려오는 말.

“거기 가면 한국 사람밖에 안 보여요!”

나는 웃으며 “그럴 수도 있지.”라고 받아쳤다.

"세계에서 제일 큰 동굴도 베트남에 있대. 근데 관광객은 중간까지만 들어갈 수 있대. 위험해서."

바로 질문이 이어졌다.

"동굴 들어갔는데 동굴이 무너지면 어떻게 돼요?"

쓸데없는 걱정이라고 넘어갔는데 진짜 어떻게 행동해야 하지?

안남산맥 이야기를 할 때는 나도 모르게 몸짓이 커졌다.

"구름이 산을 못 넘어! 너무 높아서 여기서 박치기해 버려. 그럼 비가 돼서 떨어지고, 가벼워진 구름만 넘는 거야. 그래서 반대쪽은 비가 거의 안 와."

계단식 논 사진이 나오자 나는 손가락으로 계단 모양을 그려 보였다.

"산을 깎아서 만든 논이라 계단처럼 보여. 인간이 이렇게 산을 깎아낸 거야. 거기에 농사를 지으려고 논을 만든 거고."

계단식 논의 물 분배 이야기를 하며 나는 말했다.

"위쪽 논 주인이 물 안 주면 아래쪽은 난리 나겠지?"

"그럼 싸워야죠."

"그러니까 가위바위보가 제일 공평하겠네?"

"이런 건 말싸움으로 그냥…."

교실이 다시 폭소로 흔들렸다.

그때 갑자기 아이들 사이에서 영어 대화가 흘러나왔다.

"NO WATER?"

마지막 영상은 베트남 아이들의 등굣길.

옷을 물에 적시지 않으려고 책을 비닐봉지에 넣고 머리 위로 들어 올린 채, 거의 수영하듯 강을 건넜다.

"얘네들 학교가기 싫어서, 학교 가다가 노는 거 아니에요?"

"학교 가는 길이 너무 위험한데요?"

아이들의 반응이 순식간에 진지해졌다.

"저게 그 아이들의 등굣길이래. 매일 저렇게 간대."

"우리는 몇 분 거리도 스쿨버스 타는데 말이야…."

그때 갑자기 한 아이가 손을 들었다.

"선생님, 저 베트남 갔다가 다이빙하다가 머리 박아서 뇌진탕 왔어요."

진짜 베트남 여행가서 다이빙하다가 물이 너무 얕아서 큰일 날 뻔했단다. 화면 속 아이들은 여전히 비닐봉지를 머리에 이고 물장구를 치며 학교로 향하고 있었다. 책만큼은 절대 젖게 하지 않으려는 그 모습에 안타까운 마음이 밀려온다.

안 내 빠찌 강낭콩과 얼티미트

오늘 체육관은 "안 내 빠찌 강낭콩!"이라는 외침으로 시작부터 들썩였다. 누가 이런 주문 같은 말을 만들었는지 모르겠지만, 오늘만큼은 그 말이 전쟁의 개시 신호였다. 체육 선생님이 가위바위보로 팀을 나누자고 하셨는데, 나는 아직도 왜 '안 내면 빠지는지'를 모르겠다. 냈는데도 빠진 것 같은 표정을 짓는 아이들이 있었고, 그 얼굴만 봐도 세상의 불공평이 다 보였다. 어쨌든 블루 팀과 레드 팀이 만들어졌고, 플라잉 디스크 럭비, 즉 얼티미트의 경기가 시작됐다.

경기 방식은 단순했다. 디스크를 골대처럼 만든 훌라후프 안에서 받아내면 득점. 던져 넣는 게 아니라 받는 사람의 손에 정확히 도달해야 득점이기 때문에 모두의 움직임과 타이밍이 중요했다. 휘슬이 울리고 첫 공격이 시작되자마자 아이들은 디스크가 있는 곳으로 한 덩어리처럼 몰려갔다. 체육 선생님의 외침이 곧바로 뒤따랐다.

"뭉쳐 다니면 빈 곳이 많다!"

하지만 한 명만큼은 다르게 움직였다. 블루 팀의 산이는 혼자 무리에서 살짝 떨어져 빈 공간을 차지하고 있었다. 당연히 먹히는 플레이였다. 디스크가 산이 쪽으로 날아가자 산이는 안정적으로 받아내며 첫 득점을 올렸다.

두 번째 공격에서도 분위기는 비슷했다. 산이는 디스크를 받기 위해 다시 넓은 공간을 찾아 움직였고, 결국 훌라후프 안에서 또 한 번 완벽하게 디스크를 받아냈다.

"오늘 컨디션 좋은데…."라는 말이 절로 나왔다.

레드 팀도 바로 반격했다. 다솜이가 공중에서 디스크를 낚아채더니, 훌라후프 안에 서 있던 팀원을 향해 정확하게 던졌다. 패스를 받은 순간, 레드 팀의 첫 득점이 터졌고 체육관이 들썩였다.

하지만 경기는 점점 블루 팀 쪽으로 기울었다. 디스크가 공중을 가르는 순간, 또 산이가 훌라후프 안에서 안정적으로 잡아내며 세 번째 득점을 올렸다. 아이들의 환호가 체육관 전체를 채웠다.

경기가 치열해질수록 규칙도 더 중요해졌다. 디스크를 들고 걸어가는 순간, 체육 선생님의 목소리가 번개처럼 떨어졌다.

"워킹 바이얼레이션!"

심지어 한 발만 움직여도 반칙이었다. 그제야 아이들은 비로소 진지하게 멈춰 섰다. 팀워크란, 모두가 한곳에 달라붙는 게 아니라 각자 자리를 지키며 빈 공간을 메우는 것이라는 걸. 단순한 사실인데도 정작 깨닫는 데 시간이 걸렸다. '몰려가야 득점할 수 있다'는 착각이 너무 강해서였겠지. 경기가 끝나자 아이들은 땀범벅이 된 얼굴이다. 체육관 한편에서 그 모습을 보며 나는 고민했다.

"다음 시간엔 '뭉치지 마세요'라고 적힌 팻말이라도 들고 있어야 하나…."

10월 23일

시험은 없지만 문제는 많았던 사회 시간

오늘 1교시 사회 시간, 나는 아이들에게 조금 특별한 미션을 제안했다.

"오늘은 너희가 출제자다. 교과서 56쪽부터 70쪽 사이에서 시험 문제를 직접 만들어보자. 넌센스도 가능하고 개그도 환영한다."

말이 끝나자 교실 분위기가 미묘하게 바뀌었다. "선생님, 진짜 이걸 하라고요?"라고 묻는 표정들이었다.

칠판에 몇 가지 예시를 적으며 방향을 잡아줬다.

"57쪽에 '우리나라의 국가별 수출입액 1위는 미국이다'를 OX로 내면 너무 쉽지. 이런 건 몸풀기용이고, 진짜 문제는 좀 더 깊게 만들어보자."

그러자 맨 뒷자리에서 한 녀석이 손을 번쩍 들었다.

"그럼 국가별 원유 수입량 순서로 내볼게요. 쿠웨이트, 미국, 사우디아라비아 순서죠?"

자신만만한 표정에 피식 웃음이 났다.

"좋아. 그럼 그보다 더 어려운 것도 한번 만들어보자."

59쪽으로 넘어가며 난 예시를 하나 더 꺼냈다.

"세계에서 영토가 가장 넓은 나라는?"

아이들이 고민하는 기색을 보이자 힌트를 줬다.

"ㄹㅅㅇ."

그러자 기다렸다는 듯 "러시아!"가 교실을 채웠다. 이건 너무 쉽나?

내가 말하자마자 한쪽에서 "그건 너무 쉬워요~"라는 외침이 날아왔다.

그때 문득 예전에 어떤 아이가 냈던 문제 하나가 떠올랐다.

"예전에 한 아이가 '다음 중 독일에 있는 통일을 상징하는 문은?'이라는 문제를 낸 적이 있었어. 보기가 1번 동대문, 2번 서대문, 3번 남대문, 4번 북대문, 5번 브란덴부르크 문이었지."

아이들이 킥킥대기 시작했다.

"근데 문제는… 남대문을 고른 아이가 두 명 있었다는 거야."

아이들이 동시에 물었다.

"왜요?"

"저학년 때 담임 선생님이 남대문이 국보 1호라고 하셨대."

이어 '개그형 문제' 예시를 보여줬다.

"자, 이런 것도 좋아. '이도건 선생님은 한 끼에 쌀국수를 세 그릇 먹은 적이 있다.' O, X?"

아이들이 망설임 없이 외쳤다.

"O요!!!"

"땡. 네 그릇이다."

또다시 폭소.

"혹은 이런 문제도 가능하다. '국물 맛있다~ 응, (미)국이야~' 빈칸 채우기 문제지."

이번엔 분위기가 묘하게 싸해졌다. 그건 아재개그라는 도저히 받아들일 수 없다는 아이들.

나는 민망함을 감추며 다음 문제로 넘어갔다.

"배 한 척에 징이 하나 달려 있는데, 배가 두 척이 되면?"

정답: 베이징.

"이게 바로 아재개그의 위력이다… 우리 쌤은 아재다."

"좋아, 이제 정말 너희 차례다. 직접 문제 만들어봐!"

책장을 넘기는 소리, 서로 어깨를 잡고 웃는 소리, "이건 진짜 시험에 나와도 돼요!"라는 외침이 뒤섞였다.

문제를 푸는 것보다, 문제를 만드는 편이 아이들을 훨씬 더 깊이 들여보내는구나.

오늘의 사회 시간은 그렇게, 교실에서만 가능한 작은 '출제자 체험'으로 완성되었다.

출제는 창의력이다!

• 현가은

(아재개그) 일본이 일을 쉴 때 하는 말은? **→ 오사카**

(67쪽) 미국은 넓은 땅을 이용해 밀·옥수수 등의 곡물을 대규모로 생산하고 있다. (O/X) → O

(68쪽) 독일은 ○개의 나라에 둘러싸여 있다. **→ 9개**

(64쪽) 석유와 천연가스로 공업화를 진행하고, 과학기술 개발과 농업 발전에도 힘쓰는 나라는? **→ 사우디아라비아**

(66쪽) 미세먼지 같은 환경 문제를 해결하기 위해 여러 나라가 서로 □□하고 있습니다. **→ 협력**

• 정소령

(61쪽) 일본의 가장 유명한 온천은 무엇일까요?

① 삿포로 온천 ② 히메지 온천 ③ 벳푸 온천 ④ 히노키 온천 → ③

(58쪽) 독일의 분단 흔적은 베를린에 있다. (O/X) → O

(59쪽) 러시아 대부분 지역에 나타나는 기후는? **→ 냉대기후**

(69쪽) 사우디아라비아에서 가장 유명한 공간은? → (자유 서술)

(아재개그) 화장실에서 방금 나온 사람을 뭐라고 부를까요? **→ 일본 사람**

• 이주영

(59쪽) 러시아 인구는 1억 5천만 명 이상이다. (O/X) → X

(60쪽) 중국의 면적은 10,000,000㎢ 이상이다. (O/X) → O

(61쪽) 일본에는 벤츠 공예가 아닌, 원숭이가 산다. (O/X) → X

(64쪽) 미국에는 대평원이 있어서 밀과 옥수수를 많이 재배한다. (O/X) → O

(60쪽) 사우디아라비아는 석유 산업이 발달해 있다. (O/X) → X

(70쪽) 베트남은 S 자 모양이다. (O/X) → O

- **장신은**

(60쪽) 다음 중 중국에 있는 성이나 성벽을 모두 고르세요.

① 만리장성 ② 히메지성 ③ 시안성 ④ 남한산성 ⑤ 백악관 → ①, ③

(60쪽) 다음 중 중국에 있는 지역을 고르세요.

① 서울 ② 창안 ③ 메카 ④ 다낭 → ②

(60쪽) 중국의 옛 수도를 쓰시오. → **시안**

(60쪽) 다음 중 중국에 있는 강을 고르세요.

① 한강 ② 메콩강 ③ 리양강 ④ 미시시피강 ⑤ 황허강 → ⑤

(60쪽) 중국에 있는 산맥의 이름을 쓰시오. (힌트: 국경) → **톈산산맥**

- **김서후**

이도건 선생님은 독일에 갔다 오셨다. (O/X) → O

(64쪽) 한국의 이웃 나라 면적 맞추기 ( ) → ( ) → ( ) → **중국, 몽골, 한국**

(68쪽) 쾰른 성당을 건설하는 데 걸린 시간은? (힌트: 600□) → **600년**

(61쪽) 대불상이 있는 섬나라의 이름을 쓰시오. → **일본**

(65쪽) 미국에서 가장 큰 산맥의 이름은? (힌트: □□□□) → **로키산맥**

(59쪽) 러시아에서 가장 긴 기차의 이름은? (힌트: 시베□□ 횡단열차)

→ **시베리아 횡단열차**

(60쪽) 중국에서 유명한 성의 이름은? → **만리장성**

- **주지훈**

(61쪽) 일본은 우리나라의 동쪽에 있는 섬나라로, 대부분 ( )로 이루어진 ( )개의 큰 섬과 ( )개의 작은 섬으로 구성되어 있습니다. → **산지 / 4개 / 수천 개**

(61쪽) 일본의 인구는 약 몇 억 명일까요?

① 약 1억 2,510만 명 ② 약 1억 2,512만 명 ③ 약 1억 2,513만 명 → ①

(67쪽) 미국은 옥수수가 정말 많습니다. 그 옥수수는 사람이 먹습니다. (O/X)

→ X (가축 사료로 사용)

- **김산**

(59쪽) 다음 중 러시아에 있는 산맥을 고르세요.

① 태백산맥 ② 히말라야산맥 ③ 우랄산맥 ④ 로키산맥 → ③

(68쪽) 고속도로 아우토반이 있고, BMW·벤츠·아우디 본사가 있는 나라는? → **독일**

(68쪽) 독일의 도시 슈투트가르트는 무엇으로 유명할까요? → **자동차 산업**

(61쪽) 삿포로가 있는 일본의 섬은? → **홋카이도**

- **최하윤**

(70쪽) 베트남에 있는 산맥 이름은 무엇입니까?

① 우랄산맥 ② 히말라야산맥 ③ 로키산맥 ④ 안남산맥 ⑤ 애팰래치아산맥 → ④

(61쪽) 일본이 잘 발달하지 않은 분야는 무엇입니까?

① 수산업 ② 정보산업 ③ 운송 → ③

(61쪽) 일본의 대표적인 네 개의 섬을 쓰시오. → **홋카이도, 혼슈, 시코쿠, 규슈**

(61쪽) 미국에서 키우는 옥수수는 가축의 먹이로 쓰인다. (O/X) → O

(70쪽) 베트남의 유명한 장소를 쓰시오. → **하롱 베이**

(59쪽) 러시아의 강 이름으로 맞는 것은?

① 리양강 ② 안가라강 ③ 볼가강 ④ 미시시피강 → ③

(60쪽) 사우디아라비아의 도시 중 이슬람 사원으로 유명한 곳은 어디입니까? → **메카**

- **이도현**

(63쪽) 중국·일본·한국은 ( ) 요리가 발달하였다. → **면 요리**

(70쪽) 베트남의 지리는 ( ) 자 모양을 닮았다. → **S 자**

(61쪽) 일본 홋카이도에서는 ( ) 축제가 열린다. → **삿포로 눈축제**

(60쪽) 중국에는 긴 산성이 있다. 그 이름은? → **만리장성**

(67쪽) 미국 알래스카에서는 ( )가 많이 난다. → **석유**

(59쪽) 러시아의 면적은 약 1,600만㎢로 대한민국의 약 ( )배이다. → **160배**

• **정하진**

우리나라와 베트남, 일본, 중국, 미국, 러시아 중 나라별 면적을 큰 순서대로 쓰시오.

→ 러시아 → 중국 → 미국 → 베트남 → 일본 → 한국

섬이 많은 일본에서 각각 발달한 산업을 모두 고르세요.

① 육류산업 ② 자동차산업 ③ 수산업 → ①, ③

다음 나라들 중 면적이 큰 순서대로 쓰시오.

일본, 중국, 미국, 독일, 러시아

→ 러시아 → 중국 → 미국 → 독일 → 일본

조선아, 정신 차려! – 박지원의 청나라 여행기, 교실에서 다시 읽는다

오늘 수업은 『열하일기』였다. 단순히 교과서에 등장하는 여행기가 아니라 조선을 향해 정면으로 문제를 제기한 책이라는 점을 먼저 짚었다. “옆 반 친구들은 잘하는데 너희는 왜 이래?” 하고 꾸짖는 느낌에 가깝다고 설명하자, 아이들은 곧바로 집중했다. 한 학생이 “그럼 조선의 왕도 화났겠네요?”라고 묻자, 나는 정조조차 “박지원, 너 너무했다.”라고 말할 정도였다고 알려주었다.

『열하일기』가 던진 문제의식은 단순한 여행 기록을 넘어선다. 만약 조선이 그의 말을 조금이라도 들었더라면 동아시아의 판도가 달라졌을지도 모른다. 아이들이 웃었지만, 그 말에는 어느 정도의 진심이 담겨 있었던 것 같았다.

책 속의 ‘득룡’ 이야기를 들려주자 아이들이 잘 들어준다. 중국인들이 비단과 돈을 요구하며 달려들 때, 득룡이 “너 작년에 우리 주인 술 훔친 사람 아니냐.”라고 되받아치는 장면이다. 아이들은 크게 웃었지만, 그 말 속에는 인간의 심리를 꿰뚫는 통찰이 있었다. 누군가를 큰 소리로 도둑으로 몰아세우면 사람들은 일단 도둑이라는 의심에서 혹은 도둑이라는 확신까지 믿는다는 것이다.

의주 상인들 이야기를 이어서 설명했다. 중국에서 물건을 싸게 사 와 조선에서는 몇 배로 팔았던 구조, 그리고 박지원이 그 이유를 ‘조선에는 마땅한 도로가 없어서’에서 찾았다는 점을 강조했다. 길만 제대로 닦이면 유통이 살아나고 물가가 안정된다는 사실을 이미 알고 있었다는 점에서 아이들은 놀라워했다.

청나라 국경에 들어선 박지원의 충격도 빼놓을 수 없었다. 정돈된 도로, 튼튼한 벽돌 건물, 넓은 상점들. 특히 규격화된 벽돌은 조선과의 격차를 단번에 보여주는 요소였다. 박지원이 "우리도 벽돌집을 지어야 한다."라고 하자, 동행한 양반이 "돌멩이로 집을 짓는 게 낫다."라고 했던 일화를 전했다. 벽돌이나 돌멩이나 같은 거 아닌지 하는 아이들. 하지만 그들의 대화에는 새로운 것을 배우거나 받아들이기 꺼렸던 조선의 사고가 그대로 담겨 있었다.

안시성 이야기에 이르자 분위기가 한층 더 살아났다. "당태종의 눈을 맞힌 화살이요?"라며 반가워하는 목소리도 나왔다. 5학년 때 동영상으로 봤다고 한다. 박지원이 여기저기서 '평양'이라는 지명을 보고 "다 우리 땅이야."라고 말한 대목에서는 아이들이 동시에 감탄했다. 오만해 보이지만, 그 속에는 조선인으로서의 자부심도 있었다.

전족 풍습 이야기에서는 교실이 잠시 조용해졌다. 발을 작게 만들기 위해 꽁꽁 묶는 풍습이 있었다고 하자, 아이들은 일제히 얼굴을 찌푸렸다. 여성의 삶이 억눌렸던 현실을 박지원은 그대로 적어냈다.

몽골인을 만난 장면에서는 다시 웃음이 터졌다. 칭기즈칸의 후예라 겁을 먹었지만 실제로는 순박하고 온화했다는 내용이 아이들의 상상과 달랐기 때문이다. "이미지랑 다르다."라는 말에서 세상을 바라보는 편견이 얼마나 쉽게 깨질 수 있는지 자연스럽게 드러났다.

심양에 도착한 장면에서는 박지원의 놀라움이 최고조에 이른다. 사람과 수레가 부딪힐 정도의 번화함, 질서 잡힌 거리, 글로 대화를 나누는 지식인들의 문화까지 모두 새로웠다. 그중에서도 청심환 이야기에서는 아이들이 흥미롭게 귀를 기울였다. 왕족만 먹던 귀한 약이 소문을 타며 '만병통치약'처럼 퍼졌다는 설명에 웃음이 이어졌다.

그러나 웃지 못할 장면도 있었다. 참외를 훔쳤다며 조선인 50명을 고발한 노파가 청심환을 요구했고, 박지원은 미안한 마음에 값을 치렀지만 결국 속았다는 일화였다.

박지원이 가장 크게 감탄한 부분은 청나라의 '폐기물 관리'였다. 조선에서는 똥과 깨진 기와가 아무렇게나 버려졌지만, 청나라에서는 이를 자원으로 활용했다. "작은 것도 낭비하지 않는 태도"가 부강함의 바탕이라는 설명에 아이들은 고개를 끄덕였다. 나는 "영어 단어도 하나하나 외우다 보면… 쓰레기도 자원이 되고 습관도 실력이 된다."라고 덧붙였더니 여기저기서 깊은 한숨이 흘러나왔다.

변발, 도로 정비, 수레 사용 등 여러 장면에서 조선과 청나라의 차이는 더 선명하게 드러났다. 조선의 수레바퀴가 '원형'이 아니었다는 사실을 말하자 아이들의 표정이 크게 변했다. 왜 바퀴가 원형이 아니었을까? 기술·도로·유통이 모두 막히면 나라 전체가 정체된다는 설명에 아이들은 금세 집중했다.

시장 풍경도 흥미로웠다. 고성을 지르며 물건을 던지는 조선 사람들, 밥을 얻어먹고도 불평하던 조선인들의 모습에 아이들은 한동안 웃음을 멈추지 못했다. 동시에 박지원이 느낀 부끄러움도 자연스럽게 이해했다.

북경에 도착한 이후의 장면들은 그야말로 '세상 구경'의 연속이었다. 천문대, 동물원, 성당, 이슬람 사원까지 모두 둘러보는 그의 모습에서 학문의 경계를 넘나드는 호기심이 느껴졌다. 열하로 가는 길은 너무나 험하고 멀어서 대부분의 사절단이 포기했지만 박지원이 끝까지 간 이유도 여기에 있었다.

『열하일기』의 메시지는 분명했다.

"배우는 게 부끄러운 게 아니다. 남의 것을 배우는 건 오히려 당당한 일이다."

『열하일기』는 세상을 향해 마음을 열기 위한 용기의 기록이었다. 조선은 그 목소리를 제대로 듣지 못했고, 그 뒤의 역사는 이미 우리가 알고 있는 바다. 『열하일기』는 과거의 책이 아니라, 오늘 우리가 읽어야 할 거울이다.

수련활동 오리엔테이션

수련활동이 2박 3일이라니, 듣기만 하면 낭만적인데 교사 입장에선 다르다. 열세 명과 함께하는 2박 3일은 어쩌면 가장 '현실적인 생존 훈련'이 될지도 모른다.

"예전에 200명 데리고 제주도 갔을 때, 한라산 등반하다 한 명 잃어버렸어요. 물론 찾긴 했지만."이라고 말하자 아이들 눈이 잠시 반짝였다. 그 뒤에 이어진 말이 분위기를 바로 가라앉혔다.

"지금부터의 안내교육 설명을 안 듣고 사고 치면 본인 책임입니다. 책임! 책임! 책임!"

사실 나는 이 프로그램을 처음에 반대했다. 요즘 아이들은 고마움보다 반찬 이야기부터 시작하고, 무엇보다 이게 무료라는 게 문제다. “부모님 세금으로 가는 겁니다. 세금은 진짜 귀한 돈이에요. 그냥 놀러간다고 생각하면 안 돼요.”라고 하자, 아이들 얼굴에는 어김없이 ‘또 시작됐다’는 표정이 떠올랐다.

일정표를 넘겼다.

“우리 반은 2조예요. 도착하고 강당으로 이동해서 생활 안내, 안전교육….”

“우리는 사이언스 룸에서 모일 거예요. 담당 선생님은 ○○선생님이래요. 근데 쌤도 아직 못 봤어요. 엄청 무서울 거예요.”

바로 질문이 날아왔다.

“선생님도 말 못 알아들으면 어떡해요?”

“그럴 리가요. 챗GPT 켜놓으면 되죠.”

교실은 순식간에 웃음바다가 됐다.

프로그램은 생각보다 다양했다. 밸런싱, 그래비티, 목공예, 쿠킹….

“쿠킹은 40분이라 진짜 요리하긴 어렵고, 완성된 것을 꾸미는 정도가 아닐까?”

그리고 병원 체험. “병원을 하려면 환자가 필요하죠? 자, 주사 맞을 시간입니다. 엉덩이 내리세요!”라고 장난을 치자 아이들이 일제히 항의했다.

“아니에요! 요즘은 팔이에요!”

표정이 가장 진지해진 순간은 벌점 제도 설명이었다.

“벌점 5점이면 퇴소예요. 부모님이 직접 와서 데려가셔야 돼요.”

교실이 조용해졌다.

“1, 2점은 금방 받아요. 수업 시간에 이상한 행동하면….”

핸드폰 규칙도 중요했다.

“핸드폰은 아침에 걷고, 저녁 통화할 때만 돌려줍니다. 제출 안 하면 벌점이에요.”

이유도 분명하다.

“숙소에서 몰래 사진 찍으면 성추행입니다.”

“남자끼리 찍어도요?”

샤워실도 하나뿐이라 더 조심해야 한다고 말하자, 아이들이 다시 고개를 끄덕였다.

숙소 이야기가 나오자 또다시 웅성거림이 시작됐다.

“2층 침대가 세 개예요. 2층이라 해도 떨어질 일은 없어요. 안전바가 있고. 떨어지려면 이렇게 몸을 뒤집어야 돼요.” 하고 직접 몸을 흔들어 보였다.

“그래도 불안해요.”

“그럼 가위바위보로 정하세요. 하루하루 번갈아 가는 것도 좋고.”

그리고 제일 중요한 간식 이야기.

“매점 없습니다. 2일 치만 챙기세요. 20일 치 가져오면 안 돼요.”

“그럼 20일 치 챙겨 가서 하루 만에 먹으면요?”

“먹을 수만 있으면 되는데….”

이건 답을 잘못한 것 같다. 속으로는 ‘진짜 저럴 애가 있다’는 생각이 스쳤다.

“라면은 안 됩니다. 불 쓰면 안 돼요.”

라면에 대한 질문은 왜 자꾸 반복되는지….

오리엔테이션 끝나고 남은 시간에 토론 주제를 정했다. 원래는 남북통일 찬반 토론을 하려고 했었다. 그러나 아이들이 다른 주제로 바꾸자고 한다.

곧이어 새로운 제안이 튀어나왔다.

“짜장면 vs 짬뽕으로 하죠!”

“짜장면보다 짬뽕이 낫죠!”

“아니, 분식이 최고예요!”

“좋아요. 수련활동 잘 끝나면 짜장이든 짬뽕이든 뭐든 먹읍시다.

단! 그 전에 잊어버리지만 말고, 벌점부터 조심합시다. 그리고 토론 주제는 그냥 남북통일 찬반 토론!”

10월 24일

직사각형이 안 되지만, 직사각형이 되는 순간

나는 전날 이야기했던 내용을 다시 꺼내며 수업을 이어 갔다.

"어제 내용 기억나죠? 원 안에는 무한히 많은 원이 들어 있어요. 점을 무한히 찍으면 선이 되고, 선을 무한히 그으면 면이 돼요."

아이들은 익숙한 듯 고개를 끄덕였지만, 정확히 이해했는지는 조금 불확실했다. 그래서 다시 한 줄 덧붙였다.

"이게 바로 차원 이동이에요. 점은 0차원, 선은 1차원, 면은 2차원. 원도 2차원이니까 결국 넓이를 구할 수 있다는 뜻이죠."

그다음, 나는 칠판에 원을 다시 그려 보이며 말을 이었다.

"원을 펼치면 직각삼각형이 돼요. 몇천 년 전에 아르키메데스가 그렇게 넓이를 구했어요."

이 부분에서는 설명보다 영상이 더 낫겠다 싶어 짧은 영상을 보여주었다. 아이들은 고개를 갸웃거리면서도 집중해서 화면을 바라봤다.

영상이 끝나자 나는 다시 본론으로 돌아왔다.

"초등학교 수학에서 '무한'이 등장하는 건 사실 이 개념 하나뿐이에요. 왜냐하면… 무한을 안 쓰면 원의 넓이를 구할 수가 없어요."

그 말을 듣는 순간, 교실 분위기가 살짝 이상해졌다.

아이들 얼굴에는 딱 '선생님, 지금 어디까지 가시는 거예요?'라는 표정이 떠올랐다.

하지만 이미 시작된 이상, 수업은 돌아갈 수 없는 길로 들어섰다.

나는 분필을 들고 원을 다시 쪼개기 시작했다.

"원을 4등분하고, 8등분하고, 16등분하고…."

입으로는 "이건 머릿속으로만 생각하세요!"라고 말하면서도 내 손은 멈추지 않고 32등분, 64등분, 128등분까지 나아갔다.

사실 교과서에는 이미 잘 나누어 놓은 그림이 있지만, 직접 그려 보여야 아이들이 '아, 끝없이 나누면 이런 느낌이구나'를 체감할 것 같았다.

마침내 마지막 문장을 꺼냈다.

"이렇게 무한히 나누면… 결국 직사각형이 돼요."

그리고 설명을 마치려는 순간, 나도 모르게 이상한 마무리를 덧붙였다.

"직사각형이 안 될 것 같지만, 또 직사각형이 돼요."

말을 하고 나니 나조차 무슨 철학 한 줄을 던진 느낌이었다.

2시간 안에 보드게임을 완성하라.

부루마블, 카드 게임, 딱지, 메모리 게임 중 하나를 만들어야 했다. 말은 간단했지만, 이게 얼마나 무모한 계획인지 나만 알고 있었다.

첫 번째 난관은 짝 정하기였다.

"혼자 할 사람? 같이 할 사람?"

질문이 끝나자마자 교실은 이미 네고 현장이 됐다. 손은 오르고, 내려가고, 다시 오르고… 계산과 눈치가 교차했다. 7명이 남았다. 아주 애매한 숫자다. "누가 혼자예요?" 하자 공기가 묘하게 식었다. 시선이 이리저리 오가며 정적이 흘렀고, 결국 어색한 미소 속에서 팀이 꾸려졌다. 부루마블 3조, 딱지 1조, 카드 1조, 메모리 1조. 네 전선이 동시에 개전됐다.

먼저 폭주 기관차처럼 달린 건 산이와 도현이 조였다. 주제는 자동차 부루마블. 처음엔 귀여웠다. 자전거 10만 원, 어린이 자동차 20만 원, 전통카트 50만 원. 여기까진 현실적이었다. 그런데 다음부터는 모든 논리가 무너졌다. 통통 킥보드 3억. 킥보드 하나가 강남 아파트보다 비쌌다. 그다음부터는 그냥 판타지였다. 라바카 자동차 8,000만 원, 라이노 자동차 1,000만 원, 보네카 5억, 시우 자동차 20억. 그리고 정점을 찍은 건 F1 시리즈였다. 레드불 200억, 맥라렌 201억, 메르세데스 202억, 페라리 203억. 가격이 딱 1억씩 오르는 이 정교한 구조라니. 그리고 최종 보스, 롤스로이스 보트테일 250억. 나는 잠시 그들의 판을 바라보며 생각했다.

"이건 단순한 보드게임이 아니라 세계 경제의 리셋이다."

반면 다솜이와 하윤이는 사람 중심의 게임을 만들었다. 우리 반 친구들이 게임 칸이 되어 있었다. 그런데 첫 칸부터 충격이었다. '이도건 15,000원'. 그렇다, 그건 바로 나였다. "선생님은 15,000원이요!"라는 말에 이상하게 설득당한 기분이었다. 그런데 행운 칸에는 '다음 칸 50% 할인'. 만약 내가 걸리면 가격이 7,500원이 되는 셈이었다. 권시오는 10만 원, 하윤은 1만 원, 하진은 2만 원, 다솜은 5만 원, 신은은 무려 50만 원이었다. 아이들의 시세표는 논리보다 인상과 감정이 앞섰다. 그런데 마지막 칸을 보고 나는 말이 안 나왔다. '6학년 2반 100만 원'. 우리 반 전체가 옆 반 한 칸 값에도 못 미쳤다. 현실의 잔혹함이 이토록 창의적일 줄은 몰랐다.

한편 소령이는 혼자 조용히 메모리 게임을 만들고 있었다. 2장씩 같은 그림을 맞추는 전통적인 방식. 그런데 그 카드의 구성은 도저히 예상할 수 없었다. 여우, 강아지, 토끼, 오리, 햄스터 같은 귀여운 동물들 사이에 '릭', 'ZB1', '건욱', '제로즈'가 끼어 있었다. 나는 잠시 멈칫했다. "소령아, 이건 아이돌 카드야?" 하고 물으니 "아뇨, 동물 친구들이랑 같이 살아요."라는 대답이 돌아왔다. 설명이 더 혼란스러웠다. 순간 미술실이 보드게임 제작소인지, 아이돌 팬 미팅 준비실인지 알 수가 없었다.

2시간이 지나자 교실은 난장판이 됐다. 색종이, 테이프, 가위, 사인펜이 여기저기 흩어졌고, 각자 만든 게임판들이 책상 위를 덮었다. 나는 과자를 먹을 틈도 없이 이들의 창의력 폭풍을 지켜봤다. 현실 감각을 초월한 자동차 경제, 교실판 자본주의, 동물과 아이돌이 공존하는 세계. 이 모든 게 단 두 시간 만에 만들어졌다

10월 27일

LG 파이팅만 남기고 사라진 남자

어제 나는 야구장에 가지 못했다. 아니, 정확히는 가지 못한 게 아니라 못 들어갔다. 티켓을 구하지 못한 서러운 야구팬의 운명이었다. 그래도 그냥 돌아가기엔 아쉬워서, 한국시리즈 1차전이 열리는 잠실야구장 근처를 배회했다. 야구장 근처에는 제법 많은 사람들이 영상을 보며, 소리를 직청(?)하고 있었다.

그때였다. 어디선가 기자 한 명이 나타났다. 마이크를 들고 다가오더니 "인터뷰 좀 가능할까요?" 했다. 순간, 나는 방송인처럼 자연스럽게 고개를 끄덕였다. 그리고는 2분여 열정적으로 말했다.

"이번 한국 시리즈 정말 기대됩니다. 팬으로서 꼭 들어가고 싶었지만 표를 구하지 못해서요. 그래도 이 분위기만으로도 충분히 행복해요. 선수들 다치지 말고 좋은 경기 보여주면 좋겠어요."

기자는 고개를 끄덕이며 말했다.

"말씀 정말 잘하시네요!"

그 한마디에 나는 속으로 확신했다.

'아, 나 오늘 뉴스 나온다.'

그날 저녁, 뉴스 검색을 했다. 심장이 두근거렸다. 화면엔 잠실야구장, 환호하는 관중, 그리고 인터뷰 장면. 내 얼굴이 나왔다. 입이 열렸다. 그리고 단 한 문장이 흘러나왔다.

"LG 파이팅!"

…끝이었다.

그렇게 내 열정의 인터뷰는 공중으로 증발했다. 남은 건 그저 짧고 단단한 네 글자뿐이었다. LG 파이팅.

근데 오늘 산이가 등교해서 나에게 말했다.

"선생님, 뉴스 봤어요 인터뷰 하셨죠?"

직유는 가볍게, 은유는 묵직하게

시를 한 편 쓰기 위해 1학기에 배웠던 비유법부터 복습했다. 학습지를 또박또박 읽었다.

"입술은 드럼처럼 느낌을 만든다. 하늘은 유리같이 맑다."

아이들은 직유를 좋아한다. '~처럼', '~같이'만 붙이면 시가 된다고 믿는다. 직유법이 강렬하긴 하다. "운동장이 참 넓어."라고 하면 그냥 관찰문이지만, "운동장이 가은이 마음처럼 넓어."라고 하면 시가 된다.

이어서 은유 차례가 되었다.

"내 마음은 작은 등대, 꿈은 내 안의 엔진, 책은 다른 세계로 통하는 문."

내가 "책은 다른 세계로 통하는 문이라는 말은 어때?" 하고 묻자, 어떤 아이가 진지하게 물었다.

"선생님, 진짜 문이 그려져 있어요?"

은유를 설명하느라 잠시 멈췄다. 은유는 실제로 존재하는 문이 아니라, 마음속에만 있는 문이라고. 사실 은유는 쓴 사람만 정확히 이해할 수 있다.

나는 주영이에게 물었다.

"선생님을 어디에 비유하고 싶어?"

"태양이요!"

듣자마자 어깨가 으쓱했다. 하지만 지훈이에게 "축구를 어디에 비유하고 싶어?"라고 묻자 답을 못 하길래 내가 첫사랑에 비유하는 게 어떨겠냐고 권했다. 단, 비유에 대한 판단은 본인이 하라며. 최소한 나에게는 첫사랑처럼 설레었던 축구. 이젠 난 야구팬으로 전향했다. 일단 첫사랑과 축구로 시를 쓴다.

나는 공을 찬다.
나는 첫사랑을 저 멀리 차버린다.
첫사랑은 골대를 맞고 데굴데굴 굴러간다.

그렇게 시 한 편이 완성되었다.

지훈이는 잠시 고민하다가 "축구는 자존심이요."라고 덧붙였다. 갑자기 품격이 확 올라갔다. 축구는 자존심, 그 말은 묻지 말고 그냥 느끼는 게 맞다.

의인법 예시를 읽는 시간도 흥미로웠다.

"낙엽이 골목에서 비바람을 품는다. 해가 창문 밖에서 미소를 짓는다. 빗방울이 지붕을 두드린다."

아이들이 고개를 갸웃거렸다. "선생님, 달빛이 어떻게 기대요?"라고 묻는 아이도 있었다.

"그건 네 마음에 보이면 되는 거야."

내가 대답했다. "바람이 휘파람을 분다."라는 말도 실제로 휘파람을 부는 게 아니라, 그 소리가 휘파람처럼 들린다는 뜻이라고 설명했다.

나는 마지막으로 중요한 팁을 하나 덧붙였다. "시를 쓸 때는 글감을 먼저 모아야 해요." 축구에 대한 시를 쓰고 싶다면 '축구공, 골대, 골, 승리, 패배' 같은 단어를, 빵 굽기 시를 쓴다면 '빵 냄새, 오븐, 크루아상, 친구의 미소' 같은 단어를 모으라고 했다. 그 단어들로 문장을 엮으면 그게 시다.

그리고 한마디 덧붙인다.

"이번 주 안에 짧게라도 써오세요. 짧으면 제가 도와줄 수 있어요. 안 쓰면 못 도와줍니다."

아이들이 웅성거리자 또 첨언.

"정 안 되면 줄글로 써도 돼요. 예를 들어 '나는 아침에 눈을 떴다. 졸리다. 더 자고 싶은데 엄마의 주먹이 날아온다. 무섭다.' 이런 식으로요."

교실에 웃음이 번졌다. 다솜이 같은 시인은 이미 눈빛이 반짝였고, 몇몇은 벌써 낙서처럼 단어를 쓰고 있었다. 나는 그 모습을 보며 생각했다. 모두가 시인이 될 필요는 없지만, 누구나 한 번쯤은 시를 써볼 수는 있다. 시는 잘 쓰는 게 아니라, 보이지 않던 걸 새롭게 보는 일이니까.

빙하 타고 온 둘리부터 바나나밭 온대까지

오늘 사회 복습은 세계의 기후 여섯 가지를 한 번에 훑는 시간이었다. 한대, 냉대, 온대, 열대, 건조, 고산 — 이렇게 이름은 제각각이지만, 결국 '날씨가 쌓여 만들어진 기후'라는 큰 틀만 잡으면 충분하다고 먼저 알려주었다. 서후에게 기후의 뜻을 묻자 "지역에 지속적으로 나타나는 기온이나 날씨요."라고 또박또박 답했고, 나는 속으로 감탄했다. 정확한 정의였다.

고도를 설명할 때는 열기구를 예시로 들었다. 높이 올라갈수록 추워지는 이유, 열기구 안은 따뜻한데 바깥 공기는 왜 차가운지 연결해 주니 아이들 눈빛이 한층 또렷해졌다. 이어서 지구본을 들고 "적도는 저위도, 위로 갈수록 고위도."라며 햇빛이 비스듬히 들어오는 모습을 손으로 직접 그려 보이자 분위기가 자연스럽게 이어졌다. 한라산 이야기를 꺼내니 아이들이 피식 웃었고, 그와 동시에 고산기후가 예측하기 어렵다는 설명을 더 쉽게 받아들였다.

본격적인 기후별 발표가 시작되자 교실은 더욱 생동감이 넘쳤다. 소령이가 한대기후를 설명하며 둘리 이야기를 꺼내자 아이들은 순식간에 빙하와 툰드라를 자기 세계로 끌어왔다. 평균기온 10도 이하라는 말에 "둘리는 왜 안 추워해요?"라는 질문이 튀어나왔고, 나는 "빙하에서 오래 살았던 공룡이라 괜찮다."라는 즉흥 답변으로 한대의 특징을 자연스럽게 묶었다.

냉대기후는 하윤이가 짧고 정확하게 정리했다. "한대보다 덜 춥고 온대보다 많이 춥다."라는 말에 아이들이 일제히 고개를 끄덕였다. 나는 연필을 들어 타이가 숲에서 자라는 나무들을 가볍게 덧붙였고, 이어서 엉뚱한 질문 하나가 나오며 교실 분위기는 다시 한번 웃음으로 풀렸다.

온대기후 차례가 되자 주영이는 온탕·냉탕 비유 하나로 상황을 정리했다. '사람이 살기 가장 좋은 기후'라는 설명 뒤에 "우리나라는 최근 아열대에 가까워지고 있다."라는 말을 던지자 아이들 표정이 동시에 놀라움으로 바뀌었다. 열대기후는 신은이가 건기·우기·화전농업까지 차분하게 짚어 주었고, 건조기후를 맡은 다솜이는 오아시스와 사막 지형을 정확하게 연결했다. 나는 그 틈에 "지하수가 어떻게 모이고 어떻게 깨끗해지는지"를 간단히 덧붙여 흐름을 이어 주었다.

마지막 고산기후는 도현이와 산이가 맡았다. 알파카와 라마, 안데스산맥까지 척척 이어지는 발표가 매끄럽게 이어졌고, 나는 멕시코 전통 옷 이야기를 살짝 보태 문화 요소를 자연스럽게 묶어냈다. "그걸 누가 알아요!"라는 반응이 바로 튀어나왔지만, 그 덕분에 교실은 끝까지 활기를 잃지 않았다.

10월 28일

확률에게 우리는 진 적이 없다, 속았을 뿐

놀이공원에서 절대 곰돌이 인형을 딸 수 없는 과학적 이유를 밝히는 날이었다. 수업이 시작되자마자 한 아이가 억울한 표정으로 말했다. 평소 농구를 잘하는 녀석이 "선생님, 저 예전에 농구 게임 했는데 한 골도 못 넣었어요!"라며 울분을 토하자 나는 웃으며 "좋아, 오늘 그 이유를 과학으로 풀어보자."라고 말했다.

영상의 첫 장면은 꽤 충격적이었다. 45센트짜리 상품을 따기 위해 평균 7달러 50센트를 쓴다는 결과가 나오자 교실 곳곳에서 "헐…." 하는 탄식이 새어 나왔다. 금색 컵 게임은 더 심했다. 6달러짜리 상품을 얻으려면 38달러가 든다니, 아이들은 곧바로 "그냥 인터넷에서 사면 되는데요?"라며 현실적인 결론을 내렸다.

하지만 진짜 핵심은 자유투 게임이었다. 실제 골대보다 30㎝나 높은 위치, 무려 1.2m 더 먼 거리, 그리고 천막 뒤에 숨겨진 조정 장치까지. 아이들은 "이건 사기잖아요!"라고 외쳤지만 나는 "아니, 정확히 말하면 합법적인 '기울어진 게임'이지."라고 정정해 주었다. 마크 로버가 "최고의 슈터 스테판 커리가 성공해도 게임장은 80센트밖에 손해 안 봐요."라고 설명하는 장면에서 교실은 깊은 한숨으로 가라앉았다.

이후 이어진 게임들은 더 가관이었다. 우유병은 무게 조작, 속도계는 속임수, 테이블 게임은 각도 조절. 매 게임마다 트릭이 하나씩 드러날 때마다 아이들의 희망도 함께 사그라졌다. 결국 질문이 나왔다.

"그럼 이길 수 있는 게임은 하나도 없어요?"

나는 "있긴 해. 우유병 게임은 질량 중심을 정확히 맞추면 돼. 성공률이… 14명 중 1명."이라고 설명했다. 아이들은 즉시 계산해 비율로 계산해 "7%네요!"라고 외쳤고, 그 순간만큼은 수학 수업의 보람이 빛났다.

비비탄으로 별 쏘기 게임이 나오자 분위기는 다시 가라앉았다. 종이가 얇아질수록 비비탄이 종이를 뚫는 게 아니라 밀어낸다는 뉴턴의 제3법칙이 등장했고, 120번 시도 중 성공 0이라는 결과가 화면에 떴다. 아이들은 "이건 게임이 아니라 기부네요."라고 말하며 현실을 담담하게 받아들였다.

링 던지기는 절망의 정점이었다. 링 안쪽 지름과 병의 지름이 거의 같아 사실상 걸릴 수 없었다. 840번 중 성공 0회라는 기록이 나오자 화면 속 마크 로버가 "그냥 아마존에서 47달러에 사세요."라고 말했고, 교실은 폭소로 흔들렸다. "이게 진짜 사기네."라는 말이 쏟아진다.

마지막은 사다리 게임이었다. 시작하는 부분과 끝나는 지점은 한 줄로 연결된 사다리. 영상에서 질량 중심 이야기가 나오자 아이들은 화면에 바짝 집중했다. "두 지지점이면 안정적이고, 한 지점이면 중심이 그 선 위에 있을 때만 선다."라는 설명이 이어지자 아이들 표정이 서서히 달라졌다. 사다리가 왜 그렇게 쉽게 넘어지는지, 왜 대부분 실패하는지 단번에 이해한 듯했다.

그리고 결정적인 순간. 영상에서 마지막으로 밝혀진 규정은 뜻밖이었다. '한 달에 한 번만 우승 가능.' 물리 법칙을 파고들어도 뚫리지 않는 게임이었는데, 운영 방식으로 아예 마지막 문을 잠가버린 셈이었다. 아이들은 "아, 이건 진짜 못 이기게 하는 거네⋯."라며 고개를 저었다.

영상이 끝나자 질문이 몰려왔다.

"그럼 놀이공원 가면 게임 안 하는 게 좋은 거예요?"

나는 차분히 말했다.

"놀이기구 타고, 인형은 인터넷으로 사면 돼."

그때 뒤쪽에서 조용히 한 목소리가 들렸다.

"근데 재밌으면 해도 되는 거 아니에요? 돈 내고 재미 사는 거잖아요."

"그래, 그게 오늘의 명언이다."

"좋아. 오늘 너희가 배운 건 단순한 놀이공원 게임의 트릭이 아니야. 겉보기엔 공정해 보이지만 실제로는 누군가에게 유리하게 설계된 세상이 많다는 거야. 확률을 알면 속지 않는다."

막대기 하나로 세상을 재는 법

이번 시간의 주인공은 기원전 624년에 태어난 고대의 천재, 바로 탈레스였다. 올리브유로 돈을 벌고, 일식을 예측하고, 피라미드 높이까지 잰 ― 말 그대로 '수학으로 세상을 해석한 남자.' 나는 아이들에게 자연스럽게 운을 뗐다.

"얘들아, 이분이 피라미드 높이를 잰 방식이 진짜 기가 막혀요."

방법은 놀라울 만큼 단순했다. 막대기 하나를 세우고, 그 그림자의 길이를 잰다. 예를 들어 막대기가 1m이고 그림자가 2m라면 비율은 1:2. 그렇다면 피라미드 그림자가 120m면? 높이는 60m.

같은 시간, 같은 햇빛 아래서는 '그림자 비율'이 동일하다는 사실을 이용한 것이다.

아이들은 감탄했다.

"와… 진짜 머리 좋은데요?"

나는 흐뭇하게 웃으며 말했다.

"좋아, 이제 너희가 설명해 봐."

첫 번째 도전자는 자신 있게 시작했다.

"그러니까… 이게 그거의 절반이…."

그런데 점점 설명이 수학이 아니라 '주문 외우기'가 되어 갔다.

두 번째 친구는 더욱 난감했다.

"비의 성질… 비의 식… 비… 비율…."

단어는 맞는데 문장이 없었다.

마지막 친구는 결정적 한 방을 날렸다.

"전항과 후항의 같은 수로… 그… 그 비율은… 뭐였지…?"

"얘들아, 사실 이건 그냥 옛날이야기가 아니야. 지금도 과학자들이 화성의 산 높이 재고, 달 크레이터 깊이 잴 때 똑같은 원리를 써. 세상을 수학으로 본다는 건 ― 결국 복잡한 것도 직각삼각형으로 바꿔서 이해하는 거야. 수학은 세상을 읽는 언어야."

아이들 표정은 아리송!

똑같은 순간, 다른 이야기

수업의 주제는 '관점'이었다. 말 그대로 어디서 보느냐에 따라 같은 장면도 완전히 달라진다는 이야기였다. 내가 교실에서 "똑바로 앉아!"라고 외치는 걸 복도에서 들으면 "저 반 또 혼난다…."가 되겠지만, 내 입장에서는 그저 사랑의 지도(?)일 뿐이다. 결국 세상은 '보는 자리'가 정한다.

그래서 'perspective'라는 단어를 꺼냈다. 영화 〈위키드(Wicked)〉를 예로 들었다. 오즈의 마법사를 도로시가 아닌 '서쪽의 사악한 마녀' 입장에서 다시 쓴 이야기. 누군가의 악역도, 관점을 바꾸면 한 명의 주인공이 된다. 세상을 이해한다는 건 다른 시선을 상상해보는 일이라는 걸 말해주고 싶었다.

이야기는 자연스럽게 체육 시간의 '엉뚱한 공 던지기' 장면으로 이어졌다. 겉으로 보기엔 공을 엉뚱한 방향으로 던지는 행동 같지만, 그건 어디까지나 내가 바라본 관점일 뿐이다. 아이의 머릿속에서는 전혀 다른 의도와 계산이 있었을지도 모른다.

생각해 보면 아인슈타인의 상대성 이론도 결국 같은 이야기다.

"너와 나의 시간이 다르다."

관점이 달라지면 세계가 다르게 보이고, 심지어 시간 자체도 달라진다. 쌍둥이 중 한 명이 빛의 속도로 우주를 여행하면 지구에서 7년이 흐르는 동안 우주에서는 1년만 지나가는 것처럼 말이다. 아이들은 "그럼 오래 살려면 우주로 가면 되겠다!"라며 웃었지만, 그 속에는 중요한 메시지가 숨어 있었다. 관점 하나가 현실을 바꾸고, 같은 장면도 서로 다른 시간과 의미로 흘러갈 수 있다는 것.

부모님 관점에서는 아이들이 '하루 종일 핸드폰만 보는 존재'지만, 아이들 관점에서는 "부모님도 맨날 하시잖아요?"라는 말이 자연스럽다. 결국 모두 다른 시선을 가진 사람들일 뿐이다. 그래서 나는 민주주의 이야기를 꺼냈다. 관점 차이를 말로 풀어내는 것, 그게 토론이고 그게 민주주의다.

그러다 문득 지난 금요일이 떠올랐다. 퇴근길에 편의점 앞을 지나는데, 낯익은 얼굴들이 컵라면을 들고 있었다. 우리 반 아이들이었다.

"선생님!"

"저희 배고파서 라면 먹는 중이에요."

그 장면은 내겐 저녁 무렵 특별한 회식(?)으로, 아이들 입장에서는 "축구하다 배고파서라면 먹는 평범한 오후"였다. 같은 순간인데 관점이 다르니 느낌도 달랐다.

이야기는 자연스럽게 김구 선생님으로 이어졌다. 아이들과 함께 〈내가 원하는 우리나라〉를 읽었다.

"나는 우리나라가 세계에서 가장 아름다운 나라가 되기를 원한다. 부강한 나라가 되기를 원하는 것은 아니다."

그 시대에 이런 말을 했다는 사실 자체가 경이롭다. 세계 최빈국이던 나라에서 '문화의 힘'을 이야기하다니, 지금 K-컬처가 세계를 흔드는 걸 보면 김구 선생님의 시선은 이미 미래를 보고 있었던 셈이었다.

그리고 나는 여기서 앞서 이야기했던 '관점'이 다시 떠올랐다. 누군가는 가난한 나라라고만 봤던 시대에, 김구 선생님은 그 안에서 전혀 다른 가능성을 보았다는 점에서 말이다.

급식 이야기도 자연스럽게 이어졌다. 외국 친구들은 한국 급식 사진을 보고 "이게 특별식인가요?"라고 묻지만, 우리는 "가끔 안 먹을 때도 있어요."라고 답한다. 미국은 튀김 천국, 중국은 인구 때문에 품질이 들쭉날쭉하고, 호주는 도시락을 싸가야 한다. 그때 한 학생이 슬쩍 말했다.

"근데 급식 맛없어요."

나는 바로 받아쳤다.

"그럼 너가 음식 준비해 볼까? 그리고 식판도 정리하고?"

그러면서 급식실 선생님들 덕분에 우리가 매일 따뜻한 밥을 먹는다는 사실을 잊지 말자고 이야기했다. 이 부분도 관점이 조금만 바뀌면 달라진다는 걸 보여주는 순간이었다.

김구 선생님의 말처럼, "대한 사람이라면 어딜 가나 신용을 받아야 한다." 실제로 공항에서 한국인은 꽤 신뢰받는다. 그 말을 하자 한 학생이 억울한 표정으로 말했다. 베트남에서 10분 동안 이상한 검사를 받았는데, 베트남어 질문에 결국 "엄마~" 하고 끝났다는 것이다. 교실은 폭소로 가득 찼다.

마지막 주제는 휴전선이었다. 처음 38선은 말 그대로 '선'이었다. 표지판 몇 개 박혀 있을 뿐이라 사람들이 왕래하기도 했다. 지금은 철책으로 막혀 있지만, 그 안에는 멧돼지·

고라니 같은 야생동물이 살아간다. 나의 군대 썰은 거의 30년이 다 지난 이야기인데 아이들과 합이 잘 맞는다.

"선생님. 멧돼지는 총 두 방 맞아도 안 죽어요."

누가 그렇게 말하길래, 나는 농담처럼 말했다.

"내 펀치 한 방이면 통구이 된다."

그러자 아이들이 일제히 외쳤다.

"선생님 뼈가 먼저 부러져요!"

마지막으로 김구 선생님의 문장을 함께 읽었다.

"동포 간의 증오와 투쟁은 망할 징조이다. 우리의 얼굴에는 늘 웃음이 빛나야 한다."

그 문장을 읽는 순간, 나는 자연스럽게 오늘 수업 전체를 떠올렸다.

관점이 달라지면 장면도 달라지고, 해석도 달라지고, 결국 세상도 달라진다.

10월 29일

사과는 기술이고, 진심은 용기다

오늘은 '애플데이' 행사가 있었다. 이름부터 재치 있다. 사과를 영어로 하면 '애플(apple)'이고, 사과하는 날을 애플데이라고 부른다니 언어유희 하나로 분위기가 밝아졌다. 누가 처음 만든 건지는 알 수 없지만, 아이들의 시선을 끌기엔 더할 나위 없는 행사였다. 나름 실제적인 효과도 있다.

사과 편지를 쓰자고 하자, 아이들은 보낼 사람과 받는 사람을 봉투에 적는 것만으로도 잠시 멈칫했다. 편지의 공개 여부는 자유지만, 봉투에 들어가는 순간 실제로 전달된다는 말을 듣고 나서야 책임감 있는 표정이 되었다. 편지는 장난보다 진심이 먼저라는 말을 조심스레 덧붙였다. 가벼운 농담처럼 보이는 말이라도 사과 속에 끼어들면 금세 싸움의 불씨가 된다.

사과의 방식도 설명했다. 연세대 심리학 교수가 말한 여섯 가지 요소 — 후회, 설명, 책임, 재발 방지, 피해 복구, 용서 구하기 — 는 아이들에게 다소 복잡했지만, 예시를 들어주니 금세 이해했다. 실제 반성문을 떠올리면 그 말이 더 실감이 난다. 어떤 아이는 후회만 장황하게 적고, 어떤 아이는 변명만 늘어놓는다. 또 어떤 아이는 상황 설명만 하다 마지막 줄에 '잘못했습니다' 한마디만 적는다. 그럼에도 대부분은 "저는 잘 썼어요."라며 당당하다.

사과할 때 해서는 안 되는 것도 강조했다. 조건을 달지 않는 것, 감정을 거래처럼 표현하지 않는 것, 그리고 태도를 흐트러뜨리지 않는 것. 말은 공손해도 짝다리를 짚으면 진심이 흔들리고, 눈을 피하면 문장보다 시선이 먼저 사과를 반박한다. 눈물도 마찬가지다. 한두 방울은 이해되지만, 과하면 상황을 흐린다. 사과에도 조절이 필요하다는 사실을 알려준다.

마지막으로 20분 정도 편지를 쓰게 했다. 교실은 금세 조용해졌다. 연필 끝이 종이를 가볍게 스치며 움직였고, 아이들 마음속에서 작은 문장이 하나씩 자리를 잡아갔다. 누군가는 친구에게, 누군가는 스스로에게, 또 누군가는 오랫동안 미루어 두었던 마음을 부모님께 적어 내려갔을 것이다.

오늘 아이들이 배운 것은 단순히 편지 쓰기의 형식이 아니었다. 사과에도 정석이 있다는 사실이다. 만약 인생에 '정석'이라는 책이 있다면, 그 첫 장은 아마 이렇게 시작될 것이다.

"미안합니다. 그리고 고맙습니다."

3.14보다 더 정확한 진실

수업은 피자, 도넛, 다트판, 와이파이, 스피커처럼 우리가 매일 마주치는 원형 물체들에서 출발했다. 원은 교과서 속에서 갑자기 등장하는 기호가 아니라, 일상에 이미 스며 있는 형태라는 걸 먼저 느끼게 하려는 의도였다. 그 과정에서 '스텐실' 같은 단어가 나오자 아이들이 살짝 멈칫했지만, 모르면 배우면 되는 게 공부라며 자연스럽게 넘어갔다.

이어서 자전거 바퀴를 떠올리게 했다. 한 바퀴 돌면 얼마나 굴러가는지 생각하는 순간, 이야기는 자연스럽게 원주로 이어졌다. 원주는 자로 직접 잴 수 없으니 인류는 비교적 잴 수 있는 값인 지름을 기준으로 삼았고, 여기에 일정한 비율(3.14)을 곱하는 방식으로 원주의 길이를 계산하게 되었다. 즉, 원주는 '재기 어려운 것'을 '재기 쉬운 것'으로 바꿔 해결한 인간의 발명품이었다.

다음은 피자였다. 피자 조각을 먹으며 원주를 계산하는 사람은 없지만, 넓이는 누구나 즉각적으로 체감한다. "얼마나 먹을 수 있느냐."라는 문제는 원의 넓이로 곧바로 이어졌고, 그래서 반지름을 두 번 곱하고 3.14를 곱하는 공식을 외운다. 사실 이 공식은 원을 잘게 잘라 직사각형으로 만드는 아름다운 논리의 산물이지만, 오늘 수업은 그 논리에서 한 발 더 나아가 '세상 속 원'을 들여다보는 쪽으로 흐름을 이어갔다.

논리는 와이파이로 확장됐다. 와이파이 전파가 원형으로 퍼진다는 사실은 누구나 알고 있다. 여기서 반지름이 두 배가 되면 넓이는 네 배가 된다는 말을 하자 아이들이 다시 집중했다. 갑자기 원의 넓이가 통신·범위·속도 같은 생활 감각과 연결되기 시작한 것이다.

어떤 아이는 자기 집 와이파이를 '반지름 1미터'라며 잘 안 터진다고 한다.

이제 초코파이가 등장할 차례였다. 초코파이의 지름이 14㎝라고 했을 때, "선생님. 그런 초코파이가 어디 있어요?"라고 들어오지만. 크면 더 좋지 뭐. 이런 초코파이의 넓이를 계산하기 위해서는. 3.14 대신 22/7을 사용한다. 실제로 원주를 구해보니 14×3.14=43.96로 계산하는 대신, 14×22/7=44로 계산하니 초코파이의 넓이가 44로 깔끔하게 떨어졌다. 43.96의 넓이의 초코파이라! 이건 정말 정이 뚝 떨어진다. 초코파이 한 입에서 소수점 몇 자리 차이는 전혀 느껴지지 않겠지.

마지막은 스피커 이야기였다. 반지름 5㎝ 스피커와 25㎝ 스피커의 넓이 차이는 무려 25배. 그러자 아이들이 자연스럽게 물었다.

"그럼 큰 스피커는 25배 비싸야 해요?"

나는 웃으며 설명했다. 스피커 가격에는 디자인값, 감성값, 브랜드값이 붙기 때문에 단순 면적 비례가 아니라는 것을. 수학 공식이 세상의 원리를 설명해 주지만, 실제 세상에서는 돈·감정·선호가 함께 움직인다는 점도 함께 말했다.

10월 30일

1947년의 꿈과 2025년의 교실이 만나는 순간

오늘은 백범 김구 선생님께 한없이 죄송한 하루였다. 이유는 단순했다. 아이들이 나를 '백범'이 아니라 나를 '백반'에 빗대어 놀렸기 때문이다. 교실에서 "백반 선생님!"을 외치는 모습이 귀엽긴 했다. 이름 장난은 장난이고, 그래도 오늘만큼은 아이들에게 한 끼 식사처럼 진심 어린 수업을 대접하고 싶었다.

본문 읽기를 하면서 수업을 진행했다. 김구 선생님은 우리 민족이 어려운 시대에도 묵묵히 일했던 사람들임을 강조하고 있었다. 그래서 나는 아이들에게 조심스럽게 되물었다. 스스로는 얼마나 부지런하냐고. 잠시 침묵이 흘렀지만, 이내 본인은 집에서 설거지를 전담한다는 대답이 나왔다. 빨래를 도와주다가 흰옷과 빨간 옷을 섞어 혼났다는 이야기도 이어졌다. 완벽하지 않아도 시도했다는 점에서 충분히 칭찬할 만했다.

'오곡백과'라는 단어에서는 뜻밖의 난관이 생겼다. 생소한 한자어에 모두가 멍해졌다. 다섯 곡식과 많은 과일을 뜻한다는 설명을 하자 아이들이 뭘 이렇게 어렵게 쓰냐며. 백과사전이 '백 가지'만 담고 있지 않듯, '백'은 많다는 뜻이라는 이야기까지 이어진다.

일본과 전쟁 이야기가 나오자 교실 분위기는 자연스럽게 진지해졌다. 김구 선생님이 남긴 "이기적인 나라는 망한다."라는 문장은 그 자체로 전쟁의 비극을 짚어 주는 말이었다. 아이들은 그 한 줄만으로도 한동안 말을 잃었다. 잠시의 침묵 속에서 아이들은 깨달음에 가까운 무언가를 느끼는 듯했다. 지금 우리가 휴전선이라는 경계로 갈라져 살아가는 현실조차, 어쩌면 더 큰 비극을 막아낸 결과였다는 사실이 조용히 마음에 스며든 것이다.

수업 중 한 학생이 본문을 읽다 목이 잠기자, 내가 던진 농담이 분위기를 잠시 멈추게 했다. 말이 끝나는 순간, 아이들 표정을 보고 바로 깨달았다. 농담이 지나쳤다는 것을. 곧바로 사과했고, 아이들도 고개를 끄덕였다. 교사의 말 한마디가 얼마나 섬세해야 하는지 다시 생각하게 되는 순간이었다. 미안해.

수업의 마지막 흐름은 김구 선생님의 문장에 집중되었다.

"오직 한없이 가지고 싶은 것은 높은 문화의 힘이다."

당시 한국은 폐허에 가까웠다. 자원도, 산업도, 미래도 불투명한 때였다. 그런 시대에 문화의 힘을 꿈꾸었다는 사실만으로도 가슴이 먹먹해졌다.

그래서 아이들과 함께 요즘의 대한민국 모습을 보여주는 몇 가지 영상을 봤다. 세계 시장에서 사랑받는 한국 문화, 국내외 기업이 한국 브랜드를 주목하는 흐름, 가상의 K-팝 아티스트가 글로벌 차트 1위에 오르는 모습까지. 화면 속 뉴스 제목은 이렇게 적혀 있었다.

"김구 선생님, 보고 계십니까?"

나는 화면을 멈추고 아이들을 바라보았다. 교실은 잠시 조용했다. 1947년, 가장 가난했던 나라의 한 지식인이 꿈꾸던 말이 지금 현실로 남아 우리 앞에 서 있었다. 아이들은 그 말의 무게를 천천히 받아들이는 듯했다. 오늘 '백반 선생님'이라 놀림받은 건 괜찮다. 다만 그 웃음 속에서, 김구 선생님이 남긴 꿈을 잠시라도 함께 바라볼 수 있었다면 그걸로 충분했다.

출제자는 너희다!

사회 시간에 아이들과 복습의 의미로 시험 문제 만들기 두 번째 시간을 가졌다. 시험 문제를 만드는 과정 자체가 학습 내용을 깊이 이해하고 정리하는 효과적인 공부 방법이라고 생각한다. 문제 만드는 것도 기술인지 지난번보다 좀 실력이 늘었다.

사근초등학교 6학년 2반 사회 시험지

출제자: 우리 반 친구들

1. 둥근 지구를 평면으로 나타낸 것을 무엇이라고 하나요? (출제: 최하윤)

(   )

2. 열대기후에서 사용하는 냉방은? (출제: 김다솜)

① 수전 농업　② 화전 농업　③ 목전 농업　④ 모래전 농업

3. 노르웨이에 있는 우리나라 과학기지의 이름은? (출제: 이도현)

(   )

4. 한대기후 지역은 기온이 높고 나무가 잘 자란다. (O/X) (출제: 박현오)

5. 핀란드는 겨울의 특징을 눈과 관련지어 설명하시오. (출제: 이주영)

(   )

6. 세계에서 해가 가장 먼저 뜨는 나라는? (출제: 현가은)

(   )

7. 한대기후의 특징이 아닌 것은? (출제: 정하진)

① 눈과 얼음이 많다　② 기온이 낮다　③ 사계절이 뚜렷하다

④ 눈을 녹여 생활한다　⑤ 여름의 길이가 짧다

8. 알맞은 것끼리 연결하시오. (출제: 장신은)

통나무집 - 건조기후　초상가옥 - 열대기후　흙집 - 냉대기후

9. 방글라데시와 미얀마의 집 짓기 특성을 쓰시오. (출제: 김다솜)

(   )

10. 한대기후 지역에서는 순록이 자란다. (O/X) (출제: 박현오)

11. 노르웨이에서 많이 잡히는 물고기 2가지를 고르시오. (출제: 권시오)

① 참치　② 멸치　③ 연어　④ 방어　⑤ 고등어

12. 지구에 없는 대륙을 고르시오. (출제: 김산)

① 오세아니아 ② 유럽 ③ 아시아 ④ 북극대륙 ⑤ 아프리카

13. 세계 여러 나라의 자연환경은 다르지만, 공통적으로 무엇을 통해 생활을 이어가는가? (출제: 전체 공동 문항)

(   )

14. 경도와 위도의 기준은 무엇인가요? (출제: 최하윤)

(   )

15. 다음 설명에 해당하는 기후는? (출제: 권시오)

눈이 많이 오고, 나무로 집을 지으며 작물을 재배하기 어렵다.

→ (   ) 기후

16. 열대기후의 건기와 우기를 설명하시오. (출제: 주지훈)

건기: ______________________ 우기: ______________________

17. 석유산업이 발달하지 않은 곳은? (출제: 이도현)

① 일본 ② 싱가포르 ③ 인도네시아 ④ 오스트레일리아

18. 남아프리카 공화국 안에 있는 나라는? (출제: 김서후)

(   )

19. 틀린 음식문화를 고르시오. (출제: 장신은)

① 인도: 돼지고기를 안 먹고 양고기·닭고기를 먹는다.

② 가나: 음식을 수프에 찍어 먹는다.

③ 멕시코: 새해 종소리에 맞춰 포도를 먹는다.

④ 중국: 설날에 만두를 먹는다.

20. 괄호 안에 들어갈 말을 적으시오. (출제: 이주영)

(   )에는 무더위와 해충을 막기 위해 기둥을 세워 땅에서 띄운 집이 있습니다. → 이런 집을 **고상가옥**이라고 합니다.

21. 한대기후 지역 사람들은 순록을 어떻게 다스리나요? (출제: 정소령)

(   )

22. 열대기후에서 유명한 농업은? (출제: 정소령)

(   )

23. 다음 조건에 맞는 나라를 쓰시오. (출제: 정하진)

> 독일과 국경을 맞댐
>
> 유럽 대륙에 위치
>
> 생선 및 해산물로 유명함

→ (   )

24. 냉대기후의 숲은? (출제: 현가은)

① 타이가 숲　② 타이거 숲　③ 타이어 숲　④ 파이리 숲

25. 온대기후의 설명 중 틀린 것은? (출제: 김산)

① 사계절이 뚜렷하다　② 포도를 재배한다　③ 비가 많다　④ 목축업을 한다

26. 파나마에서 유명한 운하는? (출제: 김서후)

① 구피 운하　② 템페루 운하　③ 파나마 운하　④ 제리 운하

우리 반 통일 회담: 8 대 5로 시작된 백중의 난

오늘은 통일 찬반 토론 수업했다. 1주일 전에 알려주고 자료 조사를 간단하게라도 부탁했다. 찬성 측 8명, 반대 측 5명. 숫자로 보면 찬성 측이 압도적인 것 같지만, 토론은 숫자가 아니라 논리 싸움이니까. 시작부터 예사롭지 않았다.

찬성 측 서후가 떨리는 목소리로 첫 포문을 열었다. 통일하면 일자리가 많아지고, 서울에서 기차 타고 유럽까지 갈 수 있고, 이산가족도 만날 수 있다고. 세 가지 논지를 제시했는데 나름 준비해 온 티가 났다.

그러자 하윤이가 자료를 펼치며 반론에 나섰다.

"첫 번째, 언어 문제가 있습니다. 북한은 평양말을 표준어로 사용하니까 소통에 문제가 생깁니다. 두 번째, 경제력 문제가 있습니다. 북한은 35조, 한국은 1,893조로 53분의 1 수준이고 달러는 60배 차이가 납니다. 경제 전문가 말로는 남한 국민들의 세수 부담이

엄청나게 커질 수 있다고 했습니다."

자료까지 준비해 온 걸 보니 제법이었다.

시오가 재빠르게 반격했다.

"완전히 다른 언어인 영어도 몇 년 배우면 쓸 수 있는데, 조금밖에 안 다른 북한 말은 더 쉽지 않을까요?"

그러자 지훈이가 바로 거들었다.

"그럼 우리나라 안에서 사투리 쓰는 지역들은 다 통일하면 안 되는 건가요? 우리도 다 알아듣잖아요. 북한도 비슷하지 않을까요?"

서울말과 평양말의 차이가 서울말과 사투리의 차이보다 특별히 크지 않다는 논리였다. 제법 설득력 있었다.

주영이가 발언권을 얻더니 갑자기 철학적인 이야기를 꺼냈다.

"무지의 장막을 들어서… 만약 자신이 북한 사람이 된다면…."

그런데 설명이 시작되자마자 말이 살짝 꼬였다.

"통일을 하고 싶지 않을지…."

잠깐, 분명 찬성 측인데 왜 반대 논리가 나오지?

나는 자연스럽게 끼어들었다.

"찬성 측 아닙니까?"

그러자 주영이가 다시 차근차근 설명했다.

"아니, 만약 제가 북한 사람으로 태어나게 되면요. 여기서는 찬성 측이지만, 북한 사람 입장에서는 제가 반대 측이 될 수도 있잖아요."

그제야 이해가 되었다. 순간적으로 논지가 꼬였을 뿐, 주영이는 관점의 전환을 시도하고 있었던 것이다. 상황을 바꿔 생각하면 결론도 달라질 수 있다는 '무지의 장막'의 핵심을 스스로 해본 셈이었다.

논리는 조금 어긋났지만, 시도 자체는 충분히 가치 있었다. 나중에 차분히 다듬어보면 좋은 생각이 될 것 같았다.

그때 현오가 조용히 이순규 할머니와 오인세 할아버지 이야기를 꺼냈다. 1949년 12월 결혼해서 한국전쟁으로 헤어진 두 사람이 65년 만에 만난 이야기. 현오에게 물었다.

"만난 것에 대해 어떻게 생각하냐?"

"좋아요."

"그냥 좋기만 할까? 현오 부모님이랑 65년 뒤에 다시 만나면 기분이 어떨까?"

현오는 더 생각해 보기로 했다.

통일 반대 측이 살짝 논리적으로 밀린다. 내가 반대 측을 향해 힌트를 줬다.

"통일되면 일자리가 늘어난다고 했는데, 남한 사람들은 일자리를 뺏길 수도 있지 않냐?"

시오가 대답했다.

"북한은 땅은 많은데 건물이 없으니까 거기에 산업단지를 더 건설해서 일자리를 늘리면 되지 않을까요?"

나는 아이들에게 비유를 들었다.

"우리 반 13명인데 6명이 전학 온다고 생각해봐. 급식은 13명 분량인데 19명이 먹어야 하면? 우리가 양보할 수 있어?"

시오가 바로 반박했다.

"누가 들어오면 남는 데가 생기잖아요. 거기에다가 뭘 더 지어서 전체 양을 늘리면 되죠."

"그 급식실 늘리는 데 드는 돈은?"

"여론의 합의가 필요할 것 같네요."

시오의 반격이 제법이었다.

가은이가 날카로운 질문을 던졌다.

"통일한다고 이산가족이 100% 만날 수 있나요? 한 명이라도 죽어 있는지 살아 있는지도 모르는 상태에서 통일이 의미가 있을까요?"

주영이가 반론했다.

"통일하면 이산가족 찾는 프로젝트가 더 활발해져서 더 많이 만날 수 있을 거예요."

가은이가 다시 물었다.

"전화를 10번 해서 1번밖에 안 받는다면 그게 연락이 될까요?"

시오가 답했다.

"아무리 그래도 적국인 상태에서 만날 확률보다는 통일 후에 만날 확률이 높지 않습니까? 100%가 아니라고 실패는 아닙니다. 확률을 조금이라도 올릴 수 있다면 이산가족이 행복해질 일이 더 많아지지 않겠습니까?"

하윤이가 되물었다.

"통일해서 어떻게 다시 이산가족한테 연락하고 만나게 한다는 건지…."

시오가 설명했다.

"이름을 제보받아서 매칭하면 되죠. 얼굴은 몰라도 이름은 기억할 거 아닙니까?"

"이름조차 기억 안 나고 얼굴도 기억 안 나면요?"

"그럼… 유전자 분석으로 찾으면 됩니다."

하윤이가 집요하게 파고들었다.

"그 수많은 사람들 유전자를 일일이 다 검사한다는 말입니까?"

"아니, 이산가족을 찾고 싶은 사람들만 검사하는 거죠."

다솜이가 거들었다.

"그 사람들이 많으면요? 검사를 많이 해야 되지 않을까요?"

"검사하는 데를 늘리면 됩니다."

"그것도 돈이 들지 않습니까?"

시오의 대답이 압권이었다.

"그래도 가족 찾는 데 돈이 문제입니까?"

순간 토론장이 조용해졌다.

지훈이가 다른 각도로 접근했다.

"살아 있는지 죽었는지도 모른다 했는데, 그래도 아예 못 만나는 것보다는 장례라도 치러주는 게 더 낫다고 생각합니다."

하윤이가 반박했다.

"이미 거기서 죽어서 장례를 치른 상태인데 또 치른다는 건…."

내가 끼어들어 논지 전환을 시도했다.

"이산가족 문제에서 중요한 걸 놓치고 있어요. 65년, 70년 만에 만났을 때 과연 다시 함께 살 수 있을까? 5살 때 기억으로 75년 만에 만나서 다시 원래 모습이 될 수 있을까? 우리도 몇 년 만에 친구 만나면 어색한데, 70년이면…."

시오가 대답했다.

"서로 만나고 싶다면 가족끼리 상의해서 같이 살지 따로 살면서 연락만 할지 정하면 되죠."

주영이가 이어받았다.

"이순규 할머니처럼 만나긴 했는데 헤어졌잖아요. 통일하면 만나서 계속 같이 살 수 있으니까 통일하는 게 더 좋을 것 같습니다."

하윤이가 반론했다.

"만약 이산가족이 행복하게 살고 있는데, 만나지 못한 3명이나 4명의 행복은 어떻게 합니까?"

하윤이가 더 날카로운 질문을 던졌다.

"제가 만약 이산가족이라면 저는 찾기를 원하는데, 저랑 헤어진 그 사람들은 찾기를 원하지 않는다면 어떻게 됩니까?"

"거기는 가족끼리 상의를…."

"만나지도 않았는데 어떻게 상의를 합니까?"

이 부분은 논점 정리가 어려웠다. 결국 유전자 분석은 돈은 들지만 할 수 있다는 쪽과 너무 과하다는 쪽으로 나뉘었다.

신은이가 중요한 자료를 제시했다.

"국회 예산정책처에서… 만약 통일을 한다면… 경제가치가 321조 원에 달한다고 했습니다."

반대 측에서 이 근거에 반대할 자료를 준비 못 했나 보다. 내가 반대 측에게 힌트를 줬다.

"321조 효과가 있다는데, 플러스만 있고 마이너스는 없는지 물어봐야 해요. 통일 비용은 얼마나 드는데?"

신은이가 답했다.

"통일 비용은… 연평균 100조 정도인데, 이득이 거의 3배나 됩니다."

준비를 상당히 많이 했다.

도현이가 조용히 발언했다.

"통일하면 북한도 발전시키려면 돈을 줘야 하는데… 돈이 많이 나가면 어떻게 해결을…."

경제적 부담을 지적한 거였다. 서후가 반론했다.

"지금 저희 군사력은 세계 5위 안에 드는데, 북한은 200위 정도잖아요. 그러면 저희가 돈을 주고 여기도 왔다 갔다 하면서 교류를 더 많이 하면 할수록 북한도 올라가고 저희도 같이 올라가는 거니까 저희도 이득을 볼 수 있는 거 아니에요?"

논리가 좀 헷갈렸지만 전체적으로 비용보다 이득이 크다는 주장이었다.

소령이가 감성적이면서도 날카로운 질문을 던졌다.

"만약 어릴 때 학대를 당했었는데 헤어졌어요. 근데 다시 통일해서 딱 봤는데 그때의 트라우마가 생각나서 마음이 아프다면 그거에 대해서는 어떻게 생각하십니까?"

아이들이 잠시 침묵했다. 이건 준비하지 못한 질문이었다.

지훈이가 다른 주제를 꺼냈다.

"통일하면 북한에 핵폭탄 같은 게 있으니까 군사력이 올라가지 않을까요?"

하윤이가 날카롭게 반박했다.

"우리나라도 경제력이 있으니까 무기를 저희가 만들면 되잖아요?"

산이가 거들었다.

"미국에서 핵무기 만들면 안 된다고 했다고 들었습니다."

하윤이가 갑자기 논점을 더 깊게 파고들었다.

"북한이 만약에 돈 다 뜯어먹고 나라 완성한 다음에 핵폭탄을 남한에 쏴서 쑥대밭으로 만들고 도망가면 어떻게 되는 겁니까?"

상황 가정을 극단까지 밀어붙이는 질문이었다.

서후가 바로 반응했다.

"핵폭탄은 사거리가 일본까지, 중국까지 다 가는데, 그럼 북한도 같이 날아가잖아요?"

하윤이는 거기서 한 걸음 더 나갔다.

"그럼 피해를 입은 다른 나라들한테 북한이 배상을 해야 되는 거 아닙니까?"

그 말이 끝나기 무섭게 서후가 다시 이어 말했다.

"근데… 북한이 배신했는데 왜 저희한테…."

말이 한순간 꼬이자 서후는 스스로도 정리가 안 되는 듯 잠시 멈췄다.

나는 그 모습을 보며 천천히 말했다.

"괜찮아요. 천천히, 마음 편하게 하고 싶은 말을 해보세요."

극단적인 가정, 국제법, 전쟁 피해, 책임 문제까지 한꺼번에 튀어나온 순간이었지만, 아이들이 스스로 생각을 길어 올리며 정리해 보려는 과정 자체는 충분히 의미 있었다.

시오가 정리했다.

"경제력 올리기 전에 핵무기 다 폐기해 버리면 되고, 또 북한 주민들도 남한에 들어와서 섞여 있을 텐데, 북한이 핵무기를 쏠 거라고 생각하는 사람도 적습니다."

논리적이었다. 내가 다른 논점을 제시했다.

"저출산 고령화 문제도 이야기해 봐요."

"박원규 교수님이 통일하면 저출산 고령화가 해결된다고 했다던데요?"

하진이가 자료를 찾아왔다.

"통일하면 저출산과 고령화를 해결할 수 있다고…."

"본인은 해결된다고 생각해요?"

"잘 모르겠습니다."

소령이가 반박했다.

"선생님이 북한도 저출산을 겪고 있다 했잖아요. 그렇다면 만약 둘이 통일된다면 고령화가 더 늘지 않을까요?"

맞는 말이었다.

"서울에서 유럽까지 기차 타고 간다고 했는데, 기차 여행이 과연 행복할까요? 처음에야 그렇지만 계속 같은 풍경이 보인다면…."

다솜이가 발언했다.

"비행기를 타고 가도 갈 수 있고, 유럽 여행을 자주 가지도 않고 몇 년에 한 번씩 갈 텐데 과연 그게 필요할까 생각이 들어요."

산이가 반박했다.

"여행만 가는 게 아니고 기차로 화물도 날라서 한국에서 유럽까지 가져갈 수 있습니다."

"지금은 그렇게 못 한다는 얘기입니까?"

"배가 있긴 한데 항구에서 사고가 나면 지체되니까, 기차로 갈 수 있는 길이 있으면 더 빨리 갈 수 있어요."

"기차라고 해도 사고가 안 날 거라는 보장은 없습니다."

"루트가 두 개 있으니까 한 곳에서 사고 나면 한 곳으로 또 갈 수 있죠."

"양쪽 다 사고 나면요?"

"그럼 엄청 재수 없는 거죠."

아이들이 웃었다. 가은이가 본질적인 질문을 했다.

"남한에는 대통령이 있고 북한에는 김정은이 있는데, 통일하면 지도자 문제는 어떻게 해결합니까?"

정치 체제 통합 문제였다.

"이게 정말 심각한 문제죠. 대표자는 한 명이어야 할 텐데, 우리 쪽에서 하면 좋긴 한데 저쪽에서 했을 때 우리가 받아들일 수 있느냐는 또 다른 문제예요."

마지막으로 지훈이가 따뜻한 말을 했다.

"북한은 라면이 귀한 걸로 아는데, 한국에는 라면이 950원으로 흔하잖아요. 북한한테도 알려주고 싶어요."

"그럼 지훈이는 통일되면 꼭 라면 회사를 차려서 450원에 공급하세요."

아이들이 웃었다.

"450원짜리 라면은 없는 것 같은데?"

"있어요!"

오늘 아이들은 언어 소통, 경제 부담, 이산가족, 군사력, 정치 체제까지 다양한 논점을 오가며 제법 토론다운 토론을 펼쳤다. 때로는 논리가 꼬이고, 때로는 말이 막히기도 했지만, 13명 모두가 통일에 대해 진지하게 고민한 시간이었다. 숫자는 8 대 5였지만 승패 같은 건 없었다. 다만 950원짜리 라면으로 마무리된 토론이 왠지 우리 반다웠다.

원주율, 비율, 그리고 코피율

오늘 수업은 조금 특별한 방식으로 시작했다. 2019학년도 6학년 아이들과 함께 만들었던 원과 비율 자료를 꺼내 지금 우리 반 아이들에게 다시 나눠 준 것이다. 종이의 가장자리가 살짝 누렇게 바랜 만큼, 그 안에는 선배 아이들이 남긴 유머와 창의력이 그대로 담겨 있었다. 지금의 아이들은 처음 보는 자료지만, 문제 속 등장인물들은 모두 2019년의 아이들이었다.

실은 내용이 복잡한 것도 아니고 핵심은 단순했다. 지름이냐 반지름이냐, 그 차이를 제대로 아는 순간 원의 세계가 한 번에 풀린다는 것. 그러나 아이들은 제목만 보고 이미 큰 비밀을 배우게 될 것처럼 기대하고 있었다.

첫 번째 문제는 축구공이었다. ○○가 슛을 너무 세게 차서 공이 반으로 쪼개졌다는 설정이 등장하자 교실이 술렁거렸다. 실제 핵심은 '지름 22㎝일 때 단면의 넓이'를 구하는 계산이었지만, 그림 한 장이 붙는 순간 문제가 갑자기 "고난도"처럼 보이기 시작했다. 결국 공식은 단순했다. 반지름을 제곱해 3.14를 곱하면 끝. 오늘도 다시 확인했다. 수학의 난도는 종종 개념보다 표현 방식이 좌우한다는 사실을.

두 번째 문제는 피자, 일명 '하와이안 삼중 구조'였다. 치즈-소스-겉빵이 동심원처럼 겹쳐 있는 그림을 보고 어느 학생은 겉빵만 들어 올리면 구조가 한눈에 보일 거라며 미적 감각을 드러냈다. 하지만 넓이를 구하는 방법은 여전히 단순했다. 바깥원의 넓이에서 안쪽 원의 넓이를 빼면 끝. 피자를 뜯지 말고 공식을 믿는 것 — 오늘의 교훈이었다.

세 번째 문제는 우리 반의 단골 도형, '방댕이 도형'이었다. 반원이 두 개 붙어 있고 그 위에 더 큰 반원 하나가 얹힌 형태. 어떤 학생은 배꼽과 뱃살을 떠올리며 웃었지만, 계산은 간단했다. 반지름이 5라면 전체 원 넓이는 25×3.14, 반원 둘을 합하면 원 하나가 된다. 도형의 매력은 언제나 비율 속에서 빛난다는 것을 확인하는 순간이었다.

그런데 바로 그때부터 수업은 전혀 예상치 못한 방향으로 흘러가기 시작했다. 오래전에 만들어 둔 문제들 중 하나에서, 한 학생이 새 비율을 '발견'했다며 자랑스럽게 등장하는 장면이 있었다. 이름하여 '코피율'. 코를 15번 파면 코피가 5분 나온다는, 듣기만 해도 아슬아슬한 비율이었다. 1:3이라는 설명이 나오자 우리 반 아이들은 순식간에 폭소를 터뜨렸다. 어떤 학생은 "그럼 90번 파면 30분!"이라는 결론까지 내놓았다. 이건 비율 문제 이전에 보건실부터 가야 하는 상황 아닌가….

하지만 그 자료의 상상력은 여기서 끝이 아니었다. 곧이어 '떠들율'이 등장했다. 선생님이 두 번 말하면 아이들은 열세 번 떠든다는, 이상하게 정확하고 어딘가 뜨끔한 비율이었다. 그리고 마지막을 장식한 것은 '콧구멍율'. "5초에 100번 벌렁거리면 1초에 20번"이라는 황당한 계산이 소개되자 교실은 다시 한번 웃음으로 뒤흔들렸다.

얼핏 장난 같지만, 그 안에는 분명한 개념 이해가 숨어 있었다. 비율이라는 도구를 자신들만의 방식으로 재해석하고 확장하는 힘. 단순한 계산을 넘어선 발상의 유연함.

수학보다 중요한 건 이런 상상력일지도 모른다. 시간이 지나도 이런 문제들이 여전히 통하는 이유는, 결국 아이들의 호기심과 웃음이 언제나 같은 자리에서 반응하기 때문일 것이다.

10월 31일

사탕의 습격, 사과의 반격

오늘 수학 수업은 평소보다 조금 빨리 끝냈다. 이유는 단 하나, 오늘이 바로 10월 31일이기 때문이다. 그 악명 높은 할로윈데이! 솔직히 말하자면, 나는 할로윈을 별로 좋아하지 않는다. 유럽에서는 원래 죽은 영혼들이 돌아온다고 믿던 날이었는데, 그게 미국으로 건너가면서 사탕 회사들의 마케팅 축제로 변질되었다는 걸 아이들에게 조목조목 설명했다. 이거 원래는 제사 비슷한 거라고, 옛날엔 가난한 아이들이 빵을 구걸하던 게 지금은 사탕 협박으로 바뀐 거라고. 빼빼로데이랑 똑같은 상술이라고 말했다.

내 말에 아이들은 공감했지만, 그 뒤엔 '그래도 사탕은 주세요'라는 눈빛이 번쩍였다. 결국 나는 신념과 아이들의 행복 사이에서 타협했다. 사탕은 싫지만, 아이들의 환호는 더 달콤했다.

사실 예전에는 할로윈 복장 단속에 꽤 엄격했다. 저승사자 갓을 쓰고 나타난 학생에게 '트릭 오어 트릿' 말고, '숙제 오어 벌점'이라고 훈계했던 시절이 있었다. 그 얘기를 꺼내자 아이들은 그때는 공포의 시대였다고 놀렸다.

그렇게 할로윈 토크쇼가 끝나고, 진짜 메인이벤트가 시작됐다. 애플데이 선물!

상담선생님께서 준비한 세척 사과, 사과주스, 그리고 손 편지들을 아이들에게 나눠 주었다. 교실은 순식간에 과수원 난장판이 됐다. 한 녀석이 제일 먼저 이거 진짜 씻은 사과 맞냐고 물었다. 나는 웃으며 세척 사과니 걱정 말라고 답했지만, 이미 그 녀석은 사과를 한 입 베어 물고 있었다. 아침 사과가 최고라고, 소화에 좋다고 외쳤다.

그 옆에서 가은이가 천천히 씹더니 고개를 갸웃했다. 근데 제 사과는 모래 식감이라고.

모래 식감?

나는 당황해서 내 사과를 바로 한 입 베어 물었다. 아삭! 상쾌하고 달콤했다. 아무리 씹어 봐도 모래는 없었다. 그런데 가은이는 진지했다. 진짜로 모래같이 씹힌다고, 입안이 바삭바삭하다고 했다. 그럴 수도 있지.

그 말을 듣자 옆에서 한 녀석이 할로윈 사탕이랑 같이 먹어서 그렇다고 나름 논리를 제시한다. 순간 교실이 터졌다. 사탕과 사과가 동시에 씹히면 모래 식감이 나나?

아이들이 만든 원의 넓이 구하는 문제

아이들이 만든 원주와 원의 넓이 문제들을 하나씩 살펴보는 시간은 정말 압권이었다. 산이의 문제부터가 심상치 않았다.

• 김산

SF-25의 타이어의 넓이가 2,826㎠이면, SF-25의 타이어의 원주의 길이를 구하시오. (원주율: 3.14)

"야, 이게 200억짜리 F1 자동차래!" 하자 아이들의 눈이 반짝였다. 그런데 그림을 보니 차의 밸런스가 영 안 맞아 보였다.

"목이 왜 이렇게 길어?"

"앞에서 봐서 그래요!"

아이들의 해명이 이어졌다.

• 김다솜

도건 쌤의 쌍둥이 동생 도껌이가 도건 쌤을 너무 보고 싶어서 인형을 시켰다. 그런데 테무에서 네모와 동그라미 인형이 왔다. 도껌이는 도건 쌤 얼굴의 넓이가 넓은 것을 고기로 했습니다. 얼굴이 네모난 인형은 한 변의 길이가 20㎝이고, 둥근 것은 지름이 20㎝이다. 도껌이가 고른 인형은 무엇일까? (원주율: 3.14)

나는 그림을 보고 기절할 뻔했다. 내 얼굴이 네모와 동그라미로 그려져 있었다.

"이거 우리 엄마한테 보내볼까? '우리 반 학생들이 날 이렇게 그렸다'고?"

아이들이 깔깔댔다. 테무에서 도건 쌤 인형을 시킨다는 발상도, 도껌이라는 쌍둥이 설정도 웃겼지만, '고기로 했습니다'라는 오타가 백미였다.

• 권시오

도넛을 만들다가 실수로 도넛 2개를 합쳐 버렸습니다. 겹친 부분의 단면의 넓이가 72㎠일 때 도넛의 단면의 넓이를 구하시오. (원주율: 3)

"이거 어떻게 풀어?"

"하나씩 구하고 중간 겹친 부분 빼면 되죠!"

시오의 문제는 의외로 수학적 사고력이 필요했다.

• 김서후

칠판의 크기는 가로가 20m 세로가 5m입니다. 칠판 옆에는 거대한 원 모양의 거대한 사과가 있습니다. 사과의 지름이 30m일 때 이 사과를 자른 면의 넓이는?

"칠판보다 더 큰 사과가 있네?"

내가 중얼거리자 서후가 "원래 폰이었는데 사과로 바꿨어요!"라고 해명했다.

30미터짜리 사과라니, 상상력이 참 거대하다.

• 주지훈

에일리언이 지구 정복을 위해 레이저 총으로 지구를 향해 쐈는데 우연히 딱 반으로 잘렸다. 이때 에일리언 별의 수학자인 에인슈타인이 지구의 넓이를 구하려고 지구의 지름을 구했더니 12,800㎞였다. 이때 지구의 단면의 넓이를 구하시오.

"에일리언이 지구를 자르면…."

누군가 "전쟁이 나는데요?" 하고 중얼거렸다.

에인슈타인이 에일리언 수학자라는 설정이 묘하게 웃겼다.

• 장신은

해리는 정사각형 수박이랑 원 수박 중에서 과육이 더 많은 수박을 사려 합니다. 두 수박의 가격이 똑같다면, 어떤 수박을 사야 할까요? (원주율 = 3)

이 문제에는 조금 덧붙였다.

단, 두 수박의 껍질 두께는 1㎝로 같고, 해리는 수박을 남기지 않는다.

그 한 줄로 문제는 완벽해졌다. 경제학과 수학이 동시에 담긴 문제였다.

• 이도현

숫자 8의 세로 길이가 16㎝일 때, 원주율 3을 사용하여 순가락의 둘레를 구하시오.

"순가락?"

나는 잠깐 당황했다. 그림을 보니 숫자 8이 그려져 있었다.

아, 숫자 8의 둘레를 구하라는 뜻이었구나!

• 최하윤

도건 선생님께서 눈이 나빠져서 안경점에 갔습니다. 직사각형 모양의 안경과 원모양의 안경 중 무엇을 고를지 고민하고 있었습니다. 결국 안경알의 넓이가 더 큰 안경을 사기로 했습니다. 두 안경의 가격이 같을 때 도건 쌤이 사야 하는 안경은 어떤 모양일까요?

내 안경이 그림으로 그려져 있었다.

"이거 내 안경이야!" 하자 아이들이 빵 터졌다.

• 정소령

도껌이가 다이어트를 하려고 하키장에 등록했습니다. 이때 도껌이가 하키장을 한 바퀴 돌았을 때의 둘레를 구하시오. (원주율 3)

또 도껌이가 등장했다.

얘는 대체 뭐 하는 캐릭터인 거야?

• 현가은

짱구는 스퀴시를 사러 문구점에 갔다. 문구점에는 도건 쌤 스퀴시와 칸쵸 스퀴시만 남아 있었다. 두 개의 스퀴시의 가격은 같지만, 짱구는 더 큰 스퀴시를 가지고 싶었다. 무엇을 사야 할까?

그림에는 내 얼굴과 칸쵸가 그려져 있었다.

"요즘 칸쵸에 내 이름 적힌 게 진짜 많이 팔리더라!" 했더니 가은이가 득의양양한 표정을 지었다.

- **정하진**

하진이의 친구가 베이글을 나눠서 넣으려고 비닐봉지에 넣었습니다. 그러다 봉지에 다 들어가지 않고 절반만 들어갔을 때 정사각형의 봉지와 절반만 들어간 베이글의 겹친 넓이를 구하시오. (단, 비닐봉지 안에 들어간 베이글(정사각형과 겹친)은 구하지 않습니다. 그리고 '원의 지름 = 비닐봉지 정사각형의 한 변의 길이'입니다.)(원주율: 3)

"베이글 맛있겠다!"

누군가 외쳤다.

수학 문제인데 식욕이 돋는 건 뭔가 이상하지 않나?

그날의 결론은 명확했다.

아이들이 만든 원의 넓이 문제 속에는 교과서보다 더 큰 세상이 들어 있었다.

비율의 정석

나는 아이들에게 허준이 박사님의 필즈상 수상을 소개하며, 그 상이 '수학계의 노벨상'이라 불릴 만큼 대단하다고 설명했다. 그러고는 장난스럽게 "나중에 너희 중에 이런 상 받는 사람이 있으면 인터뷰에서 꼭 '6학년 때 담임 이도건 선생님 덕분입니다'라고 말해라."라고 덧붙였다. 그러자 곧바로 "6학년 1반 선생님 덕분이라고 하면 더 웃기겠다."라는 농담이 이어져 교실에 가벼운 웃음이 번졌다.

오늘은 지난번에 소개했던 '코피율·떠들율·콧구멍율'처럼 우리 반도 나만의 비율을 만들어 보는 것이다. 15분 정도 생각하고 만들 시간을 주고 발표를 했다. 첫 번째는 '화응가율'. 화장실을 세 번 가면 한 번은 응가가 나온다는 기묘한 수치였다. 이어 '폭력율'이 등장했다. 내가 동생을 한 대 때리면 동생은 두 대 때리는 구조라며, 거의 가정 내 통계에 가까운 설정이었다. '실점욕율'은 우리 축구팀이 실점할 때마다 코치님이 욕 다섯 마디를 한다는 분석이었다. 이건 실화라고 하는데….

그러다 '흰머리율'이 소개되자 분위기가 잠시 숙연해졌다. 내가 숙제를 한 번 안 해올 때마다 선생님 흰머리가 여덟 개 생긴다는 내용이었다. 한 녀석은 우리랑 선생님 흰머리는 상관이 없다며 반박을 하는데….

이어서 '성수율'이 나왔다. 내가 수업을 할 때 침을 한 번 튀길 때마다 학생 한 명이 기절한다는 이야기였다. 아이들은 "그건 거의 성수(聖水)"라며. 이어지는 '말똥율'은 지훈이를 향한 헌정 작품이었다. 말똥이를 볼 때마다 그림을 다섯 장 그린다는 내용이었다. 발표 순간 지훈이의 얼굴은 어딘가 즐거워 보였다. 말똥이는 우리가 지어준 지훈이의 첫사랑(?)이었던가….

나를 활용한 비율도 등장했다. '도건율.' 내가 안경을 한 번 벗으면 반 아이들 세 명이 동시에 앞이 안 보인다는 설정이었다. 나는 슬쩍 안경을 벗었고, 모두가 숫자를 세며 실험하듯 반응했다. 하지만 그 어떤 변화도 나타나지 않았다.

가장 인상적인 비율은 '태래율'이었다. 제로베이스원의 태래가 열 번 잘생기면 담임쌤이 한 번 잘생긴다는 공식. 외모 환율마저 설정된 셈이다. 난 태래의 10% 밖에 되지 않는다. '냥희율'은 따뜻했다. 고양이를 다섯 번 쓰다듬으면 고양이가 네 번 가르랑거린다는, 감성이 배어 있는 예쁜 비율이었다.

한 녀석이 만든 비율은 게임 비율의 파티이었다. 팀차이율, 억까율, 집단죽율 등 온갖 게임 용어가 비율로 재탄생했다. 세 판 중 한 판은 이유 없이 나만 당하는 억까율까지 등장하자 나조차 웃음을 참기 어려웠다. 실제로 일어나는 일이 아닌가….

- **아이들이 만든 비율**
  - 응가율: 화장실을 3번 갈 때마다 응가를 1번 싼다.
  - 간식율: 선생님이 수업을 6교시 할 때마다 간식을 2개 준다.
  - 폭력율: 내가 동생을 1대 때리면 동생을 날 2번 때린다.
  - 나가요율: 내가 동생 방에 1번 들어가면 1번 나가라 한다.
  - 실점욕율: 우리 축구팀 실점할 때마다 우리 코치님은 욕 5마디를 한다.
  - 말똥율: 지훈이의 첫사랑(?) 말똥이를 볼 때마다 지훈이가 그림을 5장 그린다.
  - 체육율: 수학을 60분 하면 체육을 20분 할 수 있다.
  - 숙취율: 하진이가 게임을 1시간씩 할 때마다 취침 15분=1/60 (예: 5시간 하면 75분)

- 안경율: 쌤이 안경을 1번 벗을 때마다 학생들이 3분 웃는다. (예: 15분 하면 45분)
- 성수(침)율: 도건 쌤이 침을 1번 튀길 때 마다. 학생을 뽑을 때마다 학생 1명이 기절한다. (예: 4명 기절 = 4×성수율(1/4))
- 흰머리율: 내가 숙제를 1번 안 할 때마다 선생님 흰머리가 8개씩 생긴다.
- 숙제 증가율: 나와 다솜이가 2번 떠들 때마다 숙제가 4배씩 늘어난다.
- 한숨율: 하기 싫은 일을 1번 할 때마다 하윤이가 9번 한숨 쉰다.
- 피로율: 선생님께서 성수(침)를 1번 뿌릴 때마다 아이들의 피로가 50씩 증가한다.
- 팀차이율(나가는 놈): 게임 3판을 할 때마다 3명의 우리 팀이 나가 버린다.
- 팀차이율(목적하는 놈): 게임 3판을 할 때마다 8명의 우리 팀이 돌격해 죽는다.
- 팀차이율(정착하는 놈): 게임 3판을 할 때마다 1명의 우리 팀이 점수 탄다.
- 팀차이율(그냥 죽는 놈): 게임 3판을 할 때마다 4명의 우리 팀이 실력에 딸려 죽는다.
- 팀차이율(최강의 적응): 게임 3판을 할 때마다 1판은 넘사벽의 적 팀이 걸린다.
- 억까율(나만 맞): 게임 3판당 1판은 나만 맞아 죽는다.
- 억까율(집단죽): 게임 3판당 1판은 팀이 집단으로 죽는다.
- 도건율: 도건 쌤이 안경을 벗을 때, 우리 반 아이들 중 몇 명이 도건 쌤 얼굴을 희미하게 보는지를 나타낸 비율. (예: 안경을 한 번 벗으면 아이들 3명이 '쌤이 흐릿하게 보여요'라고 말함)
- 태래율: 태래(제로베이스원)가 잘생겼을 때에 대한 도건 쌤의 잘생김의 비율. (태래가 10이라면 도건 쌤은 1)
- 정신율: 도건 쌤의 말에 대한 애들의 정신. (도건 쌤이 "두 번 사랑한다." 얘기할 때 애들이 한 번 정신 잃는다)
- 냥희율: ○희의 웃음에 대한 고양이 쓰다듬의 비율. (○희가 고양이를 5번 쓰다듬을 때마다 고양이가 4번 가르랑거린다.)

수업을 마치며 나는 생각했다. 아이들은 비율을 통해 세상을 이해하고 있었다. 동생과의 역학관계, 게임의 불공정함, 선생님의 스트레스, 심지어 첫사랑에 대한 집착까지. 이 모든 게 숫자로 표현될 수 있다는 걸 깨달은 순간, 수학은 더 이상 교과서 속 이론이 아니었다.

연필 하나로 서울 여행한 날

오늘 미술 시간, 아이들은 연필을 들고 서울을 종횡무진 누볐다. 종이 위의 서울은 지도보다 훨씬 넓었다.

북촌한옥마을을 그린 친구들은 기와 한 장 한 장에 정성을 쏟았다. 전통가옥의 곡선은 부드럽게, 마당의 고요함은 섬세하게 표현됐다. 그림 아래엔 “옛날과 지금이 사이좋게 사는 동네”라는 제목이 적혀 있었다. 전통과 현대가 어깨동무한, 오직 서울만의 풍경이었다.

K-Pop Demon Hunters 속 남산타워를 그린 학생들도 있었다.

“악마 사냥꾼도 서울 오면 남산타워 앞에서 인증 샷부터 찍어요.”

그 말이 웃겼지만, 그림은 진지했다. 어두운 하늘 아래 푸른 조명이 도는 타워, 그 앞에 포즈를 취한 캐릭터들. K-문화의 배경으로서 서울의 매력을 아주 제대로 증명했다.

부채춤을 그린 그림에서는 부채가 진짜로 바람을 일으킬 것처럼 펄럭였다. 색색의 치마가 휘돌며 한복의 우아함을 드러냈고, 전통예술의 품격이 교실 안 공기까지 물들였다. 안동 하회탈을 그린 작품은 또 달랐다. 탈이 웃는지 우는지 모를 표정으로 아이들과 함께 춤추고 있었다. 그 옆에는 “문화는 박물관에만 있는 게 아니라 살아 숨 쉰다.”라는 문장이 적혀 있었다.

한강 다리 위를 달리는 지하철과 야경을 그린 친구들은 도시의 리듬을 포착했다. “서울의 밤은 지하철도 야근한다.”라는 제목이 걸맞았다. 다리 위를 지나는 열차의 불빛, 반짝이는 한강, 그리고 그 뒤로 끝없이 이어지는 빌딩 숲. 서울의 낭만과 피로, 그 아이러니가 한 장의 그림 안에 공존했다.

동대문과 남대문, 그리고 밤시장. 아이들이 그린 노점상들 사이로 떡볶이, 어묵, 순대가 김을 내뿜는다. 그림을 보는 것만으로도 배가 고파졌다. 누군가는 “떡볶이 냄새만 그려도 배고파진다.”라고 썼다. 정확했다.

한쪽 벽에는 갓 쓴 호랑이와 까치가 듀엣 무대를 하는 그림도 붙어 있었다.

"전통 상징도 유행 따라간다."

호랑이는 무대 조명 아래서 마이크를 들고, 까치는 옆에서 춤을 췄다. 이미 K-콘텐츠 기획안으로 바로 써도 될 만큼 완성도 높았다.

그리고 한식 상차림을 그린 작품들. 김치, 나물, 된장찌개, 잡채, 계란말이…. 아이들은 반찬 하나하나에 정성을 담았다. "이게 바로 반찬 부자의 나라"라는 제목 아래, 그림을 보는 사람은 자연스레 "이것도 먹어봐야지." 하는 따뜻한 할머니의 목소리를 떠올리게 된다.

비유법 그리고 시

아이들은 저마다의 감성을 담아 시 한편을 지어왔다. 일상의 소소한 발견부터 깊은 통찰까지 배운 만큼 느끼고, 느낀 만큼 표현하는 힘이 고스란히 드러났다.

컴퓨터

김서후

컴퓨터는 구름이다.
구름처럼 보면 볼수록
마음이 맑아진다.
컴퓨터 안에는
세상이 들어 있고,
그 안을 보면
기분이 참 좋다.

서후는 컴퓨터를 구름에 비유하며 디지털 세상을 바라보는 맑은 시선을 보여준다. "세상이 들어 있다."라는 표현에서 작은 화면 속에 담긴 무한한 가능성을 발견하는 아이의 순수한 감탄이 느껴진다. 컴퓨터를 차갑고 기계적인 것이 아니라 마음을 맑게 해주는 존재로 본 점이 신선하다.

육전

김다솜

하나는 너무 튼튼한 전,
하나는 너무 멋있는 전,
하나는 너무 귀여운 전,
또 하나는 너무 날씬한 전.
이번에는 너무 뚱뚱한 전,
이번에는 너무 예쁜 전.
한 번 먹으면
계속 먹고 싶고 보고 싶은
육전처럼—
마지막으로 너무 행복한 저는,
이 전들이 있어 참 기쁘다.

다솜이는 육전의 다양한 모습을 통해 자신에게 소중한 사람들을 떠올린다. "튼튼한", "멋있는", "귀여운"처럼 각기 다른 매력을 가진 육전들이 결국 "이 전들이 있어 참 기쁘다."라는 고백으로 이어지는 구조가 따뜻하다. 음식을 매개로 관계의 소중함을 표현한 아이디어가 돋보인다.

몰랐다

최하윤

그녀가 나를 얼마나 생각해 주는지
몰랐다.
그녀가 나를 배려하고 있는지
몰랐다.
내가 참는 만큼
그녀도 참고 있다는 걸
몰랐다.
그녀가 내 마음속의 보물이라는 걸
몰랐다.
하지만 이제—
내가 그녀를 얼마나 생각하는지
알았다.
그녀의 배려도,
그녀의 따뜻한 말도
모두 알았다.

하윤이는 "몰랐다"와 "알았다"의 대비를 통해 관계에 대한 깨달음을 섬세하게 그려낸다. 상대방도 나만큼 참고 배려한다는 걸 깨닫는 순간, "그녀가 내 마음속의 보물"이라는 고백이 자연스럽게 흘러나온다. 성찰과 감사가 균형 있게 담긴 시다.

빵

장신은

빵은 우리다.
달콤한 크림빵,
바삭한 소보로,
부드러운 식빵,
풍미 가득한 크루아상—
저마다 맛과 향이 다른 빵들,
꼭 나와 친구들 같다.

신은이는 다양한 빵의 특징을 나열하며 "저마다 맛과 향이 다른 빵들, 꼭 나와 친구들 같다."라고 마무리한다. 짧지만 명확한 비유 속에 친구들 각자의 개성을 존중하고 소중히 여기는 마음이 담겨 있다. 일상의 소재로 우정을 표현한 감각이 빛난다.

축구

주지훈

축구는 자존심이다.
경기에서 지면
자존심이 바닥까지 떨어진다.
축구는 자존심이다.
무승부를 하면
자존심이 살짝 흔들린다.
축구는 자존심이다.
이기는 순간,
내 자존심은 하늘 위로 솟아오른다.

지훈이는 “축구는 자존심이다.”라는 한 문장을 반복하며 승부의 세계를 생생하게 전달한다. 지면 바닥까지 떨어지고, 이기면 하늘로 솟아오르는 자존심의 롤러코스터가 축구를 사랑하는 소년의 진심을 그대로 드러낸다. 감정의 기복을 솔직하게 표현한 점이 인상적이다.

우정의 실

현가은

보이지도,
느껴지지도 않는
빨간 실.
평생 끊어지지 않는
우정의 실.
싸우며 생긴 불도
이 실은 타지 않는다.
화해라는 물이
싸움이라는 불을
부드럽게 끈다.

가은이는 운명의 빨간 실을 우정의 실로 재해석한다. “싸우며 생긴 불도 이 실은 타지 않는다.”라는 표현에서 진짜 우정은 갈등에도 끊어지지 않는다는 믿음이 느껴진다. “화해라는 물이 싸움이라는 불을 부드럽게 끈다.”라는 마무리가 시적이면서도 따뜻하다.

내 동생

김산

내 동생은 치와와 같다.
왜냐고? 자꾸 대드니까.
내 동생은 급발진 자동차 같다.
왜냐고? 가만히 있다가
갑자기 폭발하니까.
내 동생은 몬스터 같다.
왜냐고? 나를 자꾸 공격하니까.
그냥… 내 동생은 싫다.

산이는 동생에 대한 불만을 치와와, 급발진 자동차, 몬스터에 연달아 비유하며 유머러스하게 풀어낸다. "그냥… 내 동생은 싫다."라는 마지막 한 줄의 체념 섞인 솔직함이 웃음을 자아낸다. 남매 사이의 애증을 가감 없이 표현한 귀엽고 현실적인 시다.

다시 만난 날

박현오

이순규 할머니는 남쪽에,
오인세 할아버지는 북쪽에 있었다.
전쟁이 두 사람을 멀리 떨어뜨렸지만,
서로를 잊지 않았다.
65년이 지난
두 분의 다시 만남.
그날 나도
함께 울었다.

현오는 이산가족 상봉의 감동을 담담하게 기록한다. 이순규 할머니와 오인세 할아버지의 실제 이름을 불러주며, 65년이라는 긴 시간과 "그날 나도 함께 울었다."라는 공감이 가슴을 울린다. 역사적 아픔을 자신의 감정으로 받아들인 성숙한 시선이 돋보인다.

다시 펼치자

권시오

동포끼리 찢어져
서로를 적대하지만,
그 마음속 깊은 곳엔
같은 하늘이 있다.
두려움을 이겨내고
한마음 한뜻으로
다시 만나자.
한반도의 이름으로,
우리의 꿈을
다시 펼치자.

시오는 "같은 하늘", "한마음 한뜻", "한반도의 이름으로"라는 표현을 통해 통일에 대한 염원을 담는다. 분단의 아픔을 인정하면서도 "우리의 꿈을 다시 펼치자."라는 희망의 메시지로 끝맺는 점에서 미래를 향한 긍정적 시선이 느껴진다.

바다

정소령

바다는 이쁘다.
하지만 이쁜 만큼
위험하다.
언제든지 나를
삼켜 버릴 수도 있으니까.
사람들은 뭐가 좋다고
그 바다에 빠져들까.
바다는 보석 같다.
빛나서, 사람들을 홀린다.
그러다 나도
모르게 빠져든다.

소령이는 바다의 이중성을 예리하게 포착한다. “이쁜 만큼 위험하다.”라는 통찰에서 시작해 “보석처럼 빛나서 사람들을 홀린다.”라는 비유로 이어지는 구조가 탄탄하다. 아름다움에 이끌려 “나도 모르게 빠져든다.”라는 고백이 바다의 매혹을 생생하게 전달한다.

파란 고속도로

이도현

파란 하늘은 바다 같고,
새는 그 바다에서 헤엄친다.
구름은 푹신한 침대 같고,
새는 그 위에서 뛴다.
나도 새가 되어
파란 고속도로를
달리고 싶다.

도현이는 하늘을 바다로, 구름을 침대로 비유하며 자유롭게 상상의 날개를 펼친다. "새는 그 바다에서 헤엄친다.", "새는 그 위에서 뛴다."라는 표현이 경쾌하고, "파란 고속도로를 달리고 싶다."라는 소망이 시원하게 뻗어나간다. 자유에 대한 동경이 청량하게 느껴지는 시다.

행운

정하진

사람들은 언제나
행운을 기다린다.
하지만 행운은
멀리 있는 게 아니다.
그저 우리가
보지 못하는 곳에 있을 뿐이다.
너도 그렇다.
넌 어쩌면
운명을 향해 걷는
빛일지도 모른다.

하진이는 행운에 대한 철학적 사고를 담아낸다. "행운은 멀리 있는 게 아니다. 그저 우리가 보지 못하는 곳에 있을 뿐"이라는 깨달음이 인상적이다. "넌 어쩌면 운명을 향해 걷는 빛일지도 모른다."라는 마지막 문장은 독자를 향한 응원처럼 다가와 마음을 따뜻하게 만든다.

11월 3일

슛(shoot) 하나가 가르쳐준 것

오늘 아침 30개의 영어 단어를 쓰는 지필 평가를 봤다. 답안지를 채점하던 중, 내 손이 15번 문제에서 멈췄다. 'shoot(슛을 쏘다)'라는 단어를 적는 칸에 s-h-i-t이라고 또박또박 써 있었다.

축구를 무척 사랑하는 아이였다. 쉬는 시간마다 운동장에서 공을 차고, 장래희망이 '축구선수'라는 아이. 분명 일부러 그런 건 아닐 것이다. 'shoot'의 발음을 알고 있으니, 철자만 헷갈린 거겠지.

나는 조용히 아이를 불러 설명해 주었다. 중간에 'oo'가 들어가야 한다는 것, 그리고 지금 쓴 단어는 전혀 다른 뜻으로, 심지어 욕으로도 쓰인다는 것. 괜찮다고, 철자는 원래 헷갈리는 거라고 말해주었다. 실수는 누구에게나 찾아오지만, 그 속에서 배우는 순간이 진짜 배움이라는 것을.

독도는 돌멩이다 – 그러나 우리의 돌멩이다

사회 시간이다. 독도 교육의 시간이기도 했다. 독도는 크고 작은 바위섬 89개로 이루어져 있고, 대한민국에서 해가 가장 먼저 떠오르는 곳이기도 하다. 오늘은 아이들에게 독도의 위치를 직접 찍어보게 했다. 북위 37도, 동경 132도라고 알려주자 아이들은 능숙하게 지도 위에 좌표를 그었다. 그동안 북위와 동경을 여러 번 연습했으니, 위선 하나 긋고 경선 하나 그어 만나는 지점을 찾는 건 이제 제법 익숙한 일이다. 바로 그 지점이 독도다.

나는 더 정확한 좌표도 알려줬다. 북위 37도 14분 22초, 동경 131도 52분 8초. 각도가 60진법으로 나뉘기 때문에 1도를 60으로 나누면 1분, 그 1분을 다시 60으로 나누면 1초가 된다는 것도 함께 설명했다. 그러자 한 아이가 갑자기 물었다.

"적한테도 정확히 맞히려면 이렇게 해야 해요?"

그렇다. 좌표를 정확히 알면 지구 어디든 찾아낼 수 있다. 1초만 달라도 사근초에서 한양대 정도는 차이 난다. 그만큼 좌표의 '1초'가 큰 거리다. 하지만 우리가 그걸 전부 외울 필요는 없다. 그냥 "북위 37도, 동경 131도 근처에 있다." 정도만 알아도 충분하다.

문제는 독도보다 '일본의 주장'이다. 국제법상 독도는 섬이 아니라 '바위'로 분류된다. 민물이 없어 사람이 살기 어렵다는 이유 때문이다. 만약 독도에 사람이 살 수만 있다면, 이미 논쟁은 끝났을 것이다. 어떤 나라 사람들이 살고 있느냐가 곧 주권의 증거가 되니까. 하지만 지금의 독도는 법적으로 '바위'다.

그렇다고 작은 바위는 아니다. 독도는 거대한 해저 화산의 꼭대기 부분이다. 백두산만 한 산이 바닷물에 잠겨 있고, 그중 동도와 서도만 수면 위로 살짝 올라온 상태다. 물속에는 2,000m 넘는 부분이 그대로 숨어 있다.

우리나라의 입장은 아주 간단하다. 1945년 광복 이후 당연히 우리 땅이다. 끝. 그런데 일본은 독도를 '다케시마'라고 부르며 자기네 땅이라고 주장한다. 이유가 아주 없진 않다. 1952년 샌프란시스코 조약을 맺을 때 미국이 일본의 영토 경계를 정리하면서 독도를 애매하게 처리했기 때문이다. 해방 직후 우리나라는 그 작은 돌섬까지 챙길 여력이 없었고, 그 틈을 일본이 파고든 것이다.

그래서 일본은 지금도 "재판으로 가자."라고 주장한다. 하지만 우리는 "애초에 우리 땅인데 왜 재판을 하느냐."라고 딱 잘라 말한다. 축구공을 누가 빼앗았다가 돌려주면서 "나도 만졌으니까 반은 내 거야."라고 말하는 것과 똑같은 억지다. 이 문제는 매년 반복된다. 일본은 "대화하자."라고 하고, 우리는 "대상 자체가 아니다."라고 한다. 팽팽한 줄다리기다.

역사적으로 봐도 독도가 우리 땅이었다는 기록은 훨씬 오래된다. 신라 지증왕 때 이사부 장군이 울릉도와 함께 독도를 복속했다는 기록이 있고, 조선시대에는 어부 안용복이 일본에 직접 건너가 "독도는 조선 땅"이라는 문서를 받아오기도 했다. 다만 문서에 '석도(石島)'라고 잘못 적혀 있어서 일본이 지금까지도 그걸 붙잡고 억지 주장을 이어간다.

결국 해방 후 이승만 대통령이 확실하게 선을 그었다. 독도에 경비대를 보내고 실효 지배를 시작했다. 일본이 뭐라 해도 굳건히 지켰다. 그 이후로 지금까지 독도는 계속 우리나라가 지켜오고 있다.

문제가 단순하지 않은 이유는, 일제강점기 동안 세계지도 곳곳에 독도가 일본 땅으로 표기된 경우도 있었기 때문이다. 그래서 역사와 국제법이 복잡하게 얽혀 있다.

그때 한 아이가 손을 들고 말했다.

“그럼 우리나라가 독도를 더 오래 가지고 있었으니까 그게 증거라고 하면 되잖아요.”

맞다. 실제로 그렇게 주장한다. 하지만 일본의 억지에는 논리가 통하지 않는다. 그게 현실이다.

마지막으로 아이들과 독도 경비대 영상을 봤다. 좁은 선착장에서 운동하고, 350개 계단을 오르내리며 체력을 유지하는 모습. 두 달 동안 외딴 섬을 지키고, 두 달 뒤 교대하는 삶. 누구나 갈 수 있는 곳이 아니기에, 그곳을 지키는 이들이 더없이 자랑스럽다는 생각이 들었다.

거대한 호른이 울리다.

마크 로버가 만든 〈세계에서 가장 큰 호른〉 영상을 함께 봤다. 처음 화면에 등장한 거대한 금관악기에 아이들은 잠시 웃었지만, 제작 기간이 8개월, 예상 비용이 1억 원이라는 설명이 나오자 바로 눈이 커졌다. 단순히 크기만 키운 게 아니라, 곡선과 길이를 모두 수학적으로 설계해야 했다는 말에는 어김없이 ‘또 수학…’이라는 표정이 번졌다.

호른이 불기 어려운 악기라는 사실 역시 흥미로웠다. 대부분의 악기는 악기 자체가 진동하지만, 호른은 연주자의 입술을 떨게 해서 음정을 만든다. 그래서 연주자들이 대체로 체격이 좋은 이유도 자연스럽게 이해됐다. 배에 힘을 실어 공기를 밀어 넣어야 하는 악기라서이다. 이 말을 듣자 교실 곳곳에서 배를 슬쩍 만져보는 아이들이 보였다.

영상의 핵심은 “음량 증폭”이 아니라 “소리 보존”이라는 원리였다. 전기도 배터리도 없는데 소리가 멀리 퍼지는 이유가 무엇인지, 마크 로버는 젤리를 이용해 설명했다. 작은 충격이 옆의 분자를 밀고, 그 분자가 또 다음 분자를 밀어 고막까지 전달되는 압력파의 방식이었다. 나팔의 가장 중요한 구조는 “좁은 입구에서 넓은 출구로 점점 퍼지며 공기와 닿는 면적을 넓히는 설계"였다.

나는 그 원리를 직접 보여주려고 손으로 나팔 모양을 만들어 입 주변을 감싸고 말을 해보였다. 소리가 바로 더 크게 퍼졌다. 축구 감독들이 손으로 입을 가리고 소리치는 이유도 바로 그 구조라고 설명하니, 아이들이 곧바로 고개를 끄덕였다.

영상은 점점 장대한 스케일로 이어졌다. 작은 견본과 실제 나팔의 비율을 설명하자, 아이들 중 몇 명은 또다시 복잡한 공식을 떠올렸다. 나는 차분히 말했다.

"그냥 크기 비율이에요. 30배면 30대 1."

비와 비율은 수학 시간에 공부하자고 한다.

조개껍데기 이야기를 덧붙이자 아이들이 흥미롭게 들었다. 백고동을 뒤집어 보면 나팔과 거의 같은 구조라는 점이었다. 자연이 먼저 발견한 소리의 구조를 인간이 공학적으로 다시 구현한 셈이다.

영상에서 가장 인상적이었던 부분은 거리 실험이었다. 축구장 두 개 거리, 약 200m도 거뜬했고, 1.6㎞에서도, 심지어 4㎞ 떨어진 곳에서도 소리가 도달했다. 무전기는 즉시 신호가 가지만, 소리는 느리기 때문에 "지금 울립니다."라는 무전 뒤에 소리가 11초 후에 도착하는 장면이 특히 재미있었다.

나는 옛 전쟁터의 나팔수를 떠올렸다. 수 킬로미터 떨어진 병력에게 공격과 후퇴 신호를 보내던 사람들. 그들이 쓰러지면 즉시 다른 병사가 나팔을 집어 들어야 했다. 전쟁터에서 끊긴 것은 '소식'이 아니라 '생명선'이었다.

영상이 끝나자 아이들 질문이 이어졌다. "그냥 확성기 사서 쓰면 되지 않나요?"라는 현실적 질문도 나왔다. 나는 웃으며 말했다.

"전기도, 배터리도 없이, 입김 하나로 4㎞를 울리는 게 얼마나 대단한 기술인지 생각해 봐요."

또 다른 아이가 무기로 쓰면 되는 거 아니냐고 묻자, 설치하는 데만 8개월이 걸린다는 말 하나로 바로 정리가 됐다.

김구 선생님께

오늘은 백범 선생님께 편지를 쓰는 시간이었다. 본격적으로 쓰기 전에 우리 대한민국이 얼마나 멋진 나라가 됐는지 자랑부터 좀 해야겠다 싶어서 한글 이야기로 운을 뗐다.

"얘들아, 우리 한글 타이핑 속도 세계 1등인 거 알지?"

중국어는 소리 나는 대로 쳐야 밑에 한자가 주르르륵 나오고 그중에서 골라야 하는데, 우리는 그냥 생각나는 대로 탁탁탁 치면 끝이다. 예전에 중국인 학생이 타이핑하는 거 옆에서 봤는데 우리보다 서너 배는 느렸던 것 같다. 일본도 마찬가지. 한 아이가 "한글 최고!" 하고 추임새를 넣는다.

그렇다고 한글이 쉬운 건 또 아니라고, 받아쓰기해 보면 안다고 슬쩍 덧붙였더니 아이들 표정이 묘하게 변한다. 그래도 K-문화 자랑은 계속됐다. 김치, 불닭, 한옥 옆에 아파트 서 있는 독특한 풍경, 태권도, 드라마까지. 한 아이가 "오 마이 갓!"이라고 외쳤다. 물론 농담이었겠지만, 우리 전통 모자 갓.

• 이도현

요즘은 점점 선생님이 꿈꾸시던 나라의 모습에 가까워지고 있어요.

우리나라에는 DMZ, 남산타워처럼 많은 관광지가 있어서 외국인 관광객들이 많이 찾아와요.

어쩌면 한국 사람들보다 외국인들이 더 즐겁게 구경하는 것 같아요.

또한 'K'가 붙은 한국 문화들, 예를 들면 K-POP이나 K-food 같은 것들이 세계적으로 유명해졌어요.

이제 정말로 선생님이 바라시던 멋진 나라가 조금씩 완성되어 가고 있는 것 같아요.

• 김다솜

안녕하세요. 저는 사근초등학교 6학년 김다솜입니다.

선생님께서 "오직 한없이 가지고 싶은 것은 높은 문화의 힘이다."라고 말씀하셨습니다.

그 말씀이 오늘날 이루어지고 있는 것 같습니다.

첫째, 케이팝(K-POP)과 네온힐러스 같은 문화를 보면 금세 알 수 있습니다.

한국을 중심으로 만들어진 케이팝은 한국과 미국뿐 아니라 전 세계로 퍼져 나가며,
많은 외국 사람들이 한국 문화를 즐기고 좋아하고 있습니다.
둘째, K-food입니다.
한국 음식 중에서도 불닭볶음면, 김밥, 삼겹살 등 여러 한식이 외국으로 퍼져 나가고 있습니다.
한국 음식은 맛이 다양하고 한번 먹어보면 또 먹고 싶어져서
전 세계에서 찾는 사람들이 점점 많아지고 있습니다.
이전과는 달리, 이제는 외국의 마트에서도 한국 제품과 음식을 쉽게 살 수 있습니다.
한마디로, 외국 마트 진열대의 절반은 한국 제품이라고 할 정도입니다.
셋째, 한복입니다.
한국 드라마를 보고 한국의 옷을 따라 입는 외국인들도 많아졌습니다.
또 영어를 우리가 배우는 것처럼, 외국인들이 한국어를 배우는 모습도 자주 볼 수 있습니다.
이처럼 김구 선생님께서 꿈꾸시던 높은 문화의 힘이
지금의 대한민국에서 이루어지고 있다고 생각합니다.
앞으로도 이 멋진 나라가 더 발전하도록 저도 열심히 노력하겠습니다.

• **김서후**

요즘에는 어딜 가든 "I'm from Korea."라고 하면 사람들이 반갑게 웃으며 좋아합니다.
그래서 저는 한국이 참 자랑스럽고 정말 좋은 나라라고 생각합니다.
제가 바라는 것은 한국이 앞으로 더 발전하고, 사람들이 더 많이 행복해지는 것입니다.
또 한국에는 세계적으로 유명한 라면이 있습니다. 바로 **불닭볶음면**입니다.
불닭은 지금 외국에서 '불닭 챌린지'로 큰 인기를 얻고 있습니다.
이것이 바로 K-food, 즉 한국 음식의 힘이라고 생각합니다.

• **주지훈**

안녕하세요. 저는 사근초등학교 6학년 2반 주지훈입니다.
김구 선생님, 드디어 저희 나라가 선생님의 꿈을 이뤘어요!
지금 한국은 정말 많이 성장했습니다.
이제는 한국을 모르면 기억을 잃은 사람처럼 느껴질 정도로
전 세계 사람들이 한국 문화를 알고 있습니다.
그리고 우리나라 축구도 정말 잘합니다.
작년에 있었던 카타르 월드컵에서
저희는 포르투갈을 이기고 16강에 진출했습니다!
그때 저는 아르헨티나가 우승했으면 좋겠다고 생각했는데,
결국 그 꿈도 이루어졌어요.
김구 선생님의 꿈도, 제 꿈도 다 이뤄진 셈이에요.
완전 럭키비키네요!

• **이주영**

요즘 전 세계 사람들이 한국 문화를 잘 알고 있습니다.
심지어 우리나라의 관광지에는 외국인 관광객들로 가득합니다.
저는 문화가 우리나라를 더욱 멋지게 만들었다고 생각합니다.
선생님께서 꿈꾸셨던 "문화가 강한 나라"의 모습이
이제 우리나라를 통해 실제로 보이고 있습니다.
지금은 한국이 세계 곳곳에 알려져서
많은 사람들이 우리나라를 자랑스럽게 생각하고 있습니다.
선생님의 꿈 덕분에,
정말 우리의 문화가 살아 숨 쉬는 것 같습니다.

- **정하진**

요즘은 어디를 가든 케이팝 음악이 들립니다.
우리는 그것을 그냥 당연하게 느낄 수도 있지만,
자세히 보면 우리나라의 문화가 점점 세계로 퍼지고 있다는 것을 알 수 있습니다.
요즘 인기가 폭발하는 **케데헌**
그리고 **K-food의 정석**인 불닭볶음면이나 떡볶이 같은 음식들은
모두 우리가 만든 것들이지만, 이제는 세계 곳곳에서 한국을 빛내고 있습니다.
김구 선생님께서 꿈꾸시던 나라는
이미 이렇게 아름답게 이루어져 있습니다.

- **정소령**

안녕하십니까. 저는 2025년에 살고 있는 사근초등학교 6학년 정소령입니다.
지금 저희 한국은 전 세계에서 아주 인기가 많습니다.
저는 그것이 모두 김구 선생님 덕분이라고 생각합니다.
선생님께서 남기신 말씀과 꿈이 있었기에
우리나라가 이렇게 높이 올라올 수 있었다고 믿습니다.
먼저 인기가 많은 것들을 소개하자면,
케이팝(K-POP)과 네온힐러스 같은 문화가 있습니다.
그 안에서 방탄소년단(BTS), 한옥, 전통음악 등
우리만의 문화가 세계 곳곳으로 널리 퍼지고 있습니다.
특히 요즘에는 한국 라면이 큰 인기를 끌고 있습니다.
그중에서도 불닭볶음면이라는 매운 라면이 유행하면서
전 세계 사람들에게 한국의 맛을 알리고 있습니다.
지금 우리나라는 선생님께서 바라셨던 것처럼
아름답고 문화가 강한 나라로 변했습니다.
앞으로도 이 모습을 계속 지켜 나가며,
한국의 문화를 아끼고 더욱 발전시키겠습니다.
김구 선생님, 진심으로 감사합니다.

• **김산**

선생님께서 바라시던 일이 이루어졌습니다.
요즘 케이팝(K-pop)과 네온힐러스 같은 문화 덕분에
한국의 문화가 전 세계로 퍼져나가고 있습니다.
그리고 다른 나라에서는 **냉동 김밥**이 큰 인기를 끌고 있습니다.
이처럼 우리나라의 문화와 음식이 세계 곳곳으로 퍼져나가고 있어
선생님께서도 참 행복하실 것 같습니다.
저 역시 우리나라의 문화가 이렇게 널리 알려지고
많은 사람들이 좋아해 주는 것이 정말 뿌듯하고 자랑스럽습니다.

• **장신은**

김구 선생님! 드디어 선생님께서 바라시던 꿈이 이루어졌어요.
이제는 중국에서도 신라면, 불닭볶음면, 김, 김치, 김치찌개 같은
한국 음식들을 아주 좋아합니다.
예전에는 김치를 낯설어하던 사람들이
이제는 배추김치나 총각김치 같은 다양한 김치를 즐겨 먹고 있습니다.
저번에 사촌동생이 놀러와서
제가 한국에서 직접 한식 요리를 만들어줬는데,
너무 맛있다며 감탄했어요.
그때 저도 느꼈습니다.
'아, 나는 정말 김치 없인 못 사는 한국인이구나!' 하고요.
이제 우리나라는 선생님이 꿈꾸시던
문화가 강하고 자랑스러운 나라가 되었습니다.
제가 바로 그 증거입니다.

• **권시오**

안녕하세요. 저는 사근초등학교 6학년 권시오입니다.
선생님의 오랜 염원이 드디어 이루어졌습니다.
이제 한국은 당당한 **문화 강국**이 되었습니다.
이제는 '한국'이라는 이름만 들어도 놀라는 외국인들도 많습니다.
영상매체에서도 한국 음식, 한국 영화, 한국 드라마가
하나둘씩 늘어나며 세계 속으로 퍼지고 있습니다.
이제 '한국' 하면 문화가 풍부한 나라,
전 세계가 주목하는 나라로 인기가 높습니다.
외국에 가도 "I'm from Korea."라고 말하면
많은 친구들이 반갑게 인사하며 다가옵니다.
우리나라는 국력이나 차별이 아니라,
문화의 힘으로 수많은 사람들의 마음을 열었습니다.
김구 선생님께서 바라시던 소망이 이루어진 지금,

• **현가은**

선생님, 안녕하세요.
저는 이 시대에 살고 있는 사근초등학교 6학년 가은이라고 합니다.
요즘은 선생님께서 바라시던 시대가 된 것 같아요.
많은 사람들이 한국을 좋아해 주고,
특히 외국에서도 한국이 아주 유명해졌습니다.
K-POP 같은 노래나 K-food 같은 음식이 세계적으로 사랑받고 있습니다.
또 노래와 음식뿐만 아니라 한복, 김치, 기와집 같은 전통 문화도
외국인들이 즐기고 배우며 살아가고 있습니다.
지금은 외국에서 한국으로 와서 사는 사람들도 있을 만큼
한국은 정말 '명물 덩어리'인 나라가 되었습니다.
그리고 앞으로도 더 발전할 수 있는 나라라고 생각합니다.

K-POP, K-food, K-drama 등은 이미 세계 곳곳으로 퍼져 나가며
많은 외국인들이 한국을 더 깊이 알아가고 있습니다.
예전에는 즐거움이 적었던 나라였지만,
지금의 한국은 즐거움과 활기가 넘치는 멋진 나라가 되었습니다.
선생님이 꿈꾸시던 나라가 이렇게 발전하고 있고,
앞으로는 더 놀랍고 자랑스러운 나라가 될 거예요.
저는 지금 이 멋진 나라에서 살고 있다는 것이
정말 자랑스럽고 행복합니다.
아마 선생님께서도 하늘에서 이 모습을 보시며
기뻐하고 계실 거라고 생각합니다.
선생님, 우리나라가 이렇게 멋진 나라가 될 수 있도록
힘써 주셔서 감사합니다.
앞으로도 대한민국이 더 빛나는 나라가 되도록
저도 열심히 노력하겠습니다.

- **최하윤**

김구 선생님, 안녕하세요!
저는 서울사근초등학교에 다니는 6학년 최하윤이라고 합니다.
요즘 날씨가 많이 추워졌어요. 환절기라 감기 걸리기 쉽다던데,
하늘에서도 몸 잘 챙기고 계시죠?
다름이 아니라, 제가 학교에서 선생님께서 쓰신 『백범일지』의
'내가 원하는 우리나라' 부분을 읽게 되었어요.
그중에서 "나는 우리나라가 남의 것을 모방하는 나라가 되지 말고,
새로운 문화의 근원이 되어 모범이 되기를 원한다."라는 구절이
특히 마음에 남았습니다.
선생님께서는 지금 저 하늘의 별이 되셔서
대한민국을 지켜보고 계시겠죠?

제가 보기엔, 지금의 대한민국은
정말 선생님의 뜻을 하나씩 이루어가고 있는 것 같아요.
이제 한국은 전 세계가 주목하는 나라가 되었고,
K-food와 K-POP 같은 우리 문화가 세계 곳곳에서 사랑받고 있습니다.
다른 나라의 것을 따라 하는 게 아니라,
우리만의 고유한 문화를 만들어 가고 있다는 것!
그게 바로 선생님께서 바라셨던 모습 아닐까요?
아마 제가 더 커서 어른이 될 때쯤엔
이런 문화가 훨씬 더 발전해 있을 거라고 생각해요.
앞으로도 대한민국을 하늘에서 지켜봐 주시고,
저희에게 큰 박수를 보내주세요!
하나, 둘! 김구 선생님의 뜻대로
더 멋진 나라를 만들어 가겠습니다!
그럼 감기 조심하시고,
다음에 또 이렇게 편지로 찾아뵐게요.

11월 4일

똥침의 수학적 원리와 고대 무기 이야기

오늘은 원의 둘레와 넓이를 배운 김에 수업 방향을 과감히 비틀어 보았다. "수학이 어디에 쓰이냐?"라며 투덜대던 아이들에게 나는 장난스럽게 답했다.

"무기."

학습지 첫 문장은 "각이 작으면 힘이 한 곳으로 모인다." 예각과 둔각의 차이를 설명하는데, 논의는 자연스럽게 '똥침'으로 탈선했다. 아이들은 킥킥대고, 나는 최대한 진지하게 말했다.

"똥침은 둔각으로 놓아야 안전하다. 예각이면 큰일 난다."

실용적 수학이 갑자기 교실에 설득력 있게 스며드는 순간이었다. "둔각으로 만든 무기는 둔기다." 하고 쇠망치를 든 장군 이야기를 곁들였다.

두 번째는 방패였다. 나는 칠판에 방패를 그리며 각도를 이야기했다.

"각을 기울이면 충격이 흘러내린다. 일자형은 충격을 정면으로 받아 잘 쪼개진다. 그래서 방패는 살짝 휘어져 있어야 한다."

누군가 "그냥 밑으로 찌르는 척하다가 확 찌르죠."라고 하자 곧이어 "아예 온몸에 붙이고 다니는 방패는요?"라는 상상도 이어졌다. "고대 전쟁이 RPG 게임 아니다."라고 말해 흐름을 눌렀지만, 또 다른 아이가 "방패가 뾰족하면 그걸로 공격하는 거 아닌가요?"라고 묻는다.

세 번째는 창의 길이였다. "6미터 창이 실제로 있었다."라는 말에 아이들이 술렁였다. 서후에게 물었다.

"반지름 2미터인 창으로 막을 수 있는 범위는?"

서후는 주저 없이 "파이 곱하기 2 제곱!"을 외쳤다. 원 넓이가 공격·방어 범위가 되는 방식이다. 죽창 이야기를 꺼내자 동학농민운동의 분위기가 스쳐 지나가며 잠시 진지해졌다. 대나무의 특성 ― 가볍고 빠르고 탄성이 좋아 맞으면 아픈 무기 ― 를 설명하자 대나무가 그렇게 강하냐며 반문 한다.

네 번째는 전차 바퀴였다. 둘레가 클수록 한 바퀴에 가는 거리가 더 길어진다는 기본 원리를 설명하며 30㎝ 바퀴와 90㎝ 바퀴의 차이를 물었다. 그러자 한 녀석이 또 원 넓이 공식을 외쳐 분위기가 뒤집어졌다. 지금은 바퀴의 넓이가 아니라 둘레다. 지훈이가 정확히 둘레를 계산해 낸다.

"지름의 약 세 배."

다섯 번째는 투석기였다. 길이가 길수록 멀리 나간다는 원리를 손가락 튕겨 이마 맞히기로 시범 보였다. "중지가 제일 세다. 그래서 제일 아프다."라는 말에 아이들은 약간 어색해하면서도 따라한다. 중지로 옆 친구 이마를 겨누며. "약지로는 안 된다."라는 설명을 덧붙이고, 투석기도 지나치게 길면 제어가 안 된다는 점을 짚었다.

수업 말미에는 석기 제작 과정을 보여주는 영상을 틀었다. 강돌을 집어 들고 두들겨 주먹도끼를 만드는 장면, 규암과 흑요석의 날카로움, 사슴뿔로 눌러떼기 하는 섬세한 손놀림에 아이들은 집중했다. '연천에서 미군이 우연히 발견한 주먹도끼' 이야기도 곁들였다.

칼날과 손잡이를 힘줄로 묶고 타르로 접착하는 장면에서는 아이들의 걱정이 먼저 나왔다.

"돼지고기 자를 때 잘못하면 힘만 들고 더 안 잘릴 것 같아요."

그 말에 나는 고개를 끄덕였다.

"맞아. 고대 사람들도 실패하면서 도구를 발전시켰어."

한 시간 동안 무기와 수학, 원의 성질과 고대 도구 제작이 정신없이 뒤섞였지만, 아이들은 웃고 상상했다.

단 한 번의 패배, 파프리카 튀김 전설

점심시간에 한 아이가 말했다.

"저 급식 남긴 적 딱 한 번 있어요. 그게 유치원 때예요."

주변 아이들이 놀라서 "어? 진짜?" 하고 묻자, 그 아이는 잠시 생각하다가 덧붙였다.

"파프리카 튀김 같은 거였는데요, 너무 물컹해서 못 먹었어요."

그 많은 급식 메뉴 중 단 한 번, 그것도 '물컹한 파프리카 튀김'에서 좌절했다니, 어쩐지 웃음이 났다. 이 아이의 완벽한 급식 완식 인생에 남은 유일한 흑역사가 하필 유치원 시절의 그 튀김이라니. 아마 그날의 파프리카 튀김은 정말 전설적으로 물컹했던 게 틀림없다.

우리 반의 '편집자들'

4~5교시에 아이들과 함께 우리 책 교정을 했다. 정말 많이 나왔다, 교정 사항이.

한 아이가 먼저 속담을 찾아냈다. "낮말은 새가 듣고 밤말은 쥐가 듣는다"가 맞는 속담인데, 책에는 엉터리로 적혀 있었던 것이다. 내 눈에는 안 보였는데 그 친구가 단번에 찾아냈다.

다른 아이는 내가 그냥 넘어가려던 부적절한 표현을 날카롭게 짚어줬다. 또 어떤 친구는 '전항'과 '후항'을 발견했다. 책에는 '전함'과 '후안'으로 잘못 쓰여 있었던 걸 정확히 고쳐준 것이다. '내향의 구분'이 '내 호흡기'로 되어 있는 부분도 있었다. 정말 엉망이었는데, 아이들이 하나하나 다 찾아줬다.

어떤 친구는 '삿갓'을 고쳐줬고, 다른 아이들은 고사성어를 '사자성어'로 써야 한다는 점, '압권'이 맞는 표현인지에 대한 질문, '리키'를 왜 '릭'이라고 했냐는 지적까지 했다. '스테판 커리'를 '스테펀 커리'로, '까멜로'를 '까망베르 치즈'로 고친 건 또 얼마나 웃겼는지 모른다. 축구 좋아하는 아이 이름이 틀린 것도 바로잡았고, '제레베이스원'이 아니라 '제로베이스원', '사자보이스'가 아니라 '사자보이즈', '안 내 빠찌 강낭콩'이 아니라 '강낭콩순이', '도깽이'가 아니라 '도껌이', '꽃살'이 아니라 '고깔'이라는 지적까지 나왔다.

심지어 '서우'를 '서후'로, '케이데헌'을 '케데헌'으로, '숙취율'을 '숙면율'로, '성추율'을 '성수율'로 고쳐야 한다는 것도 정확히 짚었다. "Whole-Part에서 Part가 빠졌어요!"라는 외침에는 나도 웃음을 터뜨렸다.

아이들은 모르는 말이 나오면 바로 물었다.

"툰드라가 뭐예요?"

"종횡무진이 뭐예요?"

"르포가 뭐예요? 여행기로 바꿔드릴게요!"

"루트 표시는 우리 안 배웠어요!"

"일제 강점기인가? 일제 감정기인가?"

"의병장 윤희순이에요? 유관순이에요?"

자신들이 모르는 단어를 숨기지 않고 솔직하게 물어보고, 더 쉬운 말로 바꿔 달라고 했다.

또 어떤 친구는 '화가'와 '보호자'의 역할이 바뀌어 있다는 걸 찾아냈고, '날카로운 걸 한 친구'가 실제로는 다른 친구였다는 사실도 짚었다. 아무도 안 잃어버렸는데 '잃어버렸다'고 써 있는 문장도 발견했다.

그리고 결정타.

"선생님, 쉼터 비밀번호가 책에 들어가 있어요!"

아, 이건 당장 빼야 했다. 실제로 삭제 표시까지 해두었다.

"우리 반에 그런 아이는 없는데요."

"여기 글에 이상한 취소선이 있어요."

"이글루에는 조사 붙여야 해요."

"따옴표가 이상해요."

아이들의 지적은 끝이 없었다.

결국 아이들 덕분에 책이 훨씬 깔끔해졌다. 내가 며칠 밤을 새워도 못 찾아냈던 오류들을, 아이들은 단 한 시간 만에 쏟아냈다.

역시 교정은 여러 쌍의 눈으로 봐야 한다는 걸, 오늘 또 한 번 실감했다.

베르누이의 비밀병기, 그리고 몽둥이 오해 사건

오늘은 베르누이의 원리를 설명하려고 축구공 이야기부터 꺼냈다. 공을 옆으로 살짝 비껴 차면 공이 휘는 것, 우리가 흔히 말하는 바나나킥이다. 초등학생도 각도만 잘 잡으면 공이 감기는데, 그게 바로 베르누이가 만든 마법 같은 현상이라고 말했다.

칠판에는 비행기 날개 모양을 그려 올렸다. 위는 봉긋하고 아래는 평평한 날개를 공기가 지나가면, 위쪽 공기는 더 먼 길을 가느라 속도가 빨라지고 입자 사이가 벌어진다. 그러면 압력이 낮아지고, 아래쪽에서 위로 힘을 받아 비행기가 뜬다. 나는 공기 입자 다섯 개를 줄 세우며 열정적으로 설명했지만, 설명하는 동안 살짝 든 생각은 하나였다. 이걸 지금 나만 신나서 말하고 있는 건 아니겠지…?

이야기는 제주도 초가집으로 넘어갔다. 바람이 센 날 지붕이 들릴 수 있어 끈으로 묶어 두던 것도 바람이 빠르게 지나가면 위쪽 압력이 낮아지기 때문이라고 설명했다. 그리고 오늘은 이것 하나만 기억하라고 강조했다.

"빠른 쪽으로 힘이 간다."

그다음은 비밀 병기(?)였다. 과학 실험용 긴 비닐봉지를 서랍에서 꺼내 들자 아이들 눈빛이 갑자기 살아났다. "이거, 동네 슈퍼 비닐 아니다. 태도 좋은 사람만 받을 수 있다."라고 말하자 집중도가 높아진다. 대부분의 아이들은 베르누이 비닐을 받으면 전력질주하며 바람을 넣거나 입구에 입을 갖다 댄다. 하지만 그게 제일 비효율적인 방법이다.

베르누이를 아는 사람은 입을 비닐에서 살짝 떼고 '쓰으으—' 하고 분다. 내가 시범을 보이자, 내가 내뿜는 빠른 공기를 따라 주변 공기까지 한꺼번에 빨려 들어가며 비닐이 순식간에 부풀었다. 교실이 동시에 "와아—!"로 흔들렸다.

그리고 떠오른 건, 늘 그렇듯 과거의 흑역사였다. 금북초에서 이 실험을 했던 날, 아이들이 공기를 꽉 채운 비닐을 묶어 운동장으로 나가 서로 두들기며 놀기 시작했다. 나는 '그냥 비닐로 장난치는구나' 하고 보고 있었는데, 그 모습을 지나가던 어른이 보고 몽둥이로 때리는 줄 알고 오해했다. 그날 학교로 전화가 왔단다. "이건 베르누이의 원리를 실험한 것입니다."를 과학적으로 해명해야 했다. 정작 아이들 기억에는 베르누이도, 원리도 다 사라지고 "그날 비닐로 싸웠다."만 남았을 듯.

오늘은 비닐 개수가 애매해 2인 1조로 나눠 주려 했지만, 누가 가져갈지를 두고 이미 보이지 않는 신경전이 진행 중이었다. 누군가는 "너 가져.", "아니 필요 없어.", "이 색은 내 컬러 아니야." 같은 말까지 꺼냈는데. 여유분이 생각보다 많다. 한 명에 하나씩 돌아갔다.

그사이 나는 "입을 더 뒤로!", "세게 부는 게 아니야!", "후가 아니고 쓰으으야!"를 반복하며 혼돈을 통제하려 했지만, 어느 순간 포기했다. 사진을 찍으려고 "자, 동시에!"라고 외쳤는데, 아무도 나를 보지 않고 각자 자기 비닐만 부풀리고 있었다. 어떤 애는 아예 비닐을 머리에 쓰려 해서 말려야 했다. 그거 머리에 쓰는 거 아니고 실험이라고!

결국 교실 곳곳에서 비닐들이 통통하게 부풀어 오르며 아이들은 온 힘을 다해 신나했다. 나는 그걸 바라보다가 그냥 웃었다.

지금 이 장면을 베르누이 본인이 봤다면 뭐라고 했을까.

"내 이름 붙이고 왜 이런 난장판을 벌이고 있나…."

11월 5일 ~ 7일

수련활동 그리고…

경기도 가평으로 향하는 버스 안, 아이들의 웃음소리가 파도처럼 번져갔다. 가평의 공기부터가 달랐다. 서울의 분주함이 사라지고, 아이들의 들뜬 에너지가 그 자리를 채웠다. 2박 3일 글로벌 문화 언어 체험 캠프. 이름만 들어도 근사했지만, 내 머릿속엔 한 가지 생각이 떠올랐다.

'이 에너지를 내가 감당할 수 있을까?'

결과적으로, 그건 쓸데없는 걱정이었다. 아이들의 생명력은 중력보다 강했고, 내 피로는 언제나 그 밑으로 끌려 내려갔다.

도착하자마자 열린 안전 교육은 캠프의 첫 관문이었다.

"화장실 앞에 있는 수건처럼 생긴 거, 수건 아닙니다— 걸레입니다!"

강사 선생님의 한마디에 아이들은 폭소했고, 나도 피식 웃었다. 위트와 경고를 동시에 잡은 명강의였다. 속으로는 '그래, 수건과 걸레만 잘 구분해도 절반은 성공이야…' 하며 조용히 다짐했다.

곧이어 중력(Gravity) 수업이 시작됐다. 뉴턴의 사과 이야기를 영어로 들으며 아이들은 집중했다. "If there's no gravity, soccer ball fly forever?"라는 아이의 한마디에 모두가 웃음을 터뜨렸다. 중력보다 강한 건 아이들의 상상력이었다. 이어진 'Balancing(균형)' 수업에서는 젠가, 컵, 동전으로 균형을 잡는 놀이를 했다. 선생님이 말했다.

"You have infinite possibilities."

그 말이 공기처럼 흘러들어 와 아이들의 눈이 반짝였다. 나도 그 순간 믿었다. 그래, 너희는 진짜 가능성 덩어리다.

그날 저녁, 방마다 과자 산이 쌓였다. "적당히 가져오세요."라고 분명히 말했는데, 적당함의 기준이 이토록 다양할 줄은 몰랐다. 초코파이 한 박스, 젤리 대용량 봉지, 감자칩 세트까지. 마치 '과자 박람회 in 가평'이었다. 그중 한 녀석은 캠프 전날 "간식으로 삼겹살 구워 먹을래요!"라며 삼겹살, 쌈장, 상추, 불판, 버너까지 챙기려다 엄마에게 혼나 상추와 쌈장만 들고 왔다. 결국 그는 그 쌈장에 과자를 찍어 먹었다. 상추는 그대로였다.

밤이 되자 휴대폰을 걷고 숙소로 돌아갔다. 잠시 평화가 찾아오는 듯했지만, 새벽 다섯 시부터 들려오는 알람 소리에 모든 게 무너졌다.

"5시, 5시 반, 6시… 도대체 몇 개를 맞춰놓은 거야?"

나는 동료 선생님과 눈을 마주치며 웃었다. 혹시 이 아이들, 미래의 아침형 인간 집단인가 싶었다. 아침이 밝자 숙소 점검이 시작됐다. 깔끔한 방도 있었지만, 몇몇 방은 '창의적인 혼돈' 그 자체였다. 게다가 벌레를 무서워하는 아이들이 많아 나는 어느새 열 마리 넘는 벌레를 잡아낸 '가평의 벌레 헌터'가 되어 있었다.

둘째 날은 체험의 향연이었다. 천체(Astronomy), 목공예(Wood Craft), 에코(Eco Art), 그리고 쿠킹(Cooking). 그중에서도 쿠킹 시간이 단연 백미였다. 반죽을 신나게 치던 한 아이가 다가와 수줍게 말했다.

"선생님, 반죽을 나라고 생각하고 쳤어요. 죄송해요."

그 순간 빵 반죽보다 내 마음이 먼저 말랑해졌다. 얼마나 솔직하고 귀여운가. 괜찮아, 그런 감정도 반죽처럼 치다 보면 부드러워지는 법이지. 오후엔 'Diversity & Discrimination(다양성과 차별)' 수업이 이어졌다. 아이들이 진지하게 토론하며 서로의 다름을 이해해 가는 모습이 인상 깊었다.

교육원 급식은 의외의 인기였다. "선생님, 여기 밥 진짜 맛있어요!"라며 매끼를 깨끗이 비운 아이들도 있었다. 몇몇은 2박 3일 내내 단 한 번도 남기지 않았다고 자랑했다. '잔반 제로 캠퍼'들이었다.

마지막 날은 'Global Folk Tales(세계 전래동화)'와 'Traditional Clothes(전통의상)' 수업으로 채워졌다. 여러 나라의 교훈과 문화를 배우며 아이들은 점점 세계로 시야를 넓혀갔다. 드라마실에서 팀 이름을 정하는 활동이 있었는데, 우리 반의 한 모둠이 당당히 외쳤다.

"Our team name is… Do-Gun!"

선생님들이 순간 멈칫했다.

"Do… Gun?"

어색한 정적이 흐르더니 곧 폭소가 터졌다. 문화의 벽을 유쾌하게 넘어선 순간이었다.

짐을 싸던 마지막 아침, 한 아이가 잃어버렸던 손전등을 찾아내며 "선생님, 기적이에요!"라고 외쳤다. 그래, 그런 게 진짜 기적이다. 퇴소식 전 마당에선 외국인 선생님들이 럭비를 하고 있었고, 아이들은 눈을 동그랗게 뜨고 그 모습을 지켜봤다. "선생님, 공이 타원형이에요!"라며 놀라던 그 표정이 아직도 선하다.

2박 3일, 짧지만 진한 시간이었다. 새벽 알람의 향연, 벌레 헌터의 탄생, 반죽 고백, 과자와 쌈장의 이색 만남, 그리고 'Do-Gun' 팀의 유쾌한 등장까지.

11월 10일

오늘 창체 시간 수업 시작 전 1층 복도에 있는 우유 상자 이야기를 먼저 꺼냈다. 누가 몇 개를 겹쳐 쌓고 그 위에 또 하나를 띄워 두었다. 멀리서 보면 협동미술 작품처럼 보이지만, 가까이서 보면 그냥 위태롭다. 내려가서 "얘들아, 이건 작품이 아니라 위험이야. 우유 상자는 나란히 두는 게 기본이야." 했더니 한 녀석이 "그래도 같이 띄웠잖아요, 협동이잖아요." 한다. 협동이라… 맞는 말이긴 하지. 하지만 그건 협동 예술이 아니라 협동 재난이지. 그렇게 웃으며 다시 4층 교실로 올라왔다.

오늘은 은행나무 이야기를 하기로 했다. 나는 화면에 노랗게 물든 은행나무 사진을 띄워 보여줬다.

"얘들아, 이게 바로 2억 7천만 년을 살아온 나무야."

말이 끝나자마자 누가 외쳤다.

"선생님, 저거 냄새나는 나무잖아요!"

역시 예상대로였다.

"그래, 맞다. 근데 그 냄새 덕분에 얘가 살아남은 거야. 네가 코 막는 동안에도 얘는 공룡이랑 친구 하면서 버텼다고."

"공룡이랑요?"

"그럼. 티라노랑 광합성 친구였을 수도 있지."

아이들이 킥킥 웃는다.

"다른 나무들 잎을 보면 벌레가 꼭 파먹은 자국이 있어. 근데 은행나무 잎은 깨끗하지? 벌레가 한 입만 먹으면 바로 '게임 오버'야."

"그럼 사람은요?"

"사람은 괜찮아. 오래는 못 살 뿐이지."

교실이 웃음으로 흔들렸다.

"은행나무는 병에도 강하고, 추위에도 강하고, 심지어 폭탄이 터져도 산대. 히로시마에서도 살아남은 나무 중 하나가 바로 은행나무래."

그 말에 아이들이 잠깐 조용해졌다. 화면 속 노란 잎이 묘하게 빛났다.

"다른 나무들은 사정이 좀 달라. 소나무는 강해 보이지만 사실 병에는 약해. 겉으론 듬직해 보여도 속은 유리컵이야. 겨울에는 지푸라기 옷 입혀야 버티거든. 자작나무는? 예쁘고 하얗지만 여름 더위엔 기절해. 고향이 북유럽이라 그래. 메타세쿼이아는 하늘 높이 자라지만 뿌리가 얕아서 바람 세게 불면 그냥 쓰러져 버려. 도로까지 들썩이지. 겉멋은 있는데 체력이 약한 나무들이 많아. 근데 은행나무는 다르다. 냄새는 좀 나지만 절대 안 죽는다. 그래서 서울 가로수의 40%가 은행나무야."

아이들이 웅성거리더니 한 녀석이 손을 들었다.

"선생님, 저 은행잎 뜯어봤어요."

"떨어진 거?"

"아뇨, 붙어 있던 거요."

"그건 안 돼. 떨어진 머리카락은 주워도 되지만, 달려 있는 머리카락을 잡아 뜯으면 어떨 것 같냐?"

아이들이 동시에 "으악!" 하며 머리를 감쌌다.

"그렇지. 나무도 아파. 우리가 모를 뿐, 식물도 전기 신호로 통증을 느껴."

조금 있다가 또 한 녀석이 말했다.

"그럼 떨어진 잎은 주워도 돼요?"

"그건 괜찮지. 이미 바람이 데려간 잎이잖아. 나무가 스스로 내보낸 거니까."

아이들이 고개를 끄덕였다

"그럼 그건 버린 게 아니라, 보낸 거네요?"

한 녀석의 말에 잠시 말문이 막혔다.

"그래. 버린 게 아니라, 보낸 거지."

나는 화면 속 은행나무를 바라봤다. 잎사귀들이 햇빛을 머금은 듯 반짝였다. 냄새가 난다고 투덜대던 아이들도 어느새 말이 없었다. 은행나무는 병충해에도, 폭설에도, 매연에도 굴하지 않는다. 냄새가 나도, 사람들이 피하더라도, 묵묵히 그 자리를 지킨다. 그게 참

대단하다.

"얘들아."

내가 말했다.

"은행나무가 오래 사는 이유는 튼튼해서가 아니라, 견디는 법을 알아서야. 냄새도 견디고, 사람들의 투덜거림도 견디고, 바람도 견디고."

아이들이 가만히 고개를 끄덕였다.

"선생님도 그럴 때 있잖아요?"

누가 말했다.

"냄새나는 거요?"

"아니요. 그래도 버티는 거요."

순간 아이들이 웃었고, 나도 웃었다.

나는 화면을 끄며 말했다.

"은행나무 선생, 그대는 오늘도 묵묵히 오래 사는 법을 가르쳐주시는군."

그렇게 수업이 끝났지만, 아이들 몇은 자리에서 일어나며 다시 물었다.

"선생님, 그럼 우리 학교 앞 은행나무도 공룡 친구였을까요?"

"그럴지도 모르지. 네가 잘 지켜주면 앞으로도 계속 친구일 거야."

오랜만에 자리를 옮긴다.

"자, 발표자 뽑기로 자리 옮길 거야."

말이 끝나기도 전에 교실은 이미 난장판이 됐다. 누군가는 "선생님, 이건 제 운명에 대한 모독이에요!"라며 과장된 절규를 하고, 다른 아이는 "저 이번 달은 그냥 여기 살게요!"라며 의자를 꼭 붙잡는다. 이름을 한 명씩 뽑을 때마다 비명과 환호가 번갈아 터진다.

"또 뒷자리예요!"

"난 앞자리인데 왜 기분이 안 좋아요?"

"선생님, 저 친구랑 바꿔도 되죠?"

결국 "맨 앞이랑 맨 뒤만 바꾸기 가능!"이라는 나의 말에 교실은 다시 협상장으로 변했다.

"이건 거의 자리 외교전인데요."

누가 중얼거린다. 그래, 정확한 표현이다.

"나 진짜 완전 고립됐잖아요!" 하는 아이의 외침이 들린다.

"너 혼자 앉았다고 고립은 아니야. 혼자 있어도 생각 많은 사람도 있잖아."

"근데 전 생각이 없어요."

교실이 웃음으로 터진다. 잠시 후 모두가 제자리에 앉고 나서, 한 아이가 툭 던진다.

"13명인데 자리 바꿔봤자 거기서 거기예요."

맞는 말이다. 그렇지만 이 소란스러움 속에 뭔가 살아 있다. 이게 바로 학급의 생명력이지.

자리가 정리되자 본격적으로 수업을 시작했다. 오늘 주제는 '남북의 언어 차이'. 사실 내 전공 분야라 마음만 먹으면 세 시간도 말할 수 있지만, 아이들은 3분만 지나면 하품부터 나온다. 그래서 오늘은 딱 재미있는 부분만.

"얘들아, 남한은 가나다라 순서로 자음을 정하지만, 북한은 'ㅇ'을 맨 끝으로 둔다."

"왜요?"

"초성의 'ㅇ'은 소리가 안 나잖아. 그래서 숫자 0처럼 '없는 소리'라고 본 거지."

"근데 0도 숫자잖아요."

"그렇지, 그래서 논쟁이 생긴 거야."

나는 웃으며 말했다.

"사실 이건 싸울 필요도 없는 문제야. 사전 다시 찍는 돈이 많이 들어서 그렇지, 이 정도는 양보할 수 있대."

아이들이 잠시 조용해지더니, 내가 다음 주제를 꺼내자 다시 소란이 일었다.

"그럼 이번엔 두음법칙! 우리는 '노인'이라 하는데 북한은 '로인'이라 해."

"로인요?"

"응. 경로당의 '로'랑 같아. 원래 한자 '老'는 '로'로 읽거든. 우리는 발음이 편해서 '노'로 바꾼 거고."

"그럼 뭐가 맞아요?"

"둘 다 맞지. 다만 한쪽을 정해야 한다는 게 문제야."

"근데 '로인' 말해보니까 생각보다 괜찮아요."

누가 진지하게 말한다. 나는 속으로 웃었다.

'이 아이는 언어학자 감인데?'

이제부터는 웃음 파트다.

"얼룩말은 북한에서 '줄말', 버스는 '버스', 토마토는 '도마도', 캥거루는 '칸가루', 컴퓨터는 '콤퓨터'래."

"칸가루요? 방에 사는 가루예요?"

"도마 달라는 줄 알았어요!"

교실이 웃음바다가 됐다.

"근데 북한 입장에선 원래 발음에 가깝게 쓰는 거야."

"그럼 코너킥은요?"

"그건 '구석차기'."

"헉, 그건 축구가 아니라 족구잖아요!"

"우유는 '소젖', 상추는 '부루'야."

"소젖은 맞는 말인데 왜 웃기죠?"

"맞는 말인데 생생해서 그래."

나는 2007년에 있었던 남북 언어 협의회를 이야기해 줬다.

"서로 양보하는 거야. 너희가 이거 포기하면, 우리가 하나 포기하는 식으로."

"그럼 우리 오늘부터 '수태 많이 먹어요' 하면 어때요?"

"그건 바로 탈락이지."

아이들이 배를 잡고 웃는다. 언어는 결국 습관이자 문화다. 억지로 통일할 수는 없다.

"그럼 그냥 각자 쓰면 안 돼요?"

"그게 제일 자연스럽지. 언어는 강제로 합치는 게 아니라, 같이 쓰다 보면 닮아가는 거야."

그때 누군가 말했다.

"선생님, 통일되면 받아쓰기 시험은요?"

"좋은 질문이다. 통일 후 10년간은 받아쓰기 면제!"

"오, 그럼 찬성!"

아이들이 환호했다.

"근데 교과서는 뭐로 써야 할까?"

"자기가 쓰고 싶은 말로 써요!"

"그럼 나는 '칸가루' 쓸래요!"

"그럼 너 시험에선 '줄말'도 나올 수 있어."

"아, 그럼 반대요."

이번엔 교실이 다시 폭소로 뒤집어졌다.

수업이 끝날 무렵, 시베리아 횡단열차 영상을 보여줬다. 파리에서 출발해 바이칼 호수까지 8일, 통일되면 유럽에서 부산까지 기차로 갈 수 있다는 상상을 덧붙였다.

"보름이면 도착하겠죠?"

아이가 묻는다.

"그럴 거야. 다만 넌 그 안에서 한 이틀 지나면 분명히 졸 거야."

"전 한 시간도 자신 없어요."

교실 안에 웃음이 퍼졌다.

영상을 끄며 생각했다. 자리 하나 바꾸는 일에도 이렇게 시끌한데, 남북이 말을 하나로 맞춘다는 게 얼마나 어려운 일일까. 그래도 오늘처럼 웃으면서 이야기 나눌 수 있다면, 그게 시작 아닐까 싶었다.

11월 11일

우주의 탄생부터 똥침까지: 3차원 부피의 대모험

오늘은 쌓기나무를 하기 전에 '차원'이라는 신비한 개념부터 다시 짚고 넘어가기로 했다. 나는 빅뱅부터 시작하는 우주론을 펼쳤다.

"우리 모두는 한 점이었고, 존재조차 없었다."

철학적인 명제를 던지며 분위기를 잡아보려 했지만, 아이들 표정을 보니 '오늘 선생님 컨디션이 좀 이상한데?' 하는 기류가 감지되었다.

1차원은 털실로 설명했다. 구부러진 털실을 쫙 펴서 자를 대면 끝. 단순하지만 완벽한 세계다. 2차원은 종이 위의 삼각형 이야기로 이어졌다. 삼각형을 싹둑싹둑 잘라 사각형으로 만드는 마법 같은 순간, 나는 공식 하나를 던졌다.

"밑변 곱하기 높이 나누기 2."

그러자 한 아이가 묻는다.

"그럼 나누기 3은요?"

당연히 이상하지. 그건 삼각형이 아니라 삼각뿔이야.

그리고 드디어 오늘의 주인공, 3차원.

"육면체는 어떤 각도에서 봐도 3면만 보이고, 나머지 3면은 숨어 있다."

주사위를 예로 들며 "안 보인다고 없는 게 아니라, 존재하지만 못 보는 거야."라고 말하자 아이들이 살짝 멈칫했다. 철학과 수학의 경계가 교실 안에 공존하는 순간이었다.

이야기는 자연스럽게 지구와 달로 넘어갔다.

"38만 킬로미터 떨어진 달이 만드는 원의 넓이를 구해보자."

지름은 76만 킬로미터, 거기에 3.14를 곱하면…. 아이들이 계산기를 두드리는 소리가 교실에 퍼졌다.

"와, 엄청 크다!"

그래, 우주는 원래 크다. 수학으로 우주를 재단하는 기분이었다.

이제 본격적으로 쌓기나무 등장. 가로·세로·높이 2.5㎝짜리 정육면체를 들고 물었다.

"이 친구 이름, 뭐가 좋을까?"

깍두기, 두부 조각, 큐브 친구…. 귀여운 이름이 쏟아졌다.

"3개면 삼깍두기!"

완벽했다. 누군가는 "네모 깡패!"를 외쳤다. 5개를 세로로 쌓으면 '오 네모 깡패'. 창의력이 이미 우주 단위로 폭발 중이었다.

나는 "쇼"라는 단위를 제안했다.

"두 개는 쇼, 네 개면 이쇼."

간단하고 중독성 있다. 누군가는 "니은이"를 밀었다. ㄴ 자 모양으로 쌓으면 니은이, 세 개면 삼니은이. 이름 짓기 하나로 교실은 실험실이자 방송국이 되었다.

단, 중요한 규칙 하나. 절대 가운데 쌓으면 안 된다! 가운데 올리는 순간 벌칙은 똥침 열 방. "그거 싫으면요?"라고 묻는 아이에게 나는 말했다.

"그럼 선생님과 1 대 1 데이트, 수학책 들고."

한 아이가 절규했다.

"그건 더 싫어요!"

야… 선생님이 똥침보다 싫다니, 그건 좀 상처다.

'탑돌이' 시연이 이어졌다. 쌓기나무 10개로 만든 탑을 보여주며 "사람도 병원에서 이렇게 단위로 스캔해서 계산한다."라고 말하자, 아이들이 감탄했다. 수학은 길이를 펼치고, 넓이를 네모로 바꾸고, 부피를 쌓기로 만든다. 이게 바로 수학의 마법이다.

이제 조별 활동 시간. 교실은 순식간에 창의력 대폭발 구역으로 변했다. 첫 작품은 '착시현상'. 1층에 3개, 2층에 4개를 절묘하게 쌓아 각도에 따라 다르게 보인다. 이어 '인식의 차이'가 등장했다. 제목부터 포스트모던 감성. 누군가는 자기 이름을 단위로 만들었다.

"1도현."

자존감의 정점이다.

압권은 '1산'. 무려 28개로 만든 히말라야급 걸작이었다. 옆에서는 '1도건'이라는 미니멀한 작품이 등장했다. 반대편은 '1길쭉이', 25개를 일렬로 세운 대담한 조형물이었다.

'1의자'는 15개로 만든 실용주의 예술. 진짜 앉을 수 있을 것 같았다.

그런데 오늘의 하이라이트는 따로 있었다. '1슈퍼칼리프리즐리스틱엑스피알리도셔스.' 6개밖에 안 썼는데 이름이 작품보다 10배 길었다. 칠판에 다 쓰는 데 30초 걸렸다. 메리 포핀스를 떠올렸는지, 단순히 말하고 싶었는지는 모를 일이다. '1문'은 문 모양으로 6개를 쌓은 건축 작품, '1무지개'는 6색 쌓기나무로 만든 로맨틱한 조형물, '1꽃'은 7개로 만든 봄의 정원이었다.

경찰관 선생님의 '장난이었어요' 진단서

오늘 우리 반에 성동경찰서 학교전담경찰관 선생님이 오셨다. 학교전담경찰관이 뭐 하는 사람이냐고 물으니 한 녀석이 "학교로…." 하다 말았는데, 뭐, 대충 맞다. 학교에서 일어나는 애들 간의 다툼도 해결해 주고 고민도 들어주시는 분이란다.

첫 번째 주제는 공중협박죄. 요즘 "학교에 폭발물 설치했다."라는 장난 신고가 유행인가 보다. 경찰관 선생님 말씀이, 이거 5년 이하 징역에 2천만 원 벌금이란다. 그것도 모자라 백화점이 문 닫은 손해는 부모님이 배상하신단다. 애들 표정이 미묘하게 굳어졌다. 아무래도 '이건 장난 아니네' 싶었나 보다.

본론은 학교폭력, 그중에서도 언어폭력과 신체폭력이었다. 공원에서 때려도 학교폭력이냐고? 당연하다. 등굣길, 하굣길, 학원에서도 다 해당된다니까. 한 녀석이 "아~" 하는 표정이었다. 뭔가 깨달은 게 있나 보다.

그런데 하이라이트는 단어 기억 테스트였다. 경찰관 선생님이 다섯 개 단어를 나열하셨다. 시계, 멍청이, 사랑, 그 단어(욕설), 컴퓨터. 네 번째 단어가 나오자마자 교실이 술렁였다. 아니나 다를까, 어떤 단어가 기억나느냐고 물으니 모두가 그 네 번째 단어라고 했다. 우리 뇌는 부정적 단어를 긍정적 단어보다 4배나 더 잘 기억한단다. 놀랍게도 과학이 증명한 사실이다.

더 충격적인 건 미국 심리학자의 실험이었다. 긍정적인 말만 하는 집단과 부정적인 말만 하는 집단의 침을 모아 침전물을 만들었더니, 색깔부터 달랐다고 한다. 분홍색 vs 갈색. 그걸 실험용 쥐에게 투여했더니 어떻게 됐을까? 6학년 한 녀석이 자신 있게 대답했다. “갈색 침전물 맞은 쥐가 죽어요.” 정답이었다. 몇 분 만에 죽었단다. 말의 힘이 이렇게 무섭다니.

“장난이었어요.”라는 변명도 제대로 해부당했다. 장난의 판단은 누가 하는가? 바로 피해자다. 상호 장난일 때만 장난이지, 한쪽이 상처받으면 그건 폭력이다. 선생님 말씀이 재밌었다.

“친구 표정이 좋지 않고, 어느 날부터 아파 보이고, 불쾌해 보이면 그건 신호다.”

우리가 다 알 수 있다는 거다.

촉법소년 이야기도 나왔다. 10살 이상 14세 미만은 형사처벌은 안 받지만 보호처분은 받는다. ‘나 촉법이니까 괜찮아’ 하는 순간, 인생 꼬인다는 뜻이다. 게다가 내년부터는 학폭위 결과가 대입에 반영된다니까. 서울대, 연세대, 고려대 다 감점이거나 아예 지원 불가란다. 애들 눈빛이 달라졌다.

마지막 OX퀴즈는 복습 타임이었다.

“친구 몸 때리는 것만 신체폭력이다?” X.

“혼자 해결하는 게 최고다?” X.

“14세 미만은 무조건 처벌 안 받는다?” X.

그리고 기억해야 할 전화번호 두 개. 112와 117.

11월 12일

원은 왜 늘 우리 곁에 있었을까

오늘 수업은 서후에게 박수를 치는 것으로 시작했다. 전국 인라인 대회라니, 그게 얼마나 어려운 일인지 아이들은 아직 잘 모를 것이다. 전국대회는 정말 '잘난 애들'만 모이는 무대다. 서울시 대회나 지역대회와는 차원이 다르다. 키 작은 아이들 중에도 번개처럼 빠른 친구들이 숨어 있다는 이야기를 잠깐 하다가, 결국 "서후야, 고생 많았다."로 마무리했다.

교과서로 들어가기 전, 1학기 때 봤던 영상을 다시 꺼냈다. '원'이라는 녀석, 인류는 단군 할아버지 시절부터 이 녀석에 홀려 있었다. 고대 이집트의 파피루스에도 원 문제가 정교하게 기록되어 있다. 놀라운 건, 그들이 원주율을 몰랐는데도 넓이를 거의 정확하게 구했다는 사실이다. 그들의 방법은 단순했다. 원의 지름을 9등분하고 하나를 제외한다. 그리고 남은 8을 한 변으로 하는 정사각형의 넓이를 구한다. 끝이다. 지름이 9㎝인 원의 넓이를 우리가 계산하면 4.5×4.5×3.14=63.585인데, 이집트식 계산은 8×8=64로 거의 같다. 찍기엔 완벽한 방식이다. 정확한 값은 아니지만, 그 방법의 가치는 '기록되어 있다'는 데 있다. 모든 가치는 기록에서 시작된다.

영상을 재생했다. 파피루스에 적힌 50번 문제, "지름이 9케트인 원의 넓이를 구하라." 케트가 뭐냐고? 이집트는 사람의 신체로 길이를 쟀다. 손가락 네 개의 폭이 한 단위, 그게 여섯 개 모이면 구부린 팔의 길이, 즉 1큐빗이다. 큐빗 100개가 모이면 1케트가 된다. 그러니까 900명이 팔을 맞대면 9케트가 되는 셈이다.

그때 한 아이가 물었다.

"선생님, 저거 진짜 사람이에요?"

나는 웃으며 말했다.

"그게 바로 수학의 힘이야. 진짜 사람이건 아니건, 그렇게 표현하면 900명을 세울 수 있지. 우리가 1㎏이라고 쓰면 그게 곧 1㎏인 것처럼. 세상을 숫자와 도형으로 표현할 수 있는 게 바로 수학이야."

이집트인들은 어떻게 이런 계산을 했을까? 돌멩이를 깔았다. 크기가 같은 돌멩이 64개로 정사각형을 만든 뒤, 그 돌멩이로 지름이 9인 원을 만들 수 있는지를 확인했다. 가로 8개, 세로 8개, 총 64개. 그 돌멩이들로 원을 만들며 실험한 것이다. 단순하지만 가장 합리적인 방법이었다.

이야기를 하다가 문득 아들 이야기를 꺼냈다. 어제 6학년인 녀석이 '90×3/5'를 푸는데 한참 걸리더라. 5로 나누고 약분하고 복잡하게 풀고 있었다. 그런데 '90×6/10'으로 바꾸면 훨씬 쉽다. 10으로 나누면 9×6=54. 바로 나온다. 이런 문제를 내는 이유? 계산이 쉽기 때문이다. 이미 문장제 안에 '편한 길'이 숨어 있다는 걸 알려주고 싶었다.

이제 교과서로 들어갔다.

"훌라후프의 둘레를 알고 싶으면 어떻게 해야 할까?"

"자를 대요!"

"가장 확실한 방법은 잘라서 펴는 거야. 하지만 훌라후프 망가지잖아. 그러니까 수학적으로 풀자."

원의 둘레를 한자로 '원주(圓周)'라고 한다. '주'가 둘레라는 뜻이니, 원주는 곧 원의 둘레다. 시험지에 '원의 둘레를 구하시오'나 '원주를 구하시오'가 나와도 같은 말이다. 다만 '원주율'이라는 말이 익숙해서 '원주'를 더 자주 쓴다.

칠판에 그림을 그렸다. 원의 안쪽에는 정육각형, 바깥에는 정사각형.

"이 도형, 진짜 중요해. 문제집에서 짜증날 만큼 자주 나올 거야."

그리고 정리했다.

"원의 둘레는 지름의 3배와 4배 사이에 있어. 옛사람들은 이런 도형을 계속 세밀하게 쪼개며 원주율을 찾아냈어. 정사각형, 정육각형, 정팔각형, 정십이각형… 컴퓨터는 정10만각형까지 계산했지. 그러면 3.1415926… 이렇게 나와."

아이들과 함께 교과서의 정의를 읽었다.

"원의 지름에 대한 원주의 비율을 원주율이라고 한다."

나는 덧붙였다.

"즉, 원의 둘레는 지름의 약 3배야. 이게 원주율의 핵심이지. 그런데 이 숫자는 끝이 없어. 3.14159265358979… 계속 이어져. 슈퍼컴퓨터가 계산 중인데, 아마 평생 못 끝낼 거야."

누군가가 물었다.

"선생님은 어디까지 외우세요?"

"나? 3.141592까지만. 그 뒤는 안 나와. 문제에서도 안 써."

그러면서 말했다.

"키를 잴 때 163.342157㎝라고 말하는 사람 없잖아. 163.3㎝면 충분하지. 원주율도 마찬가지야. 3.14면 충분해."

그리고 덧붙였다.

"3.14로 계산하면 애들이 계산하다가 포기해. 그래서 초등학교에서는 가끔 3이나 3.1로 줄이기도 해. 외국에서는 22/7도 많이 써. 중요한 건 개념이야. 원주율이란, 원의 지름에 대한 원주의 비율이고, 대략 3배 정도라는 걸 알면 된다. 정확한 계산은 기계가 해줄 테니까."

나는 지훈이를 불렀다.

"지훈아, 축구장 센터 서클 지름이 10미터야. 원주는 얼마일까?"

지훈이가 잠시 계산하더니 대답한다.

"30미터요!"

"맞아! 지름의 3배 정도지. 그럼 반대로 가보자. 원주가 30미터면 지름은?"

"…10미터요?"

"정확해! 나올 때는 3배, 들어갈 때는 3분의 1. 그게 개념이야."

이번엔 주영이를 가리켰다.

"주영이 얼굴이 원인데, 원주가 60㎝야. 지름은?"

누군가가 외쳤다.

"20㎝요!"

"맞아! 60÷3=20. 이 개념이 더 중요해. 원주율 3.14를 외우는 것보다 지름과 원주의 관계가 대략 3배라는 걸 아는 게 훨씬 중요하다고."

그러자 누군가 웃으며 물었다. "선생님, 주영이 얼굴 진짜 재봐도 돼요?"

주영이가 얼굴을 붉혔다. 나는 웃으며 말했다.

"요즘 뭔가 마음의 변화가 온 것 같은데?"

좋았다 나빴다, 롤러코스터 타는 남북 관계 이야기

오늘은 조금 지루할 수도 있는 주제를 다뤘다. 바로 남북 관계다. 아이들 표정을 보니 이미 '시작부터 졸리다'는 분위기다. 뭐, 그럴 만하지. 남북 관계는 뉴스에만 나오는 이야기고, 벌써 2018년이 마지막 교류였으니까. 그게 벌써 거의 10년 전이다. 2018년이면 너희가 다섯 살, 여섯 살일 때 이야기다.

"그때 기억나는 사람?"

아무도 없다. 그래도 교과서 97쪽은 펴야 하니까, 한 아이에게 읽어보라고 했다.

"남북통일을 위한 다양한 노력을 알아볼까요?"

아이가 또박또박 읽기 시작했다.

"1972년 7·4 남북 공동성명, 1991년 남북 기본합의서, 여러 차례의 남북 정상회담…."

듣다 보니 내가 끼어들었다.

"참고로 북한에서는 '남북통일'이 아니라 '북남통일'이라고 해. 항상 자기 나라를 앞에 세우거든. 뭐, 그건 인간의 본능이지."

아이들이 피식 웃으며 고개를 끄덕인다.

7·4 공동성명은 내가 태어나기도 전 일이다. 1972년이니까 진짜 옛날이지. 그때는 성명 발표하자마자 사람들이 '이제 통일되나 보다!' 하고 들떴다고 한다. 이산가족 입장에서는 20년 넘게 못 만난 가족을 볼 수 있을지도 모른다는 희망이 생긴 거니까. 그런데 그게 오래가진 못했다.

그래도 정말 큰 사건은 1991년의 남북기본합의서다. 이름은 길다. '남북 사이의 화해와 불가침 및 교류·협력에 관한 합의서'. 한마디로, 싸우지 말고 잘 지내보자는 약속이다. 1991년 12월 13일에 체결됐다. 불가침이라는 게 핵심인데, 말 그대로 '서로 침범하지 않는다'는 뜻이다. 우리는 아직 전쟁이 끝난 게 아니라 '휴전 중'이다. 그런 상황에서 서로 공격하지 말자고 약속한 건 정말 큰 의미가 있다. 또 통일은 무력으로 하지 말고 평화적으로 하자, 그리고 남과 북은 완전히 다른 나라가 아니라 '같은 나라로 가는 과정에 있는 특수한 관계'라고 했다. 어려운 말 같지만, 쉽게 말하면 "당장은 떨어져 있지만, 완전히 남이 아니다."라는 뜻이다. 그래서 북한 갈 때 '출국'이 아니라 '출경'이라고 부른다. 다른 나라로 가는 게 아니니까.

이듬해 1992년에는 '불가침 부속합의서'라는 게 나왔다. 군사분계선 근처에서 우발적인 싸움이 일어나지 않게 직통전화를 설치하고 군사공동위원회를 만들기로 한 거다. 말하자면 "서로 화나도 바로 전화로 풀자"는 약속 같은 거다. 물론 실제로 잘 지켜지진 않았다. 그래도 그게 첫 시도였다는 점이 중요하다.

그리고 2000년, 역사적인 첫 남북정상회담. 바로 6·15 남북공동선언이다. 김대중 대통령이 평양에 가서 김정일 국방위원장을 만났다. 두 사람은 "통일은 자주, 평화, 민족대단결의 원칙에 따라 하자."라고 합의했다. 남한의 '연합제'와 북한의 '낮은 단계 연방제'가 비슷하다는 것도 인정했다.

그 덕분에 이산가족 상봉이 재개됐고, 금강산 관광도 활발해졌다. 선생님도 그때 금강산에 다녀온 적 있다. 그 시절에는 고등학생들이 수학여행으로 금강산을 갔다니까. 부모님 중에도 다녀오신 분 있을 거다.

이후에는 "통일은 당장 한꺼번에 합치는 게 아니라, 제도나 교육 같은 건 조금씩 맞춰가자."라는 분위기가 이어졌다. 그때만 해도 진짜 통일이 될 줄 알았다.

그런데 2002년, 월드컵이 열리던 해에 서해에서 교전이 일어났다. 군인 몇 분이 희생되면서 분위기가 다시 얼어붙었다.

"누가 먼저 시비 걸었어요?"

한 아이가 물었다.

"음… 보통은 북한이 먼저였겠지."

아이들이 킥킥 웃는다.

그다음은 2007년, 노무현 대통령과 김정일이 만났던 제2차 정상회담, 바로 10·4 선언이다. 이번에는 서해 바다를 '서해 평화협력지대'로 만들어서 같이 쓰자는 합의였다. 꽃

게 많이 잡히는 지역이라 이해관계가 복잡했거든. 또 철도와 도로를 연결하고, 개성공단을 활성화하고, 해주항을 개발하자는 이야기도 있었다. 하지만 정권이 바뀌고, 핵 문제가 다시 터지면서 중단됐다.

2010년엔 천안함 사건이 터졌다. 우리 해군 함정이 북한의 어뢰 공격을 받았다. 직접 맞은 게 아니라 옆에서 폭발했는데, 그게 더 무섭다. 파도처럼 전해진 충격파에 배가 반으로 부서졌다. 그때 많은 분이 희생됐다. 그 후로는 남북 관계가 다시 꽁꽁 얼었다.

그리고 2018년. 그해는 좀 특별했다. 문재인 대통령과 김정은이 무려 세 번을 만났다. 그중 첫 번째가 바로 4·27 판문점 선언이다. 한반도의 완전한 비핵화, 적대행위 전면 중지, 이산가족 상봉 정례화, 그리고 철도 연결과 종전선언 추진까지 약속했다. 그날 장면은 전 세계가 봤다.

같은 해 9월에는 9·19 평양공동선언이 이어졌다. DMZ 안에 있던 감시초소 몇 개를 없애고, 비행금지구역을 만들고, 공동으로 유해를 발굴하기로 했다. 그리고 백두산을 함께 오르며 상징적인 장면을 연출했다. 개성공단과 금강산 관광 재개도 약속했지만, 아쉽게도 이후로 진전은 없었다.

그때 영상을 보여줬다. 문재인 대통령과 김정은이 판문점에서 손을 맞잡는 장면, 트럼프 대통령이 군사분계선을 넘어 북한 땅으로 들어가는 장면.

"지금 미국과 북한은 법적으로 전쟁 중이야. 그런데 두 나라의 정상이 만나서 악수한 거야."

아이들이 숨을 죽였다. 판문점 건물 사이에 그어진 얇은 콘크리트 선, 그게 바로 휴전선이라는 것도 알려줬다.

"선생님, 그럼 우리 언제 통일해요?"

한 아이가 물었다.

"음… 2019년부터 분위기가 또 나빠졌어. 지금도 그다지 좋진 않아."

잠시 조용해진 교실에 내가 덧붙였다.

"남북 관계를 보면 알겠지만, 늘 그렇다. 좋았다가 나빴다가, 완전히 롤러코스터야. 그래도 이런 이야기를 배우는 이유는, 언젠가 너희가 그 롤러코스터를 멈출 수도 있으니까."

홀인원을 꿈꾸던 아이들, 현실은 화단 오비

오늘 체육 시간의 미션은 '플라잉 디스크 골프'였다. 체육선생님이 "골프 쳐본 사람?" 하고 묻자, 아이들 사이에서 "게임에서요!"라는 대답이 터져 나왔다.

"티샷이 뭐예요?"

"홀인원!"

골프 용어를 맞히는 과정부터 이미 웃음이 터졌다. 체육선생님은 "첫 샷은 티샷, 한 번에 넣으면 홀인원!"이라고 간단하게 설명했다. 하지만 문제는 코스였다. 1번 홀은 입간판 옆 훌라후프, 2번 홀은 구름사다리에 매달린 훌라후프, 3번 홀은 놀이터 위. 1번 홀을 보는 순간 속으로 생각했다.

'저건… 진짜 멀다. 저기까지 한 번에? 프로도 힘들겠다.'

조를 나누고 게임이 시작되자 운동장은 순식간에 아비규환이 되었다. 첫 번째 투척부터 사건이었다. 한 아이가 던진 플라잉 디스크가 달리는 차 옆으로 휙 날아갔다.

"야! 차 조심!"

외침이 운동장을 가로질렀다. 또 다른 아이의 디스크는 화단 한가운데로 떨어졌다.

"화단 들어가면 오비예요! 꽃 밟지 말고 살살!"

아이는 화단 가장자리를 아슬아슬하게 걸으며 디스크를 건졌다. 꽃들이 무사해서 다행이었다.

가장 드라마틱한 순간은 훌라후프 근처에서 벌어졌다. 한 아이의 디스크가 완벽한 포물선을 그리며 훌라후프를 향해 날아갔다.

"들어간다!"

모두의 환호가 터져 나오려는 순간, 디스크는 훌라후프 테두리에 살짝 걸려 빙글빙글 돌다가 결국 바닥으로 떨어졌다.

"아깝다!"

집단 탄식이 흘러나왔다. 그 아이는 허공을 바라보며 한참을 멍하니 서 있었다. 정말, 정말 아까운 순간이었다.

2번 홀은 또 다른 차원의 난이도였다. 공중에 매달린 훌라후프를 향해 디스크를 던지는 건 말로는 쉬워 보이지만, 실전은 완전히 달랐다. 그 '공중'이라는 게 생각보다 훨씬 어려웠다. 아이들의 디스크는 번번이 훌라후프 옆을 스쳐 지나가거나 훨씬 아래로 떨어졌다. 각도를 맞추는 게 이렇게 까다로운 줄 누가 알았겠는가.

3번 홀은 짧지만 가장 잔인한 코스였다. 놀이터 위에 설치된 훌라후프는 겨우 몇 미터 앞인데도 아이들을 속절없이 무너뜨렸다. 완벽한 던짐이라고 생각한 순간, 디스크는 여지없이 놀이터 아래로 추락했다. 다시 올라가서 던지고, 또 떨어지고. 올리고 떨어지고, 올리고 떨어지고. 한 아이는 무려 여섯 번째 시도 끝에야 간신히 링을 통과시켰다.

11월 13일

천 명의 초등학생 vs 프로 16명, 그리고 원의 넓이

“얘들아, 오늘 수학 시간인데… CPU와 GPU 얘기부터 할 거다.”

아이들은 뜬금없는 듯했다. ‘오늘 원 넓이 배우는 날 아니었나?’ 하는 표정이었다. 나는 칠판에 네모를 그리며 설명을 시작했다.

“CPU는 컴퓨터의 뇌야. 옛날엔 이 뇌가 하나였는데, 요즘은 8개, 16개까지 늘어났지.”

아이들은 고개를 끄덕였지만, 정작 중요한 건 그 뒤였다.

“근데 인공지능을 잘 돌리는 건 CPU가 아니라 GPU야. CPU가 프로 축구 선수 16명이라면, GPU는 초등학생 천 명이다.”

그러자 한 아이가 즉시 물었다.

“그럼 누가 이겨요?”

“당연히 초등학생 천 명이지. 이렇게 쫙 서 있으면 프로도 공 찰 데가 없다.”

아이들이 피식 웃었다. GPU 이야기는 계속 이어졌다.

“GPU는 원래 게임 화면 빨리 띄우려고 만든 건데, 알고 보니 인공지능에 최적이었어. 천 명이 동시에 일하면 덧셈 문제 만 개도 금방 해결해.”

그러자 한 아이가 신난 얼굴로 말했다.

“선생님, 우리 집 그래픽 카드 백만 원짜리인데요! 그거 달았더니 챗GPT가 엄청 빨라졌어요. 내가 ‘너 사근초 알아? 나 이도건이야’ 하니까 ‘선생님 반은 13명이죠?’이랬어요.”

아이들 사이에서 ‘헉’ 소리가 나며 소름 돋는다는 반응이 이어졌다. 나는 일본 교수 이야기를 꺼냈다.

“어떤 교수는 과제를 출력해서 내라고 하면서, 맨 아래에 외국어로 ‘GPT로 만들면 표시해라’라고 적어놨대. 결국 인공지능 돌린 학생들은 다 들켰지.”

그러자 아이 하나가 순진하게 물었다.

"그럼 그 문제 해결된 거 아니에요?"

"아니지. 요즘은 'GPT가 한 것처럼 보이지 않게 만들어줘'라고 시키면 끝이거든."

또 다른 교수 이야기도 더했다.

"인공지능을 계속 짜증나게 시험했더니, 마지막에 AI가 '그만하세요'라고 했대."

아이들은 순간 조용해졌다. '진짜 나중에 숙제까지 거부하는 AI가 나오면 어떡하지?' 하는 표정이었다.

이제야 본론으로 넘어갔다.

"자, 원의 넓이 들어간다."

어제 남아서 공부한 두 아이가 뿌듯한 표정을 지었다. 나는 먼저 화단 넓이를 어림해 보는 이야기를 꺼냈다.

"이건 시험보다 인간의 고생을 이해하는 문제야."

고대 그리스 수학자들이 모종을 하나씩 꽂아 가며 원 넓이를 어림해 냈다는 이야기를 들려주었다.

"핑크색 사각형보단 크고, 연두색 사각형보단 작다. 그래서 중간값을 잡은 거지. 이건 계산이 아니라 감각이다. 여러분 키를 제가 '음… 한 160쯤?' 이렇게 어림하면 안 되잖아. 보건실에서 정확히 재야지."

아이들이 웃으며 고개를 끄덕였다.

나는 원을 무한히 잘라 엇갈리게 붙이면 직사각형이 된다는 개념을 설명했다.

"그래서 반지름×반지름×3.14가 되는 거다. 계산보다 개념이 먼저야."

반지름이 5㎝라면 "5×5짜리 정사각형 세 개에 조금만 더 넣으면 원 넓이가 된다."라는 감각을 강조했다.

"이 감각을 아는 게 수학 잘하는 비결이다. 나는 계산만 붙들고 있는 건 반대다."

어제 공부한 아이가 마침내 활약했다. 색칠된 부분 넓이 문제를 막힘 없이 풀었다.

"4×4에서 빼고… 반지름×반지름×3.14요!"

내가 "와, 어제 복습한 보람 있네!" 하고 칭찬하자, 아이는 거만한 표정을 지었고, 나는 "아주 인생 참 남자네."라고 놀려 아이들 웃음을 터뜨렸다.

마지막은 피자 문제였다. 피자를 무한히 잘라 늘리면 직각삼각형처럼 보인다는 설명에 한 아이가 말했다.

"선생님, 이거 팩맨 같아요."

정확한 관찰이었다. CPU와 GPU로 시작해서 원의 넓이로 끝난 오늘 수업. 프로 16명과 초등학생 천 명의 대결부터 무한히 쪼개진 피자까지, 결국 수학은 세상을 보는 눈이다. 그리고 그 눈은 가끔 팩맨을 닮기도 한다.

지혜카드 13장의 비밀

오늘 도서관에서 '느티나무 지혜상자' 활동을 했다. 책을 빌릴 때마다 받을 수 있는 지혜카드에 느낀 점을 적어 넣는 행사였는데, 아이들은 저마다 연필 하나씩 꽉 쥔 채 책 속 문장을 꺼내 혹은 기억해 적느라 열정을 불태웠다. 만화책은 제외라는 안내문이 큼지막하게 붙어 있었지만, 아이들은 "그럼 오늘은 제대로 읽어야겠네!"라며 오히려 더 의욕을 보였다. 도서관 안은 사근초 특유의 조용한 소란, 책장 넘기는 소리와 작은 탄식이 섞인 그 분위기로 꽉 차 있었다.

그런데 그중 눈에 확 들어온 친구가 있었다. 오늘만 지혜카드 13장을 써 넣은 아이. 연필심이 닳아 반 토막이 되어도 멈추지 않고, 한 장 또 한 장, 마치 "책 선물은 내가 책임진다."라는 각오로 쓴 듯했다. 다른 아이들이 "선생님… 저 친구는 진짜 받을 것 같은데요?"라며 감탄할 정도였다. 책 선물을 받는 것도 좋지만, 사실 더 큰 선물은 이 작은 연필로 꾹꾹 눌러 쓴 시간 자체일지 모른다. (후기: 그 '13장의 주인공'은 도현이었고, 11월 24일 방송조회에서 진행된 추첨 행사에서 실제로 당첨되었다!)

6학년 2반, 드림카부터 중식 제공까지

오늘 발표 시작 전에 아이들에게 딱 세 가지를 강조했다. 첫째, 자신감 있게 하라. 둘째, 선생님은 혼내지 않는다. 셋째, 시선 처리 꼭 신경 쓰라고. 특히 시선 처리. 발표할 때 친구들 눈을 한 번씩이라도 보라고 했다. 그게 진짜 소통이라고. 아침부터 몇몇 아이들이 "선생님, 저 떨려요."를 반복했다. 가은이는 특히 세 번이나 찾아왔다. 괜찮다고, 다 잘

할 거라고 어깨를 토닥여 줬다. 떨리는 건 당연한 거다.

• 주지훈 – 람보르기니로 시동을 걸다

첫 번째 타자는 주지훈. 항상 축구할 때는 까불까불한데 오늘은 묘하게 진지하다. 새벽 11시부터 4시까지 준비했다고? 5시간을? 그래서인지 데이터가 장난이 아니다. 람보르기니 본사는 이탈리아, 최저 가격은 우르칸으로 3억 7,100만 원. "최저 가격입니다!"를 강조하는 목소리에 힘이 들어갔다. 그러더니 자기 드림카를 소개한다. 람보르기니 베네노 로드스터.

"전 세계 9대 한정 생산이고, 로드스터는 3대 한정입니다"

아이들 입에서 감탄사가 터져 나왔다.

"가격은 48억, 제일 비싼 건 76억입니다!"

76억이라는 숫자에 교실이 술렁였다. 최고 시속 355㎞라는데 시속을 못 읽어서 좀 아쉬웠다. 그러더니 자기가 그려온 그림을 꺼내드는데, 나는 차라리 화면으로 사진 띄워주는 게 낫겠다 싶었다.

그런데 진짜 재미있었던 건 유아용 람보르기니 얘기였다.

"유아용은 39만 9,900원이고 최고 시속 349㎞입니다!"

잠깐, 유아용이 350㎞로 달린다고? 순간 영화 〈보스 베이비〉가 스쳤다. 아기가 그 속도로 달리면 어떻게 되는 건데? 레고로도 나왔다며 "76937"이라는 제품 번호까지 불러줬다. 부품 수 230개, 가격 34,900원.

"단종 예정이니 빨리 사야 합니다!"

광고까지 완벽했다. 그리고 중간중간 아이들 눈을 마주치려고 노력하는 모습도 보였다. 의도적이었다는 게 느껴졌다. 내가 강조한 시선 처리, 지훈이가 해냈다.

• 최하윤 – 봄이와 여름이 그리고 우정 이야기

두 번째는 하윤이. 목소리가 정말 좋다. 90%는 목소리 덕이다. 부럽다. "솔직히 지윤이가 발표를 너무 잘해줘서 지금 너무 떨리는데"라고 시작하는 게 오히려 진솔하게 들렸다.

"여러분에게 친구란 어떤 존재인가요?"

질문을 던지더니 화면에 여러 정의들을 보여줬다. 함께 기쁨과 슬픔을 나누는 사람, 나이가 같지 않아도 소중한 사람, 인형도 AI도 반려견도 친구가 될 수 있다고.

그리고 봄이와 여름이(인형들) 등장. 4학년 때 『모모』라는 책을 필사하면서 만난 친구들이란다. 모모는 다른 사람 말을 듣는 걸 정말 잘하는 아이였다고. 다이소에 갔는데 봄이가 누워서 "하윤아 왜 이제 왔어? 나 빨리 데리고 가 줘." 하는 것 같았다는 대목에서 빵 터졌다. 인형은 말을 못 하니까 오히려 내 이야기를 더 잘 들어주는 것 같다고. 학교에서 있었던 속상한 일, 화났던 일, 기뻤던 일을 다 얘기한다고 했다.

"교실 뒷편을 봐주세요." 하더니 다솜이(다솜이 자리가 교실 뒤편이다) 얘기를 꺼냈다. 내 말을 들어주는 인형만큼 살아있는 친구도 소중하다고. 학교에서 공부도 하고 학원도 같이 다니고 밥도 먹고 집에서 자고 여름성경학교도 함께했다고. 싸우기도 했는데 MBTI가 하나도 안 맞더란다. 단 하나도. 그런데 싸우면서 서로를 알게 되면서 더 친한 친구가 됐다고. 철학적이다. 그리고 마지막에 "전 평소에 친구가 없다고 생각을 자주 했거든요."라는 고백. 근데 발표 준비하면서 주변을 돌아보니 6학년 1반 친구들도 있고, 다른 학교 친구들도 있고, 교회 친구들도 있더란다. 그래서 친구 없다고 생각했던 자신이 한심해 보였다고. 나(선생님)는 네 번째 친구였을 것 같은데 시간이 없어서 못 넣었나 보다?

• 정하진 – 떨림을 이겨낸 그림 강사

하진이는 점심시간부터 불안불안했다. "1분밖에 준비 못 했는데 1분 만에 끝날 것 같아요."를 반복했다. 스트레스 받는 사람 특유의 말 반복이었다. 하진이가 나와서 카메라로 자기 그림을 보여주며 설명했다.

"오늘은 그림을 잘 그리는 법과 팁을 알려드리겠습니다. 사람마다 재능은 다르고 자기가 잘하는 분야가 다릅니다."

명언이다.

첫 번째 팁, 밑그림 스케치 그리기.

"사람들은 가끔 스케치부터 막힐 때가 있습니다. 구도를 어떻게 짜야 할까, 포즈를 어떻게 짜야 할까?"

하진이는 처음엔 정면을 보는 그림, 즉 초상화를 먼저 그려야 한다고 강조했다. 그리고 로블록스 캐릭터 그림을 보여줬는데 뒤에서 열중쉬어 자세로 보는 구도였다.

"시선과 구도, 카메라 방향에 따라 그려야 합니다."

처음부터 사람을 그리면 인체도를 알아야 하니까 너무 어렵다고 한다. 그래서 로블록스 캐릭터부터 시작하라는 거다. 우리 반 대부분이 로블록스 하니까 이해하기 쉬울 거라고.

두 번째는 선화.

"스케치와 선화가 똑같지 않냐고 묻는 사람들이 있는데, 스케치는 구도를 짜는 것이고 선화는 그 구조에서 다시 선을 덧붙여 그리는 겁니다."

설명이 명쾌했다. 중간에 한 번 떨림이 느껴졌지만 우리가 모르는 사람이었으면 몰랐을 거다. 본인이 그림을 잘 아니까 더 설득력이 있었다.

• 김산 – F1과 함께 질주하다

산이가 나오자마자 나는 PPT 하단을 봤다. "Made with Gamma"라고 적혀 있었다. 인공지능 PPT 사이트지만 정보는 본인이 다 입력한 거다. 그리고 첫 화면이 정말 압권이었다. 오른쪽에 데이터가 쫙 나열된 디자인. 저게 데이터 처리에서 가장 완벽한 방법이다.

"F1이란 국제자동차연맹이 주관하는 세계 최고 권위의 오픈휠 자동차 경주입니다."

시작부터 전문가 느낌이 났다. 1950년 첫 시즌, 전 세계 20개 이상 도시, 시속 300㎞ 이상. 2025 시즌 주요 팀과 드라이버를 소개했다. 레드불 레이싱의 막스 베르스타펜과 리암 로슨, 스쿠데리아 페라리의 샤를 르클레르와 루이스 해밀턴, 메르세데스의 조지 러셀과 안드레아 키미 안토넬리, 맥라렌의 란도 노리스와 오스카 피아스트리. 이름들이 술술 나왔다.

F1 경기 주말 구성도 설명했다. 금요일은 서킷 적응과 차량 세팅, 토요일은 연습 주행과 퀄리파잉으로 일요일 결승 그리드 순서 결정, 일요일은 그랑프리 결승으로 최초 완주자가 우승하고 상위 10위까지 챔피언십 포인트 획득. 완벽했다.

그리고 DRS 설명.

"2011년도에 도입된 DRS는 추월을 돕기 위한 혁신적인 리어윙 플랩 조절 장치입니다. 특정 구간에서 앞차와 1초 이내일 때만 사용 가능하고, 최고속도가 1,015㎞ 증가합니다."

2026년 변화도 소개했다. 차량 크기 축소, 타이어 폭 감소, DRS 폐지하고 액티브 에어로 도입, 100% 지속 가능한 친환경 연료 전환. 여기서 내가 적어둔 게 있다.

"열에너지 회수 장치 제거."

이게 뭔지 궁금했는데, 자동차가 빨리 달리면 열이 나니까 그걸 빼줘야 더 빨리 달릴 수 있다는 거였다. 아이들이 "음" 하는 반응을 보일 정도로 전문적이었다. F1에 대해선 우리 반에서 산이가 최고 전문가다.

- **김다솜 – 중식 제공의 진실을 파헤치다**

다솜이 PPT는 사진 위주 구성이었다. 사진만 딱딱 넣고 나머지는 입으로 설명하는 스타일. 이게 진짜 PPT 잘하는 사람들 방법이다. 연습을 많이 한 게 느껴졌다.

"제가 정한 주제는 스마트폰이 우리에게 미치는 영향입니다."

스마트폰 용도를 나열했다. 검색, 전화, 문자, 문서 저장, 사진 보관.

"그렇지만 우리는 그 무엇보다 게임, 틱톡, 유튜브, 쇼츠, 인스타를 아주 많이 사용하고 있습니다!"

찔렸다. 그래프도 보여줬는데 20대와 10대가 비교적 가장 많이 사용한다고.

그러더니 단어 테스트를 했다.

"금일, 사흘, 심심한 사과, 중식 제공. 여러분 모두 다 뜻을 알고 있습니까?"

다솜이가 한 명씩 쳐다봤다. 그리고 중식 제공 사건을 소개했다. 초등학생 자녀 체험학습 가정통신문에 "중식 제공"이라고 써 있었는데, 학부모가 "저희 애는 중국 음식보다 한식을 더 좋아하는데 왜 중국 음식을 주셨습니까?"라고 연락한 그 유명한 사건. 중식은 점심이었는데 말이다.

"문해력을 몰라서 생긴 아주 심각한 오해의 사건입니다!"

다솜이는 설득력 있는 톤을 가졌다. 약간 무서울 때도 있는데 그게 본인 톤이다. 선생님 같은 사람은 그런 목소리가 없다. 마지막에 실천 방법도 제시했다. 정해진 시간만 사용하기, 책을 가까이하는 생활하기, 유해한 영상 멀리하기. 신문 기사도 잘 스크랩해 왔고, 경각심을 일깨워 주는 발표였다.

• 현가은 – 보스의 이야기를 풀어내다

마지막 주자 가은이. 아침부터 긴장한 게 느껴졌다.

"안녕하십니까? 6학년 2반 현가은입니다."

목차를 소개했다. 주제 소개, 소개 이유, 배경, 핵심 내용, 마무리. 깔끔했다.

"주제를 영화로 한 이유는 저번에 엄마, 언니 세 명이서 본 영화가 기억에 남고 재미있었기 때문입니다. 그리고 반 아이들에게 추천해 주고 싶었습니다."

영화 〈보스〉 이야기를 시작했다. 배경은 2000년대에서 현대로 넘어가는 사이쯤.

"제목이 보스인 만큼 보스이기에 무서운 영화일 수도 있지만, 생각과 다르게 코미디 영화여서 재미있게 볼 수 있습니다."

줄거리 설명이 흘러갔다. 중국집으로 시작하는 영화. 예전엔 보스의 오른팔이었지만 시대가 바뀌어 중국집을 연 주인공. 매일 저녁 찾아오는 보스 조직원들. 갑작스럽게 보스가 죽고 새 보스를 뽑는데 실력 뛰어난 주인공을 다들 뽑으려 했지만 주인공은 싫었다고. 동료이자 라이벌이 자신이 하겠다고 했지만 거절당했고, 감옥에 간 또 다른 동료의 어머니가 자기 아들이 보스가 되어야 한다고 주장했다고. 결국 싸움으로 결정하자고 해서 바다에서 싸우다 셋 다 빠졌는데, 사실 이건 셋이 계획한 일이었다는 반전. 주인공은 죽은 걸로 위장해 숨어 살다가 중국집에서 부보스가 진짜 보스를 없앤 걸 알고 복수하는 내용.

놀라운 건 가은이가 화면에 글이 다 있는데도 안 읽고 자기 말로 풀어냈다는 거다. 이거 연습 안 하면 절대 안 되는 거다. 중간중간 폰을 몇 번 봤는데 많이는 못 봤다. 나오는 순간 당황해서 볼 시간이 없었을 거다. PT에 목차 표시도 잘 넣었다.

• 총평 – 우리 반은 잘생겼으니까

6명의 발표자 모두 부족한 점이 보이긴 하지만 이 정도면 됐다. 지훈이의 데이터 폭격과 시선 처리, 하윤이의 철학적 사유와 선명한 목소리, 하진이의 떨림 극복과 명쾌한 설명, 산이의 전문성과 완벽한 PT 구성, 다솜이의 설득력과 문해력 경각심, 가은이의 자연스러운 스토리텔링. 각자의 색깔이 뚜렷했다.

빵의 역사부터 경복궁까지, 그리고 고도건 시대의 비밀

• 장신은 – 1만 4,400년 전으로 시간여행을 떠나다

내일 발표자지만 미리 자료를 준비한 신은이와 주영이가 오늘 6교시에 이어서 발표하기로 했다. 일곱 번째 발표자는 신은이. 빵의 역사라니, 재미있는 주제다. PPT가 어디 갔냐며 잠깐 당황했지만 곧 시작했다.

"최초의 빵은 이집트산에서 발견됐고요, 약 1만 4,400년 전 빵이라고 합니다!"

1만 4,400년? 잠깐, 그게 언제야? 내가 태어나기 몇 년 전인가? 아니, 훨씬 전이다. 하진이가 "선생님 태어났을 때 빵도 있었어요?"라고 물어봤다. 나를 뭘로 보는 거야.

밀과 보리로 만든 납작한 빵이 최초의 빵이었다고 한다. 화면에 사진도 보여줬다. 그리고 이집트에서 우리가 아는 부풀어 오른 빵이 만들어졌단다.

"빵은 어떻게 퍼져 나갔을까요?"

혹시 질문이냐고 내가 물었지만 그냥 계속 진행했다. 로마 제국의 팽창과 함께 빵이 널리 퍼졌고, 로마가 멸망하고 기독교가 유럽에 전파되면서 빵이 유럽 전역으로 확산됐다고. 역사 공부가 따로 없다.

"빵의 종류가 어떻게 생겨났을까요?"

르네상스 시기에 빵 기술이 크게 발전했고, 각 나라마다 대표 빵이 생겼단다. 프랑스의 바게트, 영국의 스콘, 이탈리아의 피자, 오스트리아의 크로아상. 그러더니 "빵을 만드는 과정을 한번 알아볼까요?" 하면서 본인이 직접 만든 과정을 보여주기 시작했다. 이게 핵심이었다.

재료를 섞어서 반죽을 만들고, 버터를 넣어 매끈하게.

"이렇게 내리치면서 반죽을 하면…."

바닥에 뭘 깔고 하냐는 질문에 "아무것도 안 깔고 그냥."이라고 답했다. 반죽을 내리쳐서 글루텐을 만드는 과정이다. 그리고 발효, 성형, 꽃 모양 만들기. 꽈배기 아니냐는 반응도 있었지만 신은이는 꽃 모양이라고 주장했다. 앞으로 우리는 저걸 꽃이라고 부르기로 했다.

연유와 버터를 섞어 소스를 만들고 틀에 담아 구우면 "이렇게 맛있는 빵이 완성됩니다!” 연유 브레드였다.

신은이 발표에서 1만 4,400년 전 빵 이야기는 처음 들었다. 정말 그렇게 오래됐나? 찾아봤다니 대단하다. 그리고 직접 빵 만든 과정을 보여준 게 가장 좋았다. 내가 해본 것을 발표하는 게 가장 강렬하다. 축구 100경기 보고 쓰는 것보다 내가 한 경기 뛰고 쓰는 게 더 실감난다. 100경기 봐봤자 한 경기 뛴 사람한테 못 이긴다. 절대 그 느낌을 못 전한다. 제빵도 마찬가지다. 빵 만들기는 생각보다 어렵다. 만들어본 사람은 안다. 대충 반죽해서 넣으면 숯이 만들어진다는 걸.

연유 브레드 만드는 과정도 좋았고, 그리고 우리가 그동안 먹었던 신은이 빵이, 그게 꽃 모양인지 몰랐다. 꽈배기 아니냐는 반응도 있었지만 우리는 이제 꽃이라고 부르기로 했다. 꽃 모양으로 알고 먹겠다.

• 이주영 – 경복궁에서 고도건 시대를 외치다

여덟 번째이자 오늘 마지막 발표자는 주영이. 경복궁을 소개했다.

“1395년 조선을 세운 태조 이성계가 창건하였고, 1592년 임진왜란으로 불타 없어졌다가 1867년 고종 때 다시 중건하였습니다!”

잠깐, 누군가 고조선이라고 외친다? 또 누군가 “고도건 시대!”라고 외쳤다. 이도건 선생님 시대라는 거다. 고종 시대를 고도건 시대라니, 새로운 역사가 탄생하는 순간이었다.

주영이는 계속 설명했다. 경복궁을 만든 목적은 새로운 나라의 중심이 될 큰 궁이 필요했고, 왕과 백성이 큰 복을 누리며 태평성대를 이루기를 바라는 마음이었다고. 경복궁의 구조도 설명했다. 외전에는 근정전, 사정전, 경회루가 있고, 내전에는 강녕전, 교태전, 동궁이 있다고.

근정전은 나라의 큰 행사나 외국 사신을 맞이하는 곳, 사정전은 임금이 나랏일을 보던 곳, 경회루는 연회를 하거나 외국 사신을 대접하던 곳. 강녕전은 임금이 쉬거나 잠을 자는 곳, 교태전은 왕비가 쉬는 곳, 동궁은 왕세자가 사는 곳. 마지막으로 후원은 왕과 왕족의 휴식 공간이라고 설명을 마쳤다.

주영이 경복궁 발표. PPT를 본인이 만들었다. 사진은 엄마가 도와줬고 편집은 본인이 했다. 요즘 PPT 프로그램에는 디자이너라고 해서 인공지능이 형식을 만들어준다. 사진도 잘 골랐다. 특히 경회루 사진이 예뻤다. 글자 양도 적당했다. 저것보다 많으면 사람들이 관심을 안 가진다. 저 정도가 딱 좋다.

그런데 내가 경복궁을 아니까 하나 짚고 넘어가야 할 게 있다. 강녕전 사진을 보여주며 설명했다.

"여러분, 강녕전 지붕 보세요. 다른 집이랑 뭐가 다르죠?"

아이들이 지붕을 뚫어져라 쳐다봤다.

"꼭대기에 뚜껑이 없어요!"

그렇다. 저걸 용마루라고 한다. 용 한 마리가 지나가는 형태다. 그런데 왕이 사는 곳은 저걸 안 올린다. 왕이 용이니까. 궁궐 가면 지붕 꼭대기를 보면 안다.

두 사람 모두 발표 좋았다. 신은이의 직접 경험, 주영이의 꼼꼼한 자료 조사. 그리고 고도건 시대? 그건 우리만의 농담으로 간직하자.

육상 트랙이 들려준 길이의 이야기

오늘은 세계 정상급 선수들이 달리는 육상 트랙을 통해 '길이'와 '거리' 개념을 자연스럽게 살펴보는 시간을 가졌다. 400m, 800m, 1,500m 경기를 보여주자 아이들은 "저게 정말 사람이 낼 수 있는 속도냐?"라며 놀라움을 감추지 못했다. 화면 속 선수들이 트랙을 따라 부드럽게 곡선을 돌아 나가자, "트랙은 직선이랑 곡선이 합쳐진 길이네요?"라는 반응이 나왔고, 이어 "그럼 저 한 바퀴가 정확히 400m인 건 어떻게 재요?"라는 질문까지 튀어나왔다. 이 순간이 바로 오늘 수업의 핵심이었다. 트랙은 단순한 원이 아니라, 직선 두 구간과 반원 두 개가 이어진 구조라는 점을 아이들과 함께 짚으며, 실제 경기장 설계도 간단히 보여줬다.

이어 영상에서 본 800m와 1,500m 경기를 예로 들어, '몇 바퀴가 몇 미터인지 계산하기' 활동으로 확장했다. 한 바퀴가 400m라는 사실을 바탕으로, "800m는 몇 바퀴?", "1,500m는 몇 바퀴보다 조금 더 길까?"를 스스로 따져보게 하자, 아이들은 경기 속도보다 더 빠르게 계산을 내기 시작했다. 실제 경기 영상을 기반으로 한 거리 개념 학습은 아이들에게 훨씬 현실감 있게 다가갔고, "속도는 길이를 시간으로 나눈 것"이라는 다음 단계의 개념으로 무리 없이 연결될 수 있었다.

11월 14일

10센티미터의 비밀: 원주율이 세계 기록을 가른다면?

오늘은 400m 육상 트랙의 비밀을 파헤치는 시간이었다. 세계육상연맹의 공식 트랙 데이터를 프린트해서 나눠주니, 아이들 눈이 휘둥그레진다. 레인별로 반지름이 다르고, 곡선 구간이 다르고, 결국 달리는 거리가 다르다는 사실에 입을 떡 벌린다.

"선생님, 8번 레인이 53m나 더 달려요?"

맞아, 그래서 출발선이 다른 거지.

여기서 내가 슬쩍 한 방을 날렸다. 원주율 3.14로 계산한 것과 3.141592로 계산한 것을 비교해 봤더니 무려 10㎝ 차이가 난다는 것. "에이, 겨우 10㎝요?" 하던 녀석들에게 어제 세계육상선수권대회에서 몇 ㎝ 차이로 순위가 바뀌었다고 말해줬더니 교실이 조용해졌다. 그래, 10㎝는 "겨우"가 아니라 "무려"인 세계다.

아이들은 경기장 건설이 얼마나 복잡할지 걱정하기 시작했다. 1레인은 정확히 400.00m가 나오도록 반지름과 직선을 맞춰야 하고, 측정선은 선수가 달리는 안쪽 경로를 기준으로 하니까…. 한 녀석이 말했다.

"건설 아저씨들 진짜 힘들겠다."

그러게. 원주율 하나 잘못 쓰면 전 세계 육상선수들이 억울해하는 거니까.

레인별 유불리 얘기가 나오자 아이들이 갑자기 전략가가 됐다. 1번 레인은 너무 뒤에서 출발해서 심리적으로 불리하고, 8번 레인은 다른 선수들 페이스를 못 봐서 불리하고.

"그럼 4번이나 5번이 제일 좋은 거 아니에요?"

정답! 그래서 예선에서 기록 좋은 선수들이 가운데 레인을 차지하는 거야. 육상에도 부동산처럼 로열층이 있는 셈이지.

마지막으로 교과서를 펼쳐봤다. 우리 교과서는 이 복잡한 계산을 훨씬 간단하게 정리해뒀더라. 소수점이 저렇게 많으면 6학년들 머리 터지니까. 한 녀석이 혼잣말로 중얼거렸다.

"우리는 쉬운 버전으로 배우는구나…."

그래, 진짜 버전은 세계육상연맹에 맡기고, 우리는 원주율의 위대함이나 제대로 느끼자고.

저마다의 세계를 들고 나온 아이들

어제에 이어 오늘도 개인 발표 시간을 가졌다. 다섯 명의 발표자가 각자 다른 주제를 들고 교실 앞으로 나왔다. 인라인스케이트, 생협, K-POP, 스키, 그리고 〈꼬마버스 타요〉까지. 서로 아무 관련 없어 보이는 이 조합이 바로 우리 반의 매력이자 풍경이다. 각자 자신이 알고 있는 세계를 꺼내 보이는 순간마다 교실은 새로운 이야기로 다시 채워졌다.

• 김서후 – 인라인의 세계로 초대하다

첫 발표자는 서후였다. 준비 과정부터 진지했다는 걸 알고 있었기에 기대가 컸다. 발표를 시작하자마자 서후는 인라인스케이트의 종류를 체계적으로 정리해 설명했다. 피트니스용 인라인의 특징을 언급하며 초보자에게 적합한 이유를 설득력 있게 말했고, 하드부츠 인라인의 지지력과 구조적 안정성을 간결하게 짚어냈다. 이어서 소프트부츠의 착용감과 가벼운 무게를 설명했는데, 이미 사용해 본 사람처럼 생생한 어휘 선택이 돋보였다.

탈부착 스케이트를 설명할 때는 '등산화 형태의 부츠와 유사하다'는 표현을 사용하며 이미지가 쉽게 떠오르게 했고, 어그레시브(aggressive) 스케이트는 바퀴 강도나 부츠의 견고함 같은 기술적 요소를 빠짐없이 전달했다. 용어의 의미를 완벽히 이해한 건 아니었지만, 장비의 감각적 특징을 정확히 짚으려는 태도가 인상적이었다.

프리스케이트와 레이싱 인라인의 특징도 깔끔하게 설명했다. 도시 환경에서 속도와 기술을 함께 추구하는 프리스케이트, 카본·가죽·알루미늄을 사용해 빠른 주행에 최적화된 레이싱 부츠 등, 각 스케이트가 만들어진 목적과 구조적 차이점을 스스로 정리해 낸 점이 훌륭했다.

역사 부분에서는 1700년대 네덜란드에서 시작된 '땅 위의 아이스 스케이트' 이야기부터, 20세기 후반 미국에서 아이스하키 훈련용으로 재해석되며 스포츠로 발전한 과정까지 깔끔하게 이어냈다. 흐름이 매끄럽고, 필요한 정보만 정확히 담긴 설명이었다.

무엇보다 서후의 발표에서 돋보인 건 '익숙한 주제를 설명할 때 드러나는 자연스러움'이었다. 첫 장에 들어 있던 본인의 인라인 사진은 결국 지우지 않았다. 준비 과정에서 "지워 달라."라고 요청했지만, 오히려 그 사진이 발표 전체를 관통하는 상징처럼 느껴졌다. 스스로 잘 아는 분야라서 PPT의 글자를 반으로 줄여도 흔들리지 않았다. 자신만의 세계를 가장 기민하게 보여준 발표였다.

• 권시오 – 생협의 구조로 공정무역을 해부하다

두 번째 발표는 시오였다. 국어 시간의 공정무역 토론에서 나왔던 핵심 문제들을 직접 발표 주제로 옮긴 선택이 일단 탁월했다. 발표는 '생협 물건을 사는 이유', '비싸지 않은 이유', '살 만한 이유'라는 세 축으로 구성돼 있었다. 군더더기 없이 명확한 목차였다.

시오는 생협 로고의 종류를 보여주며 소개를 시작했다. 이어서 생협 제품이 국내산 재료, 합성 첨가물이 없는 자연 재료, 공정무역 원료를 사용하는 이유를 차근차근 설명했다. 실제 생협 케이크와 주스 제품 사진을 PPT에 배치했는데, 100% 유기농 과일, 무항생제 유정란, 공정무역 초콜릿 같은 문구 덕분에 발표 자료가 설명 이상의 설득력을 얻었다.

그다음 슬라이드는 더 강렬했다. 중간 상인이 가격을 올리고, 소비자가 그 가격 폭탄을 맞는 장면. 버섯 모양 폭탄 그림이 나왔다. 저렇게 버섯 모양이 되는 폭탄은 강력 폭탄밖에 없다. 원자폭탄이다. 소비자 입장에서 가격이라는 폭탄을 맞고 거의 좌절하는 느낌.

그러더니 물가가 오를 때 시뮬레이션을 보여줬다.

"물가가 오르면 생기는 일을 시뮬레이션해 보겠습니다. 예시로 500원이 증가할 때 중간 상인에게 또 가격이 돌아가면서 일반 마트의 망고는 1,500원이 더 붙는 거에 반해 생협은 500원만 더 붙으므로 물가가 많이 오른 요즘에는 오히려 생협 물건이 가성비가 좋아지는 경우도 많아지고 있습니다."

그리고 포켓몬 게임 화면을 가져왔다. HP를 보여주는 체력 지수 그래프였다. "일반 마트는 물가에게 피해가 큰 반면 생협은 별로 피해를 받지 않습니다." 물가떡상을 사용했다. 일반 마트에는 효과는 굉장했다. 생협에는 효과는 미미했다. 포켓몬 게임 화면을 그대로 써서 웃겼다.

내가 이 화면을 해석할 시간을 좀 줬다. 아이들이 이해할 시간이 필요했다. 결론도 잘 냈다.

"생협의 물건은 국내산, 공정무역 제품이고 가격도 크게 비싸지 않아 한 번쯤은 건강하고 맛있게 즐겨볼 수도 있습니다."

그리고 팁까지 줬다.

"단골 고객이 되면 유통기한이 임박한 몇몇 상품을 공짜로 얻을 수 있습니다. 저희 집 기준으로 야채, 간식, 크게는 샴푸도 공짜로 얻었습니다."

샴푸까지? 대박이다.

• 정소령 – PPT 붕괴 속에서도 제로베이스원을 완성하다

세 번째 발표는 시작과 동시에 난관이었다. PPT를 열자마자 화면이 깨지고, 사진이 사라지고, 글자마저 절반 이상 날아간 상태였다. 버전 충돌로 보였지만, 그 원인이 무엇이든 발표자는 준비한 자료의 상당 부분을 잃은 셈이었다. 교실 뒤쪽에서 몇몇 아이들이 상황을 가벼운 웃음으로 반응하자, 그 분위기를 잠시 가라앉히며 다시 발표의 무대를 열었다.

그러나 정작 당황해야 할 사람은 소령이었음에도, 그는 뜻밖의 침착함으로 발표를 이어갔다. PPT 화면에는 거의 아무것도 남지 않았는데도 제로베이스원의 시작, 서바이벌 프로그램의 성격, 멤버 구성, 포지션, 데뷔 날짜, 데뷔곡의 의미까지 기억을 더듬어가며 차근차근 설명했다.

특히 'In Bloom'의 의미를 설명할 때, "불완전하지만 피어나고 있는 순간의 아름다움"이라는 문장이 소령 자신의 발표 상황과 겹쳐 들렸다. 자료가 사라졌음에도 주제의 핵심을 자신의 언어로 끝까지 밀고 나가려는 그 태도가 발표의 감정선을 완성했다.

팬덤명 제로즈에 대한 해석도 소개했는데, 논리적 완성도는 조금 떨어졌지만 '팬덤 문화가 부여하는 의미'를 스스로 이해하고 전달하려는 시도 자체가 의미 있었다.

마지막에는 멘토스 퀴즈까지 준비해 왔지만, 파일 문제와 교실 내 분위기로 인해 원래 계획대로 진행하기는 어려웠다. 그럼에도 끝까지 말의 흐름을 잃지 않고 발표를 마무리한 점은 충분히 칭찬할 만하다. 발표 내용보다 더 큰 배움을 가져간 시간이었다.

- **이도현 – 스키의 설원을 가로지르다**

네 번째 발표자인 도현은 발표를 시작하는 순간부터 의외의 안정감을 보여주었다. 평소 말수가 적고 목소리가 작은 편이라 걱정했지만, 발표 때는 또렷하고 균형 잡힌 목소리로 내용을 이끌어 갔다. 자신의 페이스를 잃지 않고 차분하게 문장을 이어가는 모습이 먼저 눈에 들어왔다.

도현의 발표는 스키의 정의에서 출발해 역사, 종류, 기술까지 흐름 있게 구성되어 있었다. 기원전 3000년경 북유럽에서 눈 위를 이동하기 위한 도구가 출발점이었다는 설명은 단순한 정보 전달을 넘어, 스키가 '삶의 도구에서 스포츠로 진화했다'는 맥락까지 자연스럽게 보여줬다. 이후 1924년 샤모니 동계올림픽에서 정식 종목으로 포함되며 현대 스포츠로 자리 잡았다는 흐름도 명확했다.

스키의 종류를 설명할 때는 불필요한 수식 없이 핵심만 깔끔하게 정리했다. 많은 사람들이 접하는 알파인 스키, 언덕을 오르며 긴 체력을 요구하는 크로스컨트리, 묘기 중심의 프리스타일 스키로 크게 구분해 설명했는데, 세 종류의 목적과 난이도를 자신 있게 풀어냈다. 턴 방식에서도 카빙과 숏턴의 차이를 기술적이면서도 학생다운 언어로 명확하게 전달했다.

마지막 슬라이드에 넣어둔 '감사/합/니다'라는 자른 글자 배치도 도현의 조용한 유머를 보여주는 지점이었다. 발표 전체가 단단하게 유지된 상태에서 살짝 풀리는 느낌을 줘서 분위기가 자연스럽게 정리되었다.

- **박현오 – 타요 세계관의 안내자가 되다**

마지막 발표자인 현오는 PPT 없이 말로만 발표를 진행했다. 자료가 없으면 말의 흐름이 끊기기 쉽고, 청중의 시선을 잡아두기도 어려운데, 현오는 어릴 때부터 익숙하게 알고 있던 세계를 설명했기 때문인지 처음부터 흔들림 없이 발표를 이어갔다. 오히려 말하기 중심 발표의 장점을 자연스럽게 보여준 사례였다.

발표는 기본 캐릭터 소개에서 시작됐다. 타요. 로기, 가니처럼 잘 알려진 캐릭터뿐 아니라, 누리(택시), 빅(화물 트럭), 토니(배달차), 맥스(덤프트럭), 크리스(레커차), 쿠퍼(포클레인), 으라차(운반 트럭) 같은 다양한 조연 캐릭터까지 정확히 기억해 냈다. 단순히 이름을 나열한 것이 아니라, 각 캐릭터의 역할을 중심으로 구조화해 설명했기 때문에 듣는 사람도 자연스럽게 세계관을 따라갈 수 있었다.

특히 인상적이었던 점은 현오가 설명을 끊지 않고 '교통 체계처럼 묶어서' 소개했다는 것이다. 시내버스 → 광역버스 → 택시, 그리고 화물·배달·건설 차량까지 영역별로 구분하며 설명한 방식은 어린 시절부터 타요 시리즈를 꾸준히 봐온 사람만이 보여줄 수 있는 정리 능력이다. 발표 자료 없이도 머뭇거림 없이 말이 이어지는 모습에서 '전문가적 익숙함'이 느껴졌다.

발표 자체는 길지 않았지만, 그 안에 들어 있는 내용은 예상보다 탄탄했다. 발표 준비 자료는 없었지만, 오히려 그 덕분에 현오가 가진 지식의 깊이가 자연스럽게 드러났다. 좋아하는 것을 자신 있게 소개하는 태도, 단순한 만화 소개를 넘어서 세계관 전체를 자신만의 언어로 정리해 내는 방식이 돋보였다.

• 말하고, 설명하고, 버텨내며 자라는 중

서후는 본인이 잘하는 걸 발표해서 글자가 날아가도 설명을 잘 했다. 85A 강도는 한번 알아보자. 시오는 PPT 구성이 정말 좋았다. 중간 상인 그래프, 원자폭탄, 포켓몬 HP까지. 창의성이 빛났다.

소령이는 정말 안타까웠다. PPT가 거의 반 이상 날아갔는데도 기억으로 다 설명했다. 불안하지만 피어나고 있는 순간의 아름다움. 그게 바로 오늘 소령이였다. 도현이는 '감사/합/니다'로 웃음을 줬다. 스키 종류도 잘 설명했다. 현호는 타요 전문가답게 모든 캐릭터를 다 소개했다. 누리는 나도 처음 알았다.

오늘도 PHET 속으로 점프

오랜만에 PHET 연습을 하러 들어온 아이들의 눈빛이 이미 반짝거렸다. 먼저 "한컴타자 좀 하고 시작해라." 했더니, 누군가는 『삼국유사』 같은 예문을 치며 '의천! 윤관! 임시정부!'를 외쳐댔다. 평소엔 그렇게 조용하더니 타자만 치면 왜 갑자기 민족운동가가 되는 걸까. 내 교실엔 가끔 시공간이 뒤틀린다.

이후 본격적인 시뮬레이션 시간. 1학기 단골 메뉴였던 '회로제작키트'부터 다시 꺼냈다. 아이들은 저항을 연결했다 떼었다 하며 '오늘 불 좀 내볼까?' 같은 표정을 지었다. 누군가는 "선생님, 건전지 하나가 120볼트였으면 좋겠어요."라고 말했는데, 그건 더 이상 건전지가 아니라 신비의 보석에 가깝다.

'에너지스케이트공원'에 들어가자 순식간에 롤러코스터 설계자들로 변신했다. 누군가는 "저는 아이를 높은 곳에서⋯."라고 말하다가 내가 쳐다보자 얼른 말끝을 흐렸다. 어떤 아이는 고양이를 태우고 "댕댕아~ 날아보자!"라며 중력을 올리고 내렸다. 목성 중력까지 바꾸자고 한 친구도 있었다. 네가 지금 잡아당기는 건 중력이 아니고 내 멘털이다.

'자연선택'에서는 토끼 키우기에 이상한 집착을 보이는 친구가 있었다. "전 2,000일까지 키워볼게요!"라며 토끼 제국을 세울 기세였다. 다른 아이는 늑대를 굶겨 놓고 "거친 음식에 토끼들이 적응해!"라고 외쳤다. 이쯤 되면 생태계라기보다 전략 게임에 가까웠다.

'포물선 운동'에서는 고양이 발사기가 등장했다.

"선생님, 100㎏ 고양이는 안 날아가요!"

이 말을 내가 왜 공책에 받아 적고 있는지 모르겠다. 다만 그 열정만은 인정해 주고 싶다. 다른 아이는 "인형 뽑기는 역시 어려워⋯."라며 포물선을 계산하고 있었는데, 그건 또 무슨 논리인가 싶었다.

'플린코 확률'에서는 공이 떨어질 때마다 "오! 저런!!!" 하는 감탄사가 터져 나왔다. 확률 실험이 아니라 거의 응원전이었다.

그리고 컴퓨터실 곳곳에서는 수수께끼 같은 멘트들이 흘러나왔다.

"저는 무한동력 장치를 만들 거예요." (그러다 마찰이 생기면 왜 또 안 되냐고 묻는 건 안 비밀⋯.)

"고양아. 넌 이제 무한동력이야."

"난 토끼가 지구를 점령하게 할 거야."

"핵 생성기가 뭐지…. 이건 모르겠다."

"선생님, 제 컴퓨터 다운됐어요. 아무것도 안 돼요." (기본 옵션이다. 당황하지 마라.)

"시소 균형 잡기도 재미있어요."

"불타오르네." (과학인지 방화인지 구분이 안 됨.)

"선생님에게 드릴 음료인데…. 드실래요?" (화면 속에서 혈액, 치킨스프, 하수구 세척제를 흔들고 있음….) 나를 해하려는 건 아니겠지…?

오늘 아이들은 회로를 태웠다가, 토끼 제국을 세웠다가, 고양이를 날렸다가, 중력을 목성으로 바꾸려 했다가… 참으로 다채로운 과학의 세계를 여행했다.

손을 내밀 수 있는 용기

프랑스 지하철 방관 사건을 꺼내는 순간, 교실 공기가 살짝 흔들렸다. 누군가 쓰러졌는데 사람들은 도와주지 않고 휴대폰만 들고 있었다는 사실이 아이들에겐 상상이 잘 되지 않는 장면이었나 보다.

"근데 진짜 처벌받아요?"

또 다른 아이가 묻는다. 그렇다. 프랑스에는 '착한 사마리안법'이 있다. 도울 수 있는 상황에서 외면하면 그게 범죄다. 이름도 참 직설적이다. '착하게 사는 용기'를 법으로 적어둔 셈이니까.

우리나라 이야기도 꺼냈다. 택시에서 운전기사가 심정지로 쓰러졌는데 승객들이 그냥 내려버린 사건. 아이들 얼굴에 뭐라 말하기 어려운 표정이 스쳤다. 그리고 2000년 임수혁 선수 이야기를 덧붙였다. 그 당시엔 CPR 교육도 흔치 않았고, 경기장 구조도 지금과 달랐다. 그 사건 이후로야 우리가 스포츠 경기장에서 '당연하게' 보는 앰뷸런스 대기와 즉각적인 응급 시스템이 자리 잡았다. 누군가의 아픈 경험이 결국 더 많은 생명을 살리는 장치로 변한 셈이다.

마지막으로 덴마크 국가대표 에릭센의 심정지 장면을 보여줬다. 경기 중 갑자기 쓰러지는 순간, 교실이 한순간에 고요해졌다. 사실 나도 그때 뉴스를 보며 심장이 철렁 내려앉았던 기억이 난다. 그런데 이어서 '그가 다시 돌아오는 장면'을 틀어주자 반응이 확 달라졌다. 대표 팀 유니폼을 다시 입고 골까지 넣는 모습에 여기저기서 작은 감탄이 새어 나왔다. 몇몇 아이들은 눈가가 살짝 붉어지기까지 했다. 누군가의 빠른 대처와 용기, 그리고 잘 갖춰진 시스템이 만들어낸 기적의 장면이었다.

11월 27일

만화로 본 『1984』, 그리고 아이들이 남긴 작은 목소리들

오늘은 아이들과 조지 오웰의 『1984』를 쉽게 풀어 만화로 보며 '자유롭게 생각한다는 것'이 무엇인지 함께 이야기해 보았다. 오세아니아라는 나라에서 사람들의 일상이 어떻게 감시되는지 소개하자 아이들은 눈을 크게 뜨며 놀라워했다. 진실을 마음대로 바꾸는 '진실부', 말이 줄어들면 생각도 줄어든다는 '신어' 같은 개념은 아이들에게 낯설지만 흥미로운 상상거리를 던져 주었다.

이후 우리 학교에서도 일어날 법한 여섯 가지 상황을 제시하며 아이들의 의견을 들어 보았다. 운동장 CCTV 이야기를 하자 어떤 아이는 안전을 떠올렸고, 또 다른 아이는 부담스럽다고 했고, 어떤 아이는 "잘 모르겠어요."라고 솔직히 말했다. 자기 생각을 말하기 어려웠던 경험, 가짜 소문 때문에 헷갈렸던 순간 등도 저마다 짧게 나누었다. 한 줄로 정리되는 분위기가 아니라, 각자 다른 생각이 작은 조각처럼 자연스럽게 흩어져 나오는 느낌이었다.

수업의 마지막에는 『1984』의 핵심 장면을 담은 영상을 함께 보았다. 윈스턴이 결국 자신의 생각을 잃고 "빅브라더를 사랑한다."라고 말하게 되는 순간, 아이들은 조용히 화면을 바라보았다. 감시와 강요가 사람의 마음을 어떻게 바꾸는지 영상 속에서 직접 보니 더 실감나는 듯했다. 다음은 아이들이 각자의 생각을 쓴 글이다.

• 현가은 – 감시당하는 세상에서 나는 어떻게 살까

언어 표현 조절처럼 감시를 당한다면, 내 생각도 마음대로 말할 수 없으면 어떤 기분일까 생각해 보았다. 생각해 보니 감시를 당하면 내가 하고 싶은 것도 못 하고, 누군가 나를 계속 지켜본다고 생각하니 눌리는 것 같고 약간 무섭고 소름도 돋을 것 같다.

나의 생각을 제대로 말하지 못한다고 생각하니 너무 답답하다. 예전에도 내 생각을 말하고 싶었는데, 반 애들이 이상하게 볼 것 같고 선생님도 의심하실까 봐 말을 못 한 적이 있었다. 그때처럼 감시를 계속 당한다면 내가 하고 싶은 말도 못 하고, 말하다가 벌을 받을 수도 있는 그런 세상은 상상만 해도 끔찍할 것 같다.

『1984』에서 연애를 하거나 일기(자신의 생각)를 적는 것, 그리고 빅브라더를 존경하지 않으면 고문을 당하고 심하면 죽음까지 당하는 모습을 보니, 아무리 상상 속 이야기라 해도 너무 답답하고 무서운 세상이라는 생각이 들었다.

내가 저 세상에 산다면 정말 살기 싫을 것 같다. 왜 나의 생각을 적지 못하고, 내가 존경하고 싶지도 않은 사람을 억지로 존경해야 하는 세상이 오는 걸까? 그런 지옥 같은 세상은 아예 없으면 좋겠다.

고문도 사형도 없는 세상 말이다. 세뇌라는 건 생각도 안 해본 나였는데, '세계 어느 곳이든 어딘가에서는 저렇게 될 수도 있겠다'라는 생각이 들었다. 세뇌는 왜 하는 걸까? 사람을 억지로 존경하게 하려고? 아니면 그냥 마음대로 고문하려고? 아무리 생각해도 이유를 모르겠다. 진실은 세뇌를 처음 만든 사람만 알거나, 아예 아무도 모르는 것일 수도 있다.

• 이도현 – 궁금한데 물어보지도 못할 때

궁금증을 풀지 못하면 어떤 문제가 생길까? 친구들은 가끔씩 모여서 나만 빼고 비밀 이야기를 한다. 이때 궁금한 걸 해결하려면 "무슨 이야기 하는 거야?"라고 물어봐야 하지만, 물어보면 "너 알아도 필요 없어."라고 할 게 뻔하다.

이렇게 궁금한 걸 마음대로 풀지 못하면 나만 그 일의 내용을 모르는 것 같고, 괜히 따돌림을 받는 것 같은 기분이 든다. 그래서 혼자만 모르고 있다는 생각 때문에 스트레스가 쌓인다.

『1984』에서도 사람들이 진짜 궁금한 걸 마음대로 묻지 못하고, 알고 싶어도 못 묻게 막혀 있는 모습이 나온다. 그래서 나도 이런 상황을 겪으면 조금은 그 책 속 사람들처럼 답답할 것 같다는 생각이 들었다.

• **김다솜 – 감시 속에서 말하기가 어려운 이유**

우리 반 교실은 오른쪽, 급식실, 화장실 입구, 복도까지 사각지대가 없도록 카메라가 설치되어 있다. 그 CCTV는 내가 눈을 몇 번 감는지까지 다 판단한다. 교실에는 자세히 찍히는 카메라와 교실 전체를 찍는 카메라를 합쳐서 20대나 있다. 수업시간에 선생님이 20쪽 진도를 나가고 있는데, 내가 21쪽을 보고 있기만 해도 바로 지적을 받는다.

"20쪽 봐라, ○○○ 학생."

이런 식이다.

그리고 내 모습이 부모님께도 바로 송출되어 연락이 갈 때도 있다. 그래서 나는 누군가 계속 보고 있는 상황에서 행동도 말도 점점 군인처럼 각지고, 틀에 박힌 것처럼 조심스럽게만 하게 된다.

그러던 어느 날, 오늘도 아무 생각 없이 공개적으로 지적을 받지 않기 위해 조심히 행동하며 수업을 듣고 있었다. 선생님께서 "81쪽에 있는 글을 읽고 풀었는데 어려운 것이 있었어?"라고 물으셨다. 나는 81쪽 3번 문제가 정말 어려웠다. 그런데 12명의 친구들은 아무렇지 않게 손을 들었다.

나는 너무 어려웠지만, 내가 질문을 하면 "이것도 못 푸냐, 바보."라고 친구들이 놀릴까 봐 차마 손을 들지 못했다. 물론 그런 말을 하면 지적을 받겠지만, 그래도 그런 말을 무시하고 하는 친구들이 분명 있을 것이다. 그러니 더 말하기가 무서워졌다.

감시 카메라에 붙잡혀 마음대로 생활하지 못하는 이런 생활은 정말 하기 싫다. 하지만 이런 말을 한다고 해도 오히려 2배로 혼날 것 같다는 생각이 든다. 이런 세상에서는 더 이상 살고 싶지 않다는 생각까지 든다.

『1984』에서도 사람들이 마음대로 말하지 못하고, 누가 듣고 있는지 몰라서 계속 숨죽이며 지내는 모습이 나온다. 그래서 나도 이런 상황을 겪을 때마다 그 책 속 세상처럼 내가 점점 조심스러워지기만 하는 것 같아 답답하다.

• **이주영 – 감시당하는 세상에서 내가 느낄 것들**

- 상상 1

내가 감시당한다면 조심히 살 것 같다. 왜냐하면 누가 나를 계속 보고 있다고 생각하면 괜히 무섭고, 내가 한 행동이 다 들킬 것 같아서 그냥 조용히 지낼 것 같다. 거짓말 같은 것도 하면 바로 걸릴 것 같고, 속으로 한 생각까지 들킬까 봐 괜히 긴장될 것 같다. 그래서 말도 덜 하고, 더 얌전해지고, 하루 종일 눈치 보면서 살 것 같다는 생각이 든다.

- 상상 2

내가 윈스턴이라면 줄리아와 사귀지 않았을 것 같다. 그 세상은 너무 위험해서 누군가 몰래 보고 있을 것 같기 때문이다. 좋아해도 티도 못 내고, 만나도 계속 불안해서 제대로 이야기도 못 할 것 같다. 들키면 큰일 나니까 그냥 마음을 숨기고 혼자 지내는 게 더 편할 것 같다. 그래서 나는 윈스턴처럼 용기 내서 사귀지는 못했을 것 같다.

• 장신은 – 말하고 싶은데 쉽게 말하지 못할 때

나는 가끔씩 『1984』처럼 내 생각을 말하기 어려운 상황이 많다. 학교에서 말할 때 눈치가 보여서 안 말한 적이 종종 있다. 그리고 요즘 엄마랑 형이 자주 싸우는데, 그때도 내가 뭔가 말하려고 하면 괜히 눈치가 보여서 참을 때가 많다. 친구끼리 싸울 때도, 토론할 때도 말하고 싶어도 쉽게 말이 안 나올 때가 있다.

이렇게 계속 말하지 못하면 말하는 횟수도 점점 줄어들고, 그러다 보면 내 생각을 잘 표현하지 못하게 된다. 발표력도 떨어지고, 하고 싶은 말도 제대로 못 하게 된다. 나도 한 때는 그랬다.

그래도 지금은 많이 나아졌다. 예전보다는 내 생각을 조금씩 더 말하려고 노력하고 있다. 자신의 생각을 말하는 건 정말 중요하다고 느꼈기 때문이다.

• 박현오 – 바른 자세로만 살아야 하는 느낌

우리 학교 운동장과 복도에 새 카메라 12대가 설치되었다. 그래서 뭘 하든지 글을 반드시 써야 하고, 의자에도 바른 자세로 앉아 있어야 한다. 자세가 조금만 흐트러져도 바로 보일 것 같아서 더 얌전히 앉게 된다.

수업 시간도 마찬가지다. 바른 자세로 앉아서 글씨를 써야 하고, 조금만 움직여도 누가 계속 보고 있는 것 같은 느낌이 든다. 심지어 부모님도 집에서 내가 어떻게 앉아 있는지 보고 있을 것 같아서 더 긴장된다. 그래서 결국 나는 계속 바르게만 앉아 있어야 하고,

마음대로 움직이기도 어려워진다.

• 김서후 – 감시 카메라가 너무 많은 세상이라면

내가 감시 카메라가 모든 곳에 설치된 세상에 살게 된다면, 나는 일단 지금처럼 장난도 치고 친구들과 편하게 이야기하는 게 어려울 것 같다. 조금만 얘기해도 걸릴 수 있으니까 쉬는 시간에만 조심해서 이야기할 것 같다. 그리고 학교에서도 집에서도 카메라가 계속 나를 보고 있으니까 내가 원하는 걸 마음대로 못 하고, 편안하게 쉬지도 못할 것 같다. 그래서 나는 감시 카메라가 너무 많은 곳에서 사는 건 정말 별로라고 생각한다.

하지만 좋은 점도 있다. 물건을 잃어버리면 쉽게 찾을 수 있고, CCTV가 많으면 도둑이나 범죄가 줄어들어서 더 평화로워질 것 같다. 문에 잠금장치를 꼭 하지 않아도 된다는 점도 편할 것 같다.

감시가 너무 많아지면 좋은 점도 있지만 결국엔 더 불편하고 무서울 것 같다는 생각이 든다.

• 주지훈 – 사실이 아닌 소문 때문에 힘들었던 순간

나는 옛날부터 자꾸 이상한, 사실이 아닌 소문들이 퍼지고 있다. 옛날에 어떤 선생님이 “내가 너 좋아하는 사람 알아.”라고 말했는데, 나는 좋아하는 사람이 없다고 말해서 정말 황당했다. 그리고 수련회에서도 어떤 선생님이 내 이름을 듣더니 “너 여친 있다며?”라고 하셨다. 나는 좋아하는 사람이 없는데, 도대체 이런 말들이 어디서 나오는 건지 이해가 안 됐다.

엄마가 “너 여자친구 생겼니?”라고 물어봤을 때도, 내가 아니라고 해도 소용이 없었다. 엄마도 나를 안 믿어줘서 더 억울했다. 이런 일이 계속 반복되니까 이제는 슬슬 짜증까지 난다.

게다가 내 친구 중 한 명이 내가 정말 진짜 진짜 진짜 싫어하는 사람을 내가 좋아한다고 거짓 소문을 퍼뜨리고 다녀서 더 화가 났다. 나는 그 사람이 정말 싫은데, 그런 소문이 떠돌아다니니까 기분이 나쁘고 속상했다.

『1984』에서도 사람들이 사실이 아닌 이야기를 그대로 믿어버리고, 진짜가 아닌 것이 진짜처럼 퍼져서 누군가를 힘들게 만드는 장면이 나온다. 그래서 나도 이런 소문을 들을 때면, 내가 아무 말도 안 했는데도 사람들이 이상한 이야기를 사실처럼 믿는 것 같아서 더 답답하고 억울하다.

• 정소령 – CCTV가 너무 많은 세상이라면

누군가 계속 지켜보는 상황(집 포함).

만약 사람들이 온 세상에 CCTV를 설치하자고 하면 나는 무엇을 선택할까? 일단 범죄자나 사고를 친 사람을 잡아내기에는 CCTV를 설치하는 게 좋기도 하다. 하지만 한편으로는 CCTV가 우리를 계속 감시해서 자유가 사라지고, 편하게 생활하기가 어려울 것 같다.

다시 생각해 보면 CCTV가 있으면 도둑이 물건 훔치는 것도 다 찍히고, 차 사고 같은 것도 다 기록돼서 나쁜 사람들이 점점 사라질 것 같기도 하다. 그래서 좋은 점이랑 불편한 점이 계속 머릿속에서 싸우는 느낌이다. 마치 『1984』처럼 '안전할 수도 있지만 대신 계속 지켜보는 세상'이 떠오르는 것 같다.

그래서 내가 하나만 선택해야 한다면 과연 무엇을 선택해야 할까 하는 고민이 계속된다.

• 정하진 – 너무 억울한 소문 때문에 힘들었던 날들

이해가 안 된다. 왜 친구들은 허위 사실을 퍼뜨리는 걸까. 1~2달 전, 갑자기 누가 나랑 다른 여자애를 엮어서 이상한 소문을 퍼뜨렸다. 처음엔 누가 시작했는지 모르겠지만, 자꾸 무시하려고 해도 그 말이 머릿속에서 계속 맴돌고, 마치 환청처럼 들리는 것 같아서 며칠 동안 기분이 너무 안 좋았다.

도대체 나와 그 애를 왜 엮은 걸까. 사실 몇 년 전에도 그 친구와 같이 놀고 요즘에도 좀 친하다고 오해를 여러 번 받은 적이 있다. 아마 그걸 보고 누가 불쾌한 소문을 만들어 퍼뜨린 것 같다.

어떻게 해야 할까. 도무지 생각이 안 나서 집에서 영영 나오고 싶지도 않았다. 며칠이 지나니 그 소문은 더 퍼져 있었고, 내 정신은 깨질 듯이 아프고 현실도피만 하고 싶은 마음 사이에서 계속 흔들렸다. 그래도 "언젠간 끝나겠지."라고 생각하면서 지금도 묵묵히 참고 있다.

소문이 사실이든 아니든 사람들은 이상하게 더 자극적인 이야기에 끌린다. 『1984』에서도 진짜가 아닌 것을 사람들이 계속 믿어버리고, 그게 퍼지면서 누군가를 힘들게 하는 장면이 나온다. 그래서 더 억울한 소문을 겪을 때면, 나도 마치 책 속 주인공처럼 아무 말도 못 하고 버티는 느낌이 든다.

• 최하윤 – 우리 집 CCTV와『1984』가 겹쳐 보일 때

1984에서 텔레스크린으로 계속 사람들을 지켜보는 것처럼, 우리 집에도 CCTV가 있다. 현관문에 1개, 거실에 1개, 심지어 계단에 있는 CCTV는 움직이기까지 한다. 그래서 나는 이 책에 나오는 오세아니아 런던 사람들과 내가 조금은 비슷하다는 생각이 든다. 원래는 집이라는 공간이 편해야 하는데, CCTV가 계속 보고 있는 것 같아서 하루 종일 내 모습이 감시당하는 느낌이 들어 소름이 끼친다.

게다가 나와 서은이가 물건을 깨뜨리거나 망가뜨리면, CCTV는 꼭 "집에 와서 보자."라는 듯이 무섭게 느껴진다. 부모님이 집에 오셔서 내 용돈을 가져가고, 내 손에 반성문 쪽지를 쥐여 주실 때면 더 그렇다. 그 순간만큼은 윈스턴과 줄리아가 끔찍한 처벌을 받던 장면이 떠오를 정도다.

가끔은 이런 감시 속에서 빨리 벗어나고 싶다는 생각이 든다. 물론 현실은 책처럼 심하지는 않지만, 집에 있는 CCTV 때문에 하루가 더 긴장되고, 『1984』 속 세상이 잠깐씩 지나간다.

• 김산 – 내가 기억한 기내식은 피자인데…

진짜 기억과 가짜 기억이 섞이는 상황이다. 작년에 여행을 갈 때 기내식을 먹었다. 나는 분명 어린이 도시락에서 피자를 골랐다고 기억하고 있었다. 그래서 비행기를 타고 자리에 앉아 있었는데, 승무원분이 기내식을 확인하더니 내 메뉴가 불고기라고 했다. 나는 아니라고 말했지만, 예약된 메뉴가 불고기라고 해서 결국 불고기를 먹었다.

그때 "내가 진짜 불고기를 예약했나?"라는 생각이 들 정도로 헷갈렸다. 가족들도 다 맞다고 해서 내 기억이 더 흔들렸다. 내가 분명히 피자를 골랐다고 믿었는데, 다들 불고기라고 하니까 왠지 내 기억이 틀린 것 같아지는 느낌이었다. 마치 『1984』에서 사람들이 다른 사람이 말하는 걸 계속 들으면서 자기 기억까지 바뀌는 장면처럼, 나도 순간적으로 '내가 맞나? 아니면 모두가 맞나?' 하는 이상한 기분이 들었다.

그리고 결국 먹게 된 기내식은 맛도 별로였다.

• 권시오 – 남 탓만 하는 친구 때문에 느낀 점

영어 교과 시간에 이해가 약간 안 된 적이 있었다. 그래서 옆에 있는 친구에게 물어봤는데, 그 친구는 내가 집중을 안 해서 그렇다고 몰아갔다. 그런데 나중에는 그 친구도 이해가 안 된다며 또 질문을 했다.

그 친구는 남을 몰아가거나 남의 잘못만 뻥튀기해서 말하는 걸 참 잘한다. 그래서 괜히 내가 틀린 것처럼 느껴지고, 그 친구 앞에서는 "나도 모르겠다."라고 말하기도 어렵다. 자기 실수는 조용히 넘어가면서 남이 비슷한 실수를 하면 크게 지적하는 모습이, 마치 모든 기준이 한쪽으로만 기울어 있는 느낌이 들 때가 있다. 교실에서 이런 일이 생기면 『1984』 속 사람들처럼 누군가만 계속 비난받는 장면이 떠올라서 더 답답하게 느껴지기도 한다.

2부

사진으로 붙잡은 순간들

사진 한 장에는 말로 다 설명하기 어려운 아이들의 표정과 움직임,
그리고 교실에 흘렀던 따뜻한 공기가 담겨 있습니다.
스쳐 지나가면 사라질 작은 순간들을 빛으로 붙잡아,
우리가 함께 웃고 배우고 자라던 시간의 흔적을
오래도록 기억할 수 있도록 기록했습니다.

3월

▶ 이날 축구하다가 땡땡 씨가 발로 공을 슝~ 엄청 멀리 찼다. 진짜 하늘 끝까지 날아갈 뻔….

▶ 나는 3월 7일에 운동장에서 축구 경기를 열었다. 솔직히 말하면 이때 수비를 엉망으로 했다. 공만 내 쪽으로 오면 '아 안 돼, 안 돼' 하면서 심장이 쿵쾅쿵쾅. 실수라도 하면 우리 팀한테 혼날까 봐 다리가 후들후들했다.

▶ 그런데!!!!! 내가 이때 어쩌다가 한 번 골을 쏘옥 넣었다!! 친구들이 "오오오~!" 하면서 나한테 칭찬해 줬다. 그 순간만큼은 진짜 호날두가 된 기분이었다.

▶ 그때부터 나는 또 수비만 했다. (왜…)

▶ 공이 자꾸 내 쪽으로만 오는 게 너무 억울하고 화났다.

▶ 그리고 넘어질 것 같아서 무서웠다. 진짜로. 무릎에 상처 나면 아파 죽는다고.

▶ 결과는? 우리가 이겼다! 기분이 하늘을 날 것 같았다!

▶ 근데… 내가 너무 못해서 팀원들한테 미안하기도 했다. 그리고 경기 끝나고 최땡땡한테 혼날까 봐 슬금슬금 피했다.

▶ 이때 주제를 가지고 마인드맵을 했었는데, 계속 개그로 흘러가서 되게 웃겼다. 겁나 재미있었던 건 안 비밀ㅋㅋㅋ

▶ 이도건 쌤 정말 잘생겼다! 나는 이도건 쌤을 진짜 좋아해!?!?!?!?

▶ ??? 잠깐, 단어의 흐름이 너무 이해가 안 된다…. 어떻게 된 거지?

▶ 이때 진짜 겁나 재미있었는데 ㅋㅋㅋㅋㅋㅋㅋㅋㅋㅋㅋ

▶ 이때 머릿속에 있는 모든 생각을 다 꺼내서 적었는데 정말 재밌었다. 그리고 전설의 시작… 까마귀 찰스ㅋㅋㅋ

▶ 아~~ 지금 봐도 내가 잘 썼다! 뿌듯하닼ㅋ

▶ 그날은 바로 내가 이긴 날(?)이었다.

▶ 서후가 헤어스타일을 바꾸고 나타났다.

▶ 그날 서후 머리는 진짜 잊을 수 없다.

▶ 전설의 서랍 위에서 터진 웃음소리.

▶ 월드컵보다 더 재미있었던 순간이었다.

▶ 교실 바닥이 유난히 깨끗했던 그날.

▶ 이때가 거의 우리 반 축구의 시작이었다.

▶ '아, 이때 막았어야 했는데….'

▶ 그래도 그땐 허들이 멀쩡했네.

▶ 그러넼ㅋㅋㅋㅋㅋㅋㅋ

▶ 삼가 허들의 명복을 빕니다.

▶ "나 어디 갔어!"

▶ 김산타클로스가 빨간 코 루돌프를 납치하던 바로 그날.

▶ 이때 기차놀이… 진짜 시끄러웠다. 지금 생각해도 웃긴다.

▶ 지금도 여전히 기차놀이를 하지만, 솔직히 이때보다 더 시끄럽다.

▶ 칙칙폭폭… 기차 출발!

▶ 기차놀이의 시작을 발견했다.

▶ "이때부터였구나, 기차놀이의 전설이."

▶ 그런데 산아, 이런 건 먹으면 안 돼.

▶ 어릴 때 하던 기차놀이를 6학년 때 하니까 또 달랐다.

▶ 웃기고, 신나고, 왠지 추억 같다.

▶ 기차놀이는 지금도 이어진다.

▶ 이젠 좀… 그만하자.

▶ 토마스 실사판의 탄생이었다.

▶ 그 와중에 권시오는 무슨 빵을 먹고 있냐ㅋㅋ

▶ 전설의 킬러, 정소령과 현가은

▶ 다리 아프겠다….

▶ 이때 너무 힘들어서 팔찌가 너무 많았는지 피가 안 통했다.

▶ 사진만 봐도 다리가 저릿하다.

▶ 뛰다가 다리 찢어질 뻔했는데, 진짜 죽을 뻔했다.

▶ "하윤아, 그래도 엉덩이가 안 찍힌 게 다행이야. 찍혔으면 더 난리 났지?"

▶ "ㅋㅋㅋㅋㅋ 그러넹ㅋㅋㅋㅋㅋㅋ 그래도 좀 내 모습이 쪽팔력ㅋㅋ"

▶ 아… 쪽팔린다.
▶ 쌤은 왜 이런 사진을 찍으셨을까.
▶ 지금 봐도 정말 수치스럽다…

▶ 재밌는 시 짓기(?)
▶ 그런데… 우리 그때 뭐 하다가 시를 짓고 있었지?
▶ 도대체 무슨 상황이었길래 이런 시가 나왔을까?
▶ 소령아, 뭐가 그렇게 웃겼니ㅋㅋ
▶ 그리고 나 왜 시 짓고 있니… 진짜 궁금하다.

▶ 서후야~ 그날 헤어스타일, 진짜 멋졌다.
▶ 근데 왜 여기도 기차가 있지?
▶ "응애응애응애~ 나는 귀여운(?) 아기(?)."
▶ 언제나 기차와 함께 나타나는 응애 서후, 이번엔 기차 대신 전교회장 선거로 달린다.
▶ 그때의 허들은 이미 산화했다.
▶ 이젠 기차도, 허들도… 전설로 남았다.

▶ 나는 열심히 수업에 참여했다.

▶ 그리고 보상처럼 롤러코스터를 탔다.

▶ 재밌었다. 정말.

▶ 맞춤법은 틀렸지만 마음은 올발랐다.

▶ 스케이트 체험도 했다.

▶ 그 결과… 합격했다.

▶ 하지만 어딘가에서 악마의 속삭임이 들렸다.

▶ 그 이름은… 인형 뽑기.

▶ 인형 뽑기 사장님의 인성을 깊이 이해한 시간이었다.

▶ 그 순간, 나도 잠시 사악해졌다.

▶ 하… 그날 이후로 인형 뽑기는 끊었다.

▶ 이제 사장님은 안 믿는다.

▶ 도박신고는 1336.

▶ 물병 던지기의 전설.

▶ 교실에서 술래놀이가 한창이었다.

▶ 재밌겠다고 생각했지만… 나는 그냥 조용히 자리에 앉았다.

▶ 그때 등장한 도현이의 물병.

▶ 그 물병 세우기라는 건 도대체 무슨 놀이였을까.

▶ 친구들은 웃고 떠들었지만, 난 귀가 남아나질 않았다.

▶ 솔직히 뭘 한 건지 모르겠다.

▶ 다만 확실한 건, 그리 재밌어 보이진 않았다.

▶ 도박신고는 1336.

▶ 그날 나는 도서관에서 마인스쿨과 카카오프렌즈 만화책을 읽었다.

▶ 아니, 정확히 말하면… 읽는 척을 했다.

▶ 역시는 역시다.

▶ 남들 노는 동안, 나는 여전히 숙제를 하고 있었다.

▶ 난 그날 우연히 문재인 대통령 책을 집었다. 그 책엔 노무현 대통령 이야기도 있었다. 문재인 대통령은 1960년 부산 영도에서 태어나 경남고등학교에서 입학식과 졸업식을 함께 시작했다. 그리고 성인이 되어 노무현 대통령을 만나 재판까지 함께했다.

▶ 책이 생각보다 재밌었다.

▶ 결론: 책 읽는 척하며 노가리 까는 시간, 그것도 나쁘지 않았다.

▶ 김산은 <오징어게임>의 성기훈처럼 눈빛을 빛내며 보고 있었다.

▶ 아이들은 이미 도박에 빠진 듯했다. 물론 합법도박이다.

▶ "99%의 도박쟁이들은 1%를 노립니다."

▶ 누가 처음 말했는진 모르겠지만, 그날 교실은 이상하게 진지했다.

▶ "이게 무슨 도박이야!"

▶ "ㅋㅋㅋㅋ 누가 이겼냐고 하넼ㅋㅋ 정치랑 엮지 말라고."

▶ 결국 결과는 나왔다.

▶ 빨강은 김○○, 파랑은 이○○.

▶ 큼큼….

▶ 잠시 후, 도박 금지령이 내려졌다.

▶ 그러나 이미 늦었다. 교실의 열기는 꺼지지 않았다.

▶ 도박신고는 1336.

▶ 짜잔!

▶ 타란~

▶ 사진 찍고 바로 무너졌다는 전설의 탑.

▶ 진짜, 뭐야… 이걸 어떻게 쌓은 거야?

▶ 잘했다! 아주 잘했어!

▶ 칭찬해!

▶ 근데 나도 같이 하고 싶었는데…. 그게 좀 아쉽다.

▶ 응애, 나 애기.

▶ T 포즈로 세상을 지배하던 그날.

▶ 춤을 배우는 중이었는데, 솔직히 좀 어려웠다.

▶ 그래서 결국 직접 창작까지 했다.

▶ 처음엔 좀 쪽팔렸는데….

▶ 하다 보니 점점 웃기고 진지해졌다.

▶ "아, 관절 나가는 줄 알았다…."

▶ 그래도 끝까지 췄다.

▶ 다리 아파서 힘들긴 했지만, 그만큼 멋졌다.

▶ 무한동력 고양이를 만들었었는데, 그게 롤러코스터로 이어지면서 완전 끝장나게 재밌었다.

▶ 그때 사람 떨어지고, 난장판이었다.

▶ 지금 생각해도 정신이 하나도 없었다ㅋㅋ

▶ 동물학대 수준의 실험이었다.

▶ 고양이가 너무 불쌍했다…. (물론 인형이지만)

▶ 그날의 하윤이는 진짜 레전드였다.
▶ 엄청난 창의력을 폭발시키며 작품을 완성했다.
▶ 지금 다시 봐도 웃기고, 대단하고, 약간 미쳤다.

▶ 응애, 이때 다리가 엄… 거의 부서질 뻔했다.
▶ 그래도 파이팅 정신으로 버텼다.
▶ 그때 점수가 18이었나? 그렇게 나왔던 것 같다ㅋㅋ
▶ 옷이 빨간색이라 더 열정적으로 보였지.
▶ 근데 현실은… -18이었다.
▶ 혹시 이게 끝이야? 아니지??
▶ 너 혹시 조각상이야? 그대로 굳었잖아!

▶ 저 때 국악기 소리 맞추기 게임, 진짜 재밌었다.
▶ 모두 집중해서 귀 기울이는데, 다들 너무 예쁘고 잘생겼었다.
▶ 지훈이는 갑자기 타임머신을 타고 1학년으로 돌아간 듯한 표정이었고, 시오는 왜 그렇게 축 처져 있었는지 모르겠다ㅋㅋ
▶ 그래도 알고 보면 제일 재밌게 놀고 있었다.
▶ 그 사진을 챗지피티에 돌려봤더니….
▶ 사람들이 사라지는 매직이 펼쳐졌다.
▶ 진짜로, 미스터리였다.

▶ 근데 왜 다 뻗어 있지…? 뭐 하는 거야, 진짜ㅋㅋ

▶ 공놀이였다. 그것도 아주 진지한 공놀이였다.

▶ "무슨 놀이야?"

▶ "공 밀면서 놀았어요."

▶ 이른바 죽음의 공놀이.

▶ 못 막으면… 죽는다.

▶ 죽음의 강○훈, 당신은 누구십니까.

▶ 이건 쌤한테 경고받고 앉아서 논 날이었던가?

▶ 그땐 조용해서 참 좋았다.

▶ ㅋㅋㅋㅋㅋㅋㅋㅋㅋ 그래도 지금 보니까, 너희들 진짜 너희들 같지 않은 짓을 하고 있네ㅋㅋ

▶ 저때 진짜 힘들었던 걸로 기억난다.

▶ 너무 힘든 건 아닌데, 이상하게 재미도 없었다.

▶ "그런 듯."

▶ 이때 다리가 완전히 나갔다.

▶ 그래도 그 덕분에 체력이 조금은 늘었다.

▶ 근육통 유발 프로그램.

▶ 덕분에 내 다리가 많이 갔다.

▶ 사람 죽이기 체육 시간.

▶ 난 안 했다. 살고 싶었거든ㅋㅋ

▶ 근데 진짜, 이때는 죽는 줄 알았다.

▶ 아… 그날의 허벅지는 아직도 기억난다.

▶ ㅋㅋㅋㅋㅋㅋㅋㅋㅋ 너네들 같지 않은 짓을 하고 있넼ㅋㅋㅋ

4월

▶ 사근초 사랑해!

▶ 무헤헤헤— 진짜 즐거웠던 그날!

▶ 사근초 최고!

▶ 난 의리를 지켰다. 그래서 뽑힌 거야. 맞지?

▶ 귀엽다아~

▶ ㅋㅋㅋㅋㅋㅋㅋㅋㅋㅋㅋㅋㅋㅋㅋㅋㅋㅋ

▶ 아, 나 그때 진짜 잘했다ㅋㅋ 지금 생각해도 뿌듯해!

▶ 산이의 달콤살벌한 연주.

▶ 산이야, 좋아해…?

▶ ??????????

▶ 고백이야? 누구야, 누기야, 누구야아아 앙앙앙앙!

▶ 피아노를… 어떻게 피아노ㅋㅋㅋㅋㅋ ㅋㅋㅋㅋㅋㅋㅋㅋㅋㅋㅋㅋㅋ

▶ 나는 피아노 칠 때 '소다팝'이랑 교회 찬송가를 쳤다.

▶ 찬송가 173장, 409장, 420장, 421장, 422장까지 쳤다(고 믿는다).

▶ 오… 김산! 피아놐ㅋㅋㅋㅋㅋㅋㅋㅋㅋㅋㅋ

▶ 야, 찬송가 거기까지 없거든ㅋㅋㅋ

▶ 그리고 지금 치는 건 결혼행진곡이거든ㅋㅋㅋㅋ

▶ 내 팔이 진짜 늘어났다.

▶ 이때 루피가 되는 느낌이었다.

▶ 또 하고 싶다.

▶ 하진이 날아간다, 살려라!

▶ 고무고무가 된 기분(?)

▶ 저때 늘려! 늘려! 늘려!!! 이랬던ㅋㅋ

▶ 그걸 관전하는 신은이ㄷㄷ

▶ 나 이때 시오랑 계속했는데ㅋㅋㅋ

▶ 장신은 저때 다리 아파서 안 했었는데 쩝….

▶ 달리기 측정에서 상을 탔다.

▶ 팔 빠지는 줄…….

▶ 헬륨은 내 사랑.

▶ 헬륨 하트.

▶ 내 풍선ㅠㅠ

▶ 저때 되게 재밌었는데ㅋㅋㅋㅋ

▶ 저 풍선 집 가다 어디 걸려서 청계천으로 바람타 고 날아갔음….

▶ 지훈아 어디 봐ㅋㅋ 이때 줄 다 꼬였는데.

▶ 끝나자 말고 김산 거 놀리다가 같이 날아간 내 풍선…….

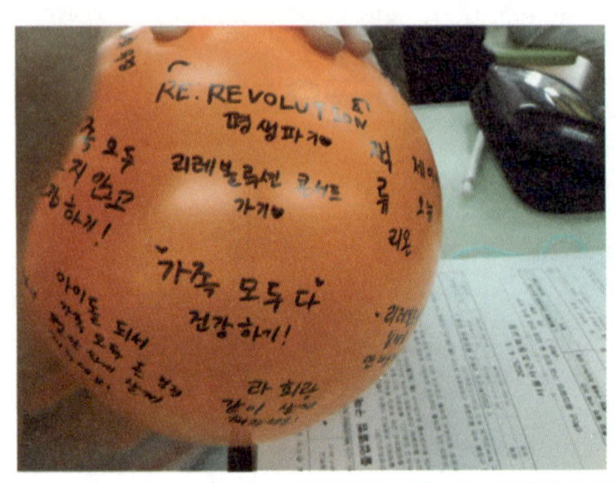

▶ 나니?

▶ 리레볼 사심 채우기… 크흠….

▶ 이건 사심 아님? ㅋㅋ

▶ ㅋㅋㅋㅋㅋㅋㅋㅋㅋㅋㅋㅋㅋㅋㅋㅋㅋㅋㅋ

▶ 음… 개인 취향 존중할게…. 난 이런 거 안 좋아해서….

▶ 그때 풍선이 풀려서 두 명의 풍선이 하늘로 날아갔다.
▶ ㅇㅈ. 내 꿈도 같이 날아갔다.
▶ 그게 나야.
▶ 겁나 재미있음.
▶ 헬륨 풍선 최고.
▶ 나 왜 저기 있음?
▶ 이도현 뭐 하냐???

▶ 아~ 내 눈!
▶ 기다리다 지침.
▶ 언제까지 기다려야 합니까?
▶ 아, 나 이때 눈 진짜 나빴는데…. 지금은 더 나쁨. 큼흠…
▶ 아~ 단체로 혼나는 줄 알았는데ㅋㅋㅋ 아니었네.
▶ 다솜이 시력 검사하고 있넹ㅎ
▶ 보건실에서 검사했는데, 은근 무서웠다.

▶ 맛있겠다.
▶ 츄베릅— 진짜 침 고인다.
▶ 야구빵의 전설… 또 먹고 싶다.
▶ 한 입만… LG 먹기ㅋㅋㅋ
▶ 맛있겠다…. 소령아, 손이 너무 다급하다ㅋㅋㅋㅋ
▶ 뒤에 줄 선 사람들 표정이 왜 이렇게 웃기냐.
▶ 아, 선생님! 그때 맛있게 잘 먹었습니다.
▶ 감사합니다. 오늘도 감사합니다!!
▶ 배가 고픈 게… 끼야아아아아아아아아앙!!!!!!!!!!!!!!

▶ 내 풍선!!!
▶ 삼가 고인의 명복을 빕니다.
▶ 하트(?)
▶ 운명하셨습니다.
▶ 풍선들 2025-2025.
▶ 짧고도 찬란했던 그들의 생애….
▶ 이젠 버려졌다는…….
▶ 삼가 풍선의 명복을 빕니다.
▶ 삼가 풍선의 명복을 빕니다.
▶ 잘 가, 풍선아.
▶ 바이바이.

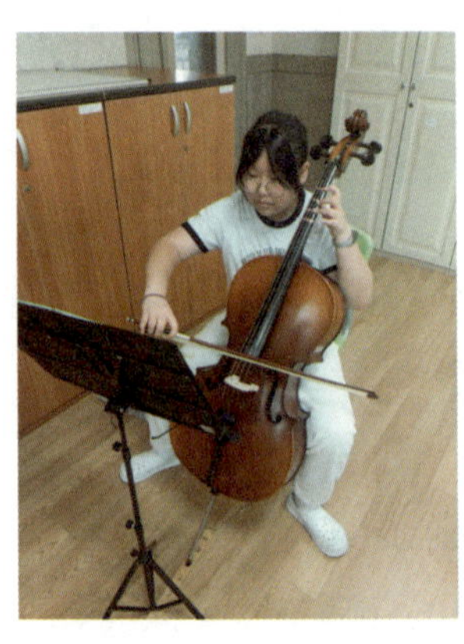

▶ 누구지?
▶ 이 진지함~~ 띠리링.
▶ 엄격, 근엄, 진지.
▶ 어머, 그냥 직방으로 찍어 버리넹ㅋㅋ
▶ 아니, 나 자세 왜 이럼ㅋㅋㅋㅋ
▶ 멋있다!!! 나도 해보고 싶다.
▶ 그러게ㅋㅋ 다솜이 자세각ㅋㅋㅋ
▶ 근데 그래도 첼로 하는 다솜이! 멋있닿ㅎㅎㅎ

▶ 플루트 미녀! ㅇㅈ, 진짜 잘해서 내 롤 모델임ㅋㅋㅋ
▶ 아조씨, 플루트 재미있음? 으헤~
▶ 소령아, 언젠가 나도 너의 독주를 보고 싶다….
▶ 이거 하는 거 처음? 본다!
▶ 소령이가 플루트 하는 모습, 이제 한 네 번째쯤 보는 건가?
▶ 무튼 잘해서 좋겠닿ㅎㅎ

▶ 따라라 따라라 따라라라라라라랄랄~

▶ 무헤헤헤헤~

▶ 아니, 나랑 소령이랑 하윤이는 왜 독사진이야ㅋㅋㅋ

▶ 잠깐, 가은이는 어디 감ㅋㅋㅋ

▶ 뭐 하냐?? 표정 왜 그래??

▶ 뒤에 김서후는 다른 사람 손이랑 섞여서 바이올린으로 기타 치는 줄 알았잖아ㅋㅋ

▶ 그러게, 가은이 어디 갔냐??

▶ 표정 무엇???

▶ 나도 바이올린 잘하고 싶닭ㅋㅋ

▶ 언제 먹어요?

▶ 냠냠, 맛있누.

▶ 맛있는 마카로니!

▶ 맛있겠다ㅋㅋ

▶ 다람쥐가 된 기분ㅋㅋ

▶ 맛있니? 얌얌~

▶ 아~ 그때 진짜 맛있게 잘 먹었습니다.

▶ 이때 진짜 시끄러웠지.

▶ 내 응원봉 어디 갔지?

▶ 저거 집에 가져갔다가, 내 동생이 손톱으로 터트렸는데ㅋㅋㅋ

▶ 소리도 엄청 컸다.

▶ 솔직히 저거 들고 다니기 귀찮아서… 그냥 내가 터트려 버렸음ㅋㅋ

▶ 그래서 지금쯤 아마 쓰레기장 어딘가에 있을 듯.

- 나는 우리 이도건 쌤이 우주최강 초절정 미남이라 생각한다. 진심이다~
- 거짓이다~
- 당신은… 이도건입니다.
- 내가 만든 거다.
- 나는 이도건(?) 학교 짱!
- 우리 쌤 정도면 괜찮지. 난 미남이라고 봄.
- 역시 우리 쌤은 인기쟁이야~

- 아니, 내 풍선도 갔어!!! ㅠㅠ
- 풍선아, 잘 가….
- 풍선 5인 2025-2025.
- 나도 내 풍선ㅠㅠ
- 풍선이 왜 자꾸 생기는 거야… 아이고.
- 안녕히 계세요, 여러분~ — by 풍선 —
- 잘 가, 내 풍선.
- 주인 잘못 만나서 이렇게 가는구나~
- 잘 가~~

- 저때 뭐 했지?
- 하트♥
- 아! 이때 책갈피 만들었는데ㅎㅎㅎ
- 근데 이거 만든 거 언제 오냐??
- 우리 가기 전에 받을 수 있는 거 맞냐??
- 몰루~ 근데 아마 아닐 듯ㅋㅋㅋㅋ
- 근데 솔직히 이거 너무 어려웠는데ㅋㅋ ㅋㅋㅋㅋㅋㅋ

▶ 흠… 다들 집중해서 잘하는군ㅎㅎ

▶ 다 코 박고 하는군…

▶ 엄청난 집중력이야~!

▶ 재미있었다~!

▶ 근데 뒤에 그림ㅋㅋㅋㅋ

▶ 재밌음.

▶ 했었나?

▶ 안 돼! 내 스티로폼 스틱 무너진다ㅠㅠ

▶ 재밌긴 했는데, 이거 솔직히 좀 힘들었음ㅋㅋㅋㅋ

▶ 하면 할수록 혈압 오름ㅋㅋㅋㅋ

▶ 아~! 인정ㅋㅋㅋㅋ

▶ 가은이 다리 실종.

▶ Jumping is…

▶ 저때 지훈이 손가락 껴서 꺄아아아아아아악!!!

▶ 가은이 유령 썰(?)

▶ 김서후 개구리 된 것 같은뎈ㅋㅋㅋㅋ

▶ 나는?

▶ 주영이 어디 감?

▶ 야 근데 진짜 가은이의 초능력! 공중부양~!

▶ 가은아, 왜 날아ㅋㅋㅋㅋ

▶ 공중부양 인정!

▶ 쌍쌍바 맛있겠다.

▶ 악어다!

▶ 쌍쌍바 맛있겠다~

▶ 아, 이때 진짜 맛있었는데ㅋㅋㅋㅋ 감사합니다~!

▶ 악ㅋㅋㅋㅋㅋ 그 와중에 소령이는 락스 묻은 바ㅋㅋㅋㅋㅋㅋ

▶ 텔레파시~!

▶ 이거 하면서 쓰레기 엄청 주웠는데ㅋㅋㅋㅋ

▶ 근데 다른 애들은 어디 감?

▶ 그니까ㅋㅋㅋㅋㅋ

▶ 정답! 날다람쥐!

▶ ㅋㅋㅋㅋㅋㅋㅋㅋㅋㅋㅋㅋㅋㅋㅋㅋㅋㅋㅋ

▶ 사람이 날아가는데요?

▶ I believe fly~

▶ (I believe I fly → 고침)

▶ 내가 쓴 건 아님^^

▶ I believe I can fly겠지ㅋㅋ

▶ 누가 보면 로또 당첨된 줄 알겠음ㅋㅋ

▶ 양옆에 사람도 날아요ㅋㅋㅋㅋㅋㅋㅋ

▶ 찜질방 오픈!

▶ 아저씨, 여기서 이러시면 안 돼요!!!!!!!!!!

▶ 찜질방 1박에 10만 원(?)

▶ 아저씨들~ 1분에 10만 원 받을게요~

▶ 6-2반 찜질방 오픈 완료ㅋㅋㅋㅋ

▶ 노숙자들 등장.

▶ 홍대입구로 이사 가자~

▶ 눈 감고 장애물 피하기 꽤 재밌었다는.
▶ 저 때 테토남으로 변신을… 차라란—!
▶ 뭐래…. 하면서도 웃음이 터졌다.
▶ 근데 진짜, 진짜 힘들었음.
▶ 눈 감고 뛰는 게 이렇게 어려운 줄 그땐 몰랐다.
▶ 그래도 다 피했을 땐 묘하게 뿌듯했다.

▶ 쉽다, 지훈아.
▶ 눈 감고도 이김.
▶ 지훈이는 어디야? 내가 찾아갈게. 함 뜨자.
▶ ㅇㅇ ㅇㅋ 6-2반.
▶ 왐마—
▶ 와다다!!!!!!
▶ 훟 싸움 신청 멈춰!!!
▶ 지훈아, 하지 말라니까….
▶ 왐마… 진짜 시작할 뻔했음.
▶ 교실은 이미 난장판, 웃음은 폭발.
▶ 결국 아무도 안 다쳤지만, 승부욕은 하늘을 뚫었다.

▶ ㅋㅋ 오랑우탄(?) 인정
▶ 오랑우탄(?)보단 침팬지(?)가 어울리는데. 농담임.
▶ 너무 웃기다 하하
▶ 롤 리신인데 이건 엌ㅋㅋㅋㅋㅋㅋㅋㅋㅋㅋㅋㅋㅋㅋㅋㅋㅋㅋㅋㅋ
▶ 키도 큰데 눈도 크네
▶ 야차 뜰 거면 6-2반으로 와 함 뜨자

▶ 너 누구야야

▶ 눈 튀어나오겠다 튀어나오겠어.

▶ 눈이 튀어나왔는데?!?!?!?!?!?!?!?!?!?!?!?!?!?!?!?!?!?!

▶ ㅇㅈ.

▶ 무서워.

▶ 홍당무! ㅇㅈ.

▶ 이때 로켓 2대가 실종됐었지.

▶ 1대는 구조 완료, 나머지 1대는…
우주 진출.

▶ 로켓 하나 실종된 날, 그거 난데?

▶ 연극… 재밌었지… 하하….

▶ 라고 말했지만, 사실은 재미가
…………………………………………… 없다.

▶ 게다가 대사까지 까먹었다.

▶ 그때 내 역할이 물에서 사람 구하는 거였는데, 진짜 쪽팔려서 혼자 속으로 '이건 아니다…' 싶었다.

▶ 그래도 끝까지 버텼다. (근데 아직도 생각하면 얼굴 뜨거움ㅎㅎ)

▶ 너무 재밌다.

▶ 근데… 내 악몽임, 이거.

▶ 진짜 뭔가 묘하게 무서움.

▶ 이거 꿈에 나올 듯….

▶ 도건 쌤ㅋㅋㅋㅋㅋ 무서운데 잘 그렸다ㅋㅋ

▶ ㅇㅈ.

▶ 무섭지만 또 웃김.

▶ 웃으면서도 괜히 뒤돌아보게 되는 그 느낌.

▶ 굴려라 바둑돌.

▶ 바둑…?

▶ 순식간에 탄도미사일 전쟁 – 알까기편으로 진화.

▶ 알까기 타고 돌격(?)

▶ 바둑이 아니라 전쟁이었음.

▶ 누가 이기든…돌은 이미 날아가고 있었다.

5월

▶ 방귀 발사 1초 전.

▶ 호잇짜!!!!!!!!!!!!!!!!!!

▶ 뒤이어 들려온 '독수리 소리'.

▶ 개구리다. 사람이 아니무니다.

▶ 짜—

▶ 옆에서 주지훈 자세 잡은 애 보고 다들 빵 터짐ㅋㅋ

▶ 측정도 했는데… 난 별로였음.

▶ 그래도 그 순간만큼은 모두가 웃느라 바빴다.

▶ 내 꺼

▶ Do you wanna build the snowman~~

▶ 눈이 옵니다.

▶ 눈이 내리네요~~~~~~~~~

▶ 눈, 눈이 왔어요.

▶ 눈이 내리네요~

▶ 그림을 그린 것은 눈사람이다.

▶ 눈 오는 장면을 그렸다.

▶ 검정색 종이 위에, 하얀 눈이 소복이 쌓였다.

▶ 그 어둠 속에서 유난히 눈사람이 더 반짝였다.

▶ 브레인 로트.

▶ 브레인 로트 겁나 많네.

▶ 이게 뭐죠?

▶ 2교시가 체육이라니.

▶ 보건, 체육, 국어, 영어….

▶ 이 조합 자체가 이미 밈임.

▶ 이런 밈 박사가 있나.

▶ ~~퉁퉁퉁퉁퉁퉁퉁퉁퉁~~— 사후르!

▶ 브레인 로트 왜 이렇게 많아ㅋㅋ

▶ 머릿속이 이미 밈으로 점령당했다.

▶ 마!!!!! 다 들어온나!!! 함 뜨까?!!!!!!!!!!! 굿굿!!!

▶ 사람이 날아가요??

▶ 진상놀이 시작.

▶ 1 vs 3, 물론 1이 여자고 3이 남자^^

▶ 근데 이상하게 1이 이김ㅋㅋ

▶ 누가 봐도 힘의 균형이 안 맞는데….

▶ 우주 최강 미남 아저씨

▶ 김태래보다 잘생긴 우리 도건 쌤 사랑합니다!

▶ 도건쌤 사겨요!

▶ …하……. 하지 말자.

▶ 사랑해요.

▶ 김태래보다 잘생겼다.

▶ 누구야, 사귀자는 사람 누구야? 빨리 나와라!

▶ 우주최강꽃미남 선생님 박제 짱♥♥

▶ ㅋㅋㅋㅋㅋㅋㅋㅋㅋㅋㅋㅋㅋㅋㅋㅋㅋ

▶ 도건 쌤 우주최강꽃미남 도건 쌤 우주최강꽃미남 도건 쌤.

▶ 우주최강꽃미남!!!

▶ 외계인 공주는 이렇게 생겼구나.

▶ 은근 잘생기셨어~ 난 이 선생님이 좋아….

▶ 세상에서 제일 잘생긴(?) 선생님.

▶ 외계인 공(포의) 주(주둥이)(?) 공포의 주둥잌ㅋㅋㅋㅋㅋㅋㅋㅋㅋㅋㅋㅋㅋㅋㅋㅋㅋ

▶ 멈춰멈춰멈춰멈춰멈춰멈춰멈춰멈춰멈춰멈춰멈춰멈춰!!!

▶ 쌤 잘 어울려요 너무 이뻐요 쌤쌤 우주최강꽃미남!!!

▶ 학교폭력 멈춰!!

▶ 선생님 잘 어울려욬ㅋㅋㅋㅋㅋ

▶ 도건도건도건도건도건도건도건도건도건도건도건도건도건도건

▶ 도건쌤우주최강꽃미남 도건쌤우주최강꽃미남

▶ 잘생겼나 오오오오ㅇㅇㅎㅎㅇㅗㅇ홍오오ㅗㅇㅇ

▶ 뿌듯했닼ㅋ 엽삭ㅋㅋㅋㅋㅋㅋㅋㅋㅋㅋㅋㅋㅋㅋㅋㅋㅋㅋㅋㅋㅋ

▶ 이거 졸업사진에 추가합시다. 제발ㅋㅋㅋㅋ 비주얼얼.

▶ 외계인 안경, 진짜 김태래보다 잘생겼네? 맞네.

▶ 삼가 풍선…

▶ 뒤에 죽은 풍선들이 있다.

▶ 이 사진은 그렇게 풍선의 영정사진이 되었다.

▶ 정확히 13킬 예정.

▶ 김서후는ㅋㅋㅋㅋ 주지훈 표정 왜 저러냐ㅋㅋ

▶ 지훈아, 어디 봐— 여기 여기! 호호홓!

▶ …지훈아, 어디 갔어????

▶ 이도건 선생님 잘생김, 김태래의 10,000배.

▶ ↑ 나도 이렇게 생각함. 솔직히 우리 쌤이 태래보다 낫지….

▶ 뻥치지 마.

▶ 삐빅— 거짓입니다.

▶ 고마워.

▶ 뭔가 빛이 나!!! 찬란하게 빛날… 태래 형, 도건 쌤.

▶ 하…… 선생님 그러지 마세요.

▶ 광태훈 등장.

▶ 멈춰멈춰멈춰멈춰멈춰멈춰멈춰멈춰멈춰멈춰멈춰멈춰멈춰멈춰멈춰멈춰멈춰!!

▶ 호잇짜!

▶ ㅋㅋㅋㅋㅋㅋㅋㅋㅋㅋㅋㅋㅋㅋㅋㅋㅋㅋㅋㅋㅋㅋㅋㅋㅋㅋㅋㅋㅋㅋㅋㅋㅋㅋㅋㅋㅋ

▶ ㅋㅋ 도건 쌤 얼굴이ㅋㅋㅋㅋ

▶ 맛있게 구워지는 중.

▶ 은근 분위기 좋음. 잘됐으면 좋겠다~

▶ 시끌벅적.

▶ 7명의 사람, 4개의 장작.

▶ 갑자기 동물원 개장, 사육장 분위기.

▶ 통돼지 구이처럼 자글자글—

▶ 삼겹살 구이~~

▶ 남자애들 구이(?) 진행 중ㅋㅋ

▶ 어쩐짘ㅋㅋㅋㅋ 맛있는 냄새가 나더랔ㅋㅋㅋ

▶ 은근 잘 어울림.

▶ 타잔이다, 타잔 가족.

▶ 은신술(?)

▶ 우끼끼끼끽끼!!

▶ 블꾸익!!

▶ 우우까까!!

▶ 우가차차 우가 우가.

▶ 우가차차 우가 우가.

▶ 우가차차 우가 우가.

▶ 그냥 진짜 정글 됨.

▶ 말소리도 행동도 전부 타잔 모드ㅋㅋ

▶ 파이어~ 불타오르네~

▶ 불타오르넥ㅋㅋㅋㅋㅋㅋㅋㅋㅋㅋㅋㅋㅋㅋㅋㅋㅋㅋㅋㅋㅋㅋㅋㅋㅋㅋㅋㅋㅋ

▶ 2명이 불타오른다…..

▶ 불타오르네 파이ㅓㅓㅓㅓㅓㅓㅓㅓㅓㅓㅓㅓㅓㅓㅓㅓㅓㅓㅓㅓㅓㅓㅓㅓㅓㅓ

▶ 다솜이가 불탄다.

▶ 다솜이 얼굴 화르륵(?)

▶ 진짜로 열정이 불타오르는 순간이었음ㅋㅋ

▶ 악악악악악악ㅇ강가악ㅇ가악아가아강가아가아!!!

▶ 미래의 배구 국가대표 등장.

▶ ㄲ끼끼ㅣ꺾앙ㄱㅇ가악ㅇ가악악아가악악아ㅏㅏ앙아아ㅏㅇ강가악!!!!!!!!!!!!!!!

▶ 아 아 아 아 아 ㅏ 아 아 아 아 아 아ㅏ아ㅏ아ㅏ아아아아 살려줘

▶ !!!!!!!!!!!!!!!!!!!!!!!!!!!!!!

▶ 호잇짜!!

▶ 블끼야아아아아아악!!!!!!!!!!!!!!!!!!!!!!!!!!!!!!

▶ 꺄ㅑㅑㅑㅑㅑㅑㅑㅑㅑㅑㅑㅑㅑㅑㅑㅑㅑㅑㅑ

▶ 끼양아아아ㅏㅇ아ㅏ아아악!!!!

▶ ㅋㅋㅋㅋㅋㅋㅋㅋㅋㅋㅋㅋㅋㅋㅋㅋㅋㅋㅋㅋㅋㅋㅋㅋㅋㅋㅋㅋ

▶ 최하윤의 집념.

▶ ㅎ ㅀ ㅀ ㅀ ㅀ ㅀ ㄹ ㅀ ㅀ ㅀ ㅎ ㅀ ㅀ ㅀ ㅎ ㅀ ㅀ ㅀ… (여운 남김)

▶ 차렷!

▶ 인사!

▶ 안녕하세요!!

▶ 어텐션!

▶ 바우!

▶ 굿모닝!!!

▶ 네?

▶ 이것이 최초의 롤러코스터?

▶ 와우, perfect.

▶ 최신식 난로(폭파 기능 탑재).

▶ 진짜 불날 것 같음.

▶ 드디어 네이팜탄 제조 방법을 알아냈어!!!! (네이팜탄: 화염폭탄)

▶ 이런 회로가 가능?

▶ 이미 우리 학교 날아감.

▶ K-POP 그냥 POP

▶ 이것은 전설의 부채(?)

▶ 난 없는데.

▶ 난 있는데.

▶ 부채 쓰는 사람 있나?

▶ 주지훈씨, 1인 2석은 과태료 부가됩니다.

▶ 죽음의 기차.

▶ 멋있다.

▶ 주자 지자 훈자씨, 과태료 123854263487263485원입니다.

▶ 토마스 열차 등장ㅋㅋㅋㅋ

▶ 주지훈ㅋㅋㅋㅋㅋㅋ

▶ 따르릉따르릉 비켜나세요!

▶ 582742587— 숫자도 달림ㅋㅋ

▶ 그날의 기차는 멈출 줄 몰랐다.

6월

▶ ㅋㅋㅋㅋㅋ 진짜 웃기다.

▶ 저때 애들이 선생님 드리겠다고 저렇게 꾸몄던 거잖아ㅋㅋㅋㅋ

▶ 악ㅋㅋㅋ 이때 다솜이가 선생님을 너무 똑같이 만들어서 다들 배꼽 잡고 웃었지.

▶ 지금은 얼굴만 남았지만ㅋㅋㅋㅋ 그래도 그때 생각나면 아직도 터진다.

▶ 폐 이미 죽은 듯ㅋㅋㅋㅋ (그때 진짜 명장면이었음)

▶ 아, 이때 내가 그린 게 좀 많았지ㅋㅋㅋ

▶ 근데 이상하게 지금 보니까 더 닮은 것 같네.

▶ 똑같다.

▶ 도건1, 도건2

▶ 도건 분신술ㅋㅋㅋㅋ

▶ 흡연하지 마세요!

▶ 선생님, 노담하세요요~!

▶ 진로검사…. (난 왜 안 나왔지… 쩝…)

▶ 나 왜 이렇게 크게 나왔냐……. 하…….

▶ 이때 솔직히 좀 시험 보는 느낌 나서 살짝 무서웠는데ㅋㅋ

▶ 예?

▶ 어머, 여자 친구들로 대각선 만들었네ㅋㅋㅋ

▶ 가은이는 어디 있지???

▶ 아, 진짜 그날 힘들었다…….

▶ 왜 이렇게 역동적으로 찍혔지? ㅋㅋㅋㅋ

▶ 진짜 시간 멈춘 줄 알았네.

▶ 저 때 어느 팀이 이겼더라? 기억이 가물가물…

▶ 도건 쌤 짱!

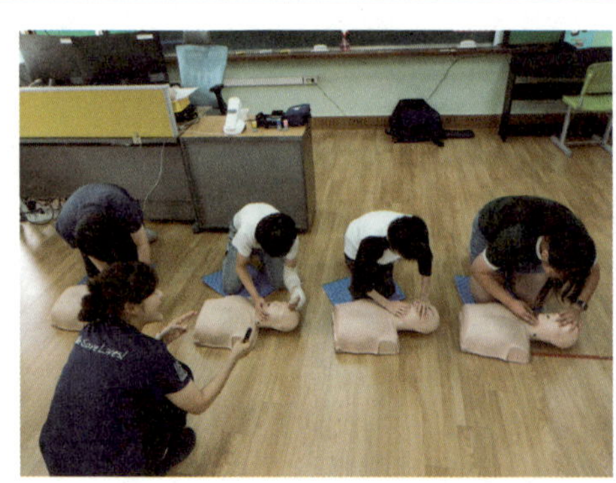

▶ 그때 뺨 때리고 싶었음.

▶ 진짜 그 장면 보면서 '아직도 때리고 싶다'고 생각한 사람 누구야? ㅋㅋ

▶ 괜찮으세요?! (진짜 놀라서 소리 나온 거임)

▶ 아우, 이때 팔 빠지는 줄 알았어ㅋㅋ

▶ 팔 부러진 줄 알았잖아.

▶ 다음 날 팔 운동 조심했음.

▶ 이렇게 보니까 코 막고 입 막아서 사람 더 죽이고 있네ㅋㅋㅋㅋ
▶ 진짜 연기력 미쳤다.
▶ ???? 뭐 하는 거지?? ㅋㅋㅋㅋ
▶ 도대체 상황 판단이 어디로 간 거야?
▶ CPR 준비!! 악!!!!!!!!
▶ 악악악아가아가아아아아아아아아아아아

▶ 동물원에 놀러 온 6-2반 동물 한 마리, 원숭이인 듯하다(?)
▶ 아니, 이건 그냥 에어컨 차지하려고 했던 건데ㅋㅋ
▶ 근데 이거 언제 찍으신 거예요??
▶ 6-2반 동물원 오픈!
▶ 나는 어디 있지?
▶ 너무 더워서 에어컨 앞에 모인 친구들ㅋㅋ
▶ 그 와중에 긴팔 긴바지 입고 있는 나, 진짜 용감했다.

▶ 조심하세요.
▶ DOUBLE KILL!!!
▶ 더블 킬은 또 뭐임ㅋㅋㅋㅋㅋㅋㅋㅋㅋㅋㅋㅋㅋㅋㅋㅋㅋㅋㅋㅋㅋㅋㅋㅋㅋㅋㅋㅋㅋ
▶ 둘 다 팔이 부러져서 체육을 못 하던 시절….
▶ 그래서 둘이 이렇게 같이 놀던 장면이다ㅋㅋㅋ
▶ 로드 자전거 타는 포즈 무엇ㅋㅋ
▶ 잘 논다, 진짜.

▶ 무언가를 간절히 바라는 가은이.

▶ ㅎㅎㅎㅎㅎㅎㅎㅎㅎㅎㅎㅎㅎㅎ

▶ 내게로 와, 공서린!!!!!!!!!!!!!!!!!!!!!!!!!

▶ 아닠ㅋㅋ

▶ 가은아 뭐야, 점프 뛰다가 걸린 거야?ㅋㅋ

▶ 가은아 뭐 하닠ㅋㅋㅋㅋㅋㅋㅋㅋ

▶ 소닉 실사판 수준ㅋㅋㅋㅋ

▶ 뭐지 이 역동감은(?)

▶ 지훈이 붕괴술 발동ㅋㅋㅋㅋㅋ

▶ 주지훈ㅋㅋㅋㅋㅋㅋㅋㅋ 팔 부러지고도 잘도 했닼ㅋㅋㅋㅋㅋㅋㅋㅋ

▶ 머리로 페이크 던지는 거 실화냐ㅋㅋㅋㅋㅋㅋ

▶ 공중부양 중ㅋㅋㅋㅋㅋㅋㅋㅋㅋㅋㅋㅋㅋㅋㅋㅋㅋㅋㅋㅋㅋㅋ

▶ 슬리백 자세 미쳤다ㅋㅋㅋㅋㅋㅋㅋㅋㅋㅋㅋㅋㅋㅋㅋㅋㅋㅋㅋㅋㅋㅋㅋ

▶ 아이고!! 김수한무 거북이와 두루미 삼천갑자 동방삭아!!!

▶ 영감 뭐래ㅋㅋㅋㅋ

▶ 영감님, 표정 좀 푸세요~

▶ 에헴!

▶ 할머니가 MZ이시네(?)

▶ 애플워치를ㅋㅋㅋㅋㅋㅋㅋㅋㅋ

▶ 옛날 시대 아니었냐고!

▶ 하인도 워치 찼잖앜ㅋㅋㅋ

▶ ㅋㅋㅋㅋㅋㅋㅋ 그러넼ㅋㅋㅋㅋㅋㅋㅋㅋㅋㅋㅋㅋㅋㅋㅋㅋㅋ

▶ 영감님은 이미 생기를 잃으셨다ㅋㅋㅋㅋㅋㅋ

▶ 정하진은 숨었네.

▶ 저때 영감님이 진짜 레전드였지^_^

▶ 에베베베베ㅔㅔㅔㅋㅋㅋㅋㅋㅋㅋㅋㅋㅋㅋㅋㅋㅋㅋㅋ

▶ 얼굴에 그림자 진 거 왜 이렇게 웃기냐ㅋㅋㅋ

▶ 겁나 힘들고 현타 씨게 왔는데, 그래도 재밌고 진짜 많이 웃었던 날

▶ 아우, 이때 겁나 힘들었는데…

▶ 그래도 영감 덕분에 많이 웃었지.

▶ ㅇㅇㅇㅇ 맞음ㅋㅋㅋㅋㅋㅋㅋㅋㅋㅋㅋㅋ

▶ 공수!!!!!

▶ 다른 건 다 괜찮은데 이름표만 너무 튄닼ㅋ

▶ ??? 나 왜 이러냐??ㅋㅋㅋ

▶이도건 작가님, 누가 그렸엌ㅋㅋ

▶아니 진짜 누가 그렸냐ㅋㅋ 똑같잖아.

▶그 와중에 옷은 또 나이키야ㅋㅋ 역시 꾸준함의 아이콘.

▶언제나 변함없는 도건 쌤의 얼굴ㅋㅋ

▶보면 볼수록 닮았네.

▶도건 = 도껌.

▶똑같다. ㅇㅈㅋㅋ

7월 ~ 8월

▶ 샤라삐삐삐~~~!

▶ 전설의 종이 마법봉 등장ㅋㅋ

▶ 오이시쿠나레~ 오이시쿠나레~ 모에 모에 꿍 >.<

▶ 눈물의 요술봉이었지ㅋㅋ

▶ 아우, 이거 만들 때 진짜 힘들었는데.

▶ RPG 세계관 실화ㅋㅋ

▶ 근데 생각보다 잘 어울리시는데요? ㅋㅋ

▶ 미술 시간이었는데…

▶ 이게 그렇게 재밌을 일인가 싶을 정도로 터졌던 날ㅋㅋ

▶ 장신은이 만들어 온 빵을 먹으며, 또다시 힘든 영단어 시험을 본다….

▶ 장신은, 빵 좀 더 만들어주면 안 되냐. 진짜 맛있단 말이야.

▶ 연유 브레드 맛있다.

▶ 군침 싹 도네.

▶ 장신은의 빵!!

▶ 근데 시험 그때 잘 봤나? 잘했기를 기원하며….

▶ 단비 거였다고?!

▶ 이거 진짜 맛있었어.

▶ 2학기에도 또 해줘. 많이, 여러 번.

▶ 그만 먹어, 이 사람아ㅋㅋ

▶ 연유 브레드였다.

▶ 맛있었다.

▶ ………………네?

▶ …?

▶ <레미제라블>… 맞지? 맞나?

▶ 아니 이건 대체 뭔 그림이야ㅋㅋㅋㅋ

▶ 하나는 눈물, 하나는 노래, 하나는… 납치(?)

▶ 이때 감정선 뭐였더라ㅋㅋ

▶ 미술 시간에 <레미제라블>을 그렸다.

▶ 재밌었다.

▶ 근데 첫 번째 여자가 악어 닮았음ㅋㅋ

▶ 이거 진짜 <레미제라블> 맞는 거지?ㅋㅋ

▶ 아직도 모르겠지만…

▶ 어쨌든 재밌는 건 확실했다ㅋㅋ

▶ 도건 쌤이 칠판에 붙어 못 나오고 계시네ㅋㅋ

▶ 싱크로율 무엇?

▶ 맞는 듯.

▶ 근데 솔직히… 도건 쌤보다 산이가 더 닮은 것 같은데? ㅋㅋ

▶ 가분수다, 한 20/1쯤 되는 비율ㅋㅋ

▶ 안 왔어어—

▶ 싱크로율 99.99999999999999% (계산기로도 안 나옴ㅋㅋ)

▶ 솔직히, 진짜 닮았닭ㅋㅋ

▶ 저게 뭐야··· 재밌니, 저거?

▶ 안 왔어.

▶ 나는 저때 뭐 했지? 기억이 안 나네.

▶ 비누 다 썼는데···.

▶ 아, 맞다. 나 그 비누 어디 있지???

▶ 진로 멘토링, 직업체험의 날.

▶ 나는 로봇 직업 체험이랑 베이킹 체험 했었다^^

▶ 양파링 반지.

▶ 저거 되게 맛있었는데··· 뭔 과자였더라?

▶ 나는 반지의 제왕이었다ㅋㅋ

▶ (안 온 사람은 여전히 안 왔어로 마무리)

▶ 핫도그 아닌 핫도그 맛 과자였지.

▶ 구운 양파였는데, 이름이 기억 안 나네.

▶ 양파링은 아니고, 암튼 진짜 맛있었음.

▶ 과자 맛이 묘하게 중독적이었어.

▶ 이거 명랑핫도그 맛 구운 양파 아니었나??

▶ 뮤지컬이었나?
▶ 돈 관리 관련된 내용이었던 것 같은데, 생각보다 꽤 재미있었음.
▶ …아니, 난 재미없었다.
▶ 솔직히 별로였어.
▶ 안 왔다고!!!!!!!!!!
▶ 오옹오오ㅗㅗ오고ㅗ오고오ㅗ!!!!!!!!!!!!!! (절규 중)
▶ 그래도 금융 뮤지컬 나름 재미있긴 했지ㅋㅋ
▶ 스피커인가 조명인가… 그거에 가려져서 잘 안 보이긴 했지만ㅋㅋ

▶ 나중에 해병 갈 사람은 밑에다가 '나'라고 남기셈.
▶ (진짜 갈 사람 있음?)
▶ 마인크래프트 하고 싶다.
▶ 네모네모난 세상…
▶ 안 왔어.
▶ 주지훈, 해병대 가나요ㅋㅋ
▶ 네모네모난 세상 속 네모난 동물 같음.

▶ 추억.
▶ 오늘… 처형당한 공친구ㅠㅠ
▶ 운명하셨습니다.
▶ 우리가 낫으로 찢고, 손으로 갈기갈기 찢었다.
▶ 고릴라 테이프도 소용없었지ㅎㅎ
▶ 오늘 그는 갔다.
▶ 추억의 테이프 공, 오늘 처형당한 바로 그 공이죠.
▶ 하… 그만, 보고 싶다.
▶ 삼가 공의 명복을 빕니다.
▶ 둘러앉아 추모하며, 테이프공의 영정사진을 바라본다….

▶ 어.

▶ 탸란.

▶ 쓰러트리기.

▶ 소령아 얼굴을 보여줘라…. 혼자 그러냐….

▶ 안했는데 은근슬쩍 끼기 스킬!

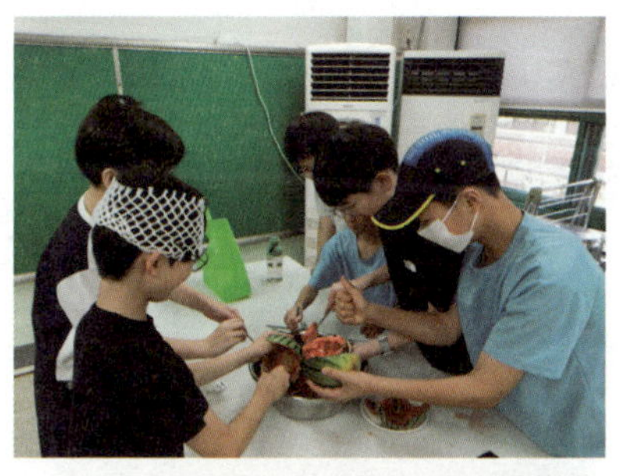

▶ 전설의 수박 화채.

▶ 나도!!! 줘!!! 진짜 줘!!!!!!!!!!!!!!!!!

▶ 안 왔어….

▶ 이때 주지훈이 수박 한 개 터트려 버림ㅋㅋ

▶ 20인분 우리가 다 먹었다.

▶ 오늘은 지훈 요리사의 날이었다.

▶ 그 와중에 주지훈 머리 다친 줄ㅋㅋ

▶ 붕대 감은 사람 같았음.

▶ 이거 은근 맛있었음. 진짜 맛있었음.

▶ 지훈이가 만들었대! 나도 줘!!! 나 못 했다고!!!

▶ 너 장신은이지!!!

▶ 뭐야 저거 나다.

▶ 맛있누. 안 왔어.

▶ 저거 다 먹었나? 나도 줘.

▶ 나 다 못 했다고!!

▶ 계란은 갔다.

▶ 스코빌 5,000! 나도 먹고 싶다.

▶ 안 왔어.

▶ 당뇨 씨게 올 듯한 지옥의 초코빙수. (물론 맛있긴 했음)

▶ 왜 우리 모둠은 안 줘?

▶ 고혈압으로 사람 죽이는 사약 제조 중ㅋㅋ

▶ 근데 이거 은근 맛있었음.

▶ 주먹밥 망한 건… 쌤 거였음ㅋㅋㅋ

▶ 칼로리 대폭발 인정.

▶ 이거 진짜 맛있었음ㅋㅋ 대왕 주먹밥은 선생님의 것.

▶ 나도 나도! 나도 내놔!

▶ 근데 이거 국물 은근 맛있었음ㅋㅋ

▶ 라면땅, 포카칩 오리지널, 포카칩 매운맛, 꼬깔콘, 과일, 카프리썬, 포카리스웨트….

▶ 누구야, 이거 다 챙긴 사람ㅋㅋ

▶ 맛있다☆

▶ 한 입만 줘라, 좀. 진짜 한 입만.

▶ 영화는 뭐 봤냐?

▶ 사근극장.

▶ 아이들 얼굴이 다 좋아 보인다.

▶ 그날 분위기, 그냥 행복

▶ 그때 쌤이 흡연교육(?)이라고 말실수함.

▶ 폐 깨끗~

▶ 담배는 왜 피냐.

▶ 흡연 ㄴㅇㅅ하다-?????

▶ 이게 뭔 방이지?

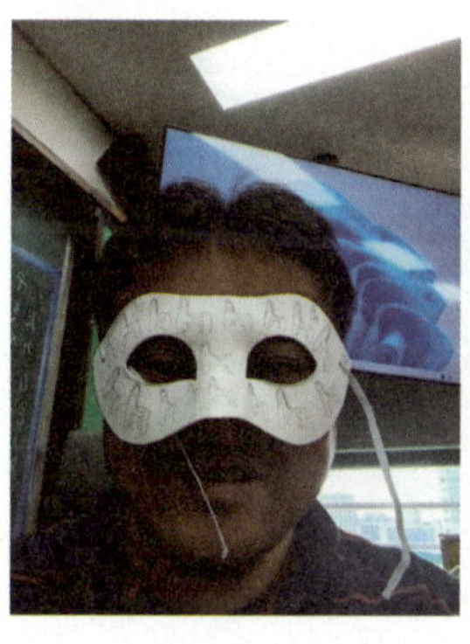

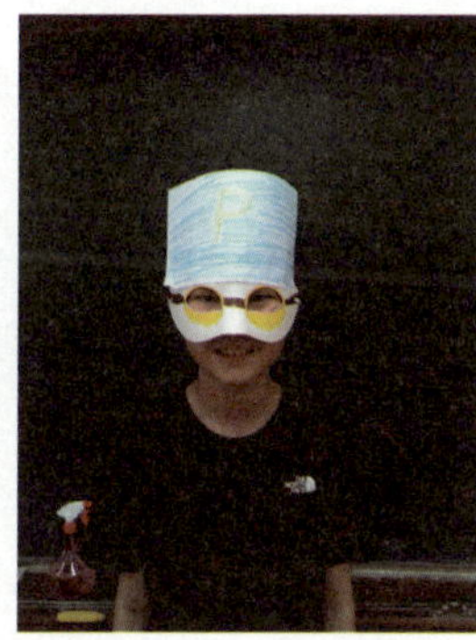

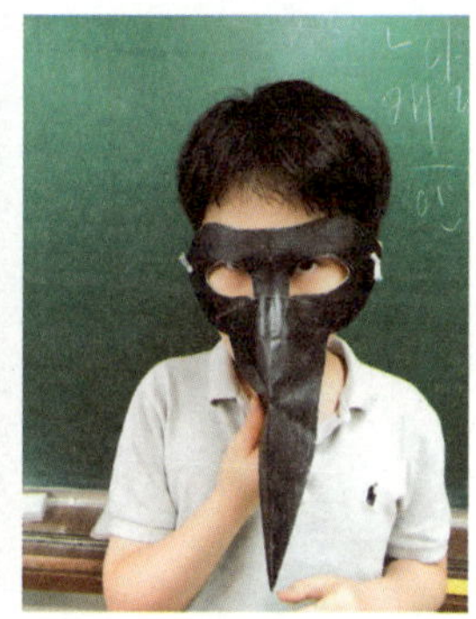

▶ 칠판 보다 진한 선생님 얼굴색.

▶ 도건 쌤 너무 어둡다…. 역시.

▶ 도건 쌤이랑 김산 사진 왜 이렇게 어둡게 나왔죠ㅋㅋ

▶ 이건 거의 그림자 셀카 수준!

▶ 뭘 자꾸 먹어요? 하는 표정이 너무 리얼해요ㅋㅋ

▶ 밝아야 하는 뽀로로는 흑화하고, 어두워야 하는 흑사병 의사는 오히려 밝음ㅋㅋ

▶ 세상이 거꾸로 돌아가는 느낌이에요.

▶ 선생님, 가면만 보여요… 진짜 실루엣 사진 같아요ㅋㅋ

▶ 추억과 공포의 한 장면.

▶ 스케이트? 겁나 EZ하네.

▶ 스케이트 안 먹는다고!!!

▶ 고통과 추억이 동시에 스쳐간 순간.

▶ 넘어질 뻔했어요ㅋㅋ

9월

▶ 저주의 신이여~

▶ 저주의 신

▶ 아 이때 나랑 같이 했던 친구들 나한테 저주 받아서ㅋㅋㅋ 웃겼는데ㅋㅋㅋ

▶ ↑ 너 최하윤이지.

▶ 저주: 이동속도 50% 감소, 명중률 60% 감소, 최대 체력 20% 감소, 체력 -7, 인성 -5, 실력 -20, 지능 -3, 수명 -1달, 주름 +1, 늙음 +2, 지속시간 1시간 20분.

▶ 애들이 정치를 많이 좋아하네.

▶ 한 판 붙자!

▶ 긴팔 티셔츠.

▶ 오!!!! 이 때 겨울용 학년티 입으려고 사이즈 쟀었지!!!

▶ 『그림자 아이』.

▶ 집중 잘하네.

▶ 아~~~ 이나영 작가님과의 작가의 만남 정말 좋은 추억이었는데……. 또 뵙고 싶다ㅎㅎ

▶ 나영 작가님 진짜 넘 착하심.

▶ 난 우리 쌤이 『그림자 아이』만 읽으라 해서 다른 거 이야기할 때 몰라서 아쉬웠음.
▶ 저거 재밌었는데…. 아쉽다…. 또 보고 싶습니다ㅏㅏ
▶ 너무 재미있었다.

▶ 파이어~
▶ 이 방에 가면 기분이 좋아져.
▶ 여전히 불타고 있는 다솜이ㅋㅋㅋ 이때 공? 가지고 주고받기 놀이 했는데ㅋㅋ 솔직히는 폭탄 던지기 놀잌ㅋㅋㅋ
▶ 불타오르네.
▶ 나는 항상 불탄다.
▶ 불 구스구스 불타요우.
▶ 불타오르네 파이어-!

▶ 페페들 친구들이다.
▶ 그러면 안 돼.
▶ 옛날에 맨발로 걸었다.
▶ 아침 걷기 하는 모습!! 선생님께서 사진 찍으셨네.
▶ 둥글게 둥글게 (짝)
▶ 오!!!! 나 이때 봤던 것 같은데 이때 쌤이 우리 빼고 엘베 타셨는데….
▶ 그래서 아침 시간에 나오셨네.

▶ 배트걸.

▶ 김서후랑 장신은이 심각한 홈런을 쳐서 학교를 강타했다!

▶ 한 손으로 홈런 가보자!

▶ 홈런!!!!!!!!!!!!!!!!!! (중계 중)

▶ 자, 지금 정소령 선수 배트를 잡았습니다. 공 치기 3초 전… 제발 홈런이길!!!

▶ 나 이거, 소령이가 한 손으로 치는 줄 알았잖아ㅋㅋ

▶ 소령이 빡침. 그러나 곧 웃음으로 마무리.

▶ 예삐.

▶ 서후 허리가 왜 이렇게 얇아…?

▶ 아… 하윤아, 제발 이번엔 잘 좀 해라….

▶ 이거 은근 공포 분위기 남ㅋㅋ

▶ '김서후 무서움 저자세' 인증 샷.

▶ 하룰라라 가니…???

▶ 김서후, 이거 딱 맞추겠네.

▶ 왠지 오늘도 한 건 할 느낌ㅋㅋ

▶ 쉽지 않네….

▶ 바둑 대결, 시작!

▶ 이세돌 78수.

▶ 흰돌 다 죽었네….

▶ 이세돌 등장ㅋㅋ

▶ 나약하군요, 휴먼.

▶ 알파고의 미소.

▶ 책 좀 그만 찢어어어!!!
▶ 진짜 찢은 거야?
▶ 하필 내 자리에서….
▶ 책 맛있겠다ㅋㅋ
▶ 책 찢는 손놀림이 아주 야무지다.
▶ 와! 스티커 많다! 나도 하나만ㅋㅋㅋ
▶ 서후는 표지를 찢고, 산이도 표지를 찢고, 도현이도 표지를 찢고, 아주 그냥… 모두 다 찢어버림ㅋㅋ

▶ 플라잉 디스크? 재미없음.
▶ 아니야, 재밌다ㅋㅋ
▶ 다솜이랑 김서후는 공을 멀리 날리고 있네.
▶ 그때도 진짜 웃겼는데ㅋㅋ
▶ 시오는 뭐야, 배달 중이야?
▶ 헬멧만 씌우면 완전 택배 라이더 느낌ㅋㅋ
▶ 다솜이는 표정이 왜 이렇게 비장해….
▶ 던지는 각도에서 결의가 느껴진다.

▶ 달려!!!!!!!!!!!!!!!!!!!!!!!!!!!!
▶ 역동적인 하진이.
▶ 달려라 정하진!
▶ 이거 누구야?? 너무 웃긴데ㅋㅋ 아마도… 정하진인 듯!
▶ 바람 소리 들림.

▶ 아~ 이거 우리 여자애들이 한때 완전 잘 하던 대표 게임 중 하나였는데….

▶ 요즘은 질려서 안 함ㅋㅋ

▶ 달걀판으로 하면 더 재밌는데!

▶ 그 탁! 소리까지 생각나네ㅋㅋ

▶ 칠판 별로 도배 중ㅋㅋ

▶ 도배했었나? 싶을 정도로 꽉 찼네.

▶ 저때 '별 어떻게 그리냐고~' 하다가

▶ 칠판 전체가 별밭이 되어버렸지ㅋㅋ

▶ 따라란~

▶ 잠 온다잇…

▶ 자, 소령이의 카논 감상하고 가시죠.

▶ 싫은데요? 우리가 왜요ㅋㅋ

▶ 피아노는 이도건 쌤이 잘 치지.

▶ 근데… 그게 다야ㅋㅋ

▶ 이 둘은 3월부터 이러고 있다.

▶ ㅇㅈ(인정).

▶ 축구공 하나로 하루가 간다ㅋㅋ

▶ 남자애들 대부분이 3월부터 지금까지 거의 매일 하고 있다^^

▶ 기차놀이 언제까지 할 건데ㅋㅋ

▶ 죽을 때까지!

▶ 이제 기차 못 해…. 다리가 없어ㅋㅋ

▶ 3월부터 아직도 달리고 있다.

▶ 철마는 달리고 싶다.

▶ 아직도 하고 있는 기차놀이….

▶ 그만할 나이 된 거 아니냐???ㅋㅋㅋ

▶ 죽을 때까지 할 거야!

▶ 토마스 놀이.

▶ 볼링?

▶ 재미없어ㅋㅋ

▶ 대신 아이스크림 냠~

▶ 역시 남자애들보다 우리가 더 잘해.

▶ 쯧쯧쯧… 인정.

▶ 감옥 ㄹㅈㄷ.

▶ 감옥이야!

▶ 들어가는 거야? 탈출하는 거야?

▶ 감금 신고해야 함ㅋㅋㅋㅋ

▶ 감금과 고문 컨셉…?

▶ 가둬놔.

▶ 우리 아빠 운전해요~~

▶ 면허 있으신가요?

▶ 의자 그만 먹어요ㅋㅋ

▶ 빠빠 파이팅!

▶ 저기요, 단속 나왔습니다. 운전면허증 확인할게요.

▶ 운전면허는… 먹어버려서 못 줘요ㅋㅋ

▶ 트렁크에는 주영이와 신은이가 타고 있다.

▶ 대한민국~ 짜짝짜 짝짝!

▶ 짝! 짝! 짝!

▶ 등짝 스매시~!!

▶ 이거 재밌었는데.

▶ ㅇㅇ, 인정.

▶ 학교에서 노숙하기ㅋㅋ

▶ 거기 그대로 그냥 갇혀있지 뭐.

▶ 정글에 사는 원시부족.

▶ 그중에 원숭이 하나 있음+오랑우탄

▶ 원숭이 우가차차!

▶ 원숭이 출몰! 동물원에서 잡아가길 바랍니다ㅋㅋ

▶ 그들은… 원숭이들이었다고 한다.

▶ 무슨 정글의 법칙에서 나올 법한 것들이 왜 이 교실에………

▶ <정글의 법칙> 제1부 여기 오랑우탄 가족이 있습니다. 오랑우탄 중 가장 키가 큰 놈이 천적을 발견했는지 크게 소리를 지르는군요. 원숭이와 함께 살아도 싸움은 없습니다. 이 많은 오랑우탄 중 일부는 오래 살지 못할 수도 있습니다. 그것이 바로?

▶ 정글의 법칙이죠.

▶ 도현 공중부양!

▶ 춤추는 도현이~

▶ 이도현ㅋㅋㅋ 훠우~!

▶ 이도현이도현이도현이도현이도현이!!!

▶ 공중부양양양양~ 김산이이이이이이잉~~!!

▶ 도현아, 춤 잘 춘다~ 이번엔 날아가 보자ㅋㅋ

▶ 오늘의 무대는 봉산탈춤, 주연은 이도현.

▶ <하울의 움직이는 성> 좋아하는데.

▶ 플루트 소리 진짜 짱 좋음.

▶ ㅇㄹㄴ 노잼ㅋㅋ

▶ 플루트~ (감성 +1)

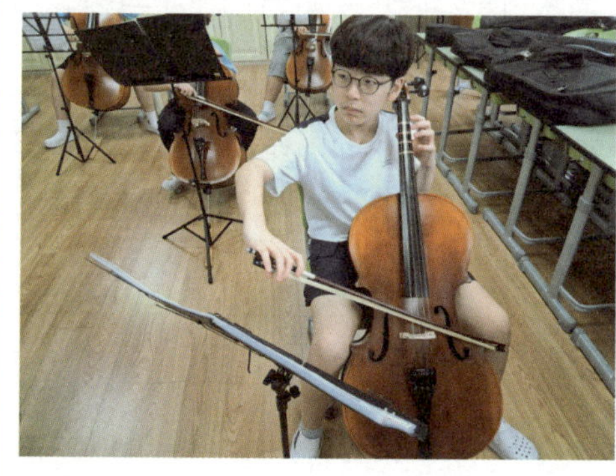

▶ 항공 샷 좋아!

▶ 첼로~

▶ 첼로 꽤 무겁다….

▶ 연주는 진지한데, 표정이 웃김.

- 베토벤 아님 모차르트 연주?
- 몬 솔? 캐논 중이잖아ㅋㅋ 눈빛 살아있네~ 케케, 크롱 같아ㅋㅋ
- 같은 소리 하네ㅋㅋ 혼나서 짜증나 있는 상태인 듯ㅋㅋ
- 바이올린 소리는 들어봐야 아는데…
- 삑사리 야무지네.
- 진짜 바이올린 못 칠 것 같은 폼ㅋㅋ

- 우리 쌤 근육남?
- 우와~ 근데 너무 잘생긴 거 아님?
- 소령이는 쌤만 바라봄.
- 소령이는 그런 적 없음! 근데 띄어쓰기가….
- 풍선 근육ㅋㅋㅋㅋ (근육보다 더 빵빵한 말실수)
- ????????????????????????

▶ 몽키~ 주영이는 지금 뭐 하는 거임?

▶ 이주영, 학교 탈출 중(?).

▶ 지훈이 걸기ㅋㅋ

▶ 도현이 젓가락 살인마래ㅋㅋ

▶ 이주영은 혼자 하교 중??

▶ 도현이 단소 살인마인데….

▶ 사람 안 죽임ㅋㅋ

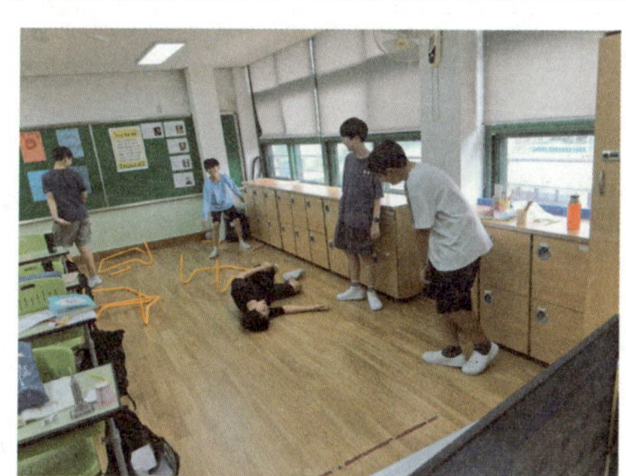

▶ 우리 반의 일상.

▶ 발작 눌린 사람 한 명 등장ㅋㅋ

▶ 전기뱀장어가 겨울잠 잔다…

▶ 여기서 잠들다 누워 있는 거임ㅋㅋ

▶ 발작. 끝.

▶ 오타니. 오타니.

▶ 근데 이게… 마지막이었다.

▶ 정타니 근무 마지막 날ㅋㅋ

▶ 정타니, 오늘도 출근^^

▶ 오타니 vs 정타니.

▶ 결국… 승자는 오타니였다.

- 신은이 파워.
- 근데 왜 하진이가 좋아하지?
- 지워라ㅋㅋ
- 70kg vs 120kg? 그거 아니야.
- 85kg vs 약 200kg이지ㅋㅋ

- 다들 표정이…
- 좀 웃어라~
- 웃어라!
- 얘들아, 표정이… 너무 진지하다ㅋㅋ

- 사근 대표 미녀 4인방?
- ㅇㄹㄴ ㅇㄹㄴ ㅇㄹㄴ ㅇㄹㄴ ㅇㄹㄴ 씁….
- 어허, 그거 아니다ㅋㅋ
- ??????????????????????
- 혼돈. 부정.

10월 ~ 11월

▶ 우리 가은이~ 정말 행복해 보여! 으쌰라 으쌰~
▶ ㅇㄹㄴㄴ
▶ ㄴㄴ
▶ 왜 내가 나가냐고오오…
▶ 와, 가은아 잘한다ㅎㅎㅎ
▶ 현타 오겠다… 슬프다.
▶ 아.
▶ 가은아, 얼씨구 중이야??ㅋㅋ
▶ 그만 춰라ㅋㅋ
▶ 얼씨구 절씨구~
▶ 가을운동회 때 엄마도 오시고, 외할머니도 오셨다.
▶ 국민체조도 하고, 달리기도 했다.
▶ 가은아, 괜찮아. 잘했어.
▶ 산이는 가람이를 보고 있네.

▶ 재밌네
▶ 만국기 아래 우리는 아름다웠다.
▶ 덥다.
▶ 힘들었다….
▶ 너무 덥다.
▶ 태양의 열기, 직격탄.

▶ '소다팝'하고 <K-POP 데몬 헌터스>가 나왔다. 친할머니, 친할아버지도 초대하고 싶다.

▶ 이때 1등 겁나 쉬웠음ㅋㅋ

▶ 겁나 잘해서 당황했지ㅋㅋ

▶ 서후, 그때 메달 땄지? 그 금메달로 소고기 먹었냐?

▶ 도금이었음ㅋㅋ

▶ 이때 처음으로 '대단하다'는 생각이 들었다.

▶ 우리 팀 사람 많을 때는 계속하다가 파랑 팀이 앞서가자마자 경기 끝내고 파랑 팀에게 점수 준 MC가 맞다고 생각합니까? 예 (　) 아니오 (○, ○,)

→ 문항 오른쪽에 ○ 표시를 해주세요.

▶ 서후야, 그 금메달 진짜 금이었냐?ㅋㅋ

▶ 이때 트롤해서 미안하다ㅋㅋ

▶ 아니 이거 상대 팀 반칙이잖아. 밑에다 ㅇㅈ 해줘.

▶ ㅇㅈ, 인줘엉ㅋㅋ

▶ ㅇㅈ.

▶ ㅇㅈ.

▶ MC가 우리만 편파판정 냄.

▶ 저때 응원 점수 별로 못 받아서 너무 아쉬웠음.

▶ 목 터져라 응원했는데 청팀만 두 번인가 받고, 우리 팀은 한 번….

▶ 소령이만 브이^^

▶ 우리 뭐 하냐ㅋㅋ

▶ 이거 청팀 반칙임ㅋㅋ

▶ 이거 잘 넘어가더라~

▶ 졌다. 상대 반칙임. ㅊㅇ.

▶ 이거 겁나 안 넘어가던데? 시간 끝났는데도 한 애들 있었음ㅋㅋ

▶ 온도를 높여라! 우리 아빠 엄청 잘했어!

▶ 노잼이었다ㅋㅋ

▶ 자꾸 머리만 맞음… 열불 나네!

▶ 이때였다.

▶ 우리가 지기 시작한 건.

▶ 머리에 공 깡—

▶ 아… 온도를 높여라… 머리 계속 맞았는데ㅋㅋㅋ

▶ 온도계에 공 넣기 게임이었다.

▶ 우어어엉어어어어어어어어어!!

▶ 사진으로 보니까 진짜 엄정 빨라 보이네ㅋㅋ

▶ 꾸웨웨웨ㅔㅔㅔㅔㅔㅔㅔㅔㅔㅔㅔㅔㅔㅔㅔ!!!

▶ 달리기도, 호흡도 완벽해서 이기는 거 쉬웠던 것 같음.

▶ 우리가 이겼다!

▶ 이건 우리가 빨라서 이김.

▶ 솔직히 우리가 캐리해서 이겼음ㅋㅋ

▶ 인정. 이건 확실히 우리가 달리기 빨라서 이긴 거임.

▶ 우리 소령이. 우와, 진짜 빠르다. 우사인 소령!

▶ 이러네ㅋㅋ 저때 나 연속 두 번 넘어진 거 ㄹㅈㄷ였는데ㅋㅋㅋㅋㅋ

▶ 소령아 달려~~ 뒤에 청팀 특별 출연^^

▶ ㅋㅋㅋㅋㅋ 와 거리 차이 봐라ㅋㅋ 소령이 잘한다!!

▶ 도망쳐ㅕㅕㅕㅕㅕㅕ!!!
▶ 따라와 보든지ㅋㅋㅋㅋㅋㅋㅋㅋㅋㅋ
▶ 이때 서후, 안 다쳐서 다행이었다.
▶ 정말 둘 다 엄청 빨랐다.
▶ 넘어진 건 흉터로 남음ㅋㅎ
▶ 겁나 치열했지만 마지막만큼은 훈훈하게 끝났다.
▶ 둘 다 다쳐서 아쉬웠지만 그래도 멋졌다.
▶ 하… 이때 안 다치고 이겼으면 더 좋았을 텐데, 그래도 잘했다.
▶ 둘 다 막상막하였지만 마지막에 같이 들어가는 장면이 더 인상 깊고 감동적이었다.

▶ 600점 차로 이겼다.
▶ 무적 홍팀 만세!!!
▶ 청팀 이지하노ㅋㅋ
▶ 무적 홍팀, 처음엔 지다가
▶ 점점 따라붙더니 그 기세로 역전 성공!!
▶ 역시 무적 홍팀!!! 청팀~ 아직 우리한텐 안 돼~ㅋㅋㅋ

▶ 오늘, 둘 중 한 사람의 용돈이 털렸다.
▶ 도박중독자는 아닌 것 같다.
▶ 이거 지워도 되냐ㅋㅋ
▶ 도박 아님 주의.
▶ 도박 아님! 싸움임! 돈 쟁취 싸움 시작!!
▶ 이건 내가 제일 잘해(죄송).
▶ 나약하군요, 휴먼.
▶ 야… 누구냐??? 도박 아니거든ㅋㅋ
▶ 저거 다솜이 겁나 잘해ㅋㅋㅋㅋ
▶ 결국 웃음만 남고, 돈은 사라졌다.

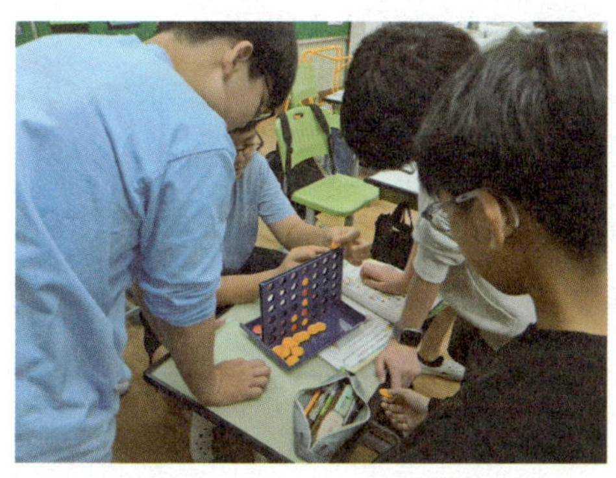

▶ 어케 하냐?

▶ 4빙고 만들어라.

▶ 저거 재밌음.

▶ 많이 헷갈리는 보드게임임.

▶ 저거 재밌는데, 생각보다 어려움.

▶ 나약하군요, 휴먼.

▶ 깔끔.

▶ 이거 이렇게 하는 게 아닌데… 채워 버리네.

▶ 테트리스 같아ㅋㅋ

▶ 그렇게 하는 거 아닌뎁ㅋ 보법이 다르다.

▶ 이렇게 하는 건 아니긴 한데, 깔끔하니까 편함ㅋㅋ

▶ 좀 잘했다이.

▶ 규칙은 틀렸지만 결과는 완벽했다.

▶ 반에서 다 같이 하는 축구는… 다음엔 제안 안 해야겠다.

▶ 이것이 추억이란 것인가.

▶ 이때 누가 골 넣었더라?

▶ 작은 공은 별로였음.

▶ 아, 이때 겨드랑이에 껴서 목에만 검ㅋㅋㅋ

▶ 작은 공은 진짜 어려웠다.

▶ 차는 게 아니라 서로의 정강이를 걷어찬 느낌이었다.

▶ 나도 맞았지만… 실수로 찬 적도 있다ㅋㅋㅋ

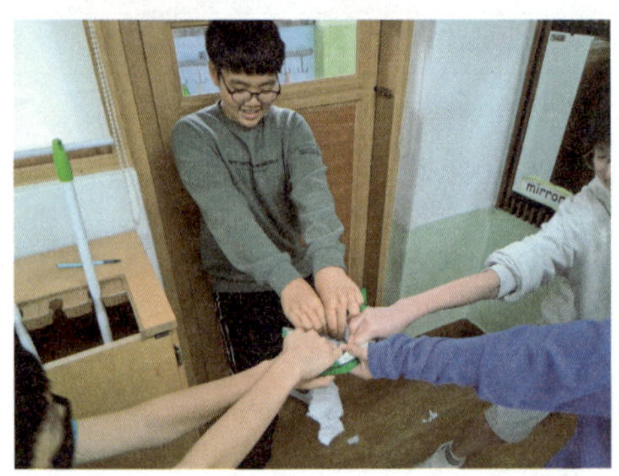

▶ 이 공 만드는데 일주일 걸림.

▶ 해체는 10분? …응, 아니야. 모르면 말하지 마셈.

▶ 처형식 시작.

▶ ㅠㅠㅠ

▶ 고릴라, 테이프, 그리고… 테이프공 사지 찢기.

▶ 삼가 공의 명복을 빕니다.

▶ 몇 개월 동안 공 역할을 해준 우리 초록 공은 처참하게 떠났습니다.

▶ 그는 갔습니다ㅋㅋㅋㅋ

▶ 이게 뭔 짓거리야ㅋㅋ

▶ 현상수배.

▶ WANTED: 김산, 김서후, 이도현, 장신은 / 죄목: 공을 처참하게 살해함. / 인당 100달러, 총 400달러.

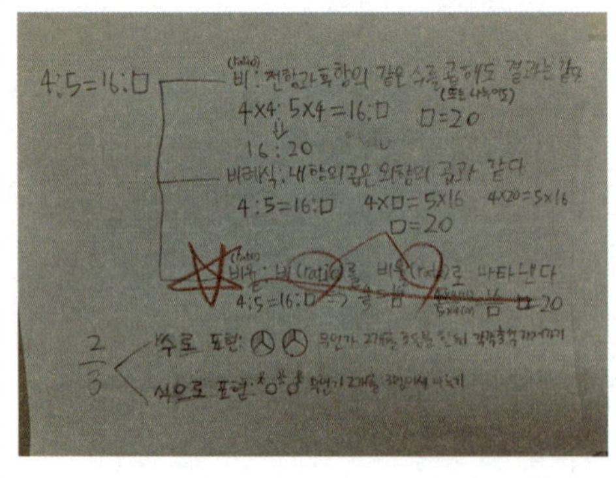

▶ 선생님, 저거 시키면 진짜 에바임.

▶ 오ㅋㅋ 내 꺼가 왜 저기에 있냐ㅋㅋ

▶ 아… 이거 진짜 고통스러웠다. 다시 시키지 마세요.

▶ 너무 싫어요. 시키지 말아주세요… 진심으로요.

▶ 여기서 공정무역 토론해요ㅋㅋ
▶ 구름이 없어서 머리가 뜨거워….
▶ 내 머리… 진짜 익는 줄.
▶ 더워… 내 표정 봐ㅋㅋ 완전 찍기 싫어 보인다.
▶ 뜨거워 죽는 줄 알았음ㅋㅋ

▶ 나 콘칩 30개 먹음.
▶ 나도 30개.
▶ 나도 30개ㅋㅋ
▶ 헐~~~~
▶ 콘칩 두 번 리필해서 20개에
▶ 쌤이 준 5개까지 해서 총 25개ㅋㅋ

▶ 음속으로 산화하는 이주영.
▶ 주영이는 어느 팀인가?
▶ 골키퍼일까, 공격수일까?
▶ 정답: 공격수.
▶ 정답(2): 자폭병.

▶ 우리 사근 소방관님 4명… 불 끄러 가신다!!!
▶ ㄹㅈㄷ네ㅋㅋㅋㅋ
▶ 누가 사자성어 들고 왔는데?ㅋㅋㅋㅋ
▶ 야, 그… 김산 옆에 누가 사자성어 들고 왔냐ㅋㅋ
▶ 정답: 도현이.

▶ 우리한테도 쏴주면 안 돼?

▶ 나 이 물줄기 한 방 맞고 싶다.

▶ 물~~~~~~~~~~~ 물물물 좀 줘요!!!

▶ 목목목목 목말라요! 내 머리를 흠뻑 젖게 해줘요!

▶ 나만 아파트에 물 쏘는 것처럼 보이나?

▶ 무지개 없음?

▶ 맞아 보고 싶다… 너무 더워….

▶ 아, 이거 이렇게 하는 게임이었음?? 난 맞히는 건 줄ㅋㅋ

▶ 뭐야, 하늘 위에 레일건 뭐야ㅋㅋ

▶ 섬광_

물~~~~~~~~~

하늘

땅

▶ 내가 이길 것 같았는데… 누가 차서 죽었어.

▶ 범인 ㅊㅎㅇ, 그렇게 생각해라ㅋㅋㅋㅋㅋㅋ

▶ 난 ㅊㅎㅇ은 아니지만 ㅁㅋㄴㅋㅋㅋㅋ

▶ ㅠㅠ 나도 이길 수 있었는데….

▶ 결국 꼴찌함.

▶ 영광의 동메달.

▶ 내로남불로 인해 게임이 터졌어요ㅋㅋ

▶ 3일 동안 테트리스 할 거야.

▶ 죄송한데요, 자꾸 정수리 찍지 말아주세요….

▶ 정수리 보호 차원에서 촬영 금지 부탁드립니다ㅋㅋ

▶ 3일 동안 테트리스 찜해야지.

▶ 이런 걸 항공 샷이라고 하는 거야ㅋㅋ

▶ 드론 지지지지직직직직직직!!! dudududududududu~~~

▶ 이것도 항공 촬영이네.

▶ ㅇㄹㄴ.

▶ 우리 반은 정수리 촬영이 기본임ㅋㅋ

▶ 정수리 샷ㅋㅋㅋㅋ

▶ ㅋㅋㅋㅋㅋㅋㅋㅋㅋㅋ 항공 샷이긴 한 뎀ㅋㅋㅋㅋ 기본 ㅇㅈ.

▶ 사근초 6학년 2반, 그저 빛이다.

▶ 엽사 최고다.

▶ 와… 감탄밖에 안 나온다.

▶ 우리 애들 원래 이래.

▶ 와와와.

▶ 포토샵도 잘됐네.

▶ 사진 완전 잘 찍혔다.

▶ 너무너무 잘 나왔다.

▶ 우주 최강 우리 반… 진짜 예쁘다.

▶ 합성 대박.

▶ 설레는 키 차이.

▶ 설레는 키 차이 2 ← 싸우자는 거냐고ㅋㅋ

▶ 와… 합성 미쳤다.

▶ 아니, 왜 거기 서 있어ㅋㅋ
▶ 쭉 가다가 하락, 다음엔 다시 수직 상승.
▶ 이러네ㅡ_ㅡ
▶ 지훈이는 1년 후에 쭉쭉쭉 크고 180cm 가자!
▶ 파이 π(3.14)mmㅋㅋㅋ
▶ 3.14159265358979323846264338327950288419716939937510… 끝없는 숫자처럼, 지훈이의 성장도 끝이 없을 것 같다.
▶ 놀리지 말자.
▶ 너네가 이런 취급 당하면 화낼 거잖아.
▶ 지훈이니까 이렇게 참고 있는 거다.
▶ 맞아. 나중에 지훈이 키 우리 반에서 제일 커져서 다른 사람들 보려면 고개 숙여야 될걸ㅋㅋ
▶ 멈춰ㅋㅋ
▶ 근데 솔직히 그런 말 하는 애들이 나중에 더 작을 수도 있음ㅋㅋ
▶ 그니까 평소에 좀 잘해~

▶ 유일하게 컨셉 있는 여자.
▶ 마법사 콘셉트 진짜 레전드.
▶ 완전 잘 나왔다.
▶ 약간 색다르긴 한데.
▶ 그래서 더 매력 있다ㅋㅋ
▶ 이상하게 잘 어울린다ㅋㅋ

▶ 에헤헤헤헤헤헤헤헤헤헤.
▶ 압도적인 도건 쌤.
▶ 정하진ㅋㅋㅋㅋㅋㅋ
▶ 나 뭐냐ㅋㅋㅋㅋㅋㅋㅋㅋㅋㅋㅋㅋㅋㅋㅋㅋㅋㅋㅋㅋㅋㅋㅋㅋ
▶ 엘리베이터에서 사진 찍었다.
▶ 브이도 하고 찍었다.
▶ 솔직히 졸업앨범 촬영 때보다 더 잘 나옴.
▶ 진짜 리얼 더더더더더더 잘 나옴.
▶ 특히 나. (누굴까요?) ← ㅊㅎㅇㅇ
▶ ㅋㅋㅋㅋㅋㅋㅋㅋㅋㅋㅋㅋㅋㅋㅋㅋㅋㅋㅋㅋㅋㅋㅋㅋ
▶ 선생님 얼굴이 너무 확대된 듯ㅋㅋ
▶ 선생님밖에 안 보여ㅋㅋ
▶ 색이 특이한 사람만 보이는 마법 사진.

▶ 꾸웨에에에.
▶ 두더지 두 마리 등장.
▶ 정답, 오뚜기! (진라면)
▶ 뭐 하는 건데…?
▶ 엉금엉금 놀이를 하고 있다.
▶ 술래잡기도 하고 있다.
▶ 술래잡기에서는 우리가 이겼다.
▶ 몸싸움도 있었다.

▶ 미레도레미미미레레레미솔솔~

▶ 노잼….

▶ 다 틀리긴 했지만 재밌잖아ㅋㅋ

▶ 이거 다 틀렸는데ㅋㅋㅋ

▶ 종놀이 시간, 크리스마스 노래를 연주했다.

▶ 종은 파란색, 노란색, 주황색, 빨간색….

▶ 어머어머나, 왜 이러니ㅋㅋ

▶ ??? 얼마 전에 했는데, 벌써 까먹었네ㅋㅋㅋ

▶ 6학년 2반에서 또다시 기차놀이 중.

▶ 기억보다 빠르고, 질서보다 자유롭다.

▶ 어머엄!! 제 거예요!!!!

▶ 도건 쌤 하트!

▶ 도오건?

▶ 도건 쌤ㅋㅋㅋㅋㅋㅋㅋㅋ

▶ 싱크로율 99.9999999999999999999999999999999999999999999999999999999999999999999999999999999999999999999999999999999999999999%.

▶ 우리 아이의 작품을 감상하실 때는 부드러운 말만 부탁드립니다ㅋㅋ

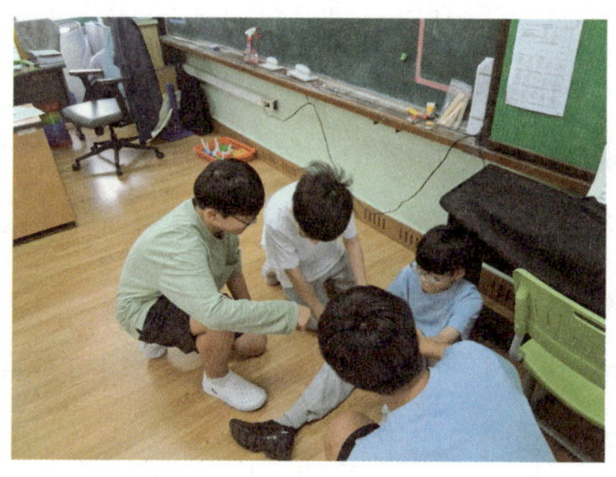

▶ 프로펠러 위위우윙~
▶ 정하진, 머리 공중부양 중.
▶ 헤드뱅잉 하기 1초 전.
▶ 정하진, 정수리 바람 제대로 받았다.
▶ 화난다. 열불 난다…!!!
▶ 정하진 정수리 바람 주의.
▶ 화난다!!!!!!!
▶ 아예 안 보이는… 좀 많이 신기한 역활극이었다ㅋㅋ
▶ ㅋㅋㅋ 진짜 웃기다.
▶ 아!!! 화난다!!!ㅋㅋㅋㅋㅋ
▶ 피아노 앞에서는 가위바위보 놀이 중.

▶ 20분의 노력이… 바사삭.
▶ 진격의 다리, 무너졌다.
▶ 빠빠빠빠빠빠빠빠빠빠빠빠빠빠빠빠빠빠ㅋㅋ
▶ 어떻게 한 거지ㅋㅋㅋ
▶ 판잣집 테마 존 완성.
▶ 케케크롱 × 10.

▶ 간드아ㅏㅏㅏㅏㅏㅏㅏㅏㅏㅏㅏㅏㅏㅏㅏㅏㅏㅏㅏㅏㅏㅏㅏㅏ!!!

▶ 이 이 이 이 잉 ! ! ! 포 아 아 아 아 아 아 앙!!!!!!!!!!!!!!

▶ 달려라라라라라!!!!

▶ 이건 진짜… 뭔 앵글인지 모르겠다ㅋㅋㅋ

▶ 손 뭐야ㅋㅋㅋ

▶ 장신은 달려가기 3초 전.

▶ 카메라는 혼란스러웠고, 저 손 뭐지?

▶ 너무나도 싫고, 하기 싫은 영어시험 …………….

▶ 이 영어시험만 없으면 세상은 조금 더 평화로웠을 텐데.

▶ 으음, 맛있노.

▶ 장신은!! 빵 더 만들어줘!!

▶ 배고파야말ㅋㅋㅋ

▶ 근데 너무 작았음ㅋㅋㅋ

▶ 그날, 우리는 슈크림빵을 먹었다.

▶ 슈크림을 듬뿍 찍어 먹었고, 빵은 작았지만… 정말 맛있었다.

- ▶ 찌부러진 왕감자가… 도건 쌤?! 나빴다??ㅋㅋ
- ▶ 어머, 도건 쌤 장발 너무 잘 어울리신다~(?)
- ▶ 무인도에 버려진 도건 쌤ㅋㅋㅋㅋㅋㅋㅋㅋㅋㅋ
- ▶ 진심 닮게 잘 그렸넹ㅋㅋㅋㅋㅋㅋㅋㅋ

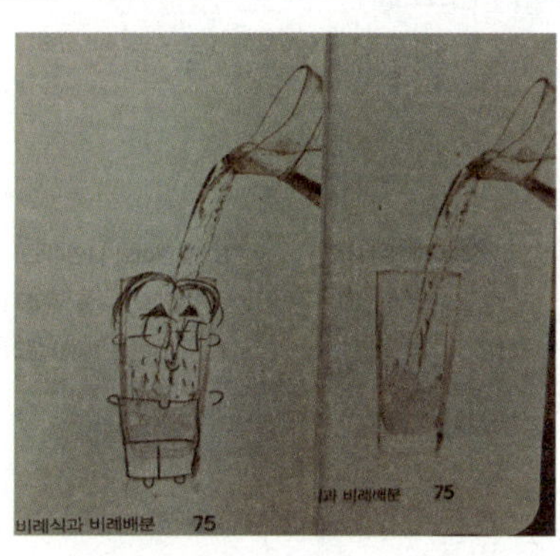

- ▶ 도건 쌤 액체 썰.
- ▶ 도건식과 도건배분ㅋㅋㅋ
- ▶ 물 콸콸 도건 콸콸.
- ▶ 머리길이 = 몸길이 × 2.
- ▶ 아니ㅋㅋ 머리길이 = 몸길이잖아.
- ▶ 정비례 하지 말라고ㅋㅋㅋㅋㅋㅋ 잘 그렸넹ㅋㅋㅋㅋㅋㅋ

- ▶ 깔끔.
- ▶ 편안하다.
- ▶ 윈도우.
- ▶ 윈도우 로고ㅋㅋ
- ▶ 편안.
- ▶ 이게 어딜 봐서 그 윈도우냐ㅋㅋ
- ▶ 그거랑 닮았다는지… 진짜 모르겠음ㅋㅋ
- ▶ 구글에 Windows XP 검색 ㄱㄱ.

- 젤리 나눠 먹기…
- 이때가 행복.
- 다음엔 두 개씩 먹자.
- 근데 내 몫 어디 갔냐.
- 더 내놔, 부족하다ㅋㅋ
- 장바구니 그냥 쓸어 담자.
- 나만 한 개 덜 준 거 실화?

- 빗자루 하키 축구.
- 이젠 하다하다 빗자루로 하키를 하고 있네ㅋㅋ
- 골프인가?? 컬링인가??
- 축구공 + 빗자루.
- 이건 무슨 게임이냐.
- 빗자루 골프인가ㅋㅋ
- 산토끼 토끼~
- 막스… 막스… 이도현 라이거ㅋㅋ
- dudrdurdudrudru Max Verstappen!!
- 아이스하키잖아ㅋㅋ
- 건두루둣두뚜뚜!! Max Verstappen, Red Bull!!
- 르클레르, 페라리!! 스쿠데리아 페라리!!!

▶ 짭리갈리리갈리… 힘드네ㅔㅔㅔㅔㅔㅔ.

▶ 짭리갈리ㅋㅋㅋㅋ

▶ 부루마블 짭퉁 버전 완성.

▶ 보드게임 만드는 게 이렇게 어렵다니….

▶ 이거 수련회 가서 할 거임ㅋㅋㅋㅋㅋ

▶ 근데… 재미있네ㅔㅔㅔㅔㅔㅔㅔㅔㅔㅔㅔㅔㅔㅔㅔㅔㅔㅔㅔ.

▶ 오뚜기 진라면 0점ㅋㅋㅋ

▶ 난 만들기만 하고 안 하는데, 이번엔 해볼까? 나랑 할 사람?

▶ 어! 이거 우리가 한 것도 찍혔다!

▶ 하… 누구 카드 오리만 보인다. 잠만, 릭도 있었네ㅋㅋㅋ

▶ ㅋㅋㅋㅋ 셀카 아닌 카.

▶ 셀카 안에 셀카, 안에 셀카, 안에 셀카ㅋㅋㅋ

▶ 어머 깜짝이야! 지금 혼자 셀카 찍으시는…… ㅋㅋㅋ

▶ 이건 좀 잼없고, 얼굴 확대한 건 잼있는데ㅋㅋ

▶ ㅇㅈ.

▶ 이것이… picture in picture.

▶ 뭔가 엄청 안정적인 느낌… 사진 잘 나왔다.

- 탈부착이네ㅔㅔㅔㅔㅔㅔㅔㅔㅔㅔㅔㅔㅔㅔㅔㅔㅔㅋㅋ
- 연필 깎기의 장인.
- 최소 30년은 해야 배울 수 있다는 전설의 기술.
- 이거 연필 맞아?ㅋㅋㅋ 송곳 아님?
- 이거 십자드라이버잖아ㅋㅋㅋ 메이드 바이 주지훈ㅋㅋㅋㅋ
- 주사 꼴아 박힙니다

- 마, 드루온나ㅏㅏㅏㅏㅏㅏㅏㅏㅏㅏㅏㅏㅏ!!
- 나이스 샷~ 사근 골프장 개장했습니다ㅋㅋ
- 딱 대(?)
- 빗자루… 이래서 탈모 오는 거 아님??ㅋㅋ
- ㅋㅋㅋㅋㅋㅋㅋㅋㅋ 그런 듯.
- 그게 쌤께 아니었나 보넼ㅋㅋㅋㅋㅋㅋ

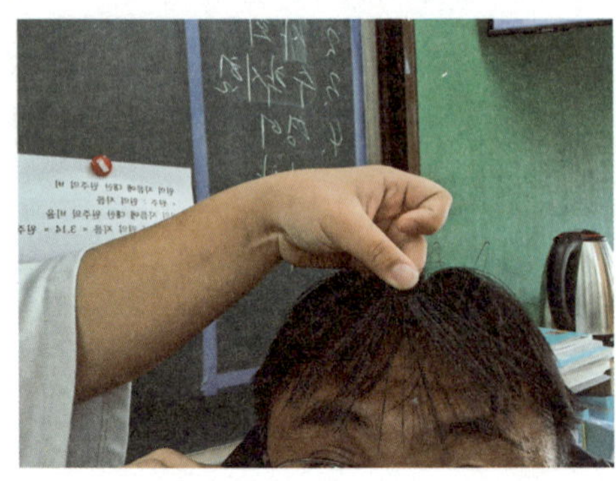

- 손가락만 안 보이면 머리카락 같음ㅋㅋ
- 빗자루 확장 ㅋㅋㅋㅋㅋㅋ
- 쌤, 잘 어울려요(?)
- 손 딱 봐도 현가은ㅋㅋㅋㅋㅋㅋ
- 이거 빗자루 모발 이식임ㅋㅋㅋㅋㅋ
- 머리카락에 먼지ㅋㅋㅋㅋㅋ 근데 이거 좀 자연스러운 듯ㅋㅋㅋㅋ

▶빗자루 스키ㅣㅣㅣㅣㅣㅣㅣㅣㅣㅣㅣㅣㅣㅣㅣㅣㅣㅣㅣㅣㅣㅣㅣㅣ!!!
▶이거 은근 재미있음ㅋㅋㅋㅋㅋㅋ
▶빗자루로 뭐 하냐ㅋㅋㅋㅋㅋㅋㅋㅋㅋㅋㅋㅋㅋ
▶씨름하냐? ㅋㅋㅋㅋㅋㅋㅋㅋ
▶눈은 없었지만, 겨울이네

▶맛있네.
▶내 얼굴 뭐임ㅋㅋㅋㅋ
▶맛있당.
▶프링글스 광고 같아ㅋㅋㅋ
▶냠냠.
▶프링글스 꺾꺾꺾꺾ㅋㅋㅋㅋㅋ
▶이거 배고파서 달려드는 장면임ㅋㅋㅋㅋ

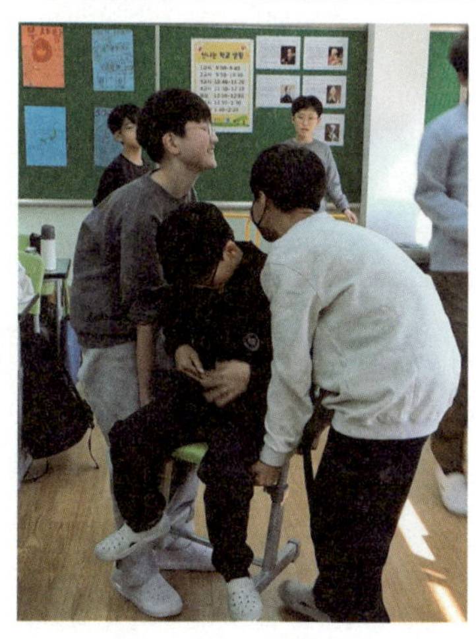

▶가보자ㅏㅏㅏㅏㅏㅏㅏㅏㅏㅏㅏㅏ!!!
▶중전마마 납쇼~~~~ㅋㅋㅋㅋㅋㅋ
▶산이랑 서후 힘쓰는 거 보소~
▶움직이는 안마의자? 진동의자??ㅋㅋㅋㅋ
▶뭐 하냐ㅋㅋㅋㅋㅋㅋㅋㅋ

▶ 테무.

▶ 테무 > 알리.

▶ 테무 인기 상품ㅋㅋㅋ

▶ 테무에서 팔면 좀… 웃기긴 한데… 살 것 같음ㅋㅋㅋ

▶ SF-25 200억.

▶ 샤를 르클레르, 루이밀턴, 그리고… 우산 부러진 스포츠카.

▶ 우산 박고 도주 중인 차ㅋㅋㅋㅋㅋ

▶ 샤를 르클레르가 멕시코 GP에서 막스 베르스타펜을 이겼다 하하하하하하하하하하!!!

▶ 200억 자동차 야무지네ㅋㅋㅋ

▶ 2번 연속 포디움!!

▶ 솔직히 이거 뭔지 잘 모르겠음ㅋㅋㅋ 트랙터 느낌ㅋㅋㅋ

▶ Charles Leclerc.

▶ 막스나긱가가.

▶ 꽉스 베르스타펜ㅋㅋㅋㅋㅋㅋ

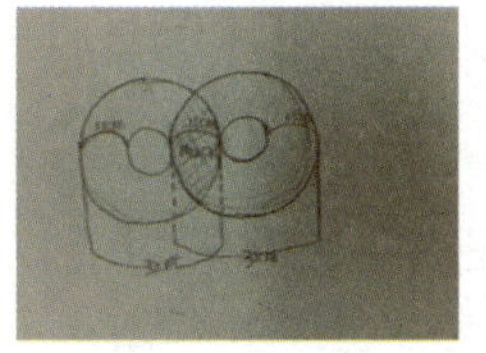

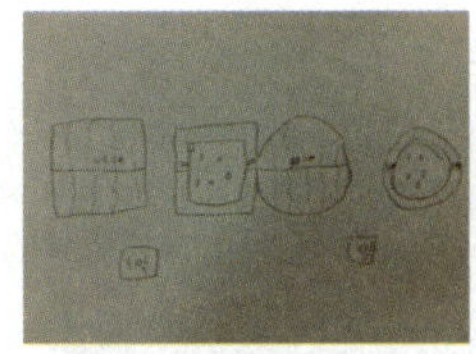

▶ 이 사실적인 베이글의 느낌.

▶ 따뜻한 베이글… 맛있는데.

▶ 이거 도넛 아니고 튜브 아님?ㅋㅋ

▶ 수박 하나에 1억… 후덜덜덜덜ㅋㅋㅋ

▶ 겁나 비싸넼ㅋㅋㅋ 차라리 이걸 사지 말고, 수박을 그냥 네모나게 자르자ㅋㅋㅋ

▶ 우리 쌤, 만화로 만들면 진짜 잘될 듯ㅋㅋ

▶ 주둥이 입술 떡볶이 먹었나 보다ㅋㅋㅋ

▶ 와~ 김서후 폼 실화냐. 멋짐이 폭발한다.

▶ 저 옷 아니면 못 알아볼 뻔했네ㅋㅋㅋ

▶ 잘 탄다, 진짜! 다음엔 사인 받아야겠다ㅋㅋㅋ

▶ 이건 거의 인라인계의 손흥민임!

▶ ㅋㅋㅋㅋㅋㅋ 김서후 미쳤다리~ 레전드 등극!

▶ 서후 인라인 클럽 대회에서 우승?

▶ 이게 진짜 내 그림이야? 믿기 힘들다ㅋㅋ 역시 인공지능.

▶ 꽤 잘 나왔는데? 옥ㅋㅋ 완전 감탄 중!

▶ 역시 도건 쌤 손길은 다르다, 두 번째 그림 완전 예술ㅋㅋ

▶ 미술 시간에 <케이팝 데몬 헌터스>를 그렸는데 이렇게 멋질 줄이야!

▶ 서울의 한강 다리랑 남산타워까지…. 내 그림이 도시의 작품이 됐네ㅋㅋ

▶ 옥ㅋㅋ 이거 왜 이렇게 웃기냐ㅋㅋ

▶ 근데 2번째 사진은 왜 AI로 안 해줬지?

▶ AI가 그 그림 마음에 들어서 따로 저장해 둔 거 아냐?ㅋㅋ

▶ 마지막 그림 진짜 잘했다, 정하진!

▶ 어, 근데 마지막 그거 내 거잖아ㅋㅋ 4번째 것도 내 거임!

▶ 이건 거의 AI도 인정한 우리 반 미술 실력ㅋㅋ

▶ 내 이름 진짜 많이 잘못 나왔다ㅋㅋ

▶ 이거 글 검토하는 거 생각보다 너무 힘들었음ㅋㅋㅋ

▶ 고치는 거 진짜 손에 땀 났어요…. 내가 쓴 게 아닌 것 같은 기분이었음ㅋㅋ

▶ 근데 또 막상 하니까 시간 금방 갔다!

▶ 은근 재밌었네, 옥ㅋㅋㅋㅋㅋㅋㅋㅋㅋㅋ

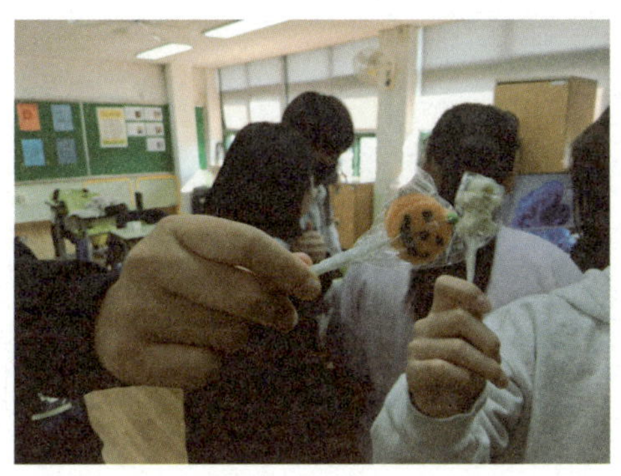

▶ 생긴 거에 비해 맛없음ㅋㅋ 특히 호박…
▶ 이거 너무 맛없어서 진짜 다시 나올 뻔했음
▶ 호박 옥ㅋㅋ 난 맛있었는데 왜 다들 싫대ㅋㅋ
▶ 근데 그거 뭐였지… 아 맞다! 미라 휴지!! 그거 생각보다 진짜 맛없었음ㅋㅋㅋ
▶ 선생님께 죄송하지만… 프랑켄슈타인 맛은 좀… ㅋㅋ
▶ 생긴 건 멋있는데 맛은 살짝 실망이었어요 쌤~
▶ 미라에서 알코올 향 났음

▶ 또 먹고 싶다 옥ㅋㅋ 이거 진짜 겁나 맛있음!
▶ 쭈쭈바 어디서 사요? 이거 계속 먹을 수 있나요?
▶ 바닐라, 메론, 오렌지, 딸기… 맛별로 다 맛있었음!
▶ 쿠팡에도 팔고 이마트에서도 봤다던데, 얼만데요? 링크 좀요ㅋㅋ
▶ 나도 사고 싶다, 나 주지훈임ㅋㅋㅋ

▶ 풍선 싸움ㅋㅋ 아니 진짜 싸움이었음.
▶ 이게 무슨 과학 원리였는데…. 이름이 생각이 안 남ㅋㅋ
▶ 입을 대고 부는 게 아니라 '후~' 하고 바람만 불면 된다고 했잖아.
▶ 주지훈 뭐 하냐ㅋㅋ 애들 다 터질 듯 웃고 있음.

▶ 근데 이거 잘못하면 양치 안 한 사람 바로 들통 남ㅋㅋㅋ
▶ 그래서 이거 결국 폐기 처분된 거 아니냐ㅋㅋ
▶ 입 냄새 진짜 독가스 수준이었다.

▶ 밸런스다 저거 은근 어려웠는데ㅋㅋ 쉽지 않더라 진짜.
▶ 밸런스 파괴ㄱㄱ 현오가 매트 들어 올려서 거의 다 무너졌음ㅠㅠ
▶ 이거 언제 찍으신 거지…. 우리 완전 빡집중 중이었는데ㅋㅋㅋ
▶ 솔직히 하다가 스트레스 받아서 그만할 뻔했지만, 우리 팀이 1등해서 다 괜찮았음ㅋㅋ

▶ 이거 카드 보고 그림 맞추는 거였던 것 같은데…
▶ 다들 표정이 왜 이렇게 진지하냐ㅋㅋ 완전 집중 모드였음.
▶ 근데 이거 뭐 하는 거였지? 기억이 가물가물하다.
▶ 나 기억력 이거밖에 안 됐나ㅋㅋ 진짜 생각 안 남.

▶ 저거 트레이 보고 순간 태블릿 부서진 줄ㅋㅋ
▶ 근데 알고 보니 그냥 트레이였음… 아하?!
▶ 재미있는 쿠킹 시간이라기보단 거의 '먹는 시간'이었지ㅋㅋ
▶ 생각보다 맛있었고, 지금 보니 소령이 보면서 엄마 요리 기다리는 느낌 남ㅋㅋ

▶ 주지훈 반죽할 때 표정 뭐냐ㅋㅋ

▶ 그때 소령이 잘하게 하려고 다들 안간힘 썼던 그 요리 맞지?

▶ 결국은 '반죽 부수기 대회'ㅋㅋㅋ

▶ 아니 이거는 하진이 연주하는 모습이 진짜 웃겼음ㅋㅋㅋㅋ

▶ (팔을 올리며) "챙~ 챙~ 챙~ 챙챙챙~~~~~~~~~~~" 그 리듬 실화냐ㅋㅋ

▶ 이건 뭐랄까… 신기한 '아리랑' 느낌이었음.

▶ 하진이 거의 무당 모드였잖아ㅋㅋ 하루만에 무당 된 썰 푼다ㅋㅋ

▶ 근데 또 멋있게 끝냈다는 게 포인트.

▶ 하진이는 진짜 한국의 아름다움을 아는 친구다ㅋㅋ

▶ 저거 진짜 겁나 어려운 거였음ㅋㅋ

▶ 5학년은 뽀록 터지고 우리는 전패…. 아, 진짜 그날 멘털 나갔음.

▶ 게다가 그 전 게임부터 억까(억울한 카드) 당해서 이미 기분 상한 상태였다고ㅠㅠ

▶ 맞아, 사진 보면 다 표정 썩었잖아ㅋㅋ 수련활동 중 억까 경험 최다 반 = 6학년 2반 인정.

▶ 이어달리기 때 한 명 더 있었고, 마지막엔 포스트잇 억까까지….

▶신은이 눈ㅋㅋ

▶잠자기 1초 전 눈임.

▶아빠와 세 아들 분위기 뭐냐ㅋㅋ

▶이거 언제 찍으신 거지?

▶이런 데가 있었나?

▶장신은 이때 좀 피곤했음.

▶진짜 언제 찍은 건지 궁금함.

▶아, 이거 진짜 재밌었지.

▶전래동화 순서 맞추고 읽는 활동이었던 것 같은데, 근데 이상하게 기억이 잘 안 나네. 내 기억력 어디 갔지ㅋㅋ

▶나 저 자리 지정석인가 봐요, 전 사진에서도 똑같은 데 앉아있더라.

▶그때 쓴 책은 지금 집 어딘가에… 구석에 박혀 있을 듯ㅋㅋ

▶이미 이때부터 다들 풀림.

▶마지막 날은 진짜 힘들었음.

▶영어는 들리고 이해도 되는데 몸이 안 따라줌.

▶아니 나 다리 왜 저래ㅋㅋ 거의 할머니 자세ㅋㅋ

▶야, 시오 없어진 줄 알았잖아.

▶ 공 차고 싶었는데…. 나한테 패스가 안 왔음.

▶ 이거 첫날에 했어야지, 진짜ㅋㅋ

▶ 생각보다 훨씬 재밌었음.

▶ 근데 쌤이 우리보다 더 열심히 뛰신 듯ㅋㅋ

▶ 무사 쌤!!

▶ ??????? 얼굴이 너무 밝아 보이신다ㅋㅋ

▶ 근데 왜 모자이크를… 이렇게 대충 하신 거예요? 무사 티처 실종됨ㅋㅋ

▶ 선생님!!!! 무사 쌤을 이렇게 만드시면 어떡해요!!!!!!!

▶ 그 와중에 선생님 머리 깻잎처럼 되어 있는 거 뭐냐ㅋㅋ

▶ 귓속말 맞지?

▶ 귀가 간지러웠음.

▶ 귓속말 아닌 듯 다 들렸음ㅋㅋㅋㅋㅋ

▶ 소령이 머리 핀ㅋㅋㅋ

- 수채화 말고 샤프로 그리는 거였으면 하려 했는데ㅋㅋ
- 이거 진짜 재미있었다, 또 하고 싶은 활동임.
- 아, 근데 선생님 왜 제 머리핀을 중심으로 찍으신 거죠ㅋㅋ
- 이때 그림은 좀 망했는데…. 다솜이 핀은 이번엔 제대로 잡히셨네ㅋㅋ

- 오, 난 탁구 꽤 잘 쳤음.
- 주영이에게 져주기 1일차ㅋㅋ
- 체스는 너무 어려웠는데 이상하게 재밌었음.
- 오 탁구~~~ 근데 난 집중력이 부족해서 오래 못 함.
- 아… 나도 탁구 하고 싶었는데, 선생님이 탁구 많다고 하셨잖아.
- 진짜 너무 많아서 결국 못 했음ㅋㅋ

- 컵 쌓기의 전설.
- 근데 1반한테 졌다… 아쉽다.
- 이거 우리 초반엔 이기고 있다가 역전당한 거 맞지?

▶ 손이 괜히 너저분해지는 마술(?)ㅋㅋ

▶ 이런 거 만들고 나면 꼭 안 가져감.

▶ 집 서랍 어딘가에 아직 있을 듯.

▶ 만들 땐 재밌었는데… 막상 써먹을 데가 없네.

▶ 청소 때문에 공개처형 당한 307호…. 어떤 친구 덕분에 제대로 털렸음ㅎㅎ

▶ 우리 방은 깨끗했지만, 307호는 달랐다.

▶ 306호는 조용했고, 선생님은 이걸 또 언제 찍으신 거지?ㅋㅋ

▶ 공개처형이라길래 처음엔 우리 반 아닌 줄 알았는데….

▶ 알고 보니 우리 반이었다.

▶ 도건 쌤 얼굴 진짜 똑같다ㅋㅋ

▶ 대한민국 국기도 너무 잘 만들어졌음.

▶ 주지훈은 뭐 만든 거야? 궁금하다.

▶ 도건 쌤 싱크로율 100%, 인정ㅋㅋ

▶ 솔직히 우리가 만든 도건 쌤이 최고였는데 선생님이 못 보신 게 아쉬움.

▶ 아니, 진짜 우리 도건 쌤이랑 똑같음ㅋㅋ

▶ 현오 그림 고슴도치였음.

▶ 저 코알라도 기억난다ㅋㅋ

▶ 해리포터는 솔직히 너무 못 그렸음.

▶ ㅇㄹㄴㅇㄹㄴㄹㄴㄹㄴㄹ

▶ 도현이는 토트넘 로고 그린 거 같았음.

▶ 밥 진짜 맛있었다.

▶ 떡볶이도 괜찮았는데…. 우리 학교 급식보다 약간 더 나았던 듯?ㅋㅋ

▶ 저 피자는 어디서 산 거지? 궁금하다.

▶ 아, 고구마피자 진짜 최고였음.

▶ 지훈이 잘생겼다ㅋㅋ 얼굴들이 전부 뽀샤시하네.

▶ 근데 왜 내 머리밖에 안 보이냐… 오늘도 얼굴 가리고 있는 나.

▶ 저건 가은이지? 아니, 이도현은 찜질방 온 사람 같음ㅋㅋㅋ

▶ 이도현은 못생김의 반대임, 그냥 잘생김 그 자체.

▶ 근데 진짜 이거 뭐냐, 시오 보고 깜짝 놀랐음ㅋㅋ

- 얼굴들이 좀 지쳐 보인다ㅋㅋ
- 도건 쌤은 이번엔… 음, 솔직히 좀 안 닮았음.
- 이거 별자리 그림 맞지? 다들 표정이 힘들어 보여서 더 웃김ㅋㅋ
- 그리고 머리 뭐야, 완전 깻잎 스타일ㅋㅋ

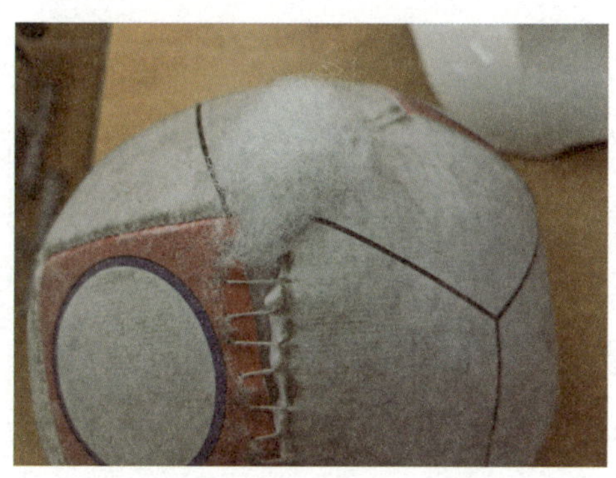

- 삼가 고공의 명복을 빕니다….
- 속이 다 터짐ㅋㅋ
- "삼가 공의 명복을 빕니다, 좋은 별 가길."
- 진짜 터졌음ㅠㅠㅠㅠㅠㅠㅠㅠㅠㅠㅠㅠㅠ
- 우리 공, 결국 꽃핌.

- 도건 쌤 진짜 잘생기지 않았냐? 근데 나 도건 쌤 절대 아님ㅋㅋ
- 저 형광 조끼 생각보다 엄청 눈부셨음.
- 이때 도건 쌤이 지훈이한테 졌던 순간 기억난다.
- 주영이 은근 빠르고, 신은이는 골키퍼 잘하더라.
- 그리고 마지막은 전설의 가위바위보로 마무리ㅋㅋ

- ㅋㅋ 소령아, 뭐 보고 있는 거야ㅋㅋ
- 이도현 일본 지도 보는 중이었지? 역시 방심하면 안 된다.
- 소령아, 누구 보고 있니? 저거 뭐야, 걸렸다ㅋㅋ
- 정소령, 너 딱 들켰다ㅋㅋ
- 너!!! 아, 진짜 박건욱은 책에 나온다는 동의서도 안 받았다니까!!!
- 괜찮아, 흐리게 나와서 거의 모자이크 처리 수준임ㅋㅋ

- 착시현상(1층에 3개, 2층에 4개를 쌓은 블록) / 인식의 차이 / 이도현(?) / 1산(28개를 산의 형태로 쌓은 것) / 1도건(4개) / 1길쭉이(25개) / 1의자(15개) / 1슈퍼칼리프리즐리스틱엑스피알리도셔스(6개) / 1문(문 모양으로 6개) / 1무지개(6색 무지개) / 1꽃(7개)

- 누가 봐도 99밤인데.
- 누가 봐도 99일인데.
- 이게 어딜 봐서 99밤?;;; 99일이 맞지.
- 텐트도 없음.
- 저 파란색 네모는 뭐지? 연못이라는데 누가 봐도 상자잖아.
- 모여 있는 건 연못이고.

▶ 아이는 어디 있음? 며칠째지? 불 1단계? 나무랑 물은 이해가 되는데 다른 건 이해가 안 됨. 캠프 하나 있는 건 보이는데 아이가 없네. 혹시 불 아래 있는 게 고기인가? 그럼 좀 이해가 되기도 함.

▶ 나무, 물, 불, 고기? 오케이 이해됨. 캠프파이어네.

▶ 이거 가운데 있는 건 불이고, 옆의 빨간색은 고기고, 주황색이랑 초록색 섞인 건 나무, 파란색이 모여 있는 건 연못, 나무 옆에 있는 다른 파란 건 상자. 노란색은 나무 비축고, 썩은 보라색은 신도들, 그냥 보라색은 베리. 이제 됐지?

▶ ㄴㄴ 아뇨, 더 있는 듯.

▶ 너네 뭘 더 원해? 이게 끝인데…. 뭘 더 원하냐고ㅋㅋ 아니, 그냥 좀 보면 되지 왜 자꾸 뭐라 해.

▶ 인정, 그니까!

▶ 너네들이야말로 잘 만들 수 있어?

▶ 그거 아니면 하지 마라. 인정.

빨대로 만든 건축물

본 페이지에 사용된 이미지는 실제 빨대 건축물의 사진을 바탕으로, AI 이미지 생성 도구를 활용해 보완·재구성한 이미지입니다.

바닷바람 등대	하늘 마중 탑

숲속 그림책 정자

반짝반짝 유리 온실

반짝이는 미래 놀이터 꼬마 기사단 성

꿀벌의 달콤집

루돌프의 빨간 코 집

도토리 비밀 아지트

구불구불 무지개 빌딩

별똥별 관측소

모험가 캠프

▶ 바닷바람 등대 저거 진짜 왜 이렇게 예쁘냐…. 보고 멍함ㄷㄷ
▶ 하늘 마중 탑 만든 사람 손 엄청 길어졌을 듯…. 헐 대박.
▶ 숲속 정자는 그냥 동화 속에 나오는 거 같아서 심쿵함ㅠㅠ
▶ 유리 온실 반짝이는 거 뭐야…. 내 눈이 먼저 기뻐함ㅎㅎ
▶ 미래 놀이터 보고 나 진짜 거기서 뛰고 싶어서 손발이 꿈틀거림;;
▶ 기사단 성은 진짜 기사 한 명 숨어 있을 것 같아서 무서운데 멋있음….
▶ 꿀벌 집은 다람쥐가 먼저 들어갈 것 같은 구조임…. 부럽다 다람쥐.
▶ 루돌프 빨간 코 집 앞부분 튀어나온 거 보고 나 혼자 빵 터짐ㅎㅎ
▶ 도토리 아지트는 이름만 봐도 귀여워서 이미 합격임.
▶ 무지개 빌딩 구불구불한 거 보고 나도 몸이 같이 휘어짐ㄷㄷ
▶ 별똥별 관측소는 이름만 읽어도 소원이 이뤄질 것 같음…. (아님 말고)
▶ 모험가 캠프는 딱 봐도 "모험 시작" 이런 소리 들리는 느낌ㅎㅎ
▶ 근데 전체적으로 우리 반 왜 이렇게 잘함? 살짝 무서움….
▶ 나만 그런지 모르겠는데 어떤 작품은 진짜 먹을 것처럼 생긴 것도 있음ㅠ
▶ 선생님도 놀랐을 듯…. "얘들아 이건 진짜다…." 이런 느낌?
▶ 솔직히 말하면 내 작품 어디 갔냐…. 왜 내가 만든 건 안 보임; 어딨어….

▶ 와…. 이거 진짜 사람이 만든 거 맞음? 인공 아님? 헐….

▶ 나 하늘 탑 보고 목 아플 뻔함…. 너무 길어서;;

▶ 유리 온실 반짝여서 나 얼굴 비치는 줄;;; 민망함ㅠ

▶ 기사단 성은 내가 들어가면 부서질까 봐 무서워서 못 감….

▶ 도토리 아지트 보니까 갑자기 도토리 먹고 싶음…. (왜지?)

▶ 모험 캠프 보자마자 "여긴 내 집이다."라고 속으로 말함 ㅎㅎ

▶ 무지개 빌딩은 꾸불꾸불해서 내 필통처럼 생김….

책을 마치며

2025년, 교실이라는 작은 세계에서 우리가 함께 만들어낸 이야기.

언젠가 먼 훗날 다시 펼쳐 보아도 웃음이 나고, 마음 깊은 곳이 따뜻해지는 책이 되기를 바란다.

우리도 한 해 동안의 성장을 담아 이름에 작은 뜻을 새겨 보았다.

이제는 이 호들이 우리를 불러주는 또 다른 이름이 되어,

2025년의 시간이 이렇게 아름답게 마무리되었다고 조용히 말해주는 듯하다.

- **이도건 – 心航(심항)**

마음(心) · 항해(航) — 마음으로 교실을 항해하는 사람

"우리 반 모두가 고생했고, 정말 수고했다. 올 한 해의 시간이 오래도록 멋진 기억으로 저장되길 바란다."

- **권시오 – 問星(문성)**

묻다(問) · 별(星) — 질문으로 세상을 밝히는 별

"선생님과 6학년 2반 친구들! 지금까지 고생했고 앞으로도 고생합시다!"

- **김다솜 – 靜柔(정유)**

고요(靜) · 부드러움(柔) — 고요하지만 부드러운 힘을 지닌 아이

"처음엔 책 쓰는 게 힘들 것 같았는데 생각보다 괜찮았다. 경험도 쌓이고 추억도 떠올라 좋았다."

- **김산 – 思峯(사봉)**

생각(思) · 봉우리(峯) — 깊은 생각이 솟아오르는 봉우리 같은 사색가

"초등학교 마지막 1년이 책에 기록돼서 좋다. 다음에 또 쓰라고 해도 쓸 수 있을 것 같다. 많이 팔렸으면 좋겠다."

- **김서후 – 溫脈(온맥)**

따뜻함(溫) · 맥/흐름(脈) — 온기가 흐르는 따뜻한 리더

"이 책은 우리 모두가 함께였기에 만들 수 있었다. 다 같이 해서 더 기분 좋았다."

- **박현오 – 靜錨(정묘)**

고요(靜) · 닻(錨) — 고요하게 중심을 잡아주는 닻

"사근초 6학년 2반! 우리가 함께여서 이 책이 완성된 것 같다. 고맙다."

- **이도현 – 默進(묵진)**

잠잠함(默) · 나아감(進) — 말없이 꾸준히 나아가는 실천가

"앞으로 글 쓸 때 이 책이 큰 도움이 될 것 같다."

- **이주영 – 創火(창화)**

창조(創) · 불꽃(火) — 아이디어와 웃음의 불꽃을 만드는 아이

"이 책을 쓰면서 친구들과 더 친해졌다. 사근초 6학년 2반, 이 책 보며 우리 기억하자!"

- **장신은 – 志堅(지견)**

뜻(志) · 단단함(堅) — 조용하지만 흔들리지 않는 뚝심

"친구들과 글을 써서 좋았고, 선생님의 공이 가장 크다고 생각한다. 정말 재미있는 경험이었다."

- **정소령 – 信衡(신형)**

믿음(信) · 균형(衡) — 신뢰로 균형을 맞추는 중심인물

"함께 책을 쓰면서 많은 정도 나누고 특별한 경험을 한 것 같다."

- **정하진 – 晴濤(청도)**

맑음(晴) · 큰 파도(濤) — 밝고 용기 넘치는 파도 같은 에너지

"쪽수가 많아 걱정했는데 완성하고 나니 정말 뿌듯했다."

- **주지훈 – 笑電(소전)**

웃음(笑) · 번개(電) — 번개처럼 재치와 웃음을 터뜨리는 아이

"많이 쓰진 않았지만 고생은 한 것 같다. 귀찮았는데 끝나니까 좋았다."

- **최하윤 – 感明(감명)**

느낌(感) · 밝음(明) — 마음을 환하게 비추는 공감의 빛

"완성하고 나니 마음이 뭉클하다. 나중에 서른 살쯤 되어 보면 '아, 그때 그랬지!' 하며 웃으며 볼 것 같다."

- **현가은 – 靜導(정도)**

고요(靜) · 이끎(導) — 말없이 행동으로 이끄는 리더

"6학년 2반이라 가능했던 일 같다. 나중에 내가 쓴 부분을 보면 부끄럽지만 뿌듯할 것 같다. 책으로 남은 2025년, 참 특별한 한 해였다."